DIETRICH KRATZSCH

Grenzen der Strafbarkeit im Notwehrrecht

NEUE KÖLNER RECHTSWISSENSCHAFTLICHE ABHANDLUNGEN

HERAUSGEGEBEN VON
DER RECHTSWISSENSCHAFTLICHEN FAKULTÄT
DER UNIVERSITÄT ZU KÖLN

HEFT 57

Berlin 1968
WALTER DE GRUYTER & CO.
vormals G. J. Göschen'sche Verlagshandlung · J. Guttentag, Verlagsbuchhandlung
Georg Reimer · Karl J. Trübner · Veit & Comp.

Grenzen der Strafbarkeit im Notwehrrecht

Zugleich ein

Beitrag zur Grundlagenforschung der Rechtswissenschaft

unter besonderer Berücksichtigung der erkenntnistheoretischen Untersuchungen von Fr. *Vinding Kruse*

Von

Dietrich Kratzsch

Köln

Berlin 1968

WALTER DE GRUYTER & CO.

vormals G.J. Göschen'sche Verlagshandlung · J. Guttentag, Verlagsbuchhandlung Georg Reimer · Karl J. Trübner · Veit & Comp.

Archiv-Nr. 27 08 682

Satz und Druck: Druckerei Chmielorz GmbH, 1 Berlin 44

Meinen Eltern

INHALTSVERZEICHNIS

ZWEITER TEIL

Die Begriffe des Unrechts und des Rechts in der bisherigen Diskussion

DRITTER TEIL

Das Recht als Gegenstand wissenschaftlicher Erkenntnis

VIERTER TEIL

Das Wesen der Rechtfertigungsgründe

FÜNFTER TEIL

Grenzen der Strafbarkeit im Notwehrrecht

ABKÜRZUNGSVERZEICHNIS

a. a. O.	an angegebenem Ort
Abs.	Absatz
a. F.	alter Fassung
a. i. i. c.	actio illicita in causa
Arch. öff. R.	Archiv des öffentlichen Rechts
Bayr. ObLG	Bayrisches Oberstes Landesgericht
BGB	Bürgerliches Gesetzbuch (v. 18. Aug. 1878)
BGH	Bundesgerichtshof
BGHS	Bundesgerichtshof in Strafsachen
BGHZ	Bundesgerichtshof in Zivilsachen
BVG	Bundesverfassungsgericht
BVGG	Gesetz über das Bundesverfassungsgericht v. 12. 3. 1951
BVerwG.	Bundesverwaltungsgericht
DAR	Deutsches Autorecht (Zeitschrift n. F. seit 1949)
d. h.	das heißt
DStR	Deutsches Strafrecht
Diss.	Dissertation
DöV	Die öffentliche Verwaltung (Zeitschrift)
DRZ	Deutsche Rechtszeitschrift (1946-1950)
Entwurf (E) 1962	Regierungsentwurf eines Strafgesetzbuches mit Begründung
Fam RZ	Zeitschrift für das gesamte Familienrecht
GA	Goltdammer's Archiv für Strafrecht
GG	Grundgesetz für die Bundesrepublik Deutschland vom 23. Mai 1949
GS	Gerichtssaal (Zeitschrift)
Hann. Rpflege	Hannoversche Rechtspflege (Zeitschrift)
h. M.	herrschende Meinung
HES	Höchstrichterliche Entscheidungen in Strafsachen
JM Bl NRW	Justizministerialblatt für das Land Nordrhein-Westfalen
JR	Juristische Rundschau (Zeitschrift)

JW	Juristische Wochenschrift (Zeitschrift v. 1872-1939)
JZ	Juristenzeitung
LK	Leipziger Kommentar, s. dort
LM	Entscheidungen des Bundesgerichtshofs im Nachschlagewerk des Bundesgerichtshofes von Lindenmaier-Möhring
MDR	Monatsschrift für deutsches Recht
MRK	Europäische Konvention zum Schutze der Menschenrechte und Grundfreiheiten v. 4. Nov 1950 — BG v. 7. Aug. 1952
NoR	Naturrecht oder Rechtspositivismus? herausgeg. von Maihofer, s. ebenda
n. F.	neuer Fassung
NJW	Neue Juristische Wochenschrift
Ns. Rechtspflege	Niedersächsische Rechtspflege
Niederschriften	Niederschriften über die Sitzungen der Großen Strafrechtsreform, 1956 ff., Bonn
OLG	Oberlandesgericht
Rd.nr.	Randnummer
RG	Entscheidungen des Reichsgerichts
s. u.	siehe unten
sog.	sogenannt
StGB	Strafgesetzbuch von 1871 i. der Fassung vom 25. Aug. 1953
StPO	Strafprozeßordnung v. 1877 i. der Fassung vom 17. Sept. 1965
StVG	Straßenverkehrsgesetz v. 19. Dez. 1952
StVO	Straßenverkehrsordnung v. 29. März 1956
Stud. Gen.	Studium Generale (Zeitschrift)
u. U.	unter Umständen
vgl.	vergleiche
VDA II	Vergleichende Darstellung des deutschen und ausländischen Strafrechts, Band II
VR	Verkehrsrechtssammlung, Entscheidungen aus allen Gebieten des Verkehrsrechts
ZStrW	Zeitschrift für die gesamte Strafrechtswissenschaft
z. a.	zum anderen
z. B.	zum Beispiel
z. T.	zum Teil

LITERATURVERZEICHNIS

Ahsbahs, L.	Die Grundlinien des Notwehrrechts, 1903.
Achter	Die Geburt der Strafe, 1951, Frankfurt a. M.
Arndt, A.	Die Krise des Rechts, 1948, abgedr. in: NoR, S. 117 ff.
v. Aster, E.	Geschichte der neueren Erkenntnistheorie, 1921, Berlin.
Balke, G.	Grenzen des Notwehrrechts nach reichsdeutschem und österreichischem Recht, Diss. Jena, 1933.
v. Bar, L.	Die Befreiung von Schuld und Strafe durch das Strafgesetz, Bd. III, 1909.
Baumgarten, A.	Notstand und Notwehr, 1911.
Baumann, J.	Rechtsmißbrauch bei der Notwehr, in: MDR 1962, S. 349.
—	Strafrecht, Allgemeiner Teil, 3. Aufl., 1964, Bielefeld.
—	Notwehr im Straßenverkehr, in: NJW 1961, S. 1745 ff.
Beck, W.	Grundzüge der Sozialpsychologie, 3. Aufl., 1960, München.
Bleuler, E.	Lehrbuch der Psychiatrie, 10. Aufl., 1960.
Bochenski, J. M.	Europäische Philosophie der Gegenwart, 2. Aufl., Bern.
Bockelmann, P.	Einführung in das Recht, 1963, München.
Bohne, G.	Naturrecht und Gerechtigkeit, in: Festschrift für H. Lehmann, 1956, Bd. I, S. 3 ff.
Bresser, P.	Der Psychologe und § 51 StGB, in: NJW 1958, S. 248.
Bürger-Prinz	Motiv und Motivation, 1950.
v. Buri	Notstand und Notwehr, in: GS 1878, S. 463 ff.
Busemann, A.	Psychologie der späten Kindheit und des Jugendalters, in: Handbuch der Psychologie, herausgeg. v. D. u. R. Katz, 2. Aufl., 1960, S. 275 ff.
—	Kindheit und Reifezeit, 1965, Frankfurt a. M. usw.
Cassirer, E.	Das Erkenntnisproblem in der Philosophie und Wissenschaft der neueren Zeit, Bd. 1-4, 1906-1920, 1957, Berlin.

Dallinger-Lackner — Jugendgerichtsgesetz, 2. Aufl., 1965, München und Berlin.

Dietrich, H. — Der Einfluß des Völkerrechts auf die Rechtswidrigkeit strafbarer Handlungen im Strafrecht, Diss. Kiel, 1958.

Dölle, H. — Familienrecht, Bd. I, 1964, Karlsruhe.

zu Dohna — Die legislative Behandlung von Notwehr und Notstand, in: ZStrW 33, 125 ff.

Drews-Wacke — Allgemeines Polizeirecht, 7. Aufl., 1961, Berlin.

Echterhölter — Die Europ. Menschenrechtskonvention in der juristischen Praxis, in: JZ 1956, 142 ff.

Eisenmann, O. — Güterabwägung und Verletzung Dritter im Gebiete der Notwehr, Diss. Marburg, 1928.

Engisch, K. — Aufgaben einer Logik und Methodik juristischen Denkens, in: Stud. Generale, 1959, 76 ff.

Enneccerus-Kipp-Wolff — Lehrbuch des BGB, Bd. 2, Recht der Schuldverhältnisse, 15. Bearbeit. v. H. Lehmann, 1958, Tübingen.

Enneccerus-Kipp-Wolff — Lehrbuch des BGB, Bd. 1, Allgemeiner Teil, 2 Halbbände, 15. Aufl., v. H. C. Nipperdey, 1960, Tübingen.

Ehrhardt, H., Villinger, W. — in: Soziale und angewandte Psychiatrie, 1961, Berlin etc., S. 181 ff.

Erman, W. — Handkommentar zum Bürgerlichen Gesetzbuch, 1962, Münster.

Esser, J. — Lehrbuch des Schuldrechts, 2. Aufl., 1960, Karlsruhe.

Fechner, E. — Rechtsphilosophie, 1962, Tübingen.

— Freiheit und Zwang im sozialen Rechtsstaat, 1953.

Fischer, H. A. — Die Rechtswidrigkeit mit besonderer Berücksichtigung des Privatrechts, 1911.

Floegel-Hartung — Straßenverkehrsrecht, Kurzkommentar, 15. Aufl., 1965.

Frank — Strafausschließungs- und Milderungsgründe, in: Die Reform des Reichsstrafgesetzbuches, herausgeg. v. P. F. Aschrott u. F. v. Liszt, Bd. I, S. 225 ff., 1910, Berlin.

v. d. Gablentz, O. H. — Lebensgruppen erster Ordnung, in: Handbuch der Soziologie, herausgeg. v. W. Ziegenfuß, 1956, S. 781 ff.

Gallas, W. — Zur Revision des § 330 c StGB, in: JZ 1952, S. 396 ff.

— Anmerkung zu OLG Stuttgt. DRZ 1949, 43, ebenda.

Gehlen, A.	Der Mensch, 7. Aufl., 1962, Bonn.
—	Urmensch und Spätkultur, 2. Aufl., 1964, Bonn.
Geiger, Th.	Ideologie und Wahrheit, 1953, Stuttg.-Wien.
—	Vorstudien zu einer Soziologie des Rechts, 1964, Neuwied a. Rh.
Geilen, G.	Der Strafschutz von Familienordnungen und Familienpflichten, in: Fam.RZ 1961, S. 137 ff.
Gernhuber, J.	Lehrbuch des Familienrechts, 1964, München.
Geyer, A.	Die Lehre von der Notwehr, 1857, S. 38 ff.
Gribbohm, G.	Zumutbarkeitserwägungen im Notwehrrecht, in: Schleswig-Holsteinische Anzeigen, 1964, S. 155 ff.
Grünwald, G.	Bedeutung und Begründung des Satzes „nulla poena sine lege“, in: ZStrW 76, 1 ff.
Guradze, H.	Der Stand der Menschenrechte im Völkerrecht, 1956.
—	Die Schutzeinrichtung der Grundrechtsnormen in der Europ. Menschenrechtskonvention, in: Festschrift f. H. C. Nipperdey, Bd. II, S. 759 ff., 1965, München und Berlin.
Gutmann, A.	Die Berufung auf das Notwehrrecht als Rechtsmißbrauch, in: NJW 1962, S. 286.
Hadamik, W.	Leidenschaft und Schuld, in: GA 1957, 101 ff.
Häberle, P.	Die Wesensgehaltgarantie des Art. 19 II GG, 1962, Karlsruhe.
Hamann, A.	Das Grundgesetz, 2. Aufl., 1961.
Hamel, W.	Die Bedeutung der Grundrechte im sozialen Rechtsstaat, 1957.
Heinitz	Zur Entwicklung der Lehre von der materiellen Rechtswidrigkeit, in: Festschrift für Eb. Schmidt, 1961, 266 ff.
Henkel, H.	Einführung in die Rechtsphilosophie, 1964, München und Berlin.
—	Zumutbarkeit und Unzumutbarkeit als regulatives Prinzip, Festschrift für E. Mezger, 1954, S. 249 ff.
—	Recht und Individualität, 1958, Berlin, S. 66 ff.
Herzog, R.	Das Grundrecht der Freiheit in der MRK, in: Archiv des öffentl. Rechts, Bd. 86, S. 194 ff.
v. Hippel, E.	Grenzen und Wesensgehalt der Grundrechte, 1965, Berlin.
Hirsch,	Zu einer „Methodenlehre der Rechtswissenschaft“, in: JZ 1962, S. 329 ff.
v. Hold, A., v. Ferneck	Die Rechtswidrigkeit, Bd. II, 1905.

Holzendorff	Holzendorff's Handbuch des deutschen Strafrechts, 1877.
v. d. Horst, L.	Die Behandlung des Alkoholtäters in kriminalpolitischer Sicht, in: Kriminalbiolog. Gegenwartsfragen, 1964, S. 83 ff.
Hubmann, H.	Naturrecht und Rechtsgefühl, NoR, S. 339 ff.
Jäger, H.	Strafrechtspolitik und Wissenschaft, in: Sexualität und Verbrechen, 1963, Frankfurt a. M., S. 273 ff.
Janka, K.	Der strafrechtliche Notstand, 1878.
Jescheck, H. H.	Aufbau und Behandlung der Fahrlässigkeit im modernen Strafrecht, 1965, Freiburg i. Br.
—	Die Bedeutung von nicht-krankhaften Bewußtseinsstörungen und seelischen Ausnahmeerscheinungen für die Zurechnungsfähigkeit aus der Sicht des Juristen, in: G. Blau etc., Gerichtliche Psychologie, 1962, Neuwied a. Rh.
Jesse, F.	Tragweite der Notwehr, Diss. Leipzig, 1928.
Kaufmann, Arthur	Recht und Sittlichkeit, 1964.
König, R.	Soziologie der Familie, in: A. Gehlen und H. Schelsky: Soziologie, 1. Aufl., 1955, S. 119 ff.
Kohlrausch, E.	Der allgemeine Teil des Entwurfs 1925, in: Aschrott-Kohlrausch, Reform des Strafrechts, S. 3 ff., 1926, Berlin-Leipzig.
Kohlrausch-Lange	Strafgesetzbuch, Kommentar, 43. Aufl., 1961, Berlin.
Kretschmer, E.	Medizinische Psychologie, 11. Aufl., 1956.
Kruse, Fr. V.	Erkenntnis und Wertung, 1960, Berlin.
Landmann, M.	Philosophische Anthropologie, 1964, Berlin.
Lange, Richard	Wandlungen in den kriminologischen Grundlagen der Strafrechtsreform, in: 100 Jahre Deutsches Rechtsleben, Festschrift des Dt. Juristentages, 1960, Bd. I, S. 345 ff.
—	Der Strafanspruch des Staates und die Grenzen der Strafbarkeit, in: Schriftenreihe der Fr.-Naumann-Stiftung, Nr. 5 (1963), S. 75 ff.
—	Das juridisch-forensisch-kriminologische Grenzgebiet vom Standpunkt des Juristen, in: V. E. Franke-v. Gebsattel, Handbuch der Neurosenlehre und Psychotherapie, Bd. V, S. 404 ff., 1961.
—	Die Strafrechtsreform und die Wissenschaften vom Menschen, in: Universitas, 1965, S. 945 ff.
—	Strafgesetzbuch, s. Kohlrausch-Lange.
Langelüddeke, A.	Gerichtliche Psychiatrie, 2. Aufl., 1959, Berlin.

Lauterpacht, H.	International Law and Human Rights, London, 1950.
Leferenz, H.	Die Kriminalität der Kinder, 1957, Tübingen.
Lehmann, H.	Familienrecht, 3. Aufl., 1960.
Leipziger . . .	Leipziger-Kommentar Strafgesetzbuch (LK), herausgeg. von Jagusch und E. Mezger, 8. Aufl., 1957.
Lenckner, Th.	Der rechtfertigende Notstand, 1965, Tübingen.
—	Notwehr bei provoziertem und verschuldetem Angriff, in: GA 1961, S. 299 ff.
Lerche, P.	Übermaß und Verfassungsrecht, 1961, Köln.
Lersch, Ph.	Der Mensch als soziales Wesen, 1964, München.
Levita, C.	Das Recht der Notwehr, 1858.
Liszt-Schmidt	Lehrbuch des Strafrechts, 26. Aufl., 1932.
Loeffler, A.	Unrecht und Notwehr, in: ZStrW 21, S. 537 ff., (1901).
Maihofer, W.	Naturrecht als Existenzrecht, 1963, Frankfurt a. M.
—	Naturrecht oder Rechtspositivismus? (NoR), herausgegeben v. W. Maihofer, 1962, Darmstadt.
v. Mangoldt-Klein	Das Bonner Grundgesetz, Bd. I, 1957.
Maunz-Dürig	Grundgesetz, Kommentar, 1964, München und Berlin.
Maurach	Deutsches Strafrecht, Allgemeiner Teil, 3. Aufl., 1965, Karlsruhe.
Mayer, H.	Das Strafrecht des deutschen Volkes, 2. Aufl., 1953.
Mayer, M. E.	Der Allgemeine Teil des Deutschen Strafrechts, 1915, Heidelberg.
Mezger, E., Blei	Strafrecht, Allgemeiner Teil, 10. Aufl., 1963, München und Berlin.
Menger, C. F.	Der Begriff des sozialen Rechtsstaats im Bonner Grundgesetz, 1953, Tübingen.
Müller, F.	Straßenverkehrsrecht, 21. Aufl., 1959, Berlin.
Müller, G.	Drittwirkung von Grundrechten und Sozialstaatsprinzip, in: Recht der Arbeit, 1964, S. 121 ff.
Nipperdey, H. C.	Freie Entfaltung der Persönlichkeit, in: Bettermann-Nipperdey, Die Grundrechte, Bd. IV 2, 1962, Berlin, S. 741 ff.
Noll, P.	Tatbestand und Rechtswidrigkeit: Die Wertabwägung als Prinzip der Rechtfertigung, in: ZStrW 77, 1 ff.
—	Die ethische Begründung der Strafe, 1962, Tübingen.
Oehler, D.	Wurzel, Wandel und Wert der strafrechtlichen Legalordnung, 1950, Berlin.

Oetker	Notwehr und Notstand, in: VDA, Bd. II, 1908, S. 261 ff.
—	Notwehr und Notstand, in: Festgabe f. Frank, Bd. I, S. 359 ff.
Palandt	Bürgerliches Gesetzbuch, Kurzkommentar, 24. Aufl., 1965.
Pfeifer, H.	Die Bedeutung der MRK für Österreich, in: Festschrift f. Hugelmann, Bd. I, S. 339 ff.
Piaget, J., u. B. Inhelder	Psychologie der frühen Kindheit, in: Handbuch der Psychologie, herausgeg. v. D. u. R. Katz, 2. Aufl., 1960, S. 275 ff.
Portmann, A.	Zoologie und das neue Bild des Menschen, 1960, Hamburg.
—	Um das Menschenbild, 1964, Stuttgart.
Radbruch, G.	Rechtsphilosophie, 6. Aufl., 1963, besorgt von Erik Wolf.
Rathke, E.	Das Güterabwägungsprinzip in der Lehre vom Ausschluß der Rechtswidrigkeit, Diss. Köln, 1935.
Rausch, H. J.	Schuldfähigkeit nach dem Entwurf zum StGB, in: NJW 1958, S. 2089 ff.
Rehfeldt, B.	Einführung in die Rechtswissenschaft, 1962, Berlin.
—	Die Entwicklung der Strafe, in: Festschrift f. H. C. Nipperdey, Bd. I, S. 95 ff., 1965, München und Berlin.
Roxin, Cl.	Die provozierte Notwehrlage, in: ZStrW 75, (1963), S. 541 ff.
Sauer	Allgemeine Strafrechtslehre, 3. Aufl., 1965.
Schaffstein	Notwehr und Güterabwägungsprinzip, in: MDR 1952, S. 132 ff.
Scheler, M.	Der Formalismus in der Ethik und die materiale Wertethik, 1954, Bern.
Schelsky, H.	Soziologie der Sexualität, 1964, Hamburg.
Schilling, K.	Weltgeschichte der Philosophie, 1964, Berlin.
Schmidhäuser, Eb.	Gesinnungsmerkmale im Strafrecht, 1958, Tübingen.
Schmidt, Eb.	Das Reichsgericht und der „übergesetzliche Notstand“, in: ZStrW 49, S. 350 ff.
—	Einführung in die Geschichte der deutschen Strafrechtspflege, 3. Aufl., 1965, Göttingen.
—	Gutachten (zum künftigen Notwehrrecht), in: Niederschriften, Bd. 2, Anhang S. 51 ff., 1958.
Schmidt, A. W.	Nötigung im Straßenverkehr, DAR 1962, S. 351 ff.
Schmitz, A.	Schutzobjekte der Notwehr, Diss. Köln, 1928.

Schneider, K. Die Beurteilung der Unzurechnungsfähigkeit, 4. Aufl., 1961, Stuttgart.

— Klinische Psychopathologie, 6. Aufl., 1962, Stuttgart.

Schönke-Schröder Strafgesetzbuch, Kommentar, 12. Aufl., München und Berlin.

Schollmeyer Das Recht der Notwehr nach dem BGB, 1899.

Schorn, H. Die Europäische Konvention zum Schutze der Menschenrechte und Grundfreiheiten, 1965, Frankfurt a. M.

Schröder, H. Anmerkung zu BGH JR 1962, 186: JR 1962, 187 ff.

Schwarz-Dreher Strafgesetzbuch, Kurzkommentar, 26. Aufl., 1964.

Scupin Über die Menschenrechte, in: Festschrift für Laun, 1953, S. 173 ff.

Soergel Bürgerliches Gesetzbuch, 5 Bände, 1959 ff., Stuttgart.

Spranger, Ed. Zur Frage der Erneuerung des Naturrechts, 1948, abgedruckt in: NoR, S. 86 ff.

Staudinger, J. V. Staudinger's Kommentar zum Bürgerlichen Gesetzbuch mit Einführungsges. und Nebenges., 11. Aufl., 1957 ff.

v. Stockert, F. G. Einführung in die Psychopathologie des Kindesalters, 3. Aufl., 1957, Berlin.

Stratenwerth Rechtsphilosophie, in: Fischer-Lexikon Philosophie, 1958, S. 286 ff.

Topitsch, E. Das Problem des Naturrechts, abgedruckt in: NoR, S. 158 ff.

Überweg, F. Grundriß der Geschichte der Philosophie, Bd. III, 14. Aufl., 1957, Darmstadt.

Uttelbach, A. Die Verhältnismäßigkeit bei der Notwehr, Diss. 1935, Köln.

Undeutsch Zurechnungsfähigkeit bei Bewußtseinsstörungen, in: A. Ponsold, Lehrbuch der gerichtlichen Medizin, 1957, Stuttgart, S. 130 ff.

Valentiner, Th. Kant und seine Lehre, 1960, Stuttgart.

Vordemann Das zulässige Maß der Verteidigung bei der Notwehr und das neue Strafgesetz, Diss. 1927/28.

v. Weber, H. Die strafrechtliche Bedeutung der europäischen Menschenrechtskonvention, in: ZStrW 1965, S. 334 ff.

Wegner, A. Strafrecht, Allgemeiner Teil, 1951.

Weinkauff, H. Der Naturrechtsgedanke in der Rechtsprechung des BGH, in: NJW 1960, S. 1689 ff.

Weischedel, W. Recht und Ethik, 1956, Karlsruhe.

Weiß, Cl.	Die europäische Konvention zum Schutze der Menschenrechte und Grundfreiheiten, Dokumente H. XV., 1954, Frankfurt a. M., Berlin.
Welzel, H.	Naturrecht und materiale Gerechtigkeit, 4. Aufl., 1962, Göttingen. (abgekürzt: Naturrecht . . .).
—	Naturrecht und Rechtspositivismus, in: NoR S. 322 ff. (abgekürzt: NoR . . .)
—	Gesetz und Gewissen, in: 100 Jahre Deutsches Rechtsleben, Festschrift des Dt. Juristentages, 1960, Bd. I, S. 383 ff.
—	Fahrlässigkeit und Verkehrsdelikte, 1961, Karlsruhe.
—	Das deutsche Strafrecht, 9. Aufl., 1965, Berlin.
Wertenbruch	Grundgesetz und Menschenwürde, 1958, Köln-Berlin.
Wieacker, E.	Rechtsprechung und Sittengesetz, in: JZ 1961, S. 337 ff.
—	Naturrecht und materiale Gerechtigkeit, in: JZ 1964, S. 634 ff.
—	Privatrechtsgeschichte der Neuzeit, 1952, Göttingen.
—	Das Sozialmodell der klassischen Privatrechtsgesetzbücher und die Entwicklung der modernen Gesellschaft, 1953, Karlsruhe.
Wieser, S.	Die Persönlichkeit des Alkoholtäters, in: Kriminalbiolog. Gegenwartsfragen, 1964, S. 41 ff.
Wimmer, A.	Die Fahrlässigkeit beim Verkehrsdelikt, in: ZStrW 70, S. 196 ff.
Witter, H.	Affekt und strafrechtliche Verantwortlichkeit, in: Kriminalbiolog. Gegenwartsfragen, 1962, S. 89 ff.
Woesner, A.	Die Menschenrechtskonvention in der deutschen Strafrechtspraxis, in: NJW 1961, S. 1381 ff.
Wolff, H. J.	Verwaltungsrecht, Bd. I, 6. Aufl., 1965, München und Berlin.
Würtenberger, Th.	Das Naturrecht und die Philosophie der Gegenwart, in: JZ 1955, S. 1 ff. = NoR, S. 429 ff.
Zippelius, R.	Wertungsprobleme im System der Grundrechte, 1962.

EINLEITUNG

Die Grenzen des strafrechtlichen Notwehrrechts sind nach dem zweiten Weltkrieg in Bewegung geraten. Der Grundsatz, der lange Zeit das Notwehrrecht beherrscht hatte: Das Recht braucht dem Unrecht nicht zu weichen, ist von der Rechtsprechung mehrfach durchbrochen worden. Zahlreiche höchstrichterliche Entscheidungen haben der Achtung des Lebens und der Gesundheit des Angreifers den Vorrang gegenüber dem erwähnten Grundsatz eingeräumt.

Daß eine Gesetzesbestimmung, die gewisse Eingriffsrechte gewährt, mit der Zeit als zu weitgehend erkannt und von der Rechtsprechung aus sozialethischen Erwägungen restriktiv ausgelegt wird, ist eine in der Rechtspraxis nicht selten anzutreffende Erscheinung[1]. Sie entspricht an sich auch dem Verhältnis von Gesetz und Recht. Wenn sie hier zum Anlaß einer eingehenden Untersuchung gemacht wird, so geschieht dies vor allem hinsichtlich der Frage, ob und wie diese sozialethische Begrenzung des Notwehrrechts bereits de lege lata in rechtlich zutreffender Weise begründet werden kann. Diese Frage ist bisher nicht genügend geklärt. Die Antworten, die in Rechtsprechung und Lehre hier gegeben werden, gehen weit auseinander und widersprechen sich vielfach. Die allgemeinen Rechtsgrundsätze, auf die sich häufig auch in der Rechtsprechung die Begründungen stützen, sind so unbestimmt und vieldeutig, daß die Gefahr besteht, daß sich die Grenzen des Notwehrrechts immer mehr verwischen. Nicht ohne Grund stellt Baumann fest, daß das früher so starre und harte Notwehrrecht in der heutigen höchstrichterlichen Rechtsprechung zu „zerfließen drohe"[2].

Wenn eine Rechtsfrage so umstritten ist, wie gegenwärtig die Grenzen des geltenden Notwehrrechts, so ist es für eine kritische Stellungnahme, wie sie im ersten Teil dieser Arbeit versucht wird, unbedingt erforderlich, jene Grenzen zu beachten, die der Auslegung von Gesetzesbestimmungen gesetzt sind. Dies gilt vor allem im Strafrecht, wo die Auslegung, soweit sie strafbegründende oder -erweiternde Gesetzesmerkmale betrifft, mit Rücksicht auf den Grundsatz nullum crimen sine lege (Art. 103 II GG) an wesentlich engere Grenzen gebunden ist als in anderen Rechtsgebieten. Wie noch darzulegen sein wird, gehört auch § 53 StGB zum Geltungsbereich des Art. 103 II GG. Die beabsichtigte Stellungnahme besteht deshalb vor allem in der Untersuchung der Frage, ob und inwieweit die bisheri-

[1] Vgl. *Wieacker*, Das Sozialmodell . . ., S. 17 ff.

[2] MDR 1962, 349.

gen Versuche, § 53 StGB „sozialethisch zu begrenzen", den Anforderungen entsprechen, die das erwähnte Verfassungsprinzip an die Auslegung von § 53 StGB stellt.

Das negative Ergebnis, zu dem dieser Abschnitt der Untersuchung führt, bildet den Anlaß für den Versuch, in den folgenden Teilen dieser Arbeit eine Regelung des Notwehrrechts zu erarbeiten, die den Forderungen der Sozialethik und des Grundgesetzes Rechnung trägt. Hierbei zeigte sich, daß sich eine befriedigende und sachlich begründete Grenzziehung im strafrechtlichen Notwehrrecht nur auf der Grundlage der materiellen Voraussetzungen der Rechtfertigungsgründe und des strafbaren Unrechts durchführen läßt. Da in der bisherigen Lehre über den Inhalt des Rechtfertigungsprinzips und des strafbaren Unrechts entweder lediglich formale Aussagen gemacht worden sind, oder Auffassungen vertreten werden, die wissenschaftlich nicht befriedigen, führte die weitere Untersuchung zu den Grundfragen der Rechtswissenschaft: Was ist Recht? Wo liegen die Grenzen von Recht und Unrecht? Hierbei ergab sich, daß eine überwiegende Zahl von Juristen eine wissenschaftlich begründete Antwort auf diese Fragen nicht für möglich hält. Die Art und Weise, wie diese skeptizistischen Auffassungen begründet werden, gab insofern Anlaß zur Kritik, als keine dieser Auffassungen es unternimmt, den Begriff „wissenschaftlich" zu definieren und die Grenzen wissenschaftlichen Forschens aufzuzeigen. Diese „schwache Stelle" in der Beweisführung bildete den Ansatzpunkt für den im folgenden unternommenen Versuch, die unzulängliche Fundiertheit der skeptizistischen Rechtsauffassungen aufzuweisen. Eine solche Untersuchung erwies sich im Rahmen des Themas als notwendig, weil zwischen der Frage nach dem Inhalt von Recht und Unrecht und der Frage, wo die Grenzen des strafrechtlichen Notwehrrechts verlaufen, ein unlösbarer Zusammenhang besteht. Der Verfasser stützte sich hierbei auf die erkenntnistheoretischen Untersuchungen des dänischen Philosophen und Juristen Fr. Vinding Kruse[3], die in der deutschen Rechtswissenschaft bisher wohl nicht gebührend gewürdigt worden sind. Kruse kommt in seinem Werk nach eingehender Auseinandersetzung mit der bisherigen Erkenntnistheorie zu dem Ergebnis, daß das Recht und seine obersten Grundsätze wissenschaftlich begründet werden können. In der Stellungnahme zu den Thesen von Kruse wird gezeigt werden, daß diese in vielfacher Hinsicht mit der modernen Forschung mehrerer Humanwissenschaften, u. a. der philosophischen Anthropologie, im Einklang stehen. Am Modellfall des Notwehrrechts soll dargelegt werden, daß das Werk von Kruse nicht nur bei den Bemühungen um die theoretische Begründung des Rechts, sondern vor allem auch für die Praxis, insbesondere bei der Lösung umstrittener Rechtsfragen, eine wertvolle Hilfe sein kann.

[3] Erkenntnis und Wertung, 1960.

ERSTER TEIL

Kritik am geltenden und geplanten Rechtszustand

A. Das geltende Recht

I. Die „sozialethischen Tendenzen" in Rechtsprechung und Lehre

Wie bereits angedeutet, war früher lange Zeit die Meinung herrschend, § 53 StGB sei nichts anderes als die Legalisierung des Grundsatzes, daß das Recht dem Unrecht nicht zu weichen braucht[1]. Die Bedeutung dieses „extrem-liberalistischen" (*Maurach*) Grundsatzes liegt darin, daß er den in einer Notwehrlage Angegriffenen dazu ermächtigt, jedem rechtswidrigen Angriff notfalls mit den härtesten Mitteln, d. h. u. U. auch durch Tötung des Angreifers, zu begegnen, ohne Rücksicht darauf, von wem der Angriff geführt wird und gegen welches Rechtsgut er sich richtet.

Bereits in der zweiten Hälfte des 19. Jahrhunderts hatten sich gegen diese weite Fassung des Notwehrrechts leidenschaftliche Stimmen der Kritik erhoben. Man empfand es als Unrecht, daß das „schneidige Notwehrrecht" mit der möglichen Folge der Tötung auch in jenen Fällen zum Zuge kommen sollte, in denen sich der Angegriffene schuldlos handelnden Tätern, Kindern oder kleinen Dieben gegenüber sah, die es lediglich auf geringwertige Sachen abgesehen hatten. Namhafte Juristen, wie z. B. *Geyer*[2], *v. Buri*[3], *H. A. Fischer*[4], zu *Dohna*[5] und *Oetker*[6], gingen in diesem Zusammenhang sogar so weit, die geltende Fassung des Notwehrrechts, soweit sie als Ausdruck des erwähnten Grundsatzes verstanden wurde, als „Totschlägermoral", „Sanktionierung des Totschlags", als einen „mit Blut geschriebenen Paragraphen" oder als „Verhöhnung von Recht und Kultur" zu bezeichnen. Zu Beginn dieses Jahrhunderts haben sich zahlreiche Monographien, Dissertationen und Aufsätze mit diesem Problem befaßt. Die Mehrzahl von ihnen forderte eine Milderung des

---

[1] Vgl. u. a.: *Levita*, a. a. O., S. 220 ff.; *A. Geyer*, S. 38 ff.; *K. Janka*, S. 70 ff.; *Berner*, S. 144 ff.

[2] Holzendorffs Handbuch des Strafrechts, S. 94.

[3] Notstand und Notwehr, GS 1878, 461 ff.

[4] Die Rechtswidrigkeit . . ., S. 202 ff.

[5] ZStW 33, 125 ff.

[6] VDA II, S. 294 ff.

Notwehrrechts[7]. Auch die Amtlichen Entwürfe eines Allgemeinen Deutschen Strafgesetzbuches von 1925 und 1927 versuchten durch zwei voneinander abweichende Bestimmungen der Kritik am geltenden Notwehrrecht Rechnung zu tragen[8].

Demgegenüber hielt sich die Rechtsprechung gegenüber den Einschränkungsbestrebungen meist zurück. Manche Entscheidungen lehnten sie sogar ausdrücklich ab, während Entscheidungen, die eine Einschränkung des Notwehrrechts befürworteten, äußerst selten waren. Auch in der Lehre fehlte es nicht an Stimmen, die vor einer Änderung des bisher geltenden Notwehrrechts mit besonderem Nachdruck warnten[9]. So wandte sich z. B. *Kohlrausch* besonders scharf gegen eine „Moralisierung gegenüber einer Situation, in der von keinem Täter, der das Herz auf dem richtigen Fleck hat, verlangt werden kann, daß er Moralerwägungen angestellt habe".

Nach dem zweiten Weltkrieg gab die Rechtsprechung ihre Zurückhaltung auf. In zahlreichen Entscheidungen hat sie sich inzwischen für eine Einschränkung des Notwehrrechts ausgesprochen und dabei bereits de lege lata sozialethische Forderungen verwirklicht, die die Vertreter der Lehre vielfach erst de lege ferenda durchgesetzt sehen wollten oder wollen. So muß geradezu von einer herrschenden Meinung gesprochen werden, die den in § 24 E 1927 enthaltenen Grundsatz anerkennt, daß der von der Verteidigung zu erwartende Schaden nicht außer Verhältnis zu dem durch den Angriff drohenden Schaden stehen darf. Vermindert zurechnungsfähigen, fahrlässig handelnden oder irrenden, sowie menschlich nahestehenden Tätern gegenüber verlangt die Rechtsprechung bei der Ausübung des Notwehrrechts vielfach eine besondere — in ihren Einzelheiten unten beschriebene — Rücksichtnahme. Verhältnismäßig groß ist die Zahl der Entscheidungen, die dem Angegriffenen die gleichen Beschränkungen im Falle schuldhafter Provokation des Angriffs auferlegen.

Die Lehre ist der Rechtsprechung — wenn auch vielfach mit abweichenden Begründungen — im Ergebnis weitgehend gefolgt. Allerdings

---

[7] So u. a.: *A. Löffler*, ZgStrW 21, 537 ff.; *L. Ahsbahs*, S. 62; *H. v. Ferneck*, Bd. II, S. 128 ff.; *v. Bar*, S. 188 ff. (mit Einschränkung); *Frank*, S. 259; *A. Baumgarten*, S. 116 ff.; *F. Jesse*, S. 50; *A. Schmitz*, S. 41 ff.; *O. Eisenmann*, S. 24 ff.; *R. Rathke*, S. 33 ff.; *A. Uttelbach*, S. 48 ff., 90 ff.

[8] § 21 E 1925 machte die Gewährung des Notwehrrechts davon abhängig, daß der Angegriffene sich „in einer den Umständen angemessenen Weise verteidigt". Da diese Fassung überwiegend als zu allgemein und unbestimmt angesehen wurde, war § 24 E 1927 konkreter gehalten: Der geltende § 53 StGB wurde mit der Maßgabe eingeschränkt, daß „der von der Verteidigung zu erwartende Schaden nicht außer Verhältnis zu dem durch den Angriff drohenden Schaden steht".

[9] So u. a. *Kohlrausch*, S. 19; *Schollmeyer*, S. 4 ff.; *Vordemann*, S. 47 ff.; *G. Balke*, S. 3 ff., 32 ff.

gibt es auch heute noch gewichtige Stimmen, die den „sozialethischen Tendenzen" der Rechtsprechung mit Skepsis oder gar mit Ablehnung gegenüberstehen.

Bei den Versuchen, das Notwehrrecht in der genannten Weise einzuschränken, zeichnet sich das jeweils mehr oder weniger hervorgehobene Bestreben ab, zwischen zwei Hauptgruppen von Notwehrfällen zu unterscheiden: Die eine Gruppe, die im folgenden zuerst erörtert wird, bilden die Notwehrfälle, in denen sich der Notwehrberechtigte dem Angriff von sog. böswilligen Angreifern gegenübersieht. Bei diesem Typ von Angreifern handelt es sich um die eigentlichen „Rechtsfeinde", die es bei ihrem Angriff bewußt auf eine Schädigung des Angegriffenen absehen, ohne in irgendeiner Form etwas zu ihrer Entschuldigung vorbringen zu können. Es liegt in der Natur der Sache, daß ihnen gegenüber die Rechtspraxis noch am stärksten mit einer Einschränkung des Notwehrrechts zurückhält. Zu der anderen Gruppe gehören jene Notwehrfälle, in denen den Angreifer entweder kein oder nur ein geminderter Schuldvorwurf für sein Verhalten trifft oder in denen sonstige besondere Gründe eine mildere Beurteilung des Angreifers rechtfertigen. Diese Fälle sind am ehesten geeignet, den Angegriffenen zur Rücksichtnahme auf den Angreifer zu verpflichten. Und in der Tat gehen hier die Einschränkungstendenzen in Rechtsprechung und Lehre am weitesten.

1. Notwehr gegen böswillige Angreifer

Trotz der hier allgemein zu beobachtenden Zurückhaltung (s. o.) finden sich zahlreiche Entscheidungen, in denen auch dieser Tätergruppe gegenüber der Angegriffene in seinem Notwehrrecht beschränkt wird. Konkret wirkt sich dies dahingehend aus, daß der Angegriffene unter bestimmten Voraussetzungen entweder zur Duldung eines geringfügigen Angriffs (a), zum Ausweichen (b) oder zur Inanspruchnahme fremder Hilfe (c) verpflichtet wird.

a) Pflicht zur Duldung geringfügiger Angriffe?

An sich wird in Rechtsprechung und Lehre der Grundsatz anerkannt, daß zwischen dem durch den Angriff bedrohten und dem durch die Verteidigung verletzten Rechtsgut keine Verhältnismäßigkeit zu bestehen brauche. Jedes Rechtsgut wird für wertvoll genug befunden, bis zur letzten Konsequenz verteidigt zu werden. Noch das RG hatte diesem Grundsatz nach anfänglichem Schwanken ausnahmslose Geltung zugesprochen. Nach dem 2. Weltkrieg hat sich jedoch die Auffassung durchgesetzt, daß dieses harte Notwehrprinzip ausnahmsweise dann nicht mehr gelte, wenn der Notwehrberechtigte einen geringfügigen Angriff nur durch Tötung oder schwere Verletzung des Angreifers abwehren könne. In chronologischer Reihenfolge seien die folgenden Entscheidungen mitgeteilt:

In *RG 23, 117* hatte ein Gastwirt mit einem Revolver auf Gäste geschossen, die sich mit Bierkrügen gegen tätliche Angriffe anderer Gäste wehrten. Das RG verurteilte den Gastwirt, weil die sich mit Bierkrügen wehrenden Gäste in einer Notstandslage gewesen wären. In einem obiter dicta führte es weiterhin aus, daß die zum Schutze seines Eigentums abgefeuerten Revolverschüsse auch in einer unterstellten Notwehrsituation nicht gerechtfertigt gewesen wären, da die hierdurch verursachten Körperverletzungen in einem nicht zu billigenden Mißverhältnis zu dem dem Gastwirt drohenden Verlust gestanden hätten.

In *RG 55, 82 ff.* hatte der Angeklagte A zwei Obstdiebe, die mit dem von seinen Obstbäumen entwendeten Obst fliehen wollten, vergeblich zum Stehenbleiben aufgefordert. Darauf gab A auf die Fliehenden einen Schrotschuß ab und verletzte einen von ihnen nicht unerheblich. Das RG sprach gemäß § 53 StGB den Angeklagten frei, da dieser nur in der von ihm gewählten Form das Obst hätte sicherstellen können. Das Wertverhältnis zwischen dem zu verteidigenden Gut und der dem Angreifer wegen Notwehr drohenden Verletzung sei im Rahmen des § 53 StGB unerheblich. Von dem Angegriffenen solch eine Wertabwägung in einem Augenblick zu fordern, in dem rascher Entschluß und rasches Handeln geboten sein könne, übersteige das Maß des für diesen Zumutbaren.

Gegen dieses Urteil wandte sich nach dem Kriege erstmals das *OLG Stuttgart (DRZ 49, 42 ff.* mit Anmerkung von *Gallas).* Zwar haben *Gallas* (a. a. O.) und *Eb. Schmidt*[10] zu Recht darauf hingewiesen, daß der dieser Entscheidung zugrundeliegende Sachverhalt entgegen der Annahme des OLG Stuttgart nicht nach § 53 StGB, sondern nach § 127 StPO als Fall des Festnahmerechts zu beurteilen gewesen sei. Da der Sachverhalt bei entsprechender Änderung auch als Notwehrsituation gedacht werden könnte und in ihm das hier erörterte Problem besonders kraß zum Ausdruck kommt, sei die Entscheidung hier kurz wiedergegeben:

Ein Dieb war erschossen worden, als er mit einem von ihm entwendeten Glas Rübenkraut im Werte von 0,10 RM zu fliehen versuchte. Das OLG Stuttgart lehnte es ab, dem Angeklagten das Notwehrrecht zuzubilligen, da die Vernichtung eines Menschenlebens um eines geringwertigen Vermögensgegenstandes willen bei verständiger Auslegung des § 53 StGB nicht zugelassen werden könne. „Das gesunde Rechtsgefühl müßte es beleidigen, wenn man zwar einen wertvollen Hund, der mit einem wertlosen Stück Fleisch davonläuft, nicht töten dürfte (§ 228 BGB), wohl aber einen Menschen, der eine derart wertlose Sache wegnimmt und nicht anders abgewehrt werden kann." Das „Schießen auf einen wegen Diebstahls von Pfennigwerten verfolgten Täter" sei „ein solch grober Verstoß gegen das Naturrecht", daß selbst ein Irrtum hierüber keine Beachtung finden könne.

In einer Entscheidung des *Bayer. ObLG NJW 54, 1377* hatte eine Frau ein Pfandrecht an einem Huhn eines Nachbarn erworben, das sich auf ihr Grundstück verirrt hatte. Als am Tage darauf ein Polizist ihr das Huhn

---

[10] Niederschriften Bd. II, Anh. 21, S. 55.

gegen ihren Willen wieder abnehmen wollte, griff sie in ihrer „Not“ zu einer Axt und versetzte mit derem stumpfen Teil dem Polizisten einen Schlag auf den Hinterkopf, wodurch dieser verletzt wurde. Das Bayer. Oberste Landesgericht verurteilte die Angeklagte, weil sie das ihr zustehende Notwehrrecht überschritten habe. Der Axtschlag sei zwar als Notwehrmaßnahme „erforderlich“ gewesen, aber auch eine an sich „erforderliche“ Notwehrmaßnahme finde ihre Grenzen in dem Gedanken des Rechtsmißbrauchs. Von Rechtsmißbrauch müsse gesprochen werden, wenn und soweit für das an den guten Sitten und dem Grundsatz von Treu und Glauben auszurichtende Rechtsempfinden ein unerträgliches Mißverhältnis zwischen dem Wert und der Gefährdung des zu schützenden und dem Wert und dem Maß der Schädigung des zu verletzenden Rechtsguts bestehe. Ein solcher Rechtsmißbrauch habe hier vorgelegen, da es mit dem Rechtsempfinden nicht in Einklang zu bringen wäre, wenn man um des Schutzes eines so geringwertigen und außerdem durch einen Schadensersatzanspruch gesicherten Rechtsgutes willen zulassen würde, daß der Angreifer mit der Axt an Leib und Leben ernstlich gefährdet würde.

Der *BGH* hat diesen Standpunkt über die Grenzen des Notwehrrechts erstmals in der Entscheidung *LM § 53 Nr. 3 = MDR 56, 372* ausdrücklich gebilligt.

In dem dieser Entscheidung zugrundeliegenden Sachverhalt war es zwischen zwei Wirtshausgästen (A und B) zu einem Wortwechsel gekommen. Als B hierbei eine A mißfallende Bemerkung machte, forderte A den B auf, diese Äußerung zu wiederholen. B, der stark angeheitert war, tat dies, wobei er gleichzeitig dem A seine linke Hand kräftig auf die Schultern legte. Obwohl A erkannte, daß B nicht die Absicht hatte, weiterhin tätlich zu werden, schlug er dem B, ohne ihn vorher aufzufordern, die Hand wegzunehmen, mit der Faust ins Gesicht, so daß dessen Brille zerbrach und B durch einen hierbei eindringenden Splitter ein Auge verlor. Nachdem der BGH die „Erforderlichkeit“ des Faustschlags verneint hatte, untersuchte er abschließend die Frage, ob möglicherweise ein Verbotsirrtum des A über die Mißbräuchlichkeit seiner Abwehrhandlung in Betracht komme: Grundsätzlich brauche zwar im Rahmen des § 53 StGB keine Verhältnismäßigkeit zwischen den betroffenen Rechtsgütern zu bestehen. Aber auch für das Notwehrrecht gelte der „allgemeine Rechtsgrundsatz, der jeden Mißbrauch eines Rechts untersagt“. Der Täter könne sich deshalb nicht auf § 53 StGB berufen, wenn sein Verhalten — wie hier — völlig maßlos und deshalb mit dem Rechtsempfinden nicht zu vereinbaren sei.

In einem weiteren, durch das *Bayr. ObLG* entschiedenen Fall *(NJW 1965, 163)* hatte ein Grundstückseigentümer Wanderern, die einen über sein Grundstück führenden Weg benutzen wollten, das Betreten des Weges untersagt. Als diese seiner Aufforderung nicht Folge leisteten, drohte er ihnen, mit Schußwaffen und Hunden gegen sie vorzugehen. Die Wanderer befanden sich im guten Glauben an die Öffentlichkeit des Weges, wobei sie sich nicht nur darauf berufen konnten, daß der Weg nicht als Privatweg gekennzeichnet war, sondern auch darauf, daß er in der amtlichen Wanderkarte als öffentlicher Wanderweg ausgewiesen war.

Das Bayr. ObLG sah die Voraussetzungen der §§ 859 BGB und § 53 StGB u. a. mit der folgenden Begründung als nicht gegeben an: Zwar sei die Drohung nach beiden Vorschriften eine „erforderliche" Abwehrmaßnahme gewesen. Sie müsse aber als „rechtsmißbräuchlich" angesehen werden, was aus dem auch im Strafrecht geltenden allgemeinen Rechtsgedanken folge, daß die Ausübung und damit auch die Verteidigung eines Rechts sich stets in den Grenzen von Treu und Glauben und den guten Sitten halten müsse. Dieser Gedanke zeige seine Wirkung vor allem in solchen Notwehrfällen, in denen der durch die Verteidigung hervorgerufene Schaden, der auch in Gestalt einer Drohung beachtlich sei, in einem Mißverhältnis zu dem drohenden Schaden stehe. Ein solches Mißverhältnis habe hier bestanden: Während die Wanderer den Besitz „nur denkbar geringfügig" beeinträchtigt hätten, seien seine Drohungen „höchst massiv" gewesen.

Die Lehre folgt der Rechtsprechung im Ergebnis weitgehend, bei der Begründung dieses Ergebnisses werden jedoch vielfach abweichende Ansichten vertreten.

Soweit sie der Rechtsprechung folgt[11], berücksichtigt sie den Gedanken des Rechtsmißbrauchs z. T. im Rahmen des Tatbestandsmerkmals *„erforderlich"*[12].

Oetker[13] versuchte die sozialethische Begrenzung des § 53 StGB in diesem Zusammenhang dadurch zu begründen, daß er zwischen der eigentlichen Notwehr und der sog. *Unfugabwehr* unterschied und auf letztere § 53 StGB für nicht anwendbar erklärte. Hierdurch wollte er verhindern, daß das „schneidige" Notwehrrecht auch bei solchen rechtswidrigen Angriffen zum Zuge kommt, die von der Sitte als bloße Ungehörigkeit gewertet würden. Aus diesem Grunde hält *Oetker* es für ungerechtfertigt, wenn sich der „Angegriffene" z. B. gegen Schneeballwürfe oder Vordrängeln in der Straßenbahn mit Revolverschüssen wehrt, selbst wenn sich dies als „erforderlich" erweisen sollte. Zwar seien die von ihm als Ungehörigkeit bezeichneten Beeinträchtigungen an sich auch Verletzungen fremder Rechtsgüter und damit rechtswidrige Angriffe im Sinne des § 53 StGB. *Oetker* meinte jedoch, daß diese Feststellung einer Einschränkung des Notwehrrechts nicht entgegenstehe: Zwar lehre nicht das Gesetz die von ihm befürwortete Einschränkung, „aber ganz sicher unser Rechtsbewußtsein".

---

[11] *Gallas,* DRZ 1949, 43; *Schaffstein,* MDR 52, 132 ff.; *LK-Jagusch,* § 53 Anm. 2 d (u. Berufung auf sozialethische Gründe); *Schönke-Schröder,* § 53 Anm. III 2 c; *Mezger-Blei,* S. 117; *Welzel,* § 14 II 2; *Schwarz-Dreher,* § 53 Anm. 2 C b; *Sauer,* S. 122.

[12] *Schönke-Schröder,* § 53 a. a. O.; *Schwarz-Dreher,* a. a. O.; *Maurach,* AT § 26 II B 2.

[13] VDA II, S. 287 ff.; 294 ff.; Festgabe f. Frank, I 360 ff.; dieser Ansicht folgen heute noch: *Welzel,* Lehrbuch § 14 II 2; *H. Mayer,* S. 204; *LK-Jagusch,* § 53 A. 3 f.

Henkel[14] erblickt in dem Begriff der *Zumutbarkeit* ein „sozialethisches Regulativ", das es uns ermögliche, dem Notwehrrecht seine nicht mehr tragbare Härte zu nehmen: Auf Grund der heute stärker empfundenen sozialen Verpflichtungen der Rechtsgenossen untereinander müsse sich der Angegriffene solche Beschränkungen seines Notwehrrechts gefallen lassen, die ihm nach den herrschenden sozialethischen Anschauungen zugemutet werden können.

H. Mayer will das „schneidige Notwehrrecht" nur solchen Angreifern gegenüber zulassen, die den *öffentlichen Frieden gefährden*[15]. Dies sei nicht der Fall bei Angriffen auf ideelle Rechtsgüter, z. B. die Ehre. Niemand dürfe seine zänkische Frau erschlagen, weil er anders ihren Redefluß nicht hemmen kann.

Eine sich in letzter Zeit wachsender Zustimmung erfreuende Auffassung[16] will die hier in Rede stehenden (wie auch die unter II 2 zu besprechenden) Einschränkungen des Notwehrrechts aus dem Merkmal *„geboten"* des § 53 Abs. I StGB ableiten.

Nach dieser Ansicht, die erstmals von *Kohlrausch-Lange* entwikkelt worden ist, eröffnet das Merkmal „geboten" bereits de lege lata die Möglichkeit, das Notwehrrecht sozialethisch zu begrenzen: Notwehr sei nicht geboten, wenn zum Schutze eines geringwertigen Rechtsguts ein Menschenleben vernichtet werde. Denn auch ein gebilligter Zweck dürfe nur mit angemessenen Mitteln verfolgt werden. Der positive, formelle Rechtfertigungsgrund des Notwehrrechts finde seinen Grund und seine Grenze in diesem übergreifenden materiellen Prinzip („Zwecktheorie"; *Kohlrausch-Lange* a. a. O.). *Baumann* hat sich dieser Ansicht angeschlossen (a. a. O.), weil sie im Gegensatz zu allen anderen Lösungsversuchen in rechtlich einwandfreier Form die Möglichkeit biete, die unerträglichen Fälle bloßer Unfugabwehr oder der Verletzung wichtigster Rechtsgüter um einer Nichtigkeit willen aus dem Bereiche der Rechtfertigung auszuschließen, ohne dabei eine strenge und vom Rechtsgut her festgelegte Güterabwägung einzuhandeln, deren Durchführung im Notwehrrecht zu unzumutbaren Konsequenzen für den Angegriffenen und die Rechtsordnung führen würde. *Roxin* (a. a. O.) sieht in dem Merkmal „geboten" einen gesetzlichen Anknüpfungspunkt, durch den dem Gedanken des Rechtsmißbrauchs auch im Notwehrrecht Geltung verschafft werden könne. Dieses Mißbrauchsprinzip stelle eine immanente Schranke aller Rechte dar, die ihren konkreten Inhalt aus der Besonderheit der jeweiligen Sachgegebenheiten erhalte. Eine Notwehrhandlung sei nicht geboten und deshalb rechtswidrig, wenn sie gegen dieses Prinzip verstoße (vgl. a. u. S. 25, 31 f.).

[14] Zumutbarkeit etc., S. 271 ff.

[15] a. a. O., S. 203.

[16] *Baumann*, AT S. 268 ff.; MDR 62, 349; *Kohlrausch-Lange*, § 53 II; *Roxin*, a. a. O., S. 556; *Gribbohm, S. 158.*

b) Pflicht zum Ausweichen?

Grundsätzlich halten Rechtsprechung und Lehre den Angegriffenen in einer Notwehrsituation für berechtigt, sich dem Angriff zu stellen und ihn abzuwehren. Von diesem Grundsatz hat bereits das RG in einer frühen Entscheidung insoweit eine Ausnahme zugelassen, als es den Angegriffenen unter bestimmten Voraussetzungen für verpflichtet erklärte, dem Angreifer auszuweichen. Dem ist die spätere Rechtsprechung, von einer Ausnahme abgesehen, gefolgt, sie hat hierbei jedoch zwischen den Fällen unterschieden, in denen der Angriff bereits begonnen hatte oder unmittelbar bevorstand, und jenen, in denen sich der Angegriffene in eine gefährliche Situation begab, in der u. U. ein *Angriff zu erwarten* war.

aa) In den zuletzt genannten Fällen unterwirft die Rechtsprechung das Notwehrrecht keiner Einschränkung. So erklärte es das Reichsgericht in *RG JW 26, 1171* im Rahmen des § 53 StGB für unerheblich, daß der Angegriffene sich in eine Wirtschaft begeben hatte, obwohl dort mit Streit und Tätlichkeiten anderer Gäste zu rechnen war. Zur Begründung führte das RG an, daß die Rechtswidrigkeit eines Angriffs nicht dadurch beseitigt werde, daß der Verteidiger diesen „schuldhaft“ veranlaßt habe.

In *RG 65, 163* hatten die Angeklagten auf dem Heimweg auf einer vor ihnen liegenden Straße bemerkt, wie eine Gruppe von Leuten gegenüber Passanten tätlich wurde. Statt einen anderen Weg zu wählen, auf dem sie ebensogut in ihre Wohnung hätten gelangen können, setzten sie ihren Weg mit schußbereiten Waffen fort. Darauf kam es zu einer Schlägerei und Schießerei. Das RG verneinte die Frage, ob sich die Angeklagten gemäß § 227 StGB schuldig gemacht hätten. Ebensowenig wie in § 53 StGB vom Angegriffenen könne im Rahmen des § 227 StGB von dem Gefährdeten verlangt werden, einem möglichen rechtswidrigen Angriff aus dem Wege zu gehen. Sich nicht ohne Not in Gefahr zu begeben, möge vom Standpunkt der Selbsterhaltung rätlich sein; der allgemeine Rechtsfriede verlange keine so weit gehende Rücksichtnahme auf etwaige Friedensstörer. Diese Entscheidung ist vom BGH in einer jüngst ergangenen Entscheidung zu § 53 StGB ausdrücklich bestätigt worden (GA 1965, 147; s. u.: b).

bb) In den Fällen, in denen der Angriff bereits *begonnen* hat oder *unmittelbar bevorsteht*, hat bereits das Reichsgericht in *RG 16, 69 ff., 72* das Notwehrrecht dahingehend eingeschränkt, daß der Angegriffene dem Angriff auszuweichen habe, wenn ihm dies ohne Aufopferung berechtigter Interessen, u. a. der Ehre (keine „schimpfliche Flucht“!), möglich sei. Es bilde ein wohlberechtigtes Interesse der Rechtsordnung, daß auch der rechtswidrig Angegriffene einen seinerseits erfolgenden Verstoß gegen das Strafgesetzbuch unterlasse, wenn das Recht auf Schutz ohne jedes Opfer durch Ausweichen gesichert werden könne.

In dem dieser Entscheidung zugrundeliegenden Sachverhalt war es um eine tätliche Auseinandersetzung zwischen zwei Menschengruppen gegangen. Als die eine sich in ihr Haus zurückziehen wollte, wurde sie von ihren Gegnern („den L-ern") mit Steinen beworfen. Darauf holte einer der Angegriffenen aus dem Haus ein Schlachtmesser, worauf sich die Gegner um 200 m zurückzogen. Das gegenseitige Steinewerfen begann darauf von neuem. Schließlich „wollten die L-er es wissen" und rückten mit erhobener Runge und lautem Geschrei „Wir schlagen den Hund tot!" auf ihre Gegner zu. Als ein „L-er" mit seiner Runge auf einen „S-er" losschlagen wollte, bückte sich dieser und stach mit dem Messer nach seinem Gegner. Das RG erklärte es für fraglich, ob der angeklagte Messerstecher, als er das Vordringen der „L-er" wahrnahm, sich noch hätte zurückziehen können, ohne sich dem Spott und den Beschimpfungen oder weiteren, noch gefährlicheren Angriffen der Gegner auszusetzen.

Im Widerspruch zu dieser Entscheidung steht eine in *GA 46, 31* abgedruckte Entscheidung des Reichsgerichts.

Hier hatte die Strafkammer den Angeklagten, der sich einem rechtswidrigen Angriff gegenübergesehen und sich mit dem Wurf eines Backsteines auf den Angreifer gewehrt hatte, entgegengehalten, er hätte sich dem Angriff durch die Flucht entziehen können, weshalb die Abwehr nicht als „erforderlich" anzusehen sei. Das RG erblickte in dieser Begründung der Strafkammer einen Widerspruch, da von demjenigen, der einem Angriff ausweiche, „unmöglich" gesagt werden könne, „daß er sich gegen denselben verteidige". Auch wenn man sich auf den Boden der Entscheidung RG 16, 69 ff. stelle, dürfe nicht außer acht gelassen werden, daß die Frage einer möglichen Interessenverletzung sorgfältig geprüft werde.

Ungeachtet der in dieser Entscheidung zu findenden Bedenken hat die weitere ständige Rechtsprechung des RG und des BGH die in RG 16, 69 ff. ausgesprochene Ausweichpflicht bei mangelnder Interessen- und Ehrverletzung immer wieder bestätigt und gleichzeitig zum Ausdruck gebracht, daß Verletzungshandlungen, die trotz einer solchen Ausweichpflicht begangen würden, als nicht „erforderlich" anzusehen seien. Dabei ist allerdings nicht zu verkennen, daß die erwähnten Urteile zwar immer wieder formelhaft den vom RG begründeten Ausweichgrundsatz verwendeten, in keinem Fall jedoch konkret ein Ausweichen gegenüber „böswilligen" Angreifern verlangt haben. Vielmehr wurde dieser Grundsatz stets nur zur Begründung einer Ausweichpflicht in solchen Fällen herangezogen, in denen aus besonderen Gründen auf die Person des Angreifers Rücksicht zu nehmen war (s. u. A I 3) oder die Interessen Dritter durch eine Abwehr berührt worden waren (BGH 5, 245 ff.: „Sünderin-Fall"). Dies zeigt sich auch bei der zuletzt ergangenen Entscheidung des *BGH GA 65, 147 ff.*, dem folgender Sachverhalt zugrundeliegt:

A hatte in der Gastwirtschaft mit S einen vorwiegend von diesem verursachten Streit gehabt. Später verließ S das Lokal, hielt sich aber noch über eine Stunde in dessen Nähe auf, um dem A aufzulauern. Als A, der dies bemerkt hatte, „nach langem Zuwarten" zu später Stunde ebenfalls das Lokal verließ, stürzte sich S mit dem Ruf auf A: „Ich bringe dich um!" Eine Frau, die ihn hieran hindern wollte, stieß er zu Boden. Als S sich A auf 4,5 m genähert hatte, versuchte ihn A mit einem Warnschuß und dem Ruf: „Halt! Keinen Schritt weiter!" am weiteren Vordringen zu hindern. Aber auch diese Warnung verfehlte ihre Wirkung. Als S auf 2 m herangekommen war, schoß A, der befürchtete, S führe ein Messer bei sich, auf dessen Oberkörper, wobei S tötlich getroffen wurde.

Das BGH sprach A frei. Er begründete dies u. a. damit, daß A dadurch, daß er nicht die Möglichkeit genutzt habe, dem noch nicht begonnenen Angriff überhaupt aus dem Wege zu gehen, sein Notwehrrecht nicht „verwirkt" habe, da er zum Ausweichen nicht verpflichtet gewesen sei (RG 65, 163). Ihm sei auch kein Vorwurf daraus zu machen, daß er die Möglichkeit ungenutzt ließ, durch weiteres „Zuwarten" und Beanspruchung fremder Hilfe der Gefahr eines Angriffs zu entgehen. Soweit die Einschaltung der Polizei in Betracht gekommen wäre, habe es sich um eine nicht ohne weiteres greifbare Möglichkeit gehandelt. Schließlich habe von A auch nicht verlangt werden können, sich dem begonnenen Angriff durch eine regelrechte Flucht zu entziehen. Zwischen ihm und S habe nur eine ziemlich lockere Wirtshausbekanntschaft bestanden. S sei auch nicht in der Zurechnungsfähigkeit erheblich gemindert gewesen (1,3‰). Dem Angreifer durch schimpfliche Flucht aus dem Wege zu gehen, sei niemand verpflichtet, und als schimpflich habe A, der schon vorher durch sein langes Zuwarten viel Nachgiebigkeit gezeigt habe, sein Davonlaufen in dieser Lage mit Grund empfunden, „zumal in Gegenwart einer Frau".

Das Schrifttum hält den Ausweichgrundsatz der Rechtsprechung z. T. für zu weitgehend. *H. Mayer*[17] wendet ihm gegenüber ein, daß das Gesetz von einer solchen sozialethischen Einschränkung des Notwehrrechts „nichts wisse". Die Formel von der schimpflichen Flucht sei zudem unbrauchbar. *Schröder*[18] meint, daß diese Formel nur Geltung beanspruchen könne, wenn die „Rechtsordnung der Bewährung durch Ausübung des Notwehrrechts in der fraglichen Art" nicht bedürfe. Die Rechtsprechung lasse diesen zuletzt genannten Gesichtspunkt außer acht und verkenne hierbei, daß das Notwehrrecht nicht nur dem Schutz von Individualinteressen, sondern zugleich der Bewährung der Rechtsordnung im ganzen diene. Schröder hält deshalb eine Pflicht zum Ausweichen ohne besondere Gefahr nur dann für gerechtfertigt, wenn sich der Notwehrberechtigte dem Angriff eines Geisteskranken, Kindes oder Irrenden gegenübersehe[19].

---

[17] a. a. O., S. 199 ff.

[18] *Schönke-Schröder*, § 53 Nr. 19; JR 1962, 187.

[19] Im Ergebnis ebenso: *A. Wegner*, S. 122; *Schwarz-Dreher*, § 53 Anm. 2 C a; *Maurach*, AT § 26 II B 2; *Mezger-Blei*, AT S. 117.

Besondere Erwähnung verdient ein wenig beachtetes Argument von *Oetker*[20]. *Oetker* sprach sich deshalb „entschieden" gegen eine Anwendung der durch RG 16, 69 ff. begründeten, dem Gesetz aber unbekannten Ausweichformel auf zurechnungsfähige Angreifer aus, weil eine Schonung derselben dadurch, daß der Angegriffene „in der Freiheit seines Tuns und Lassens beschränkt" werde, nicht zu rechtfertigen sei.

Eine Mindermeinung folgt demgegenüber der Rechtsprechung, wobei sich die Begründung entweder auf das Verbot des Rechtsmißbrauchs[21], das Merkmal „geboten"[22] oder unmittelbar auf die Volksmoral[23] stützt.

c) Pflicht zur Inanspruchnahme der Hilfe Dritter

Die Pflicht zur Inanspruchnahme fremder Hilfe kann für den Angegriffenen verschiedene Folgen haben. Steht die Hilfe Dritter unmittelbar zur Verfügung, so tritt durch ihre Inanspruchnahme in der Abwehr keine merkliche Verzögerung ein. Da die Abwehrmöglichkeiten zudem in ihrer Wirkung durch die fremde Unterstützung nur verstärkt werden, entstehen dem Angegriffenen bei der Erfüllung der erwähnten Pflicht keine Nachteile. Anders verhält es sich, wenn die Unterstützung Dritter nicht unmittelbar zur Verfügung steht, sondern erst herbeigerufen werden muß. In diesem Fall wird dem Angegriffenen — wie die nachfolgenden Beispiele zeigen — u. U. zugemutet, den Angriff bis zum Eintreffen der Hilfe zu dulden.

aa) In dem zuerst genannten Fall ist nach einhelliger Rechtsprechung eine Verteidigungsmaßnahme als nicht „erforderlich" anzusehen, die der Angegriffene unter Verzicht auf diese Hilfe durchführt, und die dem Angreifer einen größeren Schaden zufügt, als diesem entstanden wäre, wenn sich der Angegriffene bei der Durchführung der Verteidigung der bereitstehenden Hilfe bedient hätte[24].

bb) Die Meinungen gehen auseinander, wo es sich um Fälle handelt, in denen die Unterstützung der Polizei oder sonstiger Dritter *„nicht parat"* ist, sondern erst *herbeigeholt* werden muß und der Angegriffene in der Zwischenzeit den bereits begonnenen Angriff über sich ergehen lassen muß. Zwar wird in Fällen, in denen der Angriff besonders massiv ist und seine Hinnahme auch nur für ein paar Minuten zu einer schweren Schädigung des Angegriffenen führen würde, an einer unbegrenzten Notwehrberechtigung allgemein

---

[20] VDA II S. 281 ff.

[21] *Welzel*, Lb. § 14 II 2.

[22] *Kohlrausch-Lange*, § 53 Anm. II.

[23] *LK-Jagusch*, § 53 Anm. 3 e aa: „Einschränkungen der Rechtsausübung, welche" — wie hier — „die Volksmoral erfordert, sind unmittelbar Rechtens."

[24] RG 32, 391; 45, 244; 66, 244; 71, 133.

nicht gezweifelt. Bestritten ist jedoch die Beurteilung der Fälle, in denen einerseits dem Angegriffenen durch die kurzweilige Erduldung des Angriffs ein ganz geringes Opfer abverlangt würde und andererseits eine sofortige Abwehr des Angriffs nur durch eine besonders schwere Schädigung oder gar Tötung des Angreifers erreicht werden könnte.

Hierzu sind zwei — zumindest in ihren grundsätzlichen Feststellungen — einander widersprechende Urteile des Reichsgerichts ergangen:

In *RG 32, 391 ff.* hatten die Angeklagten die beim widerrechtlichen Fischen betroffenen J., L., V. und S. dadurch von dem Fischgebiet zu vertreiben versucht, daß sie Drohungen wie „man würde ihnen die Knochen kaputt schlagen, sie im Wasser ersäufen etc., wenn sie sich nicht aus dem Wasser entfernten" gegen sie ausstießen. Das Vorgericht hatte diese Drohungen nicht als „erforderlich" im Sinne des § 53 II StGB angesehen, weil die Angeklagten ja polizeiliche oder gerichtliche Hilfe hätten in Anspruch nehmen können. Das RG ist dem mit der Begründung begegnet, daß nur dann, wenn die obrigkeitliche Hilfe „eine parate" sei, wenn sie dem Angegriffenen sofort zur Verfügung stehe, ohne daß er an der Wahrnehmung seiner berechtigten Interessen Opfer zu bringen hätte, die ausschließliche Benutzung dieses Mittels gefordert werden könne. Im konkreten Fall, in dem fremde Hilfe nicht unmittelbar verfügbar war, wäre der Angegriffene sogar zur Anwendung physischer Gewalt gegen die beim Fischen Betroffenen berechtigt gewesen.

In *RG 72, 57* ging es darum, ob ein Wohnungsinhaber einem Mann gegenüber, den er zunächst als Gast gelitten, dann aber vergeblich zum Verlassen der Wohnung aufgefordert hatte, sein Wohnungsrecht in der Weise behaupten konnte, daß er den nicht mehr gewünschten Gast vorsätzlich niederschoß. Gegenüber dem freisprechenden Urteil des Vorgerichts gab das RG zu bedenken, daß in einem Fall, in dem der Angegriffene — ohne seiner eigenen Ehre etwas zu vergeben — den Angriff namentlich dadurch abzuwenden vermag, daß er Dritte zum Einschreiten anruft, „eine gewalttätige Abwehr, die mit der Vernichtung eines Menschenlebens verbunden sei, so sehr dem gesunden Volksgefühl" widerspreche, daß sie „nicht mehr als zur Verteidigung notwendig anerkannt werden könne". Das RG gab dem Vorgericht deshalb auf, zu prüfen, ob nicht das verletzte Recht u. a. durch Anrufen polizeilicher Hilfe ausreichend hätte gewahrt werden können.

Das Schrifttum stimmt mit der Rechtsprechung insofern überein, als es um die Beurteilung der Fälle geht, in denen die Hilfe Dritter unmittelbar zur Verfügung steht[25]. Dort, wo die Hilfe Dritter nicht „parat" ist, sondern erst herbeigeholt werden muß, folgt es, soweit es sich hierzu äußert, der in RG 32, 391 ff. zum Ausdruck kommenden Auffassung: Mit der Begründung, daß das Notwehrrecht nicht nur subsidiär gelte, wird der Angegriffene durchweg für berechtigt ge-

[25] Vgl. z. B. *Schönke-Schröder*, § 53 Rd.-nr. 19.

halten, unmittelbar selbst den Angriff im Rahmen des Erforderlichen abzuwehren[26].

2. Notwehr gegen Angreifer, denen gegenüber besondere Rücksichtnahme verlangt wird

Gegenüber Angreifern, die kein oder nur ein geminderter Schuldvorwurf trifft (a), deren Angriff durch den Angegriffenen verschuldet worden ist (b) oder die zu dem Angegriffenen in einer nahen menschlichen Beziehung stehen, schränken Rechtsprechung und Lehre in mehr oder weniger großem Ausmaß das Notwehrrecht in der Weise ein, daß sie den Angegriffenen unter bestimmten Voraussetzungen für verpflichtet erklären, dem Angriff auszuweichen, geringfügige Angriffe zu erdulden oder fremde Hilfe in Anspruch zu nehmen. Derartige Rücksichtspflichten werden — wie dargelegt — zwar auch gegenüber böswilligen Angreifern angenommen. Im Unterschied zu diesen Fällen werden hier jedoch häufig größere Anforderungen an die Pflicht zur Rücksichtnahme auf den Angreifer gestellt.

a) Wegen fehlender oder geminderter Schuld des Angreifers

Zu der Frage, inwiefern die Schuldform des Angreifers für den Umfang des Notwehrrechts von Bedeutung ist, hat die Rechtsprechung bisher erst in drei Entscheidungen Stellung genommen. Es ist wohl auf den Mangel an Gelegenheit zurückzuführen, daß die Rechtsprechung bisher nur gegenüber *betrunkenen* und irrenden Angreifern und nicht, wie das Schrifttum z. T. allgemein, bei fehlender oder geminderter Schuld des Angreifers eine Einschränkung des Notwehrrechts bejaht hat. Es handelt sich um folgende Entscheidungen:

BGH 3, 217 ff.: A, R, H und andere hatten sich in einer Gaststätte über Erlebnisse in russischer Kriegsgefangenschaft unterhalten. A war mehrere Jahre dort gewesen und hatte „mancherlei Unbill erlitten". Der stark angetrunkene R bezeichnete sich während der Unterhaltung als „Erzkommunisten". Nachdem A ein darauf entstehendes Handgemenge geschlichtet hatte, wandte sich R an A und machte „erregte Äußerungen über dessen russische Gefangenschaft in dem Sinne, es sei Schuld des A, daß er in Kriegsgefangenschaft geraten sei, er hätte nicht nach Rußland gehen sollen". Dies reizte A, er stürzte sich auf R, faßte ihn am Hals und zwischen beiden entstand eine Prügelei, in deren Verlauf R auf das Straßenpflaster fiel und sich so verletzte, daß er gleich darauf starb. Der BGH sah die Voraussetzungen des § 53 StGB als nicht gegeben an. Zwar seien die Äußerungen des R eine Beleidigung gewesen, gegen die sich A habe wehren können. A habe aber die nachlassende Erkenntnisfähigkeit des R wahrgenommen und hätte deshalb „zumal bei der Geringfügigkeit des Angriffs die Bemerkung des R entsprechend gering werten" müssen. Die

[26] Statt vieler: *H. Mayer*, S. 202; *LK-Jagusch*, § 53 Anm. 3 e aa.

nach Art und Maß „erforderliche Verteidigung" habe unter diesen Umständen nicht in einer tätlichen Abwehr bestehen dürfen, sondern hätte sich „allenfalls auf eine Erwiderung in Worten beschränken" müssen, so daß dem A für die von ihm begonnenen Raufereien kein Rechtfertigungsgrund zur Seite stehe.

Hatte der BGH somit zunächst die von ihm befürwortete besondere Rücksichtspflicht gegenüber betrunkenen Angreifern aus dem Merkmal „erforderlich" abgeleitet, so hat er später — in einer in *NJW 1962, 308* abgedruckten Entscheidung — diese Auffassung zwar nicht ausdrücklich, aber stillschweigend aufgegeben und das Verbot des Rechtsmißbrauchs als Rechtsgrundlage für diese Beschränkung des Notwehrrechts angesehen[27]. Die Entscheidung beruhte auf folgendem Sachverhalt:

A hatte eines Abends mit einem Nachbarn, dem stark angetrunkenen und als Raufer bekannten M, eine Auseinandersetzung. A versuchte, sich den Anbiederungen des M dadurch zu entziehen, daß er sich in seine Wohnung zurückzog. Der an der Tür lauschende M hörte, wie sich A einer Frau gegenüber abfällig über ihn äußerte. M versuchte mehrfach vergeblich, sich gewaltsam Einlaß zu verschaffen. Um in einem nahegelegenen Wald die Notdurft zu verrichten, verließ A später — mit einem Messer bewaffnet — durch das Fenster seine Wohnung. Als er zurückkehren wollte, wurde er von M bemerkt, der ihm sogleich nachsetzte. A wich in den Wald aus und wartete hier eine Zeitlang. Inzwischen wurde M von zwei Frauen beruhigt. Als A dies sah, schickte er sich an, in seine Wohnung zurückzukehren. Als M seiner gewahr wurde, stürzte er sich auf ihn und schlitzte ihm das Hemd auf. Darauf zückte A sein Messer und stach blindlings auf M ein. Als dieser zu einem neuen Angriff ansetzte, erstach ihn A.

In den Gründen führte der BGH zunächst aus, daß A zwar nicht absichtlich die Notwehrlage durch Reizung des M provoziert habe, es hätte jedoch schon der ohne bewußte Reizung M's gefaßte Vorsatz, diesen zu töten, „ja die vorwerfbar nicht erkannte Möglichkeit eines solchen Ausgangs" genügt, um einen strafrechtlichen Vorwurf gegen diesen zu begründen. Infolge der Beruhigung des M habe es nahegelegen, daß M sich nicht mehr lange vor der Baracke aufhalten würde. A habe also vor der Wahl gestanden, entweder noch wenige Minuten zu warten, um dann ungefährdet in die Wohnung zu gelangen, oder die Rückkehr sofort zu versuchen, auf die Gefahr hin, dadurch den unberechenbaren M erneut zum Angriff zu reizen, diesen Angriff aber nur um den Preis erheblicher, vielleicht gar tötlicher Verletzung M's abwehren zu können. Von Rechts wegen habe sich A für das Zuwarten, im äußersten Fall sogar für das Herbeiholen fremder Hilfe, entscheiden müssen; denn auch das Notwehrrecht finde „da seine Grenze, wo seine Ausübung zum Rechtsmißbrauch werde". Dies sei der Fall gewesen, denn das auf dem Spiele stehende Recht des A, sofort in seine Wohnung zurückzukehren, habe gering ge-

---

[27] Allerdings war die Trunkenheit des Angreifers nur einer von mehreren Gründen dafür, daß der BGH hier den Angegriffenen zur besonderen Rücksichtnahme für verpflichtet hielt.

wogen im Verhältnis zu den möglichen Folgen, die mit einer sofortigen Durchsetzung voraussehbar verbunden gewesen seien. Da M stark betrunken gewesen sei, habe deshalb ein Ausweichen des A nicht als Feigheit ausgelegt werden können. Hinzu komme, daß A vorher durch seine abfällige Bemerkung M zur Erneuerung seines Angriffs selbst Veranlassung gegeben habe. Da alle diese Umstände schon vor Eintritt der neuen Notwehrsituation überschaubar gewesen seien, hätte A es überhaupt nicht auf einen neuen Angriff ankommen lassen dürfen, es sei denn, er hätte sich mit einem angemessenen Mittel (Zurückstoßen mit den Händen) verteidigt.

Auf die Kritik an dieser viel besprochenen[28] Entscheidung ist in diesem Zusammenhang nicht näher einzugehen. Festzuhalten bleibt, daß der BGH in der Trunkenheit des Angreifers einen von mehreren Gründen oder den Grund dafür gesehen hat, daß er den Angegriffenen entweder unter dem Gesichtspunkt der Erforderlichkeit der Abwehr oder des Verbots des Rechtsmißbrauchs für verpflichtet erklärte, dem Angriff auszuweichen, ihn eine Zeitlang zu erdulden oder fremde Hilfe herbeizuholen.

Gegenüber *irrenden* Angreifern hat die bereits oben mitgeteilte Entscheidung des Bayer. ObLG NJW 1965, 163 das Notwehrrecht eingeschränkt. In dem dieser Entscheidung zugrundeliegenden Sachverhalt hatte der angeklagte Grundstückseigentümer (A) gutgläubige Wanderer von einem über sein Grundstück führenden Weg mit der Drohung vertrieben, er werde sonst mit Schußwaffen und Hunden gegen sie vorgehen.

Das Bayer. ObLG hatte A die Berechtigung zu einer solchen Drohung nicht nur deshalb abgesprochen, weil der A drohende Schaden „denkbar gering" war, sondern — und dies interessiert in dem hier erörterten Zusammenhang — weil die Wanderer in einem von ihnen *nicht verschuldeten Irrtum* annahmen, der Weg sei ein öffentlicher Wanderweg. In den Gründen der Entscheidung heißt es hierzu, daß es „allen Gepflogenheiten" widerspreche, Wanderer, die sich keiner sonstigen Störung des Besitzrechts schuldig machten, von einem nicht als privat und gesperrt gekennzeichneten Weg zu vertreiben. „Daß es vollends rechtens sein soll, ihnen nach kurzem Wortwechsel mit Hunden und gar Schußwaffen zu drohen, obwohl sie ihr Wegebenutzungsrecht auf eine amtliche Wanderkarte stützen, läßt sich mit dem Anstandsgefühl aller billig und gerecht Denkenden nicht vereinbaren, sondern ist als mißbräuchliche Ausübung des Selbsthilferechts anzusehen."

Das *Schrifttum* tritt — wie bereits gesagt — überwiegend dafür ein, bei fehlender oder geminderter Schuld das Notwehrrecht einzu-

---

[28] *Schröder,* JR 62, 188 ff.; *Gutmann,* NJW 62, 287 ff.; *Baumann,* MDR 62, 349 ff.

schränken. Die Begründungen weichen auch hier stark voneinander ab.

Welzel[29] und *Schaffstein*[30] berufen sich auch hier auf den Gedanken des *Rechtsmißbrauchs, Oetker*[31] bei Angriffen von Kindern, und *H. Mayer*[32] bei Angriffen von Betrunkenen auf den Gedanken der *Unfugabwehr*. Die Vertreter der Lehre, die bei „böswilligen" Angriffen die Beschränkung des Notwehrrechts aus dem Merkmal *„geboten"* ableiten, setzen sich auch hier für diese Begründung ein. Bei Angriffen von Kindern und Unzurechnungsfähigen nehmen *H. Mayer* und *Wegner* (a. a. O.) an, daß auf sie der *Tatbestand* des § 53 StGB *nicht anwendbar* sei.

Der die meisten Anhänger zählende Teil der Lehre[33] sieht Abwehrmaßnahmen, die gegen den in der Überschrift genannten Personenkreis *trotz bestehender Ausweichmöglichkeit* durchgeführt werden, als *nicht „erforderlich"* an, da hier der Zwang zur Rechtsbewährung entfalle. Bei *nicht* mehr *bestehender Ausweichmöglichkeit* wollen *Schröder* (a. a. O.), *Lenckner*[34] und *Baumann*[35] den Angegriffenen nach dem Gedanken der actio illicita in causa (a. i. i. c.) bestrafen: Habe sich der Angegriffene ohne berechtigte Veranlassung dem Angriff von Geisteskranken oder Kindern ausgesetzt und sei er mangels einer Möglichkeit auszuweichen gezwungen, den Angreifer zu verletzen, so sei ihm zwar nicht der § 53 StGB zu versagen, wohl aber sei er dafür, daß er dem Angriff nicht ausgewichen sei und dadurch die Verletzung des Angreifers verursacht habe, im Rahmen seiner Schuld zu bestrafen.

b) Notwehr gegenüber „provozierten" Angreifern

Den hier zu behandelnden Fällen ist gemeinsam, daß der Angegriffene in irgendeiner Weise „schuldhaft" zu dem Angriff Veranlassung gegeben hat. Dies kann einmal dadurch geschehen, daß der spätere „Angegriffene" den Angreifer in der Absicht zu dem Angriff provoziert hat, diesen dann „unter dem Deckmantel formeller Verteidigung" zu verletzen oder sonstwie zu schädigen (— aa — sog. Absichtsprovokation). Die „Provokation" kann aber auch darin bestehen, daß der „Provokateur" durch irgendein anderes rechtswidriges oder

---

[29] Lehrbuch, § 14 II 2.

[30] MDR 52, 135 ff.

[31] VDA II, S. 287; Festg. f. Frank I 360.

[32] a. a. O., S. 204.

[33] *Maurach*, § 26 II B 2 c (allerdings nur zögernd); *LK-Jagusch*, § 53 3 e aa (Forderung der „Volksmoral"); *Sch.-Schröder*, § 53 A. III 2 a (nicht bei Betrunkenen); JR 62, 187 ff. (Rechtsmißbrauch); *Mezger-Blei*, I S. 117; *Gutmann*, NJW 62, 288.

[34] GA 1961, 313.

[35] MDR 1962, 349 ff.

mißbilligtes Verhalten zu dem Angriff Anlaß gibt, ohne dies zu beabsichtigen (bb).

aa) *Absichtsprovokation.* In Rechtsprechung und Lehre besteht Einigkeit darüber, daß der absichtlich provozierende Täter wegen der in der „Notwehrsituation“ begangenen Tat bestraft werden muß. Streitig ist jedoch, ob dem Provokateur das Notwehrrecht abzusprechen ist.

Die *Rechtsprechung* bejaht dies teils unter Berufung auf den Gesichtspunkt des Rechtsmißbrauchs[36], teils mit der Begründung[37], daß der Täter den Abwehrwillen nur vortäusche.

Das *Schrifttum* kommt — wenn auch häufig mit abweichenden Begründungen[38] — zu demselben Ergebnis wie die Rechtsprechung. *Maurach*[39] stimmt ihr mit der Maßgabe zu, daß es gleichgültig sei, ob man bereits den Angriff als solchen, oder erst dessen Rechtswidrigkeit verneine. *Kohlrausch-Lange*[40] hält im Fall der Absichtsprovokation Notwehr aus dem Gesichtspunkt der actio illicita in causa für „unzulässig“ und deshalb für rechtswidrig. Reize jemand einen anderen zum Angriff, um sich dann „verteidigen“ zu können, so sei das „Reizen“ rechtswidrig gesetzte Bedingung zum Enderfolg. Der Grund der Strafbarkeit sei, daß hier der Zeitpunkt, in dem die schuldhafte und rechtswidrige Handlung begangen werde, der sei, in dem mit Tatwillen dolos der „Rechtfertigungsgrund“ geschaffen werde.

Roxin[41] hält die Notwehr des Absichtsprovokateurs für Rechtsmißbrauch und — da sie deshalb gemäß § 53 StGB nicht „geboten“ sei — für unzulässig. Wer sich durch rechtswidriges Verhalten absichtlich in die Notwehrsituation „hineinmanövriere“, der handele, weil er sich außerhalb der Gesetze bewege, ohne überpersönliche Legitimation und dürfe deshalb gegenüber dem Provozierten nicht als Repräsentant und Bewahrer der Rechtsordnung auftreten. Entsprechendes gelte, wenn der Angegriffene in mißbilligter Weise absichtlich die formellen Voraussetzungen des Notwehrrechts schaffe. Bei einem solchen Vorgehen bedürfe der Täter nicht noch des Schutzes der Rechtsordnung.

Schönke-Schröder[42] und *Lenckner*[43] unterscheiden zwischen den Fällen, in denen der Provokateur dem Angriff noch ausweichen kann, und denen, in welchen er eine solche Möglichkeit nicht mehr habe.

---

36 RGH RR 1940, 1143; RG DR 1939, 346.
37 BGH bei *Dallinger,* MDR 1954, 335.
38 Wie der BGH: *Mezger-Blei,* AT S. 116; *Oetker,* VDA II, S. 271.
39 AT § 26 II A 4.
40 § 53 Anm. V, Vorbem. II 2 zu § 51.
41 ZStrW 75, 556, 558 ff.; 566 ff.
42 § 53 Rd.-nr. 30; *Schröder,* JR 1962, 188.
43 GA 1961, 299.

Im zuerstgenannten Fall sei der Angegriffene zum Ausweichen verpflichtet und eine Notwehr deswegen Rechtsmißbrauch. Bei bestehender Ausweichmöglichkeit sei er dagegen zur Verteidigung berechtigt, da er auch hier eine erhebliche Verletzung seiner Rechtsgüter nicht hinzunehmen brauche. Jedoch müsse der Provokateur in diesem Fall nach den Grundsätzen der a.i.i.c. für die in der Notwehr begangene Tat einstehen.

bb) *Vorsätzliche, fahrlässige oder sonstwie verschuldete Provokation.* Die Fallalternativen, die hier denkbar sind, sind vielgestaltig. Die „Provokation", durch die der Provokateur zu dem Angriff Anlaß gibt, kann in einem rechtswidrigen, sozialethisch verwerflichen oder in einem an sich rechtmäßigen Verhalten bestehen. Während die Lehre z. T. neuerdings stärker zwischen diesen verschiedenen Möglichkeiten differenziert und allenfalls in den beiden zuerstgenannten Fällen zu einer Beschränkung des Notwehrrechts gelangt, läßt die Rechtsprechung hierfür bereits genügen, daß der Angegriffene den Angriff „schuldhaft" veranlaßt hat.

Aus der relativ umfangreichen Rechtsprechung der letzten 20 Jahre seien in chronologischer Reihenfolge die folgenden Entscheidungen wiedergegeben.

OLG Celle Hann. Rechtspflege 1947, 15: Der Vater (V) des Angeklagten A, ein „gewalttätiger Mann, hatte sich an dessen Mutter vergriffen und sie am Halse gewürgt". A befreite seine Mutter aus den Händen des Vaters und konnte ihn zunächst von sich fernhalten. V fuhr fort, „schwere Drohungen" gegen A zu erheben. A ging daraufhin in den Keller und kehrte mit einem Beil zurück. Als V ihm kampfbereit entgegenkam und ihn tätlich angriff, wehrte er sich zunächst mit den Fäusten. Von einem Faustschlag getroffen, taumelte V gegen die Wand, griff dann aber A erneut an. A schlug ihm darauf mit dem Beil den Schädel ein. A wurde gemäß §§ 212, 213 StGB unter Versagung des Notwehrrechts verurteilt.

In der Begründung führte das Gericht aus, daß eine Verteidigung als nicht erforderlich und deshalb als Rechtsmißbrauch anzusehen sei, wenn der Angegriffene sich selbst in die Gefahr begeben und diese damit selbst provoziert habe. A sei ohne Notwendigkeit mit dem Beil zurückgekommen und habe den Kampf von neuem aufgenommen. Deshalb habe er „alles weitere selbst heraufbeschworen". Auch später hätte sich A wegen der wieder zu erwartenden Aggression entfernen müssen. Zwar sei er nicht zu einer ehrenrührigen Flucht verpflichtet gewesen, aber andererseits müsse doch jeder ausweichen, wenn er es in Ehren tun könne. Tue er es nicht, so sei eine Verteidigung — wie RG 71, 133 richtig festgestellt habe — nicht erforderlich. Eine solche Pflicht zum Ausweichen habe „aber immer der Sohn gegen den Vater".

In *OLG Kiel HES 2, 166 ff.* hatte der Angegriffene „zuvor einen vorsätzlichen, verbrecherischen Angriff auf ein Menschenleben" begangen und dadurch bewirkt, „daß er selber nach Beendigung seines Angriffs in rechtswidriger Weise von gereizten Gegnern angegriffen wurde". Das

OLG Kiel sprach dem Angeklagten nur ein „beschränktes Notwehrrecht" zu und meinte, daß dieser nur dann von der Schußwaffe hätte Gebrauch machen dürfen, wenn ein Ausweichen nicht mehr möglich gewesen wäre und ihm selber ernste Lebens- und Leibesgefahr gedroht hätte. Zur Begründung dieser Einschränkung des Notwehrrechts verwies das Gericht auf den Sinn des § 53 StGB, wobei es eine Berufung auf den Gedanken des Rechtsmißbrauchs wegen der damit verbundenen Gefahr der Rechtsunsicherheit ausdrücklich ablehnte: § 53 StGB diene der Aufrechterhaltung der Rechtsordnung und begründe deshalb grundsätzlich für den Angegriffenen keine Pflicht zum Ausweichen. Dieses „harte" Notwehrrecht könne aber „sinngemäß nur demjenigen zugebilligt werden, der als legitimer Hüter der Rechtsordnung angesehen werden" könne. „Wer durch einen rechtswidrigen Angriff selber aus dem Rechtsfrieden herausgetreten ist, muß einen etwaigen rechtswidrigen Gegenangriff zwar nicht schlechthin dulden, aber muß ihm ausweichen." Diese Forderung entspreche der „gemeinrechtlichen Überlieferung über die dem autor rixae auferlegten Notwehrbeschränkungen".

OLG Braunschweig, Ns. Rechtspflege 1953, 166: Die Angetrunkenen A und N hatten während der späten Silvesternacht auf der Straße Passanten angepöbelt. Als T vorbeikam, rief ihm A zu: „Komm her, wenn du keine Angst hast!" Darauf ging T auf A los. Als A in dem näherkommenden T einen Gegner erkannte, der ihn Stunden zuvor „mißhandelt" hatte, zog er sein Messer. In diesem Augenblick schlug T auf A ein und zwang ihn in die Knie. Darauf versetzte A dem T zwei Messerstöße in die Brust und in die Nierengegend. Als dieser zusammenbrach, zogen sich A und N in ein benachbartes Haus zurück.

Das OLG Braunschweig hat dem angeklagten A das Notwehrrecht mit der Begründung abgesprochen, A hätte dem Angreifer ausweichen müssen, da er diesen durch seinen Zuruf herausgefordert und mit dessen Reaktion habe rechnen müssen.

In *BGH MDR 58, 12* waren in der Wurstküche einer Metzgerei der 18-jährige Lehrling A und der nur um wenige Monate ältere Geselle B miteinander in Streit geraten, weil B sich durch das Pfeifen des A gestört fühlte und dieser trotz wiederholter Aufforderungen nicht aufhörte. Im Verlauf des Streits sagte A zu B: „Paß auf, daß ich dir nicht das Messer in den Ranzen renne!" Darauf ging B forschen Schrittes auf A zu, der ihm sein Messer entgegenhielt. In dem mitgeteilten Sachverhalt heißt es hierzu, daß „nicht auszuschließen ist, daß sich das Messer daraufhin in der Kleidung des B verfing und deshalb bis zum Heft in dessen Leib drang". B starb hieran. A hatte die Tötung weder gewollt noch in Kauf genommen. — Das bisherige Verhältnis zwischen A und B beschreibt der BGH so, daß beide schon längere Zeit zusammengearbeitet, dasselbe Zimmer bewohnt und schon manchmal kleine Reibereien gehabt hätten.

A wurde wegen fahrlässiger Tötung bestraft. Der BGH versagte ihm die „Wohltat" des § 53 StGB, weil A spätestens in dem Augenblick von der Drohung hätte ablassen müssen, als die Drohung des Messers — für ihn ohne weiteres erkennbar — zu einer ernsthaften Gefahr für den angreifenden B wurde. Er hätte entweder die Möglichkeit des gefahrlosen Rückzugs durch die offene Tür ausnutzen oder es — ohne Messer — auf eine

Kraftprobe mit B ankommen lassen und dabei auch eine Niederlage hinnehmen müssen. Die rechtliche Grundlage für diese Einschränkung des Notwehrrechts glaubt der BGH im Anschluß an RG 71, 133 in dem Merkmal der „Erforderlichkeit" finden zu können. Bereits RG 71, 133 habe ausgesprochen, daß nicht jedes beliebige Abwehrmittel gegen einen rechtswidrigen Angriff zulässig sei. Zwar sei A danach nicht zur schimpflichen Flucht verpflichtet gewesen, in einem Fall, in dem der Angegriffene den Angriff verschuldet oder mitverschuldet habe, sei diesem aber ein Ausweichen eher zuzumuten und an die Erforderlichkeit der gewählten Verteidigung strengere Anforderungen zu stellen; dies gelte insbesondere unter an sich nicht feindlich Gesinnten desselben Lebenskreises, wenn die gewählte Verteidigung zur Tötung des Angreifers führe.

OLG Hamm, JMBl. NRW 1961, 142: A hatte mit lauten Beschimpfungen seiner Verärgerung darüber Luft verschafft, daß der Gastwirt E ihn nach der Polizeistunde zum Verlassen des Wirtshauses veranlaßt hatte. Während A draußen noch weiter schimpfte, hörte E plötzlich an einer seiner Fensterscheiben ein Geräusch. E glaubte, A habe die Fensterscheibe zerbrochen. Er öffnete daraufhin ein anderes Fenster und es kam zu einem Wortwechsel zwischen E und A. Hierbei warf A mit einem Kotelett nach E. E eilte nach draußen und rief dem inzwischen weitergegangen A zu: „Du Lump! Du hast mir meine Scheibe eingeschlagen!" und versetzte dem A in der Erregung einen Stoß gegen die Brust. Darauf versetzte A dem E einen Faustschlag, wodurch dieser eine Kopfwunde und eine leichte Gehirnerschütterung erlitt.

In der Begründung führte das OLG Hamm aus, daß in einem Fall, in dem — wie hier — der Angegriffene den Angreifer durch sein extrem ungehöriges Verhalten in Erregung versetzt und dadurch den Angriff verschuldet habe, strengere Anforderungen an die Erforderlichkeit der Verteidigung zu stellen seien, u. U. sei dem Angegriffenen sogar ein Ausweichen zuzumuten. Ob hier für A eine solche Ausweichpflicht bestanden habe, könne jedoch dahingestellt bleiben, da A hier vor einem Losschlagen erst einmal den E hätte kräftig zurückdrängen und die weitere Entwicklung abwarten können.

In der Entscheidung des *OLG Neustadt, NJW 61, 2076* hatte in dem zugrundeliegenden Sachverhalt A nach einem Besuch der Maikirchweih gegen den Willen des S dessen Braut nach Hause bringen wollen. Dabei kam es zu einer Auseinandersetzung zwischen A und S, in deren Verlauf S kräftig mit der Faust auf A. einschlug. Dieser wehrte sich nicht, sondern lief weg. A. forderte S wiederholt auf, ihm zu folgen. Darauf setzte S ihm nach, mit einem Schlüsselbund in der Hand. Mit diesem schlug er A ins Gesicht, so daß dieser eine Hautverletzung unterhalb des rechten Auges davontrug. Unmittelbar danach stach A mit einem feststehenden Messer auf die linke Körperseite des S ein, bis dieser mit dem Schlagen aufhörte. S wurde von 3 Messerstichen getroffen, so daß seine linke Niere entfernt werden mußte.

Auch diese Entscheidung verneint die Erforderlichkeit der Verteidigung, weil der Angegriffene dem Angriff habe ausweichen können und müssen. Die Pflicht zum Ausweichen ergebe sich daraus, daß A den Angriff verschuldet habe, indem er den Streit durch seine aufstachelnden Rufe wieder neu entfachte.

BGH NJW 1962, 308 (s. o. unter A I 2a): Die besondere Rücksichtspflicht, die der BGH dem Angeklagten auferlegte, begründete dieser nicht nur mit der Angetrunkenheit des M, sondern — unter dem Gesichtspunkt des Rechtsmißbrauchs — auch damit, daß A vorher durch seine abfällige Bemerkung M zur Erneuerung seines Angriffs veranlaßt habe.

OLG Hamm, NJW 65, 1928: N, Feuerwehrmann und langjähriger Amateurboxer, hatte während seines Nachtdienstes in seiner Wohnung seine nur notdürftig bekleidete Ehefrau mit dem A überrascht, die seine Abwesenheit offensichtlich zu ehebrecherischem Zusammensein genutzt hatten. N geriet in Zorn und Erregung, zumal er seit langem das Bestehen unerlaubter Beziehungen zwischen A und seiner Frau angenommen hatte und er diesem vor einem halben Jahr jedes weitere Betreten der ehelichen Wohnung untersagt hatte. A, der N zunächst beruhigen und zu einer Aussprache bewegen wollte, „versuchte, so schnell wie möglich das Feld zu räumen". N hinderte ihn hieran und stürzte sich mit den Worten auf ihn: „Ich schlage dich kaputt!" Während des folgenden Zweikampfes ergriff N eine leere Bierflasche und schlug sie A auf den Kopf. N lief darauf zum Hauswirt, um die Polizei herbeizurufen, und erreichte A bei der Rückkehr im Korridor, als dieser gerade die Wohnung verlassen wollte. N drang erneut auf ihn ein und die Schlägerei nahm ihren Fortgang. Dabei konnte A dem N die Bierflasche entwinden und schlug sie diesem auf den Kopf. Als schließlich die Polizei erschien, lag A bewußtlos und blutend am Boden. N hatte eine Platzwunde ,und einen Nasenbeinbruch erlitten.

Im Anschluß an BGH MDR 58, 12 wird in der Begründung dieser sehr weitgehenden Entscheidung ausgeführt, daß bei einem verschuldeten Angriff strengere Anforderungen an die Erforderlichkeit der Verteidigung zu stellen seien. Wenn kein Ausweichen mehr möglich gewesen sei, habe sich A damit begnügen müssen, dem Angriff des N statt mit Schlagwerkzeugen mit bloßer Faustabwehr zu begegnen, soweit ihm dies nach der Kampfeslage, dem beiderseitigen Kräfteverhältnis und der Stärke des Angriffs möglich war. „Nach den getroffenen Feststellungen" hätte A den Boxhieben des N schon bei Beginn der Tätlichkeiten durch eigene Boxhiebe wirksam begegnen und den Angriff zurückwerfen können, bevor dieser zur Bierflasche griff. Als A dem N später die Flasche abgenommen hatte, hätte es genügt, wenn er diese außer Reichweite gebracht und sich weiterhin mit Fäusten gewehrt hätte. Den bisherigen Feststellungen sei nicht zu entnehmen, daß sich A zu diesem Zeitpunkt nicht mehr in der erwähnten Weise hätte wirksam verteidigen können. Deshalb habe er bei seinem Schlag mit der Bierflasche sein Notwehrrecht überschritten.

Zusammenfassend ist festzuhalten, daß die vorstehenden Entscheidungen mit unterschiedlichen Begründungen das Notwehrrecht des „Provokateurs" einschränken. Während in der Entscheidung des OLG Celle und in BGH NJW 1962, 308 das Verbot des Rechtsmißbrauchs die Rechtsgrundlage bildet, das OLG Kiel diese Begründung ablehnt und die Einschränkung des Notwehrrechts aus dem Sinn des § 53 StGB ableitet, vertreten die übrigen Entscheidungen die Ansicht, daß bei schuldhafter Provokation „strengere Anforderungen an die Erforderlichkeit“ der Abwehr zu stellen seien.

Bemerkenswert ist weiterhin, daß die Tendenz der Rechtsprechung zur Einschränkung des Notwehrrechts z. T. sehr weit geht. So mutete z. B. BGH MDR 1958, 12 dem Angegriffenen u. a. zu, sich von dem provozierten Angreifer verprügeln zu lassen; und OLG Hamm, NJW 1965, 1928 hielt den Angegriffenen A für verpflichtet, sich mit einer bloßen Faustabwehr zu begnügen, obwohl er — wie seine spätere Bewußtlosigkeit erweist — durch den Schlag mit der Bierflasche bereits schwer angeschlagen war und obwohl der Angreifer N „langjähriger Amateurboxer“ war und für A somit die Gefahr bestand, bei einer Fortsetzung der Auseinandersetzung weitere, in ihrer Wirkung zumindest recht spürbare Boxhiebe hinnehmen zu müssen.

Die *Lehre* hat sich mit dem Problem der schuldhaften Provokation in jüngster Zeit in mehreren Aufsätzen ausführlich auseinandergesetzt. Wie bereits gesagt, zeigt sich dabei das Bestreben, stärker zwischen den einzelnen Fallalternativen zu differenzieren, als dies bisher in der Rechtsprechung geschehen ist.

Lenckner[44] will eine Beschränkung des Notwehrrechts nur in den Fällen zulassen, in denen das provozierende Verhalten rechtlich mißbilligt wird, da in allen anderen Fällen das elementare Anliegen der Rechtsordnung Vorrang habe, den Rechtsbrecher in seine Schranken zu weisen. Bei den Fällen, in denen das provozierende Verhalten rechtswidrig sei, sei zu unterscheiden zwischen jenen, in denen der Angegriffene dem Angriff ausweichen, und jenen, in denen er dies nicht mehr konnte. In der zuerstgenannten Alternative sei der Angegriffene verpflichtet, dem Angreifer auszuweichen, da er wegen der Rechtswidrigkeit seines vorangehenden Verhaltens nicht mehr berufen sei, „als Hüter der Rechtsordnung aufzutreten“. Bestehe keine Möglichkeit zum Ausweichen, so sei dem Angegriffenen zwar das Notwehrrecht zuzubilligen. Er sei aber nach den Grundsätzen der a. i. i. c. wegen vorsätzlicher oder fahrlässiger Tat strafbar, je nachdem, ob er die spätere Entwicklung vorausgesehen hat oder voraussehen konnte.

Schröder[45] kommt zu dem gleichen Ergebnis, sieht man davon ab, daß er bereits mißbilligenswerte Provokationen genügen läßt, um das Notwehrrecht in der genannten Weise zu beschränken. Seine rechtliche Begründung stützt sich auf den Gedanken des Rechtsmißbrauchs.

---

[44] GA 1961, 307 ff.

[45] JR 1962, 188; *Schönke-Schröder*, § 53 Rd.-nr. 33.

Roxin[46] tritt dafür ein, die Vorsatzprovokation, bei der der Provokateur zwar nicht den Verletzungszweck verfolge, die Möglichkeit eines Angriffs und einer rechtsgutsbeeinträchtigenden Reaktion aber ins Auge fasse und in Kauf nehme, wegen der zwischen ihnen bestehenden Verwandtschaft der Absichtsprovokation gleichzustellen (s. o.).

Auch hier solle also dem Provokateur unter dem Gesichtspunkt des Rechtsmißbrauchs und des Merkmals „geboten" das Notwehrrecht abgesprochen werden, ohne Rücksicht darauf, ob das provozierende Verhalten rechtswidrig oder lediglich sozialethisch verwerflich war. Bei Provokationen, bei denen der Angegriffene lediglich fahrlässig oder sonstwie schuldhaft den Angriff hervorgerufen habe, will Roxin die Grenzen des Notwehrrechts nicht so eng ziehen[47]. Zwar sei der Angegriffene auch hier bei rechtswidriger Provokation nicht dazu berufen, als Wahrer der Rechtsordnung gegen das Unrecht aufzutreten und er müsse deshalb auch von einer bestehenden Ausweichmöglichkeit Gebrauch machen: denn der Angreifer breche hier mit seinem Tun nicht den Rechtsfrieden, sondern es handele sich lediglich um eine „individuelle Auseinandersetzung, um eine interne Vergeltung". Aber er sei zum Selbstschutz berechtigt und dürfe, falls er nicht ausweichen könne, dem Angriff entgegentreten. Denn wer mit dem rechtswidrigen Angriff nicht gerechnet, „die Situation nicht manipuliert" habe „und von der Entwicklung der Dinge überrascht wurde, braucht Schutz".

c) Rücksichtnahme wegen naher menschlicher Beziehungen zwischen Angreifer und Verteidiger

In der oben erwähnten Entscheidung des BGH (MDR 58, 12) hatte dieser eine Ausweich- und begrenzte Duldungspflicht u. a. damit gerechtfertigt, bei A und B habe es sich um „an sich nicht feindlich Gesinnte desselben Rechtskreises" gehandelt, deren lange und enge berufliche Verbundenheit im selben Betrieb eine ernsthafte Gefährdung ausgeschlossen habe.

Noch deutlicher beruft sich die ebenfalls bereits oben mitgeteilte Entscheidung des *OLG Celle Hann., Rechtspfl. 1947, 15* auf das Bestehen naher menschlicher Beziehungen, um eine Einschränkung des Notwehrrechts zu begründen. Am Schluß der Entscheidungsgründe findet sich der weitgehende Satz, daß eine „solche Pflicht zum Ausweichen" — wie sie das Gericht angenommen habe — „aber immer der Sohn gegenüber dem Vater" habe.

In der Lehre wird die Frage, ob bei nahen menschlichen Beziehungen das Notwehrrecht nur beschränkt gelte, nur wenig erörtert.

---

[46] ZStrW 75, 573 ff.
[47] a. a. O., S. 577 ff.

Roxin[48], *Henkel*[49] und *LK-Jagusch*[50] bejahen sie unter Hinweis auf das Merkmal „geboten" *(Roxin)*, auf die Zumutbarkeit einer solchen Einschränkung *(Henkel)* oder unter Hinweis auf die unmittelbare Geltung der Sozialethik, die eine Beschränkung des Notwehrrechts gebiete (LK). *Eb. Schmidt* nimmt demgegenüber unter dem Gesichtspunkt de lege ferenda scharf gegen die Entscheidung des OLG Celle Stellung (s. u.)[51].

3. *Notwehr im Straßenverkehr*

Die Behandlung der hierher gehörenden Fälle wurde bisher aufgeschoben, weil sich hier möglicherweise mit Rücksicht auf die aus § 1 StVO abzuleitende Pflicht zur Rücksichtnahme im Straßenverkehr eine besondere Problematik ergibt. § 1 StVO erlegt den Verkehrsteilnehmern eine besondere Pflicht zur gegenseitigen Rücksichtnahme auf. Unter Hinweis hierauf haben zahlreiche Entscheidungen das strafrechtliche Notwehrrecht stark eingeschränkt. Folgende Entscheidungen liegen zu dieser Frage vor:

In *Bayr. ObLG, NJW 53, 1723* stellte sich eine kurz zuvor vergewaltigte Frau am Straßenrand zwei Krafträdern in den Weg, um deren Fahrer anzuhalten. Beide Fahrer bemühten sich, der Frau auszuweichen. Dem zweiten mißlang dies. Die Frau kam durch ihn zu Fall und erlitt einen Knochenbruch. In den Gründen führte das Gericht aus, daß sich aus §§ 1 StVO, 222, 230 StGB für jeden Verkehrsteilnehmer die Pflicht ergebe, jedem erkennbar verkehrswidrigen Verhalten anderer Verkehrsteilnehmer Rechnung zu tragen und ihm auszuweichen. Diese Pflicht finde in §§ 53, 240 StGB ihre Grenze. Dabei sei zwischen fahrlässigen und vorsätzlichen Verkehrswidrigkeiten zu unterscheiden:

a) Behindere ein Fußgänger fahrlässig und verkehrswidrig durch Versperrung des Weges einen Kraftfahrer an der Ausübung des Gemeingebrauchs, so stehe dem Behinderten kein Notwehrrecht zu, da fahrlässige Verkehrsbehinderungen mit dem modernen Verkehr in der Regel verbunden seien. Ihnen dürfe nach dem Grundgedanken des § 1 StVO und dem Gedanken der Verkehrsgemeinschaft nicht mit gewaltsamer Abwehr, sondern nur mit rücksichtsvoller Anpassung begegnet werden. Habe die von dem Fahrer A angefahrene Frau nur fahrlässig gehandelt, so hätte A ihrer Schädigung deshalb mit allen ihm zu Gebote stehenden Mitteln begegnen müssen. Hätte Ausweichen zur Verhütung von Schäden nicht gereicht, so hätte er sogar anhalten müssen.

b) Anders verhalte es sich, wenn sich der Kraftfahrer einer rechtswidrigen Nötigung gegenüber sehe, wie sie in dem bewußten Versperren des Weges durch Dazwischentreten gesehen werden müsse. Zwar gehe

---

[48] ZStrW 75, 581 ff.

[49] Festg. f. Edm. Mezger, S. 273; Recht und Individualität, S. 66 ff.

[50] § 53 Anm. 3e aa

[51] Ndschrften Bd. II, Anh. 21, S. 57.

auch hier das Notwehrrecht nicht so weit, daß der Fahrer auf die sperrende Person hätte zufahren können; andererseits aber wäre A in diesem Falle berechtigt gewesen, auszuweichen; er hätte selbst dann nicht anhalten müssen, wenn sich der Angreifer dem Ausweichen widersetzt hätte. Aus § 1 StVO folge nicht die Pflicht, vorsorglich auf die körperliche Unversehrtheit desjenigen Rücksicht zu nehmen, der sie selbst bewußt zur Begehung einer Straftat aufs Spiel setze. Hier gehe der Schutzzweck des § 240 StGB dem des § 1 StVO vor.

OLG Saarbrücken, VRS Bd. 17, S. 25 ff.: Aus Verärgerung über ein falsches Überholen des A wollte H bei Einhalten der zulässigen Höchstgeschwindigkeit ein nochmaliges Überholen des A verhindern. Darauf versuchte A die Vorbeifahrt zu erzwingen. Dabei streifte er den Wagen des H, wodurch an beiden Fahrzeugen Blechschaden entstand.

Das Gericht wertete die Behinderung des H als Nötigung und versagte A die Berufung auf § 53 StGB, da seine „Verteidigung" verbotener Gemeingebrauch gewesen sei (Überschreitung der zulässigen Höchstgeschwindigkeit) und dieser durch § 53 StGB nicht geschützt werde. Im übrigen habe ihm auch aus anderen Gründen kein Notwehrrecht zugestanden: Da seine Abwehrmaßnahme, die durch sie heraufbeschworenen Gefahren und der tatsächlich eingetretene Schaden in einem unerträglichen Verhältnis zu der in ihren Folgen geringfügigen Behinderung und der dadurch verursachten Einschränkung des Gemeingebrauchs des A gestanden habe, sei diese als Rechtsmißbrauch zu werten. Gerade die Gepflogenheiten im heutigen Straßenverkehr zeigten, daß gewalttätiges Verhalten nicht immer mit gleicher Münze heimgezahlt werden dürfe. Vielmehr müsse sorgfältig geprüft werden, wo die Grenzen unzulässiger Rechtsausübung lägen. Wollte man anders verfahren, würde man einer Verwilderung der Sitten im Straßenverkehr Vorschub leisten.

OLG Düsseldorf, NJW 1961, S. 1783: Der Fahrer S. eines überholten Wagens blendete nicht ab. Statt sein Heil in der Flucht zu suchen, versuchte der hierdurch geblendete Fahrer des überholenden Wagens A, S dadurch zum Abblenden zu zwingen, daß er mehrfach bremste, selbst von hinten blendete und, als er auch hiermit keinen Erfolg hatte, den S durch Querstellen zum Anhalten zwang. Das Gericht verurteilte den Angeklagten A wegen Nötigung. Es sah die Voraussetzungen des Notwehrrechts (§ 53 StGB) nicht als gegeben an.

S habe zwar insoweit rechtswidrig in die Rechtssphäre des A eingegriffen, als er diesen an dem beabsichtigten schnellen Weiterfahren hinderte und „möglicherweise auch in seinem körperlichen und seelischen Wohlbefinden" belästigte. Auch diese, von S nicht beabsichtigten, sondern nur fahrlässig verursachten Folgen seines Verhaltens rechtfertigten indessen eine Notwehr nicht. Solche fahrlässigen Behinderungen oder Belästigungen seien heute regelmäßig mit der Teilnahme am Straßenverkehr verbunden. Ihnen sei nach dem Grundgedanken des § 1 StVO und der Pflicht aller Verkehrsteilnehmer zur gegenseitigen Rücksichtnahme nicht mit Gewaltanwendung, sondern nur mit rücksichtsvoller Anpassung an die jeweilige Verkehrslage zu begegnen. Außerdem sei eine Verteidigung nach § 53

StGB als nicht erforderlich anzusehen, wo dem Angegriffenen ein (mögliches) Ausweichen zugemutet werden könne, d. h. ihm bei einem Ausweichen kein Ehr- und sonstiger Rechtsverlust drohe. Hier hätte A durch schnelle Weiterfahrt oder notfalls durch Verstellen seines Innenspiegels aus der Blendwirkung heraustreten können.

Bayr. ObLG, NJW 1963, S. 824: Frau W hatte sich in die einzige, auf einem Parkgrundstück noch freie Parklücke gestellt und dem Kraftfahrer A mit den Worten die Zufahrt in die Parklücke verwehrt, sie habe den Platz für ihren Ehemann reserviert. A wies Frau W darauf hin, daß es unzulässig sei, einen Parkplatz zu belegen und forderte sie mehrfach vergeblich auf, die Parklücke zu verlassen. Als dies nichts half, drohte der Angeklagte: „Gehen Sie weg oder ich überfahre Sie!" Als W trotzdem die Parklücke nicht räumte, fuhr A langsam auf sie zu, ohne allerdings die Absicht zu haben, Frau W zu überfahren oder anzufahren.

Das Bayr. Oberste Landesgericht sah in dem Versperren der Parklücke durch Frau W einen rechtswidrigen Angriff auf die Befugnis des A zum Gemeingebrauch, gegen den A habe Notwehr üben können. Hierbei habe er sein Notwehrrecht aber nicht mißbrauchen dürfen. Die Abwehr habe „vielmehr in einer den Umständen angemessenen Weise erfolgen" müssen, so daß eine Gegenwehr nicht erforderlich gewesen sei, wenn der Angegriffene ohne Preisgabe eigener Interessen dem Angriff ausweichen konnte. Dies sei namentlich bei dem Angriff einer Person der Fall, die sich zu ihrem Vorgehen schuldlos für berechtigt hält. Eine unverhältnismäßige Schädigung des Angreifers sei rechtswidriger Rechtsmißbrauch.

Berücksichtige man diese Grundsätze bei der Beurteilung des vorliegenden Falles, so sei folgendes zu bedenken: Das Recht auf Benutzung einer Parklücke sei ein relativ geringwertiges, auf nur losen Beziehungen vorübergehender Art beruhendes Rechtsgut. Gegenüber seiner Beeinträchtigung wäre eine Gegenwehr durch Verletzung oder auch nur durch erhebliche Gefährdung des Störers ein offensichtlicher Rechtsmißbrauch. Weiterhin sei zu berücksichtigen, daß Frau W u. U. irrtümlicherweise angenommen habe, sie sei zur Reservierung der Parklücke berechtigt. Die Möglichkeit eines solchen Irrtums habe hier nahegelegen, da der zu dieser Frage von der Rechtsprechung entwickelte Grundsatz selbst unter Kraftfahrern nicht allgemein bekannt sei. Mit Rücksicht darauf, daß für A erkennbar gewesen sei, daß sich Frau W möglicherweise in einem Irrtum befand, sei für ihn bei der Wahl der Verteidigungsmittel Zurückhaltung geboten gewesen. Hierbei wäre für ihn sogar ein Verzicht auf die Durchsetzung seines Rechts zumutbar gewesen, wenn sich eine andere Parkgelegenheit in der Nähe befunden hätte oder ein Polizeibeamter in sichtbarer Nähe gewesen wäre.

In der Lehre wird das strafrechtliche Notwehrrecht im Straßenverkehr meist nicht besonders erörtert. *Baumann*[52] hat in einer Urteilsbesprechung die Rechtsprechung im Ergebnis weitgehend gebilligt. Er meint jedoch entsprechend seiner Grundauffassung, daß sich dieses Ergebnis wohl besser aus dem Merkmal „geboten" ableiten lasse.

---

[52] NJW 1961, 1745.

H. W. Schmidt[53] folgt ebenfalls der Rechtsprechung und stützt seine rechtliche Begründung auf das Verbot des Rechtsmißbrauchs.

4. Einschränkung des § 53 StGB durch die MRK oder das GG?

Art. 2 I MRK erklärt grundsätzlich jede absichtliche Tötung für rechtswidrig. Eine der in Art. 2 II MRK zugelassenen Ausnahmen betrifft seinem Wortlaut nach das Notwehrrecht (Buchstabe a.): eine absichtliche Tötung ist zulässig, „wenn sie sich aus einer unbedingt erforderlichen Gewaltanwendung ergibt, um die Verteidigung eines Menschen gegenüber rechtswidriger Gewaltanwendung sicherzustellen". Ein nicht unerheblicher Teil der Lehre nimmt an, daß Art. 2 II MRK § 53 StGB insoweit einschränke, als nunmehr die Tötung des Angreifers zur Abwehr eines lediglich gegen Sachen gerichteten Angriffs nicht mehr zulässig sei[53a]. *Schröder* will die Wirkung dieser „dem Rechtsbewußtsein des deutschen Volkes kaum verständlichen Regelung" auf das Notwehrrecht mit der Maßgabe einschränken, daß eine dem § 53 StGB entsprechende, aber mit Art. 2 II MRK nicht in Einklang stehende Notwehr zwar rechtswidrig, mit Rücksicht auf die weite Fassung des § 53 StGB aber zu entschuldigen sei[54].

Demgegenüber spricht eine zahlenmäßig ebenso starke Auffassung Art. 2 II MRK für das Notwehrrecht jede Bedeutung ab, da dieser lediglich das Verhältnis zwischen Staat und Bürger beeinflusse[55].

II. Stellungnahme

Der vorstehende Überblick zeigt, daß nicht nur im Verhältnis Rechtsprechung und Lehre, sondern auch innerhalb der Rechtsprechung für die hier zur Diskussion stehende Einschränkung des Notwehrrechts vielfach stark voneinander abweichende Begründungen gegeben werden. Von ihrem methodischen Ansatzpunkt her stützen sich diese Begründungen entweder auf eine entsprechende Auslegung von Tatbestandsmerkmalen des § 53 StGB („erforderlich", „geboten"), auf den „Sinn" dieser Bestimmung, auf allgemeine Rechtsgrundsätze („Rechtsmißbrauch", „Verwirkung"), auf das „Naturrecht", auf das allgemeine Rechtsempfinden, auf § 1 StVO und die im Straßenverkehrsrecht herrschenden Grundsätze, sowie auf Art. 2 II MRK.

---

[53] DAR 1962, 351 ff.; 353 ff.

[53a] *Woesner*, NJW 61, 1381; *H. Dietrich*, S. 141 ff.; *Guradze*, Der Stand der Menschenrechte, S. 192; Maunz-Dürig, Art. 1 II Rd.-Nr. 2; *H. Schorn*, S. 82 ff.

[54] *Schönke-Schröder*, § 53 Anm. I; Vorbem. III 15 zu § 51; ähnlich Echterhölter, JZ 56, 143.

[55] *Maurach*, AT S. 268; *Mezger-Blei*, I S. 115; *Schwarz-Dreher*, § 53 Anm. 1 A. a.; *Welzel*, Lehrbuch § 14 II 2.

Bevor im einzelnen zu dieser Vielzahl von Auffassungen Stellung genommen wird, soll zunächst der Frage nachgegangen werden, welche Grundsätze bei der Auslegung von § 53 StGB zu beachten sind. Eine solche Untersuchung erweist sich hier deshalb als notwendig, weil, je nachdem ob die Auslegung des § 53 StGB an Art. 103 II GG orientiert werden muß oder nicht, bei dieser entweder die aus Art. 103 II GG abzuleitenden Regeln strikter Gesetzesauslegung oder jene allgemeinen Auslegungsregeln zu beachten sind, die dem interpretierenden Richter die Möglichkeit zur Rechtsfortbildung im Wege der Analogie u. ä. eröffnen.

1. § 53 StGB und der Grundsatz nullum crimen sine lege

Gemäß Art. 103 II GG, § 2 StGB kann eine Tat nur dann bestraft werden, wenn die Strafbarkeit gesetzlich bestimmt war, bevor die Tat begangen wurde[56]. Dieser gemeinhin mit dem Satz: nullum crimen sine lege umschriebene Grundsatz bedeutet nicht nur, daß der Richter niemanden auf Grund von Gesetzen bestrafen darf, die rückwirkend nach seiner Tat erlassen worden sind. Auch zur Tatzeit bereits bestehende Gesetze dürfen einem Strafurteil nur dann zugrundegelegt werden, wenn sie ihrem *Wortlaut*, *Sinn* und *Zweck* nach zu der Bestrafung ermächtigen[57]. Hieraus folgt, daß die Strafbarkeit einer Tat weder mit Gewohnheitsrecht noch mit einem Analogieschluß oder mit anderen Mitteln rechtsfortbildender Auslegung, wie sie im Zivilrecht gebräuchlich und zulässig sind, begründet werden darf.

Diese Grundsätze gelten jedoch nur insoweit, als es um die Auslegung von Merkmalen einer Strafvorschrift geht, durch die die Strafbarkeit eines Verhaltens *begründet* oder *erweitert* wird. Soweit eine Auslegung weder strafbegründenden noch straferweiternden Charakter hat, gelten auch im Strafrecht die allgemeinen Regeln.

Für die Beantwortung der Frage, ob die Auslegung im konkreten Fall an Art. 103 II GG zu orientieren ist, ist es ohne Bedeutung, welchen Standort das auszulegende Gesetzesmerkmal im Rahmen der üblichen Dreiteilung der Verbrechensmerkmale: Tatbestand, Rechtswidrigkeit, Schuld hat. Auch in den Merkmalen der Rechtswidrigkeit und Schuld können strafbegründende oder -erweiternde Voraussetzungen enthalten sein[58]. Nicht ihre gesetzestechnische Einordnung entscheidet darüber, daß bei der Auslegung bestimmter Gesetzesmerkmale Art. 103 II GG beachtet werden muß, sondern der Umstand, daß durch sie die materielle Strafbarkeit der Tat berührt wird.

---

[56] Zum folgenden: *Grünwald*, ZStrW 76, 1 ff.; *Kohlrausch-Lange*, § 2 A. I ff.; *Maunz-Dürig*, Art. 103 II Rd.-nr. 99 ff.

[57] RG 62, 372; BGH 10, 83, 157; *Schönke-Schröder*, § 2 Rd.-nr. 30 ff.

[58] *Schönke-Schröder*, § 2 Rd.-nr. 9; *Welzel*, Lehrbuch, § 5 II 1.

Es fragt sich, welche Folgerungen sich hieraus für die Auslegung des § 53 StGB ergeben.

Das Notwehrrecht verkörpert einen Unrechtsausschließungsgrund. Durch ihn wird der Bereich des Strafbaren eingeschränkt. Sehen wir im konkreten Fall seine Voraussetzungen als erfüllt an, so ist die betreffende Handlung, die an sich dem Tatbestand einer Straftat entspricht, wegen fehlender Rechtswidrigkeit nicht strafbar. Kommen wir dagegen zu dem Ergebnis, daß seine Voraussetzungen nicht erfüllt sind, so bleibt die durch die Tatbestandsmäßigkeit indizierte Rechtswidrigkeit bestehen und die Tat muß bestraft werden, wenn auch die anderen Strafbarkeitsvoraussetzungen gegeben sind. Hieraus folgt, daß wir uns bei der Auslegung des § 53 StGB in einem Bereich des StGB bewegen, in dem unmittelbar über die Strafbarkeit menschlichen Verhaltens entschieden wird, oder in dem — wie es Roxin ausdrückt[59] — „der vorsätzliche Totschlag und die gerechtfertigte Tat beieinanderliegen". Von der Verneinung oder Bejahung der Tatbestandsvoraussetzungen des § 53 StGB hängt es ab, ob eine Tat strafbar ist oder nicht. Das strafrechtliche Notwehrrecht ist mit anderen Worten eine negative Strafbarkeitsvoraussetzung.

Damit steht nach dem oben Gesagten zugleich fest, daß Art. 10 3 II GG, § 2 StGB bei der Auslegung des § 53 StGB beachtet werden müssen. Der Richter, der vor der Frage steht, ob im konkreten Fall das Verhalten des Täters durch das Notwehrrecht gerechtfertigt ist, muß sich stets vor Augen halten, daß der Gesetzgeber durch die Schaffung des § 53 StGB die Strafbarkeit menschlichen Verhaltens eingeschränkt hat. Mit jeder restriktiven Auslegung des § 53 StGB, die nicht mehr durch Wortlaut, Sinn und Zweck des Gesetzes getragen wird, sondern rechtsfortbildenden Charakter hat, auf Analogie oder Gewohnheitsrecht beruht, würde er diese für den Täter günstige Entscheidung des Gesetzgebers wenigstens teilweise wieder rückgängig machen und damit im Ergebnis die Strafbarkeit des Täters unter Verstoß gegen Art. 103 II GG *erweitern.* Soweit die Auslegung des § 53 StGB eine Einschränkung des Notwehrrechts zum Ziele hat, ist sie deshalb an Wortlaut, Sinn und Zweck des Gesetzes gebunden.

2. *Wortlaut, Sinn und Zweck des § 53 StGB*

Der vorstehende Abschnitt endete mit der Feststellung, daß allein ihre Vereinbarkeit mit Wortlaut, Sinn und Zweck des § 53 StGB darüber entscheidet, ob eine restriktive Auslegung dieser Vorschrift verfassungsrechtlich zulässig ist. Im Hinblick auf das Ziel dieser Untersuchung ergibt sich daraus, daß auch die oben wiedergegebenen Versuche, das Notwehrrecht sozialethisch zu begrenzen, sich an diesen Auslegungskriterien messen lassen müssen. Eine kritische Stel-

[59] ZStrW 75, 544.

lungnahme zu diesen Einschränkungsversuchen, wie sie hier beabsichtigt ist, beginnt deshalb am zweckmäßigsten mit der Darstellung von Wortlaut, Sinn und Zweck des § 53 StGB.

§ 53 StGB definiert Notwehr als „diejenige Verteidigung, welche erforderlich ist, um einen gegenwärtigen rechtswidrigen Angriff von sich oder einem anderen abzuwenden". Der Grundgedanke dieser Bestimmung ist, wie im einzelnen noch darzulegen ist, daß das Recht dem Unrecht nicht zu weichen braucht.

a) Die Notwehrlage wird ausgelöst durch einen gegenwärtigen, rechtswidrigen Angriff. Unter *Angriff* ist die von einem Menschen drohende Verletzung rechtlich geschützter Interessen zu verstehen. Notwehrfähig ist jedes rechtlich anerkannte Interesse, unabhängig davon, ob es durch eine Norm des Strafrechts geschützt wird, also z. B. auch der Gemeingebrauch, die Ehre, der Besitz[60].

b) *Gegenwärtig* ist ein Angriff, wenn er unmittelbar droht oder fortdauert. Diese weite Auslegung des Begriffes „gegenwärtig" ergibt sich aus dem Wesen und der Aufgabe des Notwehrrechts. Dieses soll nicht nur die Begehung von Straftaten verhindern, sondern dem Notwehrberechtigten die Möglichkeit zum Schutz des bedrohten Rechtsguts geben[61].

c) Ein Angriff ist *rechtswidrig*, „wenn er von der Rechtsordnung objektiv-negativ bewertet wird"[62] oder — nach einer anderen Definition[63] — wenn der Angegriffene ihn nicht zu dulden braucht. Indem das Gesetz lediglich die Rechtswidrigkeit des Angriffs, nicht aber auch das allgemeine Verbrechensmerkmal der Schuld zur notwehrbegründenden Voraussetzung erklärt, stellt es klar, daß Notwehr auch gegen fahrlässig handelnde, unzurechnungsfähige, irrende oder aus sonstigen Gründen schuldlose oder gemindert schuldige Angreifer zulässig ist[64]. Diese sich auf Wortlaut und Sinn des § 53 StGB gründende Auslegung entspricht auch dem erklärten Zweck dieser Vorschrift. Eines der wesentlichen Ziele der Rechtsordnung ist es, den einzelnen vor Beeinträchtigungen seiner Rechte zu schützen. Grundsätzlich, d. h. wenn nicht eine Ausnahme rechtlich zugelassen worden ist, unterliegt jedes rechtlich anerkannte Interesse diesem allgemeinen Rechtsschutz, gleichgültig, welche Bedeutung es für den einzelnen hat oder von wem die Verletzung droht. Das Notwehrrecht ist eines jener zahlreichen Mittel, durch die dieser allgemeine Rechts-

[60] Einhellige Auffassung in Rechtsprechung und Lehre: vgl. z. B. RG 21, 170; 60, 278; Bayr.ObLG NJW 1963, 824; *Schönke-Schröder*, § 53 Rd. nr. 5 ff.; Maurach, AT § 26 II 1, 3.

[61] *Maurach*, AT § 26 II A 5; *Schönke-Schröder*, § 53 Rd.-Nr. 12.

[62] *Maurach*, AT § 26 II A 4.

[63] *Schönke-Schröder* m. Nachw. § 53 Rd.-nr. 10.

[64] So h. M.: RG 27, 45; JW 1926, II 71; *Schwarz-Dreher*, § 53 Anm. 1 C; *Schönke-Schröder*, § 53 Rd.-nr. 10; zu der abweichenden Ansicht von *H. Mayer* s. u. II 3 c.

schutz gewährleistet werden soll. § 53 StGB würde diesen Zweck nur teilweise erreichen, wenn er nur gegenüber solchen Angreifern zum Zuge käme, die der Vorwurf vorsätzlich schuldhaften Verhaltens trifft. Auch die Angriffe von schuldlosen Angreifern, z. B. Geisteskranken, können für den Angegriffenen gefährlich, häufig sogar lebensbedrohend sein. Ihnen wäre der Angegriffene schutzlos ausgeliefert, wenn das Notwehrrecht in dem erwähnten Sinne restriktiv ausgelegt würde. Der Gesetzgeber hat deshalb mit Bedacht *alle* rechtswidrigen Angriffe in den § 53 StGB einbezogen und Notwehr gegen sie für zulässig erklärt. Der Grundgedanke dieser Vorschrift entspricht somit insoweit dem Grundsatz, daß das Recht dem Unrecht nicht zu weichen braucht.

Liegt in dem bisher besprochenen Sinne ein gegenwärtiger rechtswidriger Angriff vor, so ist der Notwehrberechtigte zu derjenigen Verteidigung berechtigt, die erforderlich ist, um den Angriff abzuwenden.

d) Der Begriff *„Verteidigung"* muß im Zusammenhang mit der Wortfolge „um den ... Angriff ... *abzuwenden*" gesehen werden. In beiden hier hervorgehobenen Tatbestandsmerkmalen kommt zum Ausdruck, daß das Gesetz den Angegriffenen in jedem Notwehrfall zu einer *aktiven Abwehrreaktion* ermächtigen will, die den Lauf des Angriffs hemmt. Diese Abwehr kann einmal in einer bloßen Schutzwehr bestehen, die keine Probleme aufwirft, da sie in der Regel nicht tatbestandsmäßig ist (z. B. Parieren des Schlages)[65]. Sie kann aber auch darauf abzielen, den hartnäckigen Angreifer durch einen Gegenangriff an einer Fortsetzung seines Angriffs zu hindern. Diese sog. Trutzwehr wird häufig dazu führen, daß der Angreifer selbst verletzt wird[66]. Besonders hervorzuheben ist, daß § 53 StGB in *jeder* Notwehrsituation zu einer solchen aktiven Abwehr ermächtigt, gleichgültig gegen welches Rechtsgut sich der Angriff richtet oder wer der Angreifer ist. In keinem Fall wird dem Angegriffenen zugemutet, dem Angriff auszuweichen. Denn von demjenigen, der einem Angriff ausweicht, kann — wie das RG in GA Bd. 46, 31 mit Recht ausführt — „unmöglich" gesagt werden, „daß er sich gegen denselben verteidige". Auch hier ist es somit der erklärte Sinn und Zweck des § 53 StGB, daß das Recht dem Unrecht nicht zu weichen braucht, sondern sich aktiv behaupten soll.

Wie weit der Angegriffene bei seiner Abwehrmaßnahme gehen darf, wird einmal dadurch bestimmt, daß diese tatsächlich der Abwehr des Angriffs dienen, d. h. vom *Verteidigungswillen* getragen sein muß[67]. Zum anderen muß die Verteidigung erforderlich sein.

---

[65] *Maurach,* AT § 26 II B 2;

[66] *Maurach,* a. a. O.; *Schönke-Schröder,* § 53 Rd.-nr. 17.

[67] Allgemein anerkannt: vgl. z. B. RG 54, 196 (199); BGH 2, 114; *Maurach,* AT § 26 II B 1.

e) Für die Auslegung des Begriffs *„erforderlich"* ist es von entscheidender Bedeutung, daß das Gesetz ihn zu der Wortfolge „um den ... Angriff ... abzuwenden" in Beziehung setzt.

Das Wort „erforderlich" ist ein unbestimmter Begriff, der erst durch eine Wertung ausgefüllt werden muß, bevor er konkreten Inhalt erhält. Die Art und Weise, wie diese Wertung zu erfolgen hat, kann in der Formulierung, in der das Wort „erforderlich" verwendet wird, mehr oder weniger festgelegt und bestimmt sein, je nachdem, ob diesem Wort ein Beziehungswort beigegeben ist oder nicht. Welchen unterschiedlichen Grad an Bestimmtheit oder Bestimmbarkeit das Wort „erforderlich" haben kann, kommt z. B. deutlich in den beiden folgenden Sätzen zum Ausdruck: X meint: „Um gute Geschäfte zu machen, ist es manchmal erforderlich, seine Mitmenschen zu belügen" und: „Manchmal ist es erforderlich, seine Mitmenschen zu belügen". Der erste Satz unterscheidet sich von dem zweiten dadurch, daß in ihm das Wort „erforderlich" zu einem konkreten Zweck in Beziehung gesetzt ist. Was in diesem Fall „erforderlich" ist, bestimmt allein dieser Zweck. Um zu erfahren, ob der erste Satz zutrifft, müssen die tatsächlichen Verhältnisse im Geschäftsleben daraufhin untersucht („bewertet") werden, ob der Zweck: die Erzielung hoher Geschäftsgewinne, tatsächlich nur dadurch erreicht werden kann, daß man manchmal seine Mitmenschen belügt.

Im zweiten Satz, wo ein solches konkretes Beziehungswort fehlt, ist der Wertungsspielraum wesentlich weiter und weniger festgelegt. Hier kann eine Vielzahl von Wertungsgesichtspunkten berücksichtigt werden: ethische, wirtschaftliche, opportunistische, altruistische usw. Und die Antwort auf die Frage, was in diesem Fall „erforderlich" ist, hängt entscheidend davon ab, welche Gesichtspunkte man gelten läßt. So wird z. B. der christlich oder sittlich denkende Mensch diesen Satz anders beurteilen, als der hemmungslose Egoist, der keine sittlichen Hemmungen kennt.

Es ergibt sich somit die im Hinblick auf die Auslegung des § 53 StGB wichtige Feststellung, daß die „Wertausfüllung" des Begriffs „erforderlich" entscheidend durch den Wertungsgesichtspunkt bestimmt wird, zu dem er in dem jeweiligen Wortzusammenhang in Beziehung gesetzt wird. Je mehr das Beziehungswort konkretisiert ist, desto genauer läßt sich der Inhalt des Wortes „erforderlich" bestimmen. Fehlt ein konkreter Wertungsgesichtspunkt überhaupt, so besteht ein weiter Spielraum für die „Wertausfüllung" dieses Wortes.

An sich hätte der Gesetzgeber das Notwehrrecht auch in einer Generalklausel regeln können, die dem Richter einen weiten Auslegungsspielraum läßt. Er hätte sich z. B. mit der folgenden Regelung begnügen können: Notwehr ist nicht strafbar, wenn sie erforderlich war. Dem Wort „erforderlich" würde dann ein konkretes Beziehungswort fehlen und der Weg wäre frei, den Begriff der „Erforderlichkeit“ unter den verschiedensten Wertungsgesichtspunkten auszulegen. Dem wäre nur insoweit eine Grenze gesetzt, als es sich bei der Auslegung des § 53 StGB um eine *Rechts*frage handelt. Die Frage, ob Notwehr „erforderlich“ war, müßte jeweils dahingehend konkretisiert werden, ob die betreffende Notwehrmaßnahme unter dem Gesichtspunkt der Rechtsidee „erforderlich“ war.

Der Gesetzgeber hat sich jedoch für eine Lösung entschieden, die dem § 53 StGB einen bestimmteren Inhalt und dem Richter weniger Bewertungsspielraum gibt. Indem § 53 StGB bestimmt, daß Notwehr diejenige Verteidigung sei, die zur Abwendung des rechtswidrigen Angriffs erforderlich ist, legt das Gesetz die „Wertausfüllung“ des Wortes „erforderlich“ von vornherein auf einen ganz bestimmten Wertungsgesichtspunkt fest: den Zweck der Abwehr. Alles was zur Erreichung dieses Zwecks im konkreten Fall notwendig ist, ist auch als „erforderlich“ im Sinne des § 53 StGB anzusehen. Wie sich dieser Zweck in concreto durchsetzen läßt, ist durch eine „Bewertung“ der tatsächlichen Notwehrsituation zu ermitteln: Von Bedeutung ist, mit welchen Mitteln und mit welcher Stärke der Angreifer seinen Angriff führt, ob er zum Beispiel bewaffnet oder unbewaffnet ist. Bedeutsam ist auch, welche Abwehrmittel dem Angegriffenen zur Verfügung stehen. Kann er unter mehreren Mitteln wählen, so ist nur dasjenige zulässig, das den Angreifer am wenigsten beeinträchtigt. Da § 53 II StGB *jede* Verteidigung als Notwehr ansieht, die zur Erreichung des erwähnten Zwecks erforderlich ist, darf *jedes* Rechtsgut bis zur letzten Konsequenz verteidigt werden, ohne Rücksicht darauf, in welchem Wertverhältnis das gefährdete und das durch die Verteidigung verletzte Rechtsgut zueinanderstehen. Kann der Angegriffene einen Angriff gegen ein minderwertiges Rechtsgut, z. B. Sachwerte, nur dadurch abwehren, daß er den Angreifer tötet, so steht damit fest, daß der Zweck, zu dem das Wort „erforderlich“ in Beziehung gesetzt ist, die Abwehr des Angriffs, nur auf diese Weise erreicht werden konnte und daß die Abwehrmaßnahme im Sinne des § 53 II StGB „erforderlich“ war.

Indem § 53 II StGB den Begriff der Erforderlichkeit an den Zweck der Abwehr bindet, verbietet er zugleich, daß die Erforderlichkeit der Abwehr noch unter anderen Gesichtspunkten als diesen geprüft wird. Nach dem eindeutigen Inhalt dieser Vorschrift „heiligt“ der Zweck der Abwehr die Mittel insoweit, als ihr Einsatz zur Erreichung dieses Zwecks erforderlich ist. Der Begriff „erforderlich“ bietet mithin keine Möglichkeit, die Abwehrmaßnahme des Angegriffenen auch noch daraufhin zu überprüfen, ob sie auch durch den Zweck des Rechts gefordert war.

f) Es fragt sich nunmehr, ob eine solche Prüfung nicht wenigstens unter dem Gesichtspunkt des Merkmals *„geboten“* in § 53 I StGB möglich ist, wie es von einem Teil der Lehre vorgeschlagen wird (s. S. 9, 13, 18, 25 f., 28).

Bei der Auslegung dieses Tatbestandsmerkmals verhält es sich so ähnlich wie bei der des Wortes „erforderlich“. Auch das Wort „geboten“ ist ein unbestimmter Begriff, dessen Inhalt erst durch eine „Wertung“ konkretisiert werden muß. Auch bei ihm kommt es entscheidend darauf an, ob es in der jeweiligen Formulierung bereits zu einem anderen Wort oder Wertungsgesichtspunkt konkret in Beziehung gesetzt wird oder nicht. Je nachdem, ob ein solches konkretes Beziehungsverhältnis besteht oder fehlt, hat das Wort „geboten“ einen verschiedenen Grad an Bestimmbarkeit.

Das Wort „gebieten“ kann bezogen sein auf einen bestimmten sachlichen Zweck, den es zu erreichen gilt. Beispiel: Ein bedürftiger Student will eine große Reise machen. Ein Freund sagt zu ihm: „Wenn du diese Reise machen willst, ist äußerste Sparsamkeit geboten.“ In diesem Fall ist der Spielraum, der dem angesprochenen Freund bei der „Wertausfüllung“ des Wortes „geboten“ zur Verfügung steht, infolge der Konkretheit des bezogenen sachlichen Zwecks stark eingeengt. Die „Wertausfüllung“ besteht hier in nichts anderem als in dem Vergleich der Vermögensverhältnisse des Studenten mit den voraussichtlichen Reisekosten, d. h. in einem Vergleich eines kleinen Ausschnitts der Gegenwart (die augenblickliche Vermögenslage) und eines ebenso klar zu übersehenden Teils der Zukunft, bezogen auf eine bestimmte Person. Weil hier das Beziehungsverhältnis so konkret und leicht übersehbar ist, läßt sich die Frage, was im konkreten Fall „geboten“ ist, relativ schnell beantworten.

Vor einer ungleich schwierigeren Bewertungsfrage stünde man jedoch, wenn man aufgefordert wäre, den folgenden Satz auf seine Richtigkeit zu überprüfen: „Im Leben eines jeden Menschen ist Sparsamkeit geboten“. Bevor man zu dieser Frage Stellung nehmen könnte, müßte man sich die ungeheuere Vielgestaltigkeit des menschlichen Lebens vergegenwärtigen: die unterschiedlichen Vermögensverhältnisse, die Vielfalt der menschlichen Bedürfnisse und Interessen usw. Auch wenn man sich darauf einen mehr oder weniger vollständigen Überblick verschafft hätte, könnte man sicherlich noch stundenlang darüber diskutieren, was nun wirklich „geboten“ ist. Der Grund dafür, daß hier der Bewertungsspielraum im Gegensatz zu dem zuerst genannten Beispiel so weit ist, besteht darin, daß hier das Beziehungsverhältnis zwischen dem Wort „geboten“ und dem bezogenen Wertungsgesichtspunkt sehr abstrakt ist. Bezogen ist hier nicht eine ganz konkrete Situation in dem Leben eines bestimmten Menschen, bezogen ist das ganze Leben einer nicht mehr zählbaren Masse von Menschen, deren Leben in vielfacher Hinsicht einen verschiedenen Verlauf nimmt.

Als der Gesetzgeber vor der Aufgabe stand, das Notwehrrecht zu regeln, hatte er auch hier die Wahl, dieser Regelung die Gestalt einer abstrakt gehaltenen Generalklausel oder die einer konkret und in ihren Tatbestandsmerkmalen präzis gefaßten Vorschrift zu geben. Er hätte z. B. formulieren können: Eine strafbare Handlung ist nicht vorhanden, wenn Notwehr geboten war. In diesem Fall würde dem Wort „geboten" das Beziehungswort fehlen. Dem Notwehrberechtigten und dem auslegenden Richter stünde ein Bewertungsspielraum zur Verfügung, der ähnlich weit wäre, wie in dem letzten der vorstehend erwähnten Beispiele. Um auf die Frage, ob in concreto Notwehr „geboten" war, antworten zu können, müßte der auslegende Richter — ausgehend von dem Abwehrbedürfnis des Angegriffenen — sich auf Sinn und Zweck des Notwehrrechts besinnen. Da der Schutz des Angegriffenen in einer Notwehrlage nur einer von jenen zahlreichen Zwecken ist, denen das Recht dient, müßte die Auslegung so fortfahren, daß der Zweck des Notwehrrechts zu den anderen Rechtszwecken in Beziehung gesetzt und im Verhältnis zu ihnen abgewogen würde. Hierbei würde man zwangsläufig zu der Frage gelangen, was der Sinn und Zweck des Rechts ist. Nachdem man auf diese Weise die verschiedensten Gesichtspunkte „bewertet" hätte, käme man schließlich zu einer Antwort auf die Frage, ob im konkreten Fall Notwehr „geboten" war.

Der Gesetzgeber hat dem Angegriffenen, der in der Notwehrsituation blitzschnell reagieren muß, eine so schwierige Wertungsaufgabe, wie sie eben lediglich berührt, aber nicht durchgeführt wurde, ersparen wollen. Er hat dies in der Weise getan, daß er das Notwehrrecht in § 53 II StGB präzis definiert und das Wort „geboten" zu dieser Definition in Beziehung gesetzt hat. Dies wird besonders deutlich, wenn man das Wort „Notwehr" in § 53 I StGB durch die Definition dieses Wortes in Abs. II des § 53 StGB ersetzt: „Eine strafbare Handlung ist nicht vorhanden, wenn die Handlung durch diejenige Verteidigung geboten war, welche erforderlich war, um den Angriff . . . abzuwenden". Darin, daß das Merkmal „geboten" auf den Abs. II und damit auf den Zweck der Notwehr bezogen wird, kommt zum Ausdruck, daß die Frage des Gebotenseins der Notwehrmaßnahme nur im Hinblick auf diesen Zweck, nicht aber auch im Hinblick auf den Zweck des Rechts geprüft werden soll. Alles, was *zur* Verteidigung notwendig ist, was der Zweck der Angriffsabwehr erfordert, ist als „geboten" im Sinne des § 53 StGB anzusehen. Bei der „Wertausfüllung" dieses Wortes sind somit genau dieselben Überlegungen anzustellen, wie bei der Frage in Absatz II, ob die Verteidigung „erforderlich" war: Die Stärke des Angriffs, die verschiedenen möglichen Abwehrmittel, kurz: die konkrete Tatsituation, ist daraufhin zu bewerten, mit welcher Maßnahme der Notwehrberechtigte den Angriff wirksam, aber möglichst schonend abwehren kann. Da der Bewertungsspielraum bei der Auslegung des Merkmals „geboten" ebenso wie bei dem Merkmal „erforderlich" auf die konkrete Tatsituation und den Zweck der Abwehr bezogen und damit eingeengt ist, widerspricht es dem erklärten Sinn des § 53 StGB, wenn außerdem noch der abstrakte Zweck des Rechts als Wertungsgesichtspunkt in diese Auslegung einbezogen wird. Das Wort „geboten" in § 53 I StGB hat lediglich die Funktion, Abs. I mit Abs. II zu verbinden, nicht aber die Bedeutung eines selbständig zu prüfenden Tatbestandsmerkmals.

Indem das Gesetz den Wertungsspielraum bei den Tatbestandsmerkmalen „erforderlich" und „geboten" in der beschriebenen Weise stark einengt und die Bestimmbarkeit ihres Inhalts damit wesentlich erhöht, trägt es der *Eigenart der Notwehrsituation* Rechnung: Der Angriff kommt für den Angegriffenen meist überraschend. Der Angreifer wird diese Überraschung für seine Zwecke zu nutzen versuchen. In dieser Lage wird der Angegriffene seine ganze Aufmerksamkeit und seine Gedanken vor allem auf die Frage konzentrieren, mit welchen Mitteln er am wirksamsten den Angriff zurückschlagen kann. Aber auch bei diesen einfachen Überlegungen darf sich der Angegriffene nicht lange aufhalten, will er nicht „überrumpelt" werden. Der Angegriffene würde erheblich überfordert, würde das Gesetz ihn in dieser Situation, in der es blitzschnell zu reagieren gilt, *unter Strafandrohung* dazu zwingen, seine Berechtigung zur Durchführung der von ihm ins Auge gefaßten Notwehrmaßnahme noch unter dem allgemeinen Gesichtspunkt der *rechtlichen* Angemessenheit und der Rechtsidee zu prüfen. Es entspricht deshalb nicht nur dem Wortlaut und dem Sinn, sondern auch dem *Zweck* des strafrechtlichen Notwehrrechts, daß § 53 StGB dem Notwehrberechtigten — wie dargelegt — eine so schwierige Wertungsaufgabe erspart. Indem das Gesetz den Begriff „Notwehr" durch eine besondere Legaldefinition erklärt, den Tatbestandsmerkmalen des Notwehrrechts soweit wie möglich den Charakter der Abstraktheit nimmt und insbesondere die Worte „erforderlich" und „geboten" zu dem Abwehrzweck in konkrete Beziehung setzt, kommt erkennbar das Bestreben zum Ausdruck, im Strafrecht die Anforderungen an die Prüfungspflicht des Notwehrberechtigten möglichst niedrig zu halten.

g) Das Ergebnis der bisherigen Untersuchung läßt sich mit der Feststellung zusammenfassen, daß in § 53 StGB der Grundsatz Ausdruck gefunden hat, daß das Recht dem Unrecht nicht zu weichen braucht. Die einzelnen Tatbestandsmerkmale sind so gefaßt, daß eine Durchbrechung dieses harten Notwehrgrundsatzes im Wege restriktiver oder extensiver Auslegung einzelner Merkmale nicht möglich erscheint. Es bleibt zu untersuchen, ob eine sozialethische Begrenzung des § 53 StGB mit dem *Verbot des Rechtsmißbrauchs* begründet werden kann, das in Rechtsprechung und Lehre vielfach als „immanente Schranke" nicht nur des zivilrechtlichen, sondern auch des strafrechtlichen Notwehrrechts angesehen wird. Auch für die Beurteilung dieses Lösungsvorschlages bilden die unter II. 1. dargelegten Auslegungsprinzipien den alleinigen Maßstab. Es fragt sich deshalb, was unter dem Begriff des Rechtsmißbrauchs zu verstehen ist und ob und in welchem Maße er in Wortlaut, Sinn und Zweck des § 53 StGB zum Ausdruck kommt.

Von Rechtsmißbrauch sprechen wir vornehmlich in solchen Fällen, in denen eine Handlung zwar formal durch einen gesetzlichen Tatbestand gedeckt und somit an sich erlaubt ist, gleichwohl aber aus bestimmten Gründen für rechtlich unzulässig erklärt wird.

Am eindeutigsten tritt ein Rechtsmißbrauch dann zutage, wenn jemand nur deshalb von seinem Recht Gebrauch macht, um einen anderen zu schädigen. Im Zivilrecht erklärt § 226 BGB einen solchen „Rechtsgebrauch" ausdrücklich für unzulässig. Im Strafrecht ist der dementsprechende Fall der Absichtsprovokation zwar nicht ausdrücklich im Gesetz geregelt; daß jedoch derjenige, der einen anderen in der Absicht zu einem Angriff provoziert, um diesen dann „unter dem Deckmantel" des Notwehrrechts bei der hierdurch „erforderlich" werdenden Verteidigung zu verletzen oder gar zu töten, sich nicht auf § 53 StGB berufen kann, ergibt sich durch *sinn-* und *zweck*gemäße Auslegung dieser Vorschrift: § 53 StGB gestattet ausnahmsweise eine Rechtsverletzung, die sonst unter Strafe gestellt ist. Der Grund für diese Ausnahme ist darin zu sehen, daß dem Angegriffenen die rechtliche Möglichkeit gegeben werden soll, sich und die Allgemeinheit vor rechtswidrigen Schädigungen zu *schützen*. Der absichtlich provozierende „Angegriffene" will in Wirklichkeit diesen Schutz nicht; seine „Verteidigung" ist in Wahrheit ein *„Angriff"*; den Willen zur Verteidigung täuscht er — wie der BGH in MDR 1954, 335 mit Recht ausführt[68] — nur vor. Da er mit der Provozierung der Notwehrsituation und mit seiner „Abwehr"maßnahme nicht seinen eigenen Schutz, sondern lediglich die Schädigung des „Angreifers" bezweckt, liegt § 53 StBG nicht nur seinem Wortlaut (fehlender Verteidigungswille), sondern auch seinem Sinn und Zweck nach (fehlender Schutzzweck) nicht vor.

Dieser Grundsatz gilt ausnahmsweise nicht, wenn der Provokateur lediglich eine leichtere Verletzung seines Gegners beabsichtigt und dieser unerwartet mit einem lebensbedrohenden Angriff reagiert. In diesem Fall wird die Abwehr des Provokateurs nicht nur von seiner ursprünglichen Schädigungsabsicht getragen, sondern er muß und will sich verteidigen, um sein Leben zu retten. Hier ist § 53 StGB seinem Sinn und Zweck nach erfüllt.

Rechtsprechung und Lehre im *Zivilrecht* haben diesen engeren und insoweit auch im Strafrecht anerkannten Sinn des Rechtsmißbrauchsbegriffs stark erweitert. Danach findet jedes Recht nicht nur in sei-

[68] Ebenso *Oetker*, VDA II, S. 271 ff.; *Mezger-Blei*, AT S. 116.

ner in dem jeweiligen Gesetz zum Ausdruck kommenden Funktion, sondern allgemein in der Pflicht zu „sozial angemessenem“ Verhalten seine Grenze. Die Ausübung eines Rechts ist unzulässig, wenn sie gegen den Grundsatz von Treu und Glauben *oder* gegen die guten Sitten verstößt. Zur Begründung[69] dieser „immanenten Schranken“ jeder Rechtsausübung wird einmal auf die sozialethische Funktion des Rechts und zum anderen auf positive Gesetzesbestimmungen verwiesen, in denen dieser allgemeine Grundsatz teils in negativer, teils in positiver Fassung zum Ausdruck kommt: §§ 138, 157, 226, 242, 826 BGB u. a.

Das Verhältnis zwischen dem Grundsatz von Treu und Glauben und dem Verbot sittenwidriger Rechtsausübung wird wie folgt bestimmt: Der Grundsatz von Treu und Glauben gilt nur im Rahmen rechtlicher Sonderverbindungen: z. B. Vertrags- oder vorvertraglichen Beziehungen, die als solche schon ein bestimmtes Maß an Rücksichtnahme fordern und Vertrauen rechtfertigen und die den einen Teil vor Übergriffen des anderen schützen. Bei einem Verstoß gegen die guten Sitten wird eine rechtliche Sonderverbindung nicht vorausgesetzt; hier stehen die sozialen Interessen der Gemeinschaft im Vordergrund, die allgemein zu beachtende Mindestanforderungen stellen[70]. Da wir es im Notwehrrecht allenfalls in den unter A I 3 c genannten Fällen mit rechtlichen Sonderverbindungen zu tun haben, kommen hier in erster Linie die guten Sitten als „immanente Schranken“ in Betracht. Der Gedanke des Rechtsmißbrauchs wirkt sich somit im zivilrechtlichen Notwehrrecht in der Weise aus, daß er diesem dort eine Grenze setzt, wo der Angegriffene mit seiner Abwehrhandlung *gegen die guten Sitten verstößt.* Soweit diese zu einer vorsätzlichen Schädigung des Angreifers führt, ist dieser Grundsatz sogar unmittelbar § 826 BGB und nicht erst allgemeinen Rechtsgedanken zu entnehmen.

Was ist unter „guten Sitten“ in diesem Zusammenhang zu verstehen? Wann ist eine Verteidigung sittenwidrig?

Esser (§§ 852 ff.) bezeichnet es als herrschende Meinung, daß die Sittenwidrigkeit im Sinne des § 826 BGB ein Fall der Rechtswidrigkeit sei. Sittenwidrigkeit habe nur dort Bedeutung, wo sich die Rechtswidrigkeit nicht schon aus einer speziellen Verbotsnorm ergebe, nämlich in den Fällen, in denen entweder überhaupt keine Verbotsnorm bestehe, oder in denen der Täter sogar gesetzmäßig handele. Wenn denn nur im Gewand der Sittenwidrigkeit ein Rechtswidrigkeitsurteil

---

[69] Vgl.: *Soergel-Siebert,* Vorbem. 2 zu § 226, § 242 Bem. 27 ff.; 112 ff.; *Esser,* S. 112 ff., 851 ff.; *Erman,* § 242 I 4 D; *Enn.-Lehmann,* S. 955 ff.; *Enn.-Nipperdey,* II. Halbbd., S. 1441 ff.; RG Z 166, 113, 117; BGH Z 19, 75 ff.

[70] Vgl.: *Erman,* § 242 A. I 4 D; *Esser,* S 114; *Soergel-Siebert,* Vorbem. 15 ff. zu § 226; RG Z 160, 349 ff., 357.

möglich sein solle, so könne sich dieses nur aus Rechtsprinzipien, und zwar aus solchen ergeben, die — über oder hinter den Einzelnormen stehend — zu den fundamentalen Grundsätzen der Rechtsordnung gehören. Sittenwidrigkeit sei deshalb nichts anderes als grobe Rechtswidrigkeit, ungeachtet besonderer Gesetzwidrigkeit oder Gesetzmäßigkeit. Ob diese im jeweiligen Fall anzunehmen sei, richte sich nach den „Anschauungen aller billig und gerecht Denkenden".

Ähnlich lauten die anderen Stellungnahmen in Rechtsprechung und Lehre. So heißt es in *RG Z 166, 113, 117,* daß der aus den „der Verwirklichung einer höheren Ordnung dienlichen" §§ 826, 242 BGB abzuleitende Rechtsbegriff der unzulässigen Rechtsausübung Raum lasse „für die Beachtung eines jeden Gesichtspunktes, welcher der Erreichung innerer Gerechtigkeit diene". Diese Grundsätze sind vom *BGH* ausdrücklich bestätigt worden[71].

Enneccerus-Lehmann[72] führen hierzu aus, daß sich das Gesetz durch § 826 BGB gewisse Vorschriften der Moral mittelbar zu eigen machen wolle, indem es Rechtshandlungen auch dann mißbillige, „wenn sie zwar vor dem Forum der positiven Rechtsverbote bestehen" können, „aber einen Verstoß gegen das Rechts- und Sittlichkeitsbewußtsein des ganzen Volkes, das Anstandsgefühl aller billig und gerecht Denkenden" enthielten. Insoweit gestatte § 826 BGB ebenso wie die §§ 242, 226 BGB die Beachtung der Forderungen wahrer innerer Gerechtigkeit, insbesondere auch die Bekämpfung unzulässiger Rechtsausübung. *Enneccerus-Nipperdey*[73] messen dem Grundsatz, daß jedes Recht seinem Inhalt nach nur so weit gehe, wie die guten Sitten oder Treu und Glauben dies gestatteten, für das Verhältnis des Rechts zur Sitten- und Gesellschaftsordnung überhaupt eine große Bedeutung zu. Er lege Zeugnis ab von dem starken sittlichen Zug des BGB und in ihm liege der Schlüssel, um das Recht fortschrittlichen Ideen zu öffnen und seine Ausübung nach den Grundsätzen der sozialen Gerechtigkeit und des sozialen Rechtsstaats auszurichten.

Die Rechtsprechung hat diese Möglichkeit zur Fortbildung des Rechts ausgiebig genutzt. Die Kasuistik zu § 826 BGB ist „unübersehbar"[74]. *Wieacker*[75] hat in eindrucksvoller Weise dargestellt, wie die Rechtsprechung unter Führung des Reichsgerichts nach und nach, u. a. auch unter Berufung auf die „Gute-Sitten"-Generalklauseln, dem BGB seinen ursprünglich stark liberalistischen Einschlag genommen hat

---

[71] Z. B. BGH 19, 75.

[72] a. a. O., S. 955; ebenso *Erman-Drees,* § 826 A. 1 a; *Soergel-Schräder,* § 826 Anm. 1 ff.

[73] II. Halbband, S. 1441 ff.; I. Halbband, S. 73.

[74] So *Esser* a. a. O., S. 854.

[75] Das Sozialmodell . . ., S. 17 ff.

und schließlich an die Stelle einer formalen Freiheitsethik eine „materielle Ethik sozialer Verantwortung" setzte, die allen sozialen Schichten gerecht zu werden versucht.

Im Hinblick auf das hier zu untersuchende Problem erhebt sich nunmehr die Frage, ob wir im Rahmen des *§ 53 StGB* berechtigt sind, auf dem gleichen Wege wie das Zivilrecht das uns heute als zu hart erscheinende Notwehrrecht den Forderungen der Gerechtigkeit anzupassen. Wie sich aus den vorstehenden Ausführungen ergibt, ist das Verbot des Rechtsmißbrauchs im Rahmen des Notwehrrechts mit dem Verbot sittenwidriger Rechtsausübung identisch. Dieses Verbot wäre im strafrechtlichen Notwehrrecht mit Rücksicht auf Art. 103 II GG, § 2 StGB nur dann wirksam, wenn es im Wortlaut, Sinn und Zweck des § 53 StGB Ausdruck gefunden hat.

Der *Wortlaut* und *Sinn* des § 53 StGB deuten mit keinem Wort an, daß eine Notwehr auch dann, wenn sie an sich die Tatbestandsvoraussetzungen dieser Bestimmung erfüllt, d. h. wenn sie eine zur Abwendung eines gegenwärtigen rechtswidrigen Angriffs erforderliche Verteidigung ist, gleichwohl unzulässig ist, wenn sie gegen die guten Sitten und damit gegen das Prinzip der Gerechtigkeit verstößt.

Dieser „Mangel" läßt sich nicht dadurch beheben, daß die guten Sitten zur *„immanenten Schranke"* des Notwehrrechts erklärt werden. Im Zivilrecht wird diese Schranke — wie dargelegt — in zutreffender Weise aus den das ganze Zivilrecht umspannenden Generalklauseln, wie §§ 826, 242 BGB, sowie qua Rechtsanalogie aus zahlreichen anderen Vorschriften oder aus allgemeinen Rechtsgrundsätzen abgeleitet. Dem Strafrichter sind solche weitreichenden Möglichkeiten rechtsfortbildender Auslegung verwehrt, soweit es um die Begründung oder Erweiterung von Strafbarkeitsvoraussetzungen geht. Generalklauseln, die ähnlich den §§ 826, 242 StGB im Zivilrecht das ganze Strafrecht umspannen und den Strafrichter in die Lage versetzen, „das Recht fortschrittlichen sozialen Ideen zu öffnen und seine Ausübung nach den Grundsätzen sozialer Gerechtigkeit und des sozialen Rechtsstaates auszurichten" (*Enn.-Nipperdey*, S. 1442), fehlen im Strafrecht völlig, soweit durch die betreffenden Normen die Grenzen der Strafbarkeit berührt werden. Nur in Ausnahmefällen und nur im Hinblick auf *bestimmte* Tatbestände (§§ 226a, 240 StGB u. a.) billigt das StGB dem Strafrichter durch Generalklauseln („gute Sitten", „verwerflich") eine größere Freiheit bei der Bestimmung der Strafbarkeitsvoraussetzungen zu. Auch auf das Mittel der Rechtsanalogie und allgemeine Rechtsgrundsätze darf eine Bestrafung und damit eine restriktive Auslegung des strafrechtlichen Notwehrrechts nicht gestützt werden (s. o. II 1). Alle die Rechtsgrundlagen, die im Zivilrecht zu einer Anpassung des Notwehrrechts an die guten Sitten und das Rechtsprinzip berechtigen, suchen wir im Strafrecht vergebens.

Die Beschränkung, die sich das StGB insoweit auferlegt, ist wohl überlegt. Sie erklärt sich einmal aus dem Wesen des Strafrechts und dem Grundgedanken des Art. 103 II GG: Das Strafrecht unterscheidet sich vom Zivilrecht und anderen Rechtsgebieten u. a. dadurch, daß es zu Sanktionen gegen den Rechtsbrecher ermächtigt, die in ihren Folgen ungleich schwerer wiegen, als diejenigen, welche die zuletzt erwähnten Rechtsgebiete vorsehen. Wegen der größeren Folgenschwere dieser Sanktionen werden an ihre Verhängung besonders strenge Anforderungen gestellt, deren Beachtung durch Art. 103 II GG sogar verfassungsrechtlich gewährleistet ist. Art. 103 II GG dient nicht nur dem Zweck, die Strafbarkeit bestimmter Verhaltensweisen voraussehbar zu machen. Durch ihn soll vor allem sichergestellt werden, daß die Entscheidung über die Festlegung der Strafbarkeitsvoraussetzungen dem Gesetzgeber überlassen bleibt[76]. Hieraus erklärt sich, daß im StGB das Prinzip der Gewaltenteilung besonders strikt durchgeführt ist: daß der Strafrichter an den Inhalt des Gesetzes gebunden ist, daß die gesetzlichen Strafbarkeitsvoraussetzungen so konkret und bestimmt gefaßt sind, daß dem Richter allenfalls ein geringer Bewertungsspielraum zur Verfügung steht. Und hieraus erklärt sich weiterhin, daß das StGB von Generalklauseln wie §§ 242, 826 BGB nur ausnahmsweise Gebrauch macht, so daß ihre stillschweigende Geltung in Form von allgemeinen Rechtsgrundsätzen im Geltungsbereich des Art. 103 II GG nicht unterstellt werden kann.

Diese Erwägungen sind jedoch nicht der einzige Grund dafür, daß in § 53 StGB eine Generalklausel wie das Verbot sittenwidriger Rechtsausübung keine Geltung beanspruchen kann. Im Zusammenhang mit der Auslegung der Merkmale „erforderlich" und „geboten" wurde der entscheidende Grund dafür, daß das Gesetz den Inhalt dieser Worte so stark konkretisiert, in der besonderen Eigenart des strafrechtlichen Notwehrrechts gesehen. Dieser Gesichtspunkt spielt auch hier eine maßgebende Rolle, wobei hier die besondere Betonung auf dem Wort „strafrechtlich" liegt. Als Eigenart des Notwehrrechts wurde oben herausgestellt, daß sich der Notwehrberechtigte in einer Lage befindet, in der es blitzschnell zu reagieren gilt. Lange Überlegungen kann er nicht anstellen, insbesondere kann er sich über die rechtliche Angemessenheit und damit auch über die Sittenwidrigkeit seiner Abwehrmaßnahmen allenfalls oberflächliche Gedanken machen. Trotz dieser Schwierigkeiten, denen sich der Notwehrberechtigte ausgesetzt sieht, erscheint es durchaus gerechtfertigt, wenn eine sittenwidrige Ausübung des Notwehrrechts für *rechtswidrig* und für *zivilrechtswidrig* erklärt wird: Damit wird einmal verhindert, daß der sittenwidrig handelnde Notwehrberechtigte noch durch entsprechende Schutzbestimmungen der Rechts- und Zivilrechtsordnung bei seinem Vorgehen gefördert wird: Der „Angreifer" wird

---

[76] Vgl. hierzu im einzelnen: *Grünwald*, ZStrW 76, 13 ff.

vielmehr in die Lage versetzt, sich gegen die zu weit gehende Notwehr zu wehren. Und dadurch wird z. a. erreicht, daß der Notwehrberechtigte allerdings im Rahmen enger Voraussetzungen (§ 826 BGB: Vorsatz!) für sein sittenwidriges Verhalten schadensersatzpflichtig gemacht werden kann.

Völlig anders sind jedoch die Beurteilungsgesichtspunkte, die sich bei der Frage ergeben, ob eine gegen die guten Sitten verstoßende Notwehr auch für *strafrechtswidrig* erklärt werden soll. Würde das StGB dem Notwehrberechtigten *unter Strafandrohung* zur Pflicht machen, seine Notwehrberechtigung auch im Hinblick auf den Begriff der guten Sitten zu überprüfen, so würde es damit eine große Unsicherheit in das Notwehrrecht hineintragen.

Eine Schwächung der allgemeinen Abwehrbereitschaft und -willigkeit wäre die Folge, und zwar nicht nur hinsichtlich der Abwehrmaßnahmen, die einen Rechtsmißbrauch darstellen, sondern ganz allgemein auch in solchen Notwehrfällen, in denen eine „energische" Notwehr durchaus gerechtfertigt wäre. Mancher Notwehrberechtigte würde sich sagen: Bevor ich das wegen der kurzen Überlegungszeit besonders naheliegende Risiko eingehe, wegen einer falschen Deutung des unbestimmten und vieldeutigen Begriffs der guten Sitten für Jahre oder einen großen Teil meines Lebens meine Freiheit zu verlieren, opfere ich lieber das durch den Angriff bedrohte Rechtsgut und verzichte auf mein Notwehrrecht. Hieraus würden sich nicht nur für den Individual-, sondern insbesondere auch für den generellen Schutz der Rechtsgemeinschaft unabsehbare Folgen ergeben[77]. Zahlreiche Rechtsbrecher, die mit einer Ausführung des Verbrechens bisher gezögert hatten, würden sich durch die Schwächung der allgemeinen Abwehrbereitschaft ermuntert fühlen und die Zahl der Verbrecher würde sicherlich zunehmen.

Hiermit dürfte hinreichend dargetan sein, daß es nicht nur dem Wortlaut und Sinn, sondern vor allem auch dem erklärten Zweck (Individual- und allgemeiner Rechtsschutz) des § 53 StGB widerspricht, wenn das vieldeutige Verbot des Rechtsmißbrauchs zur „immanenten Schranke" des strafrechtlichen Notwehrrechts erklärt wird.

Demnach erweist sich auch dieser Versuch einer restriktiven Auslegung des § 53 StGB als unzulässig.

3. *Kritik im einzelnen*

Die vorstehende Untersuchung über Wortlaut, Sinn und Zweck des § 53 StGB hat ergeben, daß in dieser Bestimmung der Grundsatz: Das Recht braucht dem Unrecht nicht zu weichen, strikt durchgeführt ist. Jedes rechtliche Interesse kann auf Grund dieser Bestimmung in

---

[77] Ähnlich: Amtl. Begründung z. E 1962, 156 ff. im Zusammenhang m. d. Ablehnung des Güterabwägungsprinzips.

einer Notwehrlage notfalls bis zur letzten Konsequenz verteidigt werden, ohne daß der Angegriffene hierfür strafrechtlich zur Verantwortung gezogen werden könnte. Eine Ausnahme von diesem harten Notwehrgrundsatz läßt § 53 StGB weder seinem Wortlaut noch seinem Sinn und Zweck nach zu.

In dieser Feststellung, die oben ausführlich begründet wurde, liegt zugleich der entscheidende Einwand, der einer sozialethischen Begrenzung des geltenden Notwehrrechts entgegensteht und dem jeder der diesbezüglichen Einschränkungsversuche in Rechtsprechung und Lehre ausgesetzt ist. Denn wenn Wortlaut, Sinn und Zweck des § 53 StGB einen Einbruch sozialethischen Denkens nicht zulassen, dann ist eine gleichwohl erfolgende Einschränkung des Notwehrrechts mit Art. 103 II GG, § 2 StGB nicht vereinbar (s. o. II 1).

Da somit ihre entscheidenden Gesichtspunkte bereits in dem vorstehenden Abschnitt dargelegt worden sind, wird die Aufgabe der nachfolgenden Einzelkritik an den verschiedenen Auffassungen in Rechtsprechung und Lehre in erster Linie darin bestehen, ihre Fehlerquellen und rechtlichen Konsequenzen aufzuzeigen.

a) Die „übergesetzlichen" Einschränkungsversuche

Das OLG Stuttgart, DRZ 1949, 42 ff., hat das *gesunde Rechtsgefühl*" und das *Naturrecht* als rechtliche Gründe dafür genannt, daß es dem Angegriffenen untersagt sei, geringwertige Rechtsgüter erforderlichenfalls auch durch Tötung des Angreifers zu verteidigen. *Oetker* (s. o. A I 1 a) meinte, daß der von ihm begründete Begriff der *Unfugabwehr* zwar nicht durch das Gesetz, „ganz sicher aber" durch unser *Rechtsbewußtsein* gefordert werde. Das *Verbot des Rechtsmißbrauchs,* das besonders häufig als Grund für eine sozialethische Begrenzung des § 53 StGB genannt wird, wird z. T. mit der sozialethischen Funktion des Rechts begründet oder als *allgemeiner Rechtsgrundsatz* angesehen, der auch im Strafrecht gelte. *LK-Jagusch* (s. o. A I 1 a) begründet die von ihm befürwortete Einschränkung des strafrechtlichen Notwehrrechts mit der unmittelbaren Geltung der *Volksmoral,* die eine solche Einschränkung fordere. Und für Henkel ist der Begriff der *Zumutbarkeit* das „sozialethische Regulativ", das nach seiner Ansicht die Einschränkungsversuche rechtfertigt. Allen diesen Auffassungen ist das Bestreben gemeinsam, ihre Begründungen aus allgemeinen rechtlichen Erwägungen abzuleiten, die im Gesetz keinen Ausdruck gefunden haben und deshalb „übergesetzlich" genannt werden. Keine dieser Auffassungen hat jedoch genügend beachtet, daß sie damit mit Hilfe von „übergesetzlichen" Erwägungen nicht nur das Notwehrrecht einschränkt, sondern gleichzeitig auch die Strafbarkeit menschlichen Verhaltens erweitert. Daß ein solches Verfahren mit Art. 103 II GG nicht zu vereinbaren ist, wurde bereits oben ausführlich erörtert (A II 1).

b) Einschränkungsversuche auf Grund außerstrafrechtlicher Gesetzesbestimmungen

aa) *unter Berufung auf zivilrechtliche Vorschriften.* Die vor allem in der Rechtsprechung, aber auch in der Lehre vertretene Ansicht, das geltende Notwehrrecht unterliege dem *Verbot des Rechtsmißbrauchs,* wird nicht selten auch damit begründet, daß die diesem Verbot zugrundeliegenden §§ 242, 826 BGB auch im strafrechtlichen Notwehrrecht entsprechend anzuwenden seien. Oben wurde ausführlich dargelegt, daß diese Ansicht dem Wesen und den Grenzen des Strafrechts widerspricht[78]. Geht es wie hier um die Begründung und Erweiterung der gesetzlichen Strafbarkeitsvoraussetzungen, so darf auf den Inhalt zivilrechtlicher Normen und Rechtsgrundsätze nur dann zurückgegriffen werden, wenn dieser in der betreffenden Norm des StGB Ausdruck gefunden hat. Da dies bei § 53 StGB nicht der Fall ist, kann das Verbot des Rechtsmißbrauchs auch unter diesem Gesichtspunkt zur Begründung einer Einschränkung des Notwehrrechts nicht herangezogen werden.

bb) *unter Anwendung von Rechtsgrundsätzen der StVO.* In einigen der unter A I 3 wiedergegebenen Entscheidungen ist das strafrechtliche Notwehrrecht unter Hinweis auf die aus § 1 StVO abzuleitenden Rücksichtspflichten dahingehend eingeschränkt worden, daß eine Gewaltanwendung als Abwehrmaßnahme nur in seltenen Ausnahmefällen und eine Notwehr gegenüber fahrlässigen Behinderungen überhaupt nicht zulässig sei.

An diesen Ausführungen wäre nichts auszusetzen, wenn sie sich darauf beschränken würden, die Rechtslage im *Straßenverkehrsrecht* wiederzugeben: Aus dem in § 1 StVO zum Ausdruck kommenden Gedanken der Verkehrsgemeinschaft ergibt sich, daß jeder Verkehrsteilnehmer sein persönliches Bestreben nach raschem und bequemem Vorwärtskommen hinter der Beachtung der allgemeinen Verkehrssicherheit zurückstellen muß. Die Pflicht, sich dem Ganzen unterzuordnen und in die Verkehrsgemeinschaft einzupassen, führt dazu, daß auch auf den verkehrswidrig Handelnden Rücksicht zu nehmen ist und von dem weitgehenden Notwehrrecht nur ein beschränkter Gebrauch gemacht werden darf[79].

Indem die erwähnten Entscheidungen aber mit Hilfe der aus § 1 StVO abgeleiteten Rücksichtspflichten nicht nur das im Straßenverkehrsrecht geltende, sondern auch das *strafrechtliche* Notwehrrecht einschränken, setzen sie sich dem Einwand aus, verkannt zu haben, daß zwischen der durch die Normen der StVO begründeten Rechtswidrigkeit und der Strafrechtswidrigkeit ein wesentlicher Unterschied besteht: Dasselbe Verhalten, das unter dem Gesichtspunkt der StVO

---

[78] S. o. A II 2g.

[79] *F. Müller,* Straßenverkehrsrecht vor § 1 StVO I; A. B I a zu § 1. *Floegel-Hartung,* § 1, Nr. 8 ff.

rechtswidrig ist, braucht keineswegs auch strafrechtliche Sanktionen nach sich zu ziehen. Verstößt ein Verkehrsteilnehmer bei seiner Notwehr gegenüber dem verkehrswidrigen Verhalten eines anderen gegen die auf § 1 StVO beruhenden Rücksichtspflichten, so ist seine Abwehr zwar vom Standpunkt der StVO aus rechtswidrig und löst die sich aus einer Zuwiderhandlung gegen § 1 StVO ergebenden Rechtsfolgen aus (z. B. Bestrafung nach § 21 StVG). Darüber, ob diese gewisse Rücksichtspflichten verletzende Notwehr auch im Bereich des StGB rechtswidrig und damit strafbar ist, entscheidet jedoch allein § 53 StGB. Nur wenn auch nach dem Inhalt dieser Vorschrift die erwähnten Rücksichtspflichten bestehen, muß der Täter sie bei der strafrechtlichen Beurteilung seiner Tat gegen sich gelten lassen (s. A II 1).

Diese Voraussetzung ist hier jedoch nicht erfüllt. Wie die Darlegungen über Wortlaut, Sinn und Zweck des § 53 StGB ergeben haben, sind verkehrswidrige Behinderungen im Straßenverkehr „rechtswidrige Angriffe" im Sinne des § 53 StGB, gegen die sich der Behinderte ohne Rücksicht auf die Schuldform des Angreifers notfalls mit allen ihm zur Verfügung stehenden Mitteln wehren kann, ohne strafrechtliche Sanktionen befürchten zu müssen. Damit besteht mit Rücksicht auf Art. 103 II GG keine Möglichkeit, dem Gebot zu schonungsvoller Rücksichtnahme im Straßenverkehr auch im Bereich des Strafrechts de lege lata Geltung zu verschaffen.

cc) *§ 53 StGB und Art. 2 II Ziff. 1 MRK.* Eine in der Lehre stark verbreitete Auffassung (s. A I 4) nimmt an, daß § 53 StGB durch Art. 2 II 1 MRK eingeschränkt werde, der die absichtliche Tötung eines Menschen bei bloßer Sachwehr verbietet. Eine fast ebenso anhängerstarke Auffassung tritt einer Anwendung des Art. 2 II MRK im Rahmen des § 53 StGB mit der Begründung entgegen, daß Art. 2 II MRK keine „Drittwirkung" entfalte, sondern lediglich das Verhältnis zwischen Staat und Bürger regele.

Es besteht kein Grund, bereits de lege lata zu diesem Streit um die Drittwirkung der genannten MRK-Bestimmung Stellung zu nehmen, da dieser Vorschrift bereits aus einem anderen Grunde jede Bedeutung für die Grenzen des im Strafrecht geltenden Notwehrrechts abzusprechen ist: Der in Art. 2 II MRK niedergelegte Grundsatz ist in § 53 StGB weder seinem Wortlaut, Sinn noch Zweck nach enthalten. Die geltende Fassung des strafrechtlichen Notwehrrechts gewährt dem Notwehrberechtigten auch für den Fall Straflosigkeit, daß er bei einer Sachwehr in „erforderlicher Verteidigung" den Angreifer tötet (s. o. A II 2). Auch hier muß zwischen der Strafrechtswidrigkeit und der Rechtswidrigkeit unterschieden werden, die durch andere Rechtsgebiete — hier die MRK — begründet wird. Der Umstand, daß eine allzu weitgehende Ausübung des Notwehrrechts gegen Art. 2 II MRK verstößt, würde zwar dazu führen, daß eine solche Notwehr *rechts-*

widrig ist. Strafrechtswidrig wäre sie jedoch nur dann, wenn das StGB sie für *strafbar* erklärt (Art. 103 II GG). Da dies nicht der Fall und das StGB dem Inhalt des Art. 2 II MRK bisher noch nicht angepaßt worden ist, da § 53 StGB nicht auf das Ziel, sondern auf die Rechtswidrigkeit des Angriffs als notwehrbegründendes Merkmal abstellt, kann eine gegen Art. 2 II MRK verstoßende Notwehr nicht mit den Mitteln des geltenden Strafrechts verfolgt werden.

Art. 2 II MRK kann somit nur für die Diskussion de lege ferenda und hier insbesondere für die Frage bedeutsam sein, ob der Gesetzgeber nicht die in der MRK übernommenen Verpflichtungen dadurch verletzt hat, daß er es bisher unterlassen hat, die Strafbarkeit auf solche — bisher durch § 53 StGB gedeckte — Notwehrfälle auszudehnen, die wegen Verstoßes gegen Art. 2 II MRK rechtswidrig sind.

c) Die sich an den Tatbestand des § 53 StGB haltenden Einschränkungsversuche

Dem Einwand, mit Hilfe von außerstrafrechtlichen oder übergesetzlichen Normen unter Verkennung des Art. 103 II GG das strafrechtliche Notwehrrecht eingeschränkt und dadurch die Strafbarkeit menschlichen Verhaltens erweitert zu haben, sind die nachfolgend zu besprechenden Einschränkungsversuche nicht ausgesetzt. Sie versuchen, eine sozialethische Begrenzung des strafrechtlichen Notwehrrechts aus einzelnen Tatbestandsmerkmalen des § 53 StGB abzuleiten. Wenn diesen Versuchen gleichwohl nicht gefolgt werden kann, so ist es deshalb, weil ihre extensive oder restriktive Auslegung der betreffenden Tatbestandsmerkmale nicht mit deren Wortlaut, Sinn und Zweck vereinbar ist. Dies ist oben im Zusammenhang mit der Darstellung der einzelnen Tatbestandsvoraussetzungen ausführlich begründet worden; es sei hier jedoch im Zusammenhang mit jeder einzelnen Auffassung nochmals verdeutlicht und wiederholt.

aa) *H. Mayer* versucht das strafrechtliche Notwehrrecht dadurch einzuschränken, daß er den Begriff *„rechtswidriger Angriff"* restriktiv auslegt und unter ihn nur solche Rechtsgutverletzungen subsumiert, die den *öffentlichen Frieden* gefährden. Für eine solche Auslegung bietet § 53 StGB keine Grundlage. Der Begriff „rechtswidriger Angriff" ist mit Absicht weit gefaßt. Darunter ist entsprechend den obigen Ausführungen (A II 2 a, c) jede rechtswidrige Beeinträchtigung von rechtlich geschützten Interessen zu verstehen, ohne Rücksicht darauf, ob sie für den höchst unbestimmten Begriff des öffentlichen Friedens von Bedeutung ist. Rechtswidrige Angriffe sind demzufolge — insbesondere auch im Hinblick auf ihre durch das Grundgesetz bewirkte Aufwertung — auch Beeinträchtigungen von ideellen Rechtsgütern. Die Ehre wird vom Gesetzgeber sogar als so bedeutungsvoll angesehen, daß er sie unter strafrechtlichen Schutz gestellt hat.

bb) Auch einer anderen Auffassung von *H. Mayer* kann nicht gefolgt werden: der Ansicht, der *Tatbestand* des § 53 StGB sei auf die

Notwehr gegen rechtswidrige Angriffe von Kindern und Unzurechnungsfähigen *nicht anwendbar*. Diese Ansicht setzt sich über den Wortlaut, Sinn und Zweck des § 53 StGB hinweg, der Notwehr gegen *jeden* rechtswidrigen Angriff — also auch gegen solche von Unzurechnungsfähigen und Kindern — für zulässig erklärt (A II 2).

cc) Am häufigsten wird das Tatbestandsmerkmal *„erforderlich"* als rechtliche Grundlage für eine sozialethische Begrenzung des § 53 StGB angesehen.

Bereits früh hatte das RG den Grundsatz aufgestellt, daß eine Verteidigung dann nicht „erforderlich" sei, wenn der Angegriffene dem Angriff ohne Aufgabe eigener berechtigter Interessen und ohne schimpfliche Flucht *ausweichen* könne.

Abgesehen davon, daß die Formel von der schimpflichen Flucht etwas reichlich stark an die Zeit des Fehdehandschuhs erinnert und heute wohl weniger der Satz von der Schimpflichkeit einer Flucht als vielmehr das von *Lenckner*[80] zitierte Sprichwort Geltung hat, daß der Klügere in der Regel der ist, der nachgibt (s. u. C), ist ihrer Anwendung auf das strafrechtliche Notwehrrecht aus den folgenden Gründen entgegenzutreten.

Mit Recht hatte *Oetker* darauf hingewiesen, daß der Angegriffene dadurch, daß er zum Ausweichen verpflichtet werde, in der Freiheit seines Tuns und Lassens beschränkt werde. In der Tat bedeutet die Verpflichtung zum Ausweichen einen Eingriff in das als Grundrecht geschützte Recht auf Freizügigkeit und das ebenso gewährleistete Recht auf Handlungsfreiheit. Nähme man die Ausweichformel wörtlich, so dürfte sie in keinem Fall zur Anwendung kommen, da mit jedem Ausweichen dem Angegriffenen eine Beschränkung der erwähnten Rechte zugemutet wird.

Der entscheidende Einwand gegen die Ausweichformel der Rechtsprechung besteht jedoch in der Feststellung, daß der logische Zusammenhang, in dem das Tatbestandsmerkmal „erforderlich" in § 53 StGB steht, sein Sinn und sein erklärter Zweck, eine extensive Auslegung, wie sie die Rechtsprechung und Lehre betreiben, nicht zulassen. Das Wort „erforderlich" ist in § 53 StGB in konkrete Beziehung gesetzt zu der Wortfolge „um den . . . Angriff . . . abzuwenden". Damit ist — wie oben ausführlich dargelegt wurde — allen Versuchen von vornherein der Weg abgeschnitten, die den Begriff „erforderlich" unter anderen Gesichtspunkten als dem des Abwehrzwecks prüfen wollen. Indem das Gesetz den Wertungsspielraum, der bei dem unbestimmten Begriff „erforderlich" an sich sehr weit gefaßt sein kann, stark einengt, bringt es zum Ausdruck, daß es jede Verteidigungsmaßnahme als „erforderlich" ansieht, die der Abwehrzweck erfordert.

---

[80] GA 1961, 309.

Die Worte „Verteidigung" und „. . . abzuwenden" besagen zudem, daß die Maßnahme des Angegriffenen in *jedem* Fall in einer *aktiven Abwehrreaktion* bestehen darf, die den Angriff zurückwirft. Mit Recht hatte das RG in einer später nicht weiter beachteten Entscheidung (GA Bd. 46, 31) darauf hingewiesen, daß man von demjenigen, der einem Angriff ausweiche, „unmöglich" sagen könne, „daß er sich gegen denselben verteidige". Dem Wortlaut, Sinn und Zweck des § 53 StGB entspricht deshalb allein die Auslegung, die die *ausnahmslose* Geltung des Grundsatzes betont, daß das Recht dem Unrecht nicht zu weichen braucht (s. o. A II 2 e). In keinem Fall ist der Angegriffene verpflichtet, einem rechtswidrigen Angriff aus dem Wege zu gehen.

Dabei ist es gleichgültig, von wem der Angriff geführt wird. Da § 53 StGB in diesem Zusammenhang allein auf die Rechtswidrigkeit des Angriffs als notwehrrechtsbegründendes Merkmal abstellt, ist für eine differenzierende Beurteilung, je nachdem, ob das Unrecht von einem *Unzurechnungsfähigen, Betrunkenen*, einem *fahrlässig* Handelnden oder einem zu dem Angegriffenen in einem engen *verwandtschaftlichen* Verhältnis stehenden Menschen oder von einem gewöhnlichen Berufsverbrecher herrührt, kein Raum. Aus demselben Grunde ist es auch nicht berechtigt, „strengere Anforderungen an die Erforderlichkeit der Verteidigung" zu stellen, wenn der Angegriffene den Angriff *„verschuldet"* hat: Auch der schuldhaft provozierte Angriff ist — wenn die Provokation nicht mehr andauert — ein rechtswidriger Angriff, auf den § 53 StGB in vollem Umfang anzuwenden ist.

In dem zuletzt genannten Fall kann eine Ausweichpflicht auch nicht damit begründet werden, daß der Angegriffene wegen seines vorangehenden rechtswidrigen Verhaltens nicht mehr *zur Bewährung* der Rechtsordnung berufen sei und der Angegriffene deshalb sein Notwehrrecht verwirkt habe. Diese Auffassung widerspricht nicht nur den Bestimmungen des Grundgesetzes über die Grundrechte (s. u. C II). Sie steht vor allem nicht mit dem Inhalt des § 53 StGB im Einklang: Der Umstand, daß ein rechtswidriger Angriff schuldhaft von dem Angegriffenen provoziert worden ist, beseitigt nicht dessen Rechtswidrigkeit. Ist dem aber so, so steht dem Provokateur nach dem eindeutigen Inhalt und Grundgedanken des § 53 StGB das volle Notwehrrecht zu[81]. Von einer echten Verwirkung des Notwehrrechts kann man lediglich im Fall der Absichtsprovokation sprechen. In diesem Fall liegt aber § 53 StGB bereits seinem Wortlaut und Sinn, geschweige denn seinem Zweck nach nicht vor (A II 2 g)[82].

---

[81] So auch RG JW 1926, 1171.

[82] Auf die Versuche, den Provokateur unter dem Gesichtspunkt der a.i.i.c. strafrechtlich verantwortlich zu machen, wird hier nicht eingegangen, da sie das Notwehrrecht nicht unmittelbar einschränken; s. hierzu: u. 5. Teil D VII.

Bei der Begründung der *Pflicht zur Inanspruchnahme fremder Hilfe* wird in der Lehre in zutreffender Weise unterschieden zwischen den Fällen, in denen die Hilfe *unmittelbar zur Verfügung* steht, und jenen, in denen die Hilfe erst herbeigeholt werden muß. Bei der Beurteilung der zuerstgenannten Fälle ist der Rechtsprechung zu folgen, da sie sich im Rahmen des § 53 StGB hält: Bei der Wahl der erforderlichen Abwehrmittel ist es gleichgültig, ob dieses „Mittel“ eine Sache (Pistole, Messer) oder ein anderer Mensch ist. Der Selbst- und Rechtsschutzzweck des Notwehrrechts wird in jedem Fall erreicht. Steht deshalb der Angegriffene vor der Wahl, dem Angriff entweder allein mit einer gefährlichen Waffe oder im Falle der Unterstützung durch anwesende Dritte mit einer weniger folgenschweren Faustabwehr entgegenzutreten, und sind beide „Mittel“ zur Erreichung des Verteidigungszweckes gleich gut geeignet, so hat sich der Verteidiger nach dem in dem Wort „erforderlich“ zum Ausdruck kommenden Grundsatz der Verhältnismäßigkeit für das ungefährlichere „Mittel“ zu entscheiden.

Anders verhält es sich jedoch bei der Frage, ob der Angegriffene verpflichtet werden kann, *nicht bereitstehende Hilfe Dritter* herbeizuholen. Nach dem Inhalt des § 53 StGB ist der Angegriffene berechtigt, den Angriff sofort zurückzuschlagen. Ihm wird danach nicht zugemutet, den Angriff bis zum Eintreffen der Hilfe zu erdulden, dies schon gar nicht, wenn er dabei — wie in RG 72, 57 — Rechtsverletzungen hinnehmen muß. Dies gilt selbst dann, wenn der Angriff nur durch Tötung oder schwere Verletzung des Angegriffenen sofort abgewehrt werden kann und dies dem „gesunden Volksgefühl“ widerspricht. Entgegen der Ansicht des Reichsgerichts (RG 72, 57) entscheidet nicht das „gesunde Volksgefühl“ darüber, was im Rahmen des § 53 StGB zur Verteidigung „erforderlich“ ist, sondern allein der Zweck der Abwehr, der nach der derzeitigen Fassung des § 53 StGB alle zur Erreichung dieses Zweckes erforderlichen Mittel „heiligt“.

dd) Die Grenzen der zulässigen extensiven Auslegung werden auch von jenen überschritten, die in dem Merkmal *„geboten“* in § 53 I StGB eine gesetzliche Ermächtigung sehen, die Abwehrmaßnahmen auch auf ihre „rechtliche Angemessenheit“ zu überprüfen. Wie oben ausführlich dargelegt wurde, könnte eine solche Ermächtigung nur angenommen werden, wenn die gesetzliche Formulierung das Wort „geboten“ beziehungslos verwenden würde. Dies ist jedoch nicht der Fall: § 53 I StGB setzt das Wort „geboten“ in ein konkretes Beziehungsverhältnis zu dem Absatz II dieser Bestimmung, zu dem Begriff „Verteidigung“ und damit auch zu dem Zweck der Abwehr. Darin kommt der „Wille des Gesetzes“ zum Ausdruck, den Wertungsspielraum des Wortes „geboten“ einzuengen auf die „Bewertung“ dieses konkreten Beziehungsverhältnisses. Nur im Hinblick auf den Zweck der Abwehr soll der Notwehrberechtigte und damit der auslegende

Richter die „Gebotenheit" der Notwehr überprüfen. Und damit ist eine Notwehrmaßnahme als „geboten" anzusehen, wenn sie *zur* Abwendung des Angriffs „erforderlich" war (s. o. A II 2 f).

4. Ergebnis

In § 53 StGB hat der Grundsatz: Das Recht braucht dem Unrecht nicht zu weichen, Ausdruck gefunden. Auf Grund dieser Bestimmung darf jedes rechtliche Interesse notfalls mit den härtesten Mitteln gegen jeden rechtswidrigen Angriff verteidigt werden, ohne daß der Angegriffene hierfür strafrechtlich zur Verantwortung gezogen werden könnte. Eine Durchbrechung dieses „extrem-liberalistischen" Grundsatzes im Wege *sinngemäßer* Auslegung ist wegen des eindeutigen Wortlauts, Sinns und Zwecks dieser Vorschrift nicht möglich. § 53 StGB ist einerseits so allgemein und abstrakt (jeder „rechtswidrige Angriff") und andererseits so konkret (Einengung des Wertungsspielraumes bei den Merkmalen „geboten" und „erforderlich") gefaßt, daß eine nach der Bedeutung des bedrohten Rechtsguts oder der Person des Angreifers differenzierende oder eine an dem Rechtsprinzip orientierte Auslegung nicht möglich ist. Diesbezügliche Versuche in Rechtsprechung und Lehre sind deshalb unzulässig.

Einer Veränderung des Inhalts des § 53 StGB mittels *rechtsfortbildender* Auslegung steht Art. 103 II GG, § 2 StGB entgegen, da jede inhaltsverändernde Auslegung nicht nur eine Einschränkung des Notwehrrechts, sondern gleichzeitig auch eine Erweiterung der Strafbarkeit des Täterverhaltens zur Folge haben würde[83]. Den zahlreichen Versuchen in Rechtsprechung und Lehre, mit Hilfe von „übergesetzlichen" oder außerstrafrechtlichen Normen die geltende Fassung des strafrechtlichen Notwehrrechts einzuschränken, kann deshalb ebenfalls nicht gefolgt werden.

Die augenblickliche Situation im strafrechtlichen Notwehrrecht läßt die Grenzen strafrichterlicher Auslegung besonders deutlich hervortreten. Dem Strafrichter ist es im Gegensatz zum Zivilrichter weitgehend verwehrt, das Recht dem Wandel des allgemeinen Rechtsempfindens anzupassen und den Inhalt strafbegründender und -erweiternder Normen „nach den Grundsätzen der sozialen Gerechtigkeit und des sozialen Rechtsstaates auszurichten". Er darf dies selbst dann nicht, wenn das geltende Recht in höchstem Maße gegen das Prinzip der Gerechtigkeit und die guten Sitten verstößt. Ein menschliches Verhalten kann nicht bereits deshalb vom Strafrichter für strafbar erklärt werden, weil es rechtswidrig oder naturrechtswidrig und deshalb strafwürdig ist. Hier ist allein der Gesetzgeber zu einer Veränderung des geltenden Rechts befugt (Art. 103 II GG)[84].

---

[83] In diesem Sinne auch: *Schwalm*, Niederschriften Bd. 2 S. 129.

[84] Ebenso mit bes. Nachdruck: *Grünwald*, S. 4 ff.; *Maunz-Dürig*, Art. 103 II Rd.-nr. 112.

Die Rechtspraxis hat bei der Auslegung des § 53 StGB die ihr durch Art. 103 II GG gesetzten Grenzen häufig nicht genügend beachtet: Ihre Entscheidungen, die diesem Einwand ausgesetzt sind, müssen insoweit als verfassungswidrig und damit gemäß § 95 BVGG als wiederaufhebbar angesehen werden. Die große Zahl der Urteile, die eine Bestrafung in verfassungswidriger Weise auf eine restriktive Auslegung des § 53 StGB stützen, läßt den Ruf nach dem Gesetzgeber besonders dringend erscheinen. Die Frage, wie der dem Bundestag augenblicklich zur Beratung vorliegende Entwurf des neuen Strafgesetzbuches das Notwehrrecht regelt, begegnet deshalb besonderem Interesse.

B. Die Behandlung des Notwehrrechts durch den Entwurf 1962

Die Prüfung dieser Frage verläuft enttäuschend: Die in § 37 E 1962 vorgesehene Regelung des Notwehrrechts unterscheidet sich sachlich in nichts von der geltenden Fassung des § 53 StGB. Lediglich Abs. I ist etwas anders formuliert, ohne daß dieser Änderung eine Bedeutung zukäme; es sei denn die, daß sie den Grundsatz: Das Recht braucht dem Unrecht nicht zu weichen, noch stärker betont als § 53 StGB: § 37 I lautet: „Wer eine Tat in Notwehr begeht, handelt nicht rechtswidrig."

Die amtliche Begründung rechtfertigt die Beibehaltung der geltenden Fassung des Notwehrrechts wie folgt (S. 156):

Der Entwurf überlasse es der Rechtsprechung, bei der Auslegung des Begriffs der „Erforderlichkeit" „eine einheitliche Rechtsanwendung herauszubilden". Dies gelte namentlich für die Frage, ob und wann es dem Angegriffenen zumutbar sei, dem Angriff auszuweichen. Bei bestimmten Angreifern, z. B. Kindern und sonstigen Schuldunfähigen, werde das oft möglich und geboten sein.

Diese Ausführungen setzen sich über den logischen Zusammenhang des Wortes „erforderlich" im Rahmen des § 37 E 1962 hinweg. „Erforderlich" bezieht sich auch in § 37 E 1962 auf die Wortfolge „um .. abzuwehren". Welche Konsequenzen sich daraus für seine Auslegung ergeben, wurde bereits oben mehrfach erörtert. Hier sei nur noch einmal das Ergebnis wiedergegeben: Eine Ausweichpflicht läßt sich weder aus dem Merkmal „erforderlich" noch aus sonstigen Merkmalen des § 53 StGB und damit auch des § 37 E 1962 herleiten. Mit Recht sprach das RG in RG GA 46, 31 aus, daß bei einem Ausweichen „unmöglich" von einer „Verteidigung" gesprochen werden könne. Das, was die amtliche Begründung aus dem Sinn des § 53 StGB herzuleiten versucht, ist in ihm nicht enthalten. Indem sie die nähere Regelung der Ausweichpflicht der Rechtsprechung überläßt, bürdet sie dieser eine Aufgabe auf, die diese mit Rücksicht auf Art. 103 II GG nicht erfüllen kann.

Für die Fälle, in denen die Rechtsprechung dem Angegriffenen wegen der Geringwertigkeit des ihm drohenden Rechtsverlustes das Recht versagt, den Angreifer in Notwehr zu töten oder schwer zu verletzen, hält die amtliche Begründung eine Änderung des geltenden Rechts ebenfalls nicht für notwendig: Könnten derartige Fälle nicht bereits wegen fehlender Erforderlichkeit oder nicht vorhandenem Verteidigungswillen bestraft werden, so seien die allgemeinen Schranken zu beachten, die sich aus Art. 2 GG für die Ausübung von Rechten ergäben. Hierdurch erfahre „das Notwehrrecht die notwendige sozialethische Begrenzung in Fällen, in denen seine Ausübung von der Rechtsüberzeugung der Allgemeinheit mißbilligt" würde[85].

Diese Auffassung ist nichts anderes, als die oben abgelehnte Rechtsmißbrauchslehre in einem neuen Gewande. Gegen sie ist zunächst einmal einzuwenden, daß sie ohne Begründung davon ausgeht, daß die in Art. 2 I GG aufgeführten Freiheitsschranken nicht nur für das in dieser Bestimmung geregelte Freiheitsrecht, sondern für alle Rechte gelten, ohne Rücksicht darauf, ob diese einen Bezug zur menschlichen Freiheit haben. Diese Ansicht ist höchst umstritten; das Bundesverfassungsgericht z. B. hat sich gegen sie ausgesprochen[86]. Auf sie braucht hier jedoch nicht näher eingegangen zu werden, da der Hinweis auf Art. 2 I GG schon aus einem anderen Grunde für die Grenzen des § 37 E 1962 keine Bedeutung hätte: Einer Einführung des Rechtsmißbrauchsgedankens in den geltenden § 53 StGB wurde oben[87] deshalb widersprochen, weil ein Verstoß gegen das durch ihn ausgesprochene Verbot der sittenwidrigen Rechtsausübung nur dann bestraft werden kann, wenn das StGB das Merkmal der Sittenwidrigkeit ausdrücklich zur Voraussetzung der Strafbarkeit gemacht hat. Dies ist in § 226a StGB geschehen. In der alten und geplanten Regelung des Notwehrrechts fehlt eine solche Einschränkung. Da ein Täter, der von seinem Notwehrrecht einen sittenwidrigen Gebrauch macht, auch § 37 E 1962 nicht entnehmen kann, daß seine Tat strafbar ist, könnte er — sollte sich § 37 E 1962 nicht ändern — auch im Rahmen des künftigen Rechts seiner Bestrafung mit dem Hinweis auf Art. 103 II GG begegnen. Auch hier wird verkannt, daß aus der Verfassungswidrigkeit eines menschlichen Verhaltens nicht schon dessen Strafbarkeit folgt.

§ 37 E 1962 wird somit den Bedürfnissen einer dem Grundgesetz entsprechenden Rechtsordnung in keiner Weise gerecht. Er gibt der Rechtsprechung nicht die Hilfe, deren sie dringend bedarf, um den augenblicklichen Rechtszustand zu überwinden, der sie zu zahlreichen verfassungswidrigen Durchbrechungen des § 53 StGB „zwang".

---

[85] S. 156 ff.

[86] BVG 6, 32.

[87] Vgl. A II 2g.

Im folgenden soll deshalb versucht werden, eine Regelung des strafrechtlichen Notwehrrechts zu erarbeiten, die einerseits besser als die bisher geltende den Forderungen des Rechts und der Gerechtigkeit genügt und die zum andern der Geltung des Art. 103 II GG Rechnung trägt.

C. Stand der Diskussion über die Notwendigkeit einer Einschränkung des Notwehrrechts

Die Erörterungen über das geltende Recht fanden immer wieder ihre Grenze in dem engen Rahmen des § 53 StGB. Gerechtigkeitserwägungen konnte nur insoweit Raum gelassen werden, als diese in der geltenden Fassung des Notwehrrechts ihren Niederschlag gefunden haben. In der folgenden Untersuchung über die Grenzen des künftigen Notwehrrechts wird es möglich sein, das Thema unter Sprengung des durch § 53 StGB gesetzten Rahmens von seiner ganzen materiell-rechtlichen Seite her aufzurollen. Hierbei werden auch die Argumente der Rechtsprechung zu berücksichtigen sein, da diese — wie dargelegt — vielfach auf übergesetzlichen Erwägungen beruhen.

I. Notwehr gegenüber „böswilligen" Angreifern

1. Pflicht zur Duldung geringfügiger Angriffe?

a) Die bisherige Rechtspraxis hat sich, wie oben im Abschnitt A I 1 a dargelegt wurde, nach 1945 für eine Einschränkung des Notwehrrechts in der Weise ausgesprochen, daß der Angegriffene verpflichtet sei, geringfügige Angriffe zu *erdulden,* wenn diese nur durch Tötung oder schwere Verletzung des Angreifers abgewehrt werden könnten. Die Begründungen, die hierfür gegeben werden, sind durchweg recht allgemein gehalten und beruhen häufig weniger auf sachlichen Argumenten als auf dem Rechtsgefühl. So nimmt BGH LM § 53 Nr. 3 einen Mißbrauch des Notwehrrechts an, wenn die Abwehr „völlig maßlos und mit dem Rechtsempfinden unvereinbar" sei. Bayr. ObLG NJW 54, 1377, beruft sich auf das an §§ 242, 826 BGB auszurichtende Rechtsempfinden. Da § 242 BGB selbst im Zivilrecht als Grundlage für eine generelle Einschränkung des Notwehrrechts nicht in Frage kommt (s. o. A I 2 c), verbleibt als Argument der Begriff der „guten Sitten", die die h. M. als „Anstandsgefühl aller billig und gerecht Denkenden" definiert. Die gleiche Begründung geben die anderen hierher gehörenden Entscheidungen und ein großer Teil des Schrifttums: *Schaffstein,* S. 132 ff., *Welzel,* § 14 II 2, *Schönke-Schröder,* § 53 A. III 2 c, *Mezger-Blei,* I S. 117, *Schwarz-Dreher,* Anm. 2 C b, *Sauer,* S. 120 ff.: Rechtsmißbrauch, *LK-Jagusch,* § 53 Anm. 2 d: Forderung der Sozialethik, *Gallas,* DRZ 49, 43: heutige Rechtsanschauung.

Hinweise auf einen sachlichen Grund für die besprochene Einschränkung des Notwehrrechts finden sich lediglich bei *Maurach* und

Lange. Maurach[88] meint, daß die „soziale Rücksichtnahme" wohl schon als „Bestandteil heutiger Rechtsanforderungen gesehen werden" könne und das „starr individualistische" Notwehrrecht einschränke.

Lange[89] erklärte in den Beratungen der Großen Strafrechtskommission, daß wir über den formellen nicht den materiellen Gehalt des Notwehrrechts als Unrechtsausschließungsgrund vergessen sollten. „Wir dürfen das formelle Notwehrrecht nicht vom summum ius zur summa iniuria werden lassen, sondern wir müssen hier eine Beziehung zu den allgemeinen Rechtsprinzipien finden." Und in dem Kommentar *Kohlrausch-Lange* (§ 53 Anm. II) heißt es hierzu, daß auch das Notwehrrecht seine Grenze in dem übergreifenden Prinzip der Zwecktheorie finde und daß darum auch ein gebilligter Zweck nur mit angemessenen Mitteln verfolgt werden dürfe. Unter Berufung auf diesen Gesichtspunkt hält Lange die Vernichtung eines Menschenlebens zum Schutze geringwertiger Sachgüter nicht für geboten.

Gegenüber diesen eine Einschränkung des Notwehrrechts bejahenden Auffassungen haben sich mehrere Gegenstimmen zu Worte gemeldet, die vor einer Güterabwägung im Notwehrrecht eindringlich warnen. So meint *Wegner*[90], daß die Pflicht zur Abwägung materieller Werte den Angegriffenen mit einem unzumutbaren „Rechenexempel" belasten würde, das ihn leicht in seiner Zivilcourage entmutigen könne. Bei der Notwehr stehe unser höchstes Rechtsgut, die Rechtsordnung, auf dem Spiele. Der Notwehrübende sei deshalb insoweit ein Organ der Rechtsordnung. Wer, obwohl betroffen, auf seinem Unrecht bestehe, mache sich „für diese frevelhafte Tat friedlos". Seine Rechtsgüter würden, soweit erforderlich, dem Recht des Angegriffenen vollständig preisgegeben. Unter Berufung auf *Wegner* und *H. Mayer*[91], der ähnliche Erwägungen anstellt, hat sich auch *Eb. Schmidt*[92] gegen eine Güterabwägung im Notwehrrecht ausgesprochen und dazu aufgefordert, an den Gesichtspunkten von Wegner und H. Mayer „eisern festzuhalten und jede Änderung im Zuge jener sozialethischen Tendenz zu unterlassen".

Auch die *Amtliche Begründung*[93] zum E 1962 greift die Gedanken Wegners auf und hält eine Einschränkung des Notwehrrechts bei Angriffen auf geringwertige Rechtsgüter vor allem im Hinblick auf den Rechtsschutzzweck des Notwehrrechts nicht für gerechtfertigt. Eine Ausnahme von diesem Grundsatz will die Amtliche Begründung — wie bereits erwähnt — nur dort zulassen, wo die aus Art. 2 GG

[88] § 26 II B 2.
[89] Niederschriften, Bd. II, S. 135.
[90] a. a. O., S. 121.
[91] S. 199 ff.
[92] Niederschriften Bd. II Anh. 21, 54 ff.
[93] a. a. O., S. 156 ff.

abzuleitenden Grenzen der Rechtsausübung überschritten seien und das Notwehrrecht von der Rechtsüberzeugung der Allgemeinheit mißbilligt wird. In welchen Fällen dies der Fall sei, wird jedoch nicht gesagt.

b) *Stellungnahme:* Nicht nur im Hinblick auf die wissenschaftliche Zielsetzung dieser Arbeit erscheint es unbefriedigend, daß die überwiegende Auffassung in Rechtsprechung und Lehre hier die Strafbarkeit eines bestimmten menschlichen Verhaltens lediglich mit dem Hinweis auf so leere Formeln und Begriffe wie „Anstandsgefühl aller billig und gerecht Denkenden“, „gute Sitten“, „Forderung des Rechtsgefühls oder der Sozialethik“, „Rechtsmißbrauch“ begründet. Derartige „Begründungen“ fordern vor allem auch deshalb zur Kritik heraus, weil sie völlig offen lassen, welches der sachliche Grund ihres Ergebnisses ist. Darüber hinaus sind sie so unbestimmt und vieldeutig, daß sich mit ihnen mit gleichem Recht auch das Gegenteil behaupten läßt[94]. Dies zeigt die hier zu erörternde Streitfrage besonders deutlich. Gegen die „sozialethischen Tendenzen“ der überwiegenden Meinung haben sich mehrere warnende Gegenstimmen gewandt, deren Rechtsempfinden und beachtliche Gegenargumente ebenso ernstgenommen zu werden verdienen, wie das Rechtsgefühl der überwiegenden Auffassung. Gerade im Hinblick auf diese Gegenstimmen muß deshalb eine Berufung auf allgemein gehaltene Formeln und Begriffe, wie sie von der h. M. verwendet werden, wenigstens so lange als unbewiesene Behauptung gelten, wie diese Formeln usw. nicht mit sachlichen Überlegungen und Wertungen ausgefüllt werden.

Auch der — allerdings nur auf die Situation de lege lata bezogene — Hinweis von *Maurach* auf den Gesichtspunkt der sozialen Rücksichtnahme vermag als Begründung nicht zu befriedigen. Er läßt viele Fragen offen, die einer Antwort bedürfen, soll den sachbezogenen Argumenten der Gegenmeinung wirksam begegnet werden. Unbeantwortet bleiben z. B. die Fragen, wo die Grenzen einer solchen Rücksichtnahme liegen, wie das Gebot der Rücksichtnahme mit dem Prinzip der Rechtsbewährung zu vereinbaren ist, weshalb ein Verstoß gegen dieses Gebot nicht nur rechtswidrig ist, sondern auch strafbar usw.

Kann somit der herrschenden Meinung — auf die Ausführungen Langes wird unten eingegangen — in ihrer Begründung nicht gefolgt werden, so braucht das von ihr gutgeheißene Ergebnis damit noch nicht falsch und die Gegenmeinung richtig zu sein. Zwar kann die Gegenmeinung für sich in Anspruch nehmen, ihre Ansicht mit sach-

---

[94] Kritisch zu derartigen „gefühlsmäßig gefällten ‚Urteilen‘, mit denen jedes beliebige Ergebnis herbeigezaubert werden kann“: *Hirsch*, a. a. O., S. 334.

lichen Argumenten begründet zu haben, die Beachtung verdienen und denen man zumindest zunächst nicht eine gewisse Berechtigung absprechen kann. Dennoch läßt sie das von der h. M. als Argument verwendete Rechtsgefühl zurück, daß hier dem allgemeinen Rechtsschutz etwas zuviel und den Lebensinteressen des Angreifers etwas zuwenig Bedeutung beigemessen worden ist.

Es fragt sich deshalb, ob diesem noch unreflektierten „Gefühl" sachliche und möglichst wissenschaftlich gesicherte Gründe zur Seite gestellt werden können.

Um auf diese Frage eine Antwort zu finden, ist es notwendig, diese auf ihren sachlichen Ausgangspunkt zurückzuführen. Es geht hier um die Frage, ob ein menschliches Verhalten, das an sich den Tatbestand einer Straftat erfüllt, nach bisherigem Recht aber auf Grund eines Unrechtsausschließungsgrundes gerechtfertigt war, infolge Einschränkung dieses Rechtfertigungsgrundes im künftigen Recht für strafbar erklärt werden soll. Diese Frage enthält zwei Teilfragen, die zunächst beantwortet werden müssen: 1. Ist das Verhalten, um das es hier geht, *rechtswidrig?* 2. Ist das rechtswidrige Verhalten *strafwürdig?* Mit dem Begriff „rechtswidrig" ist hier, wo es um eine Frage de lege ferenda geht, selbstverständlich nicht die positive oder formelle, sondern die materielle Rechtswidrigkeit gemeint. Von deren Voraussetzungen, sowie von den materiellen Voraussetzungen der Rechtfertigungsgründe wird es abhängen, wo im einzelnen die Grenzen des Notwehrrechts zu ziehen sind. Mit Recht hat deshalb *Lange* (s. o.) darauf hingewiesen, daß bei der Grenzziehung im Notwehrrecht dessen materieller Gehalt als Unrechtsausschließungsgrund und dessen Beziehung zu den allgemeinen Rechtsprinzipien und dem übergreifenden Prinzip der Zwecktheorie beachtet werden müßten.

Aber selbst wenn nach der Klärung der materiellen Unrechtsvoraussetzungen festgestellt würde, daß die in Frage stehenden Notwehrmaßnahmen rechtswidrig sind, braucht dies keineswegs zu bedeuten, daß dieses rechtswidrige Verhalten auch bestraft werden muß. Dies wäre nur im Fall seiner Strafwürdigkeit anzunehmen. Um auch die zweite Teilfrage beantworten zu können, werden zunächst die materiellen Voraussetzungen strafbaren Unrechts näher bestimmt werden müssen, da durch deren Inhalt die gesuchte Antwort bestimmt wird.

2. Pflicht zum Ausweichen?

a) Die Rechtsprechung hat bereits früh den seitdem immer wieder verwendeten Grundsatz aufgestellt, daß der Angegriffene dem Angriff auszuweichen habe, wenn ihm dies ohne Aufopferung eigener Belange und ohne schimpfliche Flucht möglich sei. RG 16, 69 ff., 72 hatte diese Einschränkung des Notwehrrechts damit begründet, daß es ein wohlberechtigtes Interesse der Rechtsordnung bilde, daß auch der rechtswidrig Angegriffene einen seinerseits erfolgenden Verstoß gegen das StGB unterlasse, wenn das Recht auf Schutz ohne jedes Opfer durch Ausweichen gesichert werden könne.

Der überwiegende Teil der Lehre hält diesen Grundsatz der Rechtsprechung für zu weitgehend. *Oetker* hatte sich — wie bereits erwähnt — deshalb entschieden gegen eine Ausweichpflicht gegenüber böswilligen Angreifern gewandt, weil dadurch in ungerechtfertigter Weise der Angegriffene zur Schonung des Angreifers „in der Freiheit seines Tuns und Lassens" beschränkt werde[95]. *H. Mayer* hält eine solche Rücksichtnahme auf den Angreifer deshalb für verfehlt, weil der Angegriffene dadurch in seiner Abwehrenergie gelähmt und damit der allgemeine Rechtsschutz beeinträchtigt werde. Wer den Rechtsfrieden breche, müsse wissen, „daß er in jedem Bürger einen sofort bereiten energischen Verteidiger findet"[96]. *Schröder*[97] hält der Rechtsprechung vor, daß ihre Auffassung „zu einer völligen Entwertung des Notwehrrechts führen" müsse, da sie verkenne, daß die Notwehr nicht nur den Schutz von Individualinteressen, sondern zugleich der Bewährung der Rechtsordnung im ganzen diene. Der Gesichtspunkt des allgemeinen Rechtsschutzes gebiete, daß grundsätzlich jedem rechtswidrigen Angriff mit aktiver Gegenwehr begegnet werde. Im gleichen Sinne äußern sich *Lenckner*[98], *Eb. Schmidt*[99], *Mezger-Blei*[100], *Gutmann*[101], sowie im Ergebnis auch *Maurach*[102].

Demgegenüber halten *LK-Jagusch*[103] und *Kohlrausch-Lange*[104] die Ausweichformel der Rechtsprechung für berechtigt. Sie stützen sich hierbei auf dieselben Argumente wie im Zusammenhang mit der unter C I 1 a erörterten Einschränkung des Notwehrrechts.

b) *Stellungnahme:* Die Kritik an der Rechtsprechung ist bis zu einem gewissen Grade berechtigt. Mit Recht hat *Oetker* darauf hingewiesen, daß jede Pflicht zum Ausweichen mit einem Eingriff in die Freiheitsrechte des Angegriffenen verbunden sei, d. h. auf das heute geltende Grundgesetz bezogen: mit einem Eingriff in seine Rechte auf Freizügigkeit und Handlungsfreiheit. Nimmt man die Ausweichformel wörtlich, so könnte sie an sich nie zur Anwendung kommen, da in jedem Fall des Ausweichens der Angegriffene in den erwähnten Rechten verletzt wird. Geht man jedoch wie die Rechtsprechung von

---

95 VDA II, S. 282.
96 a. a. O., S. 199 ff. 202.
97 *Schönke-Schröder,* § 53 Rd.-nr. 19; JR 62, 188.
98 GA 1961, 308.
99 Niederschriften Bd. II Anh. 21, S. 57.
100 AT S. 117.
101 NJW 1962, 287.
102 AT § 26 II B 2.
103 § 53 An. 3 e aa.
104 § 53 Anm. II.

der Anwendbarkeit dieser Formel aus, so kann das nur heißen, daß die Rechtsprechung diese im Hinblick auf die genannten Rechte nicht angewendet wissen will und dem Angegriffenen insoweit eine Beschränkung seiner rechtlichen Interessen zumutet.

Mit Recht ist weiterhin beanstandet worden, daß die Ausweichformel viel zu allgemein gehalten ist und dem Rechtsschutzgedanken nicht genügend Rechnung trägt. Die Bedeutung des Notwehrrechts liegt zu einem wesentlichen Teil in seiner abschreckenden Wirkung. Diese wird vor allem dadurch erreicht, daß jeder rechtswidrige Angreifer damit rechnen muß, daß „jeder Bürger sofort energisch" seinem Angriff entgegentritt und diesen notfalls mit Gewalt zurückschlägt. Der hierin liegenden Abschreckung würde vieles von ihrer Wirkung genommen und das „Berufsrisiko" *(Baldus)* der Rechtsbrecher stark verringert, wenn dem Angreifer durch die erwähnte Ausweichformel die Gewähr geboten würde, daß der Angegriffene grundsätzlich verpflichtet sei, seinem Angriff auszuweichen. Da der Angegriffene in den meisten Fällen dem Angreifer irgendwie ausweichen kann, ohne dabei Rechtsverletzungen hinnehmen zu müssen[105], würde der Geltungsbereich des Ausweichgrundsatzes sehr weit reichen. Daran würde sich nur wenig ändern, wenn dieser Grundsatz, wie dies in der Rechtsprechung geschehen ist, dahingehend eingeschränkt würde, daß dem Angegriffenen eine schimpfliche Flucht nicht zuzumuten sei. Der Satz von der Schimpflichkeit einer Flucht entstammt mittelalterlichem Denken und konnte dort durchaus Geltung beanspruchen. Heute dürfte — worauf *Lenckner* mit Recht hinweist[106] — an seine Stelle weitgehend der Grundsatz getreten sein, daß der Klügere der ist, wer nachgibt. Ein Gelehrter z. B. wird sich wohl sicherlich nicht an seiner Ehre „gepackt" fühlen, wenn er einem sich ihm in den Weg stellenden Preisboxer ausweicht. Ebensowenig wird man es als unehrenhaft anzusehen haben, wenn man sich nicht den Herausforderungen sich langweilender „Halbstarker" stellt, usw. Ein Ausweichen dürfte heute wohl nur noch unter Jugendlichen als schimpflich angesehen werden.

Beruht somit die Kritik an der Rechtsprechung für die überwiegende Zahl der Notwehrfälle auf zutreffenden Argumenten, so wird der Bogen der Kritik auf der anderen Seite überspannt, wenn die h. M. in der Lehre in *jedem* denkbaren Fall der Notwehr gegen „böswillige" Angreifer eine Ausweichpflicht für ungerechtfertigt hält. Es gibt *Ausnahme*fälle, in denen eine Ausweichpflicht zumindest zu erwägen wäre. Und zwar handelt es sich dabei um solche Notwehrsituationen, in denen dem Angegriffenen nur ein geringfügiger Rechtsverlust droht, der Angriff aber nur mit den „schwersten Waffen" abgewehrt werden könnte. Als Beispiel sei der vom Bayr. ObLG NJW 53, 1723

---

[105] So auch *Gutmann*, S. 288.

[106] GA 1961, 309.

angesprochene Fall genannt[107], in dem ein Fußgänger einem Kraftfahrer vorsätzlich den Weg versperrt. Das Bayr. ObLG nahm an, daß „auch hier regelmäßig keine Notwehr durch Zufahren auf die sperrende Person zulässig" sei (wohl aber ausweichen), ohne dies näher zu begründen. Wenn die herrschende Meinung recht hat, daß ein Angegriffener auf sein Notwehrrecht verzichten müsse, wenn er den ihm drohenden geringfügigen Rechtsverlust nur mit einer unverhältnismäßigen Schädigung des Angreifers abwenden kann, dann müßte doch eigentlich eine Einschränkung des Notwehrrechts erst recht geboten sein, wenn in demselben Fall der Angegriffene dem Angreifer statt durch Erduldung des Rechtsverlustes mit einem für ihn weniger folgenschweren Ausweichen begegnen kann. Es ist deshalb logisch ein *Widerspruch*, wenn z. B. *Schröder*[108] und *Mezger-Blei*[109] einerseits eine Ausweichpflicht ohne Zulassung einer Ausnahme mit dem Argument ablehnen, auf die Rechtsbewährung könne „böswilligen" Angreifern gegenüber in *keinem* Fall verzichtet werden, wo diese erforderlich sei, andererseits aber den Angegriffenen unter den erwähnten Umständen zum Verzicht auf das durch den Angriff gefährdete Rechtsgut zwingen, obwohl der Angreifer „böswillig" handelt und eine Bewährung des Rechts an sich notwendig wäre. Beide Fälle liegen in Wirklichkeit in der Sache gleich, sie unterscheiden sich nur durch die Art des hinzunehmenden Rechtsverlustes.

Eine widerspruchsfreie Lösung des hier zur Diskussion stehenden Problems kann deshalb nur zwischen zwei Möglichkeiten wählen: Entweder sieht man einheitlich eine Ausweichpflicht und eine begrenzte Duldungspflicht des Angegriffenen als zu weitgehend an oder aber man hält beide Pflichten — wiederum nur gemeinsam — für erwägenswert oder sogar für gerechtfertigt. Aus den gleichen Gründen und nach den gleichen Grundsätzen, nach denen oben für die Frage der begrenzten Duldungspflicht eine zu den materiellen Grundlagen der Rechtfertigungsgründe und des strafbaren Unrechts vorstoßende Untersuchung für notwendig erachtet wurde, wird deshalb auch das hier angeschnittene Problem zu erörtern sein: die Frage, ob nicht in minderschweren Fällen dem Angegriffenen zur Vermeidung einer schweren Schädigung des Angreifers eine Ausweichpflicht zugemutet werden kann.

3. Entsprechendes ergibt sich bei der Frage, ob der Angegriffene unter bestimmten Voraussetzungen eine *nicht unmittelbar verfügbare Hilfe* in Anspruch nehmen muß. RG 32, 391 ff. (widerrechtliches Fischen) hatte dies verneint, RG 72, 57 in einem Fall bejaht, in dem ein Wohnungsberechtigter der Verletzung seines Hausrechts statt

[107] Ähnlich der „Überholfall", OLG Saarbrücken, VR S. 17, 25 ff.
[108] Kommentar § 53 Anm. III 2a.
[109] AT S. 117.

durch Herbeirufen der Polizei oder sonstiger Dritter durch Tötung des widerstrebenden Dritten begegnete. Die Pflicht, in einem solchen Fall „Dritte zum Einschreiten anzurufen", begründete das RG damit, daß eine gewalttätige, mit der Vernichtung eines Menschenlebens endende Abwehr in solchen Fällen „so sehr dem gesunden Volksgefühl widerspreche, daß sie nicht als ... notwendig angesehen werden" könne. OLG Kiel, H E 2, 166 ff., hat diese Entscheidung unter Berufung auf den Rechtsschutzgedanken als auf polizeistaatlichem Denken beruhend scharf abgelehnt. Die gleiche Haltung nimmt das Schrifttum ein, soweit es sich zu dieser Frage äußert (generelle Ablehnung einer Subsidiarität des Notwehrrechts)[110].

b) *Stellungnahme:* Auch hier wird z. T. verkannt, daß sich der von RG 72, 57 entschiedene Fall sachlich in nichts von dem Fall unterscheidet, in dem der Angegriffene vor der Wahl steht, entweder einen geringfügigen Angriff zu erdulden oder den Angriff durch Tötung des Angreifers zurückzuwerfen. Die Pflicht, fremde Hilfe herbeizuholen und für kurze Zeit eine Verletzung seines Hausrechts zu erdulden, ist als Eingriff in die Rechte des Angegriffenen nicht schwerwiegender, als der, der in der Hinnahme eines gegen geringwertige Gegenstände gerichteten Angriffs liegt. In dem zuerst genannten Fall braucht der Angegriffene den drohenden Rechtsverlust sogar nur zeitweilig hinzunehmen, während ihm im zweiten Fall ein völliger Verzicht auf das betreffende Rechtsgut zugemutet wird. Auch hier ergibt sich somit die logisch zwingende Feststellung: wenn man schon in dem zuletzt erwähnten Fall eine Einschränkung des Notwehrrechts erwägt oder gar befürwortet, dann muß man sich bei gleicher Sachlage in dem zuerst genannten Fall erst recht hierzu genötigt fühlen. Die Frage, ob der Angegriffene in bestimmten Ausnahmefällen dazu verpflichtet werden soll, sich bei der Abwehr der herbeizuholenden Hilfe Dritter zu bedienen, ist somit ebenfalls aus den gleichen Gründen und nach den gleichen Grundsätzen zu untersuchen, wie die Frage der begrenzten Duldungspflicht (s. C I 1 b).

II. Notwehr gegen Angreifer, denen gegenüber besondere Rücksichtnahme verlangt wird

1. wegen fehlender oder geminderter Schuld

a) aa) Der überwiegende Teil des Schrifttums tritt dafür ein, daß der Angegriffene gegenüber *Unzurechnungsfähigen* und *Kindern* zu einer besonderen Rücksichtnahme verpflichtet sei.

Oetker[111] hatte dies damit begründet, daß die Schonung eines Unzurechnungsfähigen ethisches Gebot sei. „Die Ethik fordert, daß wir uns dem Angriff des Unzurechnungsfähigen, soweit angängig, zu

---

[110] Statt aller: *LK-Jagusch*, § 53 Anm. 3 e) aa); *H. Mayer*, S. 202.

[111] VDA II S. 261 ff.; 282, 287 ff.

entziehen suchen, um nicht genötigt zu sein, einen Menschen zu verletzten, der nicht weiß, was er tut. Die Volksstimme wird immer einen Totschläger nennen, der den traurigen Mut hatte, dem Angriff eines Geisteskranken sich zu stellen und den Armen niederzustechen." Es sei nicht zuviel gefordert, wenn dem Angegriffenen zur Schonung eines solchen Angreifers eine Ausweichpflicht und damit eine Einbuße seiner freien Bewegung bei sicherer Erhaltung des bedrohten Gutes zugemutet werde. Allerdings gelte dies nur gegenüber einem *gegenwärtigen* Angriff eines Unzurechnungsfähigen. Die Notwehr zu versagen, weil der Angegriffene dem *zu erwartenden* Angriff nicht dadurch vorgebeugt habe, daß er es unterließ, sich an den Ort zu begeben, wo der Angriff präsumptiv bevorstand, „wäre schlechthin unvernünftig". Man könne doch nicht verpflichtet sein, sich berauben oder totschlagen zu lassen, nur weil man nicht gehindert habe, daß der Angriff zur Entwicklung kam. Über die Verkehrtheit dieser Theorie brauche man heute (1908) kein Wort mehr zu verlieren.

Was die Notwehr gegen Angriffe von *Kindern* angehe, so müßte man von einem „mit Blut geschriebenen" Notwehrparagraphen sprechen, wenn dieser zuließe, daß man sich gegen den „Unfug" von Kindern (Schneeballwürfe, Obstdiebstahl, Versuch eines Knaben, mit einem hierzu nicht bereiten Kameraden zu ringen etc.) mit deren Tötung wehren könnte. Auch hier sei das Notwehrrecht deshalb dahingehend zu beschränken, daß Tötung oder schwere Körperverletzung als Abwehrmaßnahmen ausgeschlossen seien.

Schönke-Schröder[112] unterscheidet zwischen dem Fall, in dem sich der Angegriffene ohne berechtigten Anlaß dem Angriff von Unzurechnungsfähigen ausgesetzt hat und mangels einer Ausweichmöglichkeit gezwungen ist, den Angreifer zu verletzen, und jenem Fall, in dem er dem Angreifer ausweichen kann. Während im zuletzt genannten Fall dem Angegriffenen jedes Notwehrrecht abzusprechen sei, sei in der ersten Alternative der Angegriffene zwar zur Notwehr berechtigt, für sein vorangehendes Verhalten sei er jedoch unter dem Gesichtspunkt der a.i.i.c. strafrechtlich verantwortlich. *Schröder* begründet diese Einschränkung des Notwehrrechts damit, daß „hier die Rechtsordnung der Bewährung gegenüber dem Unrecht nicht unbedingt bedarf, da sie den Angriff als solchen nicht im vollen Umfang mißbilligt" (JR 1962, 188).

Baumann[113] hält gegenüber Geisteskranken und Kindern eine Güterproportionalität zwischen dem bedrohten und dem durch die Verteidigung verletzten Interesse für erforderlich, die „oberhalb der Schwelle des § 228 BGB liegt". Ein Schuß auf ein Kind im Apfelbaum sei nicht nur nicht geboten, sondern „nach unserer Rechts- und So-

---

[112] § 53 Rd.-nr. 32; JR 1962, 188 ff.
[113] AT S. 270.

zialauffassung gerade verboten". Für *Schaffstein*[114] ist es „eine unabdingbare Forderung des Rechtsgefühls", daß Geisteskranke und Kinder im Rahmen des § 53 StGB mit anderem Maß zu messen seien, als der schuldhaft Handelnde. Es müsse deshalb als Rechtsmißbrauch angesehen werden, wenn dem schuldlosen Angreifer im Verhältnis zum verteidigten Gut ein allzu großer Schaden zugefügt würde. *Lange* und *Maurach* setzen sich mit den unter C I 1 a) wiedergegebenen Begründungen für eine Ausweichpflicht gegenüber Unzurechnungsfähigen und Kindern ein.

Demgegenüber steht *Eb. Schmidt*[115] auch hier einer Einschränkung des Notwehrrechts ablehnend gegenüber. Da der Täter in der Regel nicht wissen könne, ob der Angreifer unzurechnungsfähig sei, würde eine Ausweichpflicht zu einer „unerträglichen Unsicherheit" in einer Situation führen, in der der einzelne „im Gefühl des Bedrohtseins schnellste Entschlüsse fassen müsse". Schmidt befürchtet, daß es hierdurch zu einer „Verwässerung" des Grundgedankens des Notwehrrechts kommen würde, wonach das Recht dem Unrecht nicht zu weichen braucht.

bb) *Stellungnahme:* Soweit in den vorstehenden Auffassungen das Rechtsgefühl, die Volksmoral oder unsere gewandelte Rechts- und Sozialauffassung als Gründe für eine Einschränkung des Notwehrrechts genannt werden, können auch hier in derartigen „Begründungen" lediglich unbewiesene Behauptungen gesehen werden, die vor allem auch im Hinblick auf die ablehnende Haltung von *Eb. Schmidt* in dieser Form nicht durchschlagskräftig sind (s. o. C I 1 b).

Der Hinweis *Schröders* auf die hier nicht erforderliche Bewährung der Rechtsordnung nennt zwar einen Gesichtspunkt, der bei der Begründung einer Einschränkung des Notwehrrechts sicherlich eine gewisse Rolle spielt. Ihm läßt sich jedoch nicht entnehmen, weshalb sich der Angegriffene in Gestalt der Ausweichpflicht *unter Strafandrohung* einem Eingriff in seine Freiheitsrechte unterwerfen soll. Eine Begründung hierfür finden wir lediglich bei *Oetker*. Seinem eindringlichen Hinweis auf die Gebote der Ethik steht jedoch die nicht minder nachdrückliche und beachtenswerte Forderung von *Eb. Schmidt* gegenüber, solchen sozialethischen Tendenzen im Notwehrrecht keine Geltung zu verschaffen.

Eine Stellungnahme zu diesen sich konträr gegenüberstehenden Auffassungen wird erst möglich sein, wenn zuvor — wie dies oben (C I 1 b) dargelegt und auch von *Lange* ausdrücklich gefordert worden ist — die materiellen Voraussetzungen der Rechtfertigungsgründe und des strafbaren Unrechts bestimmt worden sind.

---

[114] S. 135 ff.; ähnlich *LK-Jagusch*, § 53 Anm. 3 e) aa) unter Berufung auf die Volksmoral.

[115] Niederschriften, Bd. II Anh. 21, S. 52.

b) aa): Gegenüber Angreifern, die sich — für den Angegriffenen erkennbar — *irrtümlicherweise* zu ihrem Vorgehen für berechtigt halten, verlangt die h. M. in Rechtsprechung und Lehre ebenfalls eine schonungsvolle Rücksichtnahme. Als Grund dafür, daß sie gutgläubigen Angreifern gegenüber selbst eine bloße Drohung mit schwerwiegenden Nachteilen im Rahmen des Notwehrrechts für unzulässig erklären, führt das Bayr. ObLG in NJW 63, 825 und NJW 65, 163 ff. den Gedanken des Rechtsmißbrauchs an, das „Anstandsgefühl aller billig und gerecht Denkenden" und die Notwendigkeit, daß die Abwehr in einer den „Umständen angemessenen Weise" zu erfolgen habe. Auf die gleichen oder ähnliche Argumente stützen sich *Schaffstein*[116] (Rechtsgefühl, Rechtsmißbrauch), *LK-Jagusch*[117] (Volksmoral), *H. Mayer*[118] (ohne Begründung). *Schönke-Schröder*[119] und *Mezger-Blei*[120] rechtfertigen eine Einschränkung des Notwehrrechts damit, daß eine „Bewährung der Rechtsordnung Irrenden gegenüber nicht erforderlich sei, da sie den Angriff als solchen nicht in vollem Umfange mißbillige". *Oetker*[121] setzte sich hier mit der folgenden Erwägung für eine Beachtung des Grundsatzes der Verhältnismäßigkeit ein: Dem bewußten Unrecht solle vom Recht keine Konzession gemacht werden, der gute Glaube aber verdiene schonungsvolle Berücksichtigung, zumal hier keine Rechtsverletzung beabsichtigt sei. „Wiegt hier nicht das Leben usw. des anderen doch weit höher als ein geringer, kaum empfundener eigener Vermögensschaden?"

bb) *Stellungnahme:* Für die Beurteilung der mit dem Rechtsgefühl, Volksmoral und dem Gesichtspunkt der Bewährung der Rechtsordnung argumentierenden Auffassungen gilt das unter C II 1 b) Gesagte entsprechend. Die Auffassung von *Oetker* nennt zwar einen wichtigen Gesichtspunkt, der möglicherweise zu einer Einschränkung des Notwehrrechts gegenüber gutgläubigen Angreifern Anlaß gibt. Es fragt sich jedoch, ob die Tat eines rechtswidrig Angegriffenen, der auf den gutgläubigen Angreifer nicht die geforderte Rücksicht nimmt und den Angreifer in „erforderlicher" Abwehr tötet, so ohne weiteres ihrem kriminellen Gehalt nach der Tat eines Totschlägers gleichgestellt werden kann. Um diese Frage beantworten zu können und gleichzeitig in die Lage versetzt zu werden, gegebenenfalls die Begründung von *Oetker* in ihrem juristischen Kern noch schärfer zu erfassen und zu formulieren, ist es auch hier zunächst erforderlich,

[116] a. a. O., S. 135.
[117] § 53 Anm. 3 e aa.
[118] S. 199 ff.
[119] § 53 Anm. III 2a; JR 62, 188.
[120] Bd. I S. 117.
[121] VDA II, S. 283 ff.

sich Klarheit über die materiellen Voraussetzungen strafbaren Unrechts und der Rechtfertigungsgründe zu verschaffen.

c) aa) Gegenüber *Betrunkenen* hat der BGH das Notwehrrecht in zwei Fällen eingeschränkt: In BGH 3, 217 versagte er dem Angeklagten „unter der falschen Kennmarke der Erforderlichkeit" *(Henkel)* das Recht, die Beleidigung durch einen Betrunkenen durch tätliche Abwehr abzuwenden. Der Angeklagte habe die nachlassende Erkenntnisfähigkeit des Angreifers erkennen und dessen beleidigende Bemerkungen entsprechend gering werten müssen. Angesichts dessen hätte seine Abwehr „allenfalls" in einer Erwiderung mit Worten bestehen dürfen. In BGH NJW 62, 308 sah der BGH das Notwehrrecht u. a. deshalb als nicht gegeben an, weil der Angeklagte in seine Wohnung zurückgekehrt war, obwohl für ihn voraussehbar gewesen sei, daß der vor dem Hause wartende, stark angetrunkene M sich dann auf ihn stürzen und ihn u. U. zu dessen Tötung zwingen würde. A habe sein Notwehrrecht „mißbraucht", da er von Rechts wegen bis zum Rückzug des M noch eine Weile habe warten und notfalls fremde Hilfe hätte herbeiholen müssen.

Die zuletzt genannte Entscheidung hat in der Lehre Kritik ausgelöst. *Schröder*[122] hat scharf dagegen Stellung genommen, daß der BGH gegenüber Betrunkenen eine derartige Rücksichtnahme verlange. Gerade gegenüber enthemmten Betrunkenen sei eine „Bewährung der Rechtsordnung" besonders vonnöten, insbesondere dann, wenn das Verhalten des Betrunkenen „derart terroristische Züge aufweise". *Gutmann*[123] bezeichnet es als unerträglich, wenn ein Angegriffener, der sich infolge unklugen Verhaltens in eine Notwehrsituation begeben habe, deshalb keine Notwehr mehr üben dürfe. Allenfalls, wenn der Angegriffene von einer bestehenden Ausweichmöglichkeit keinen Gebrauch mache, könne sein Verhalten als Rechtsmißbrauch gewertet und ihm deswegen das Notwehrrecht abgesprochen werden. Von niemandem könne verlangt werden, daß er nur möglichen Angriffen aus dem Wege gehe.

Im übrigen setzt sich das Schrifttum durchweg für eine Beschränkung des Notwehrrechts gegenüber Betrunkenen ein. *Schaffstein* hält dies bei sinnlos Betrunkenen für eine „unabdingbare Forderung des Rechtsgefühls" (a. a. O., S. 135), *LK-Jagusch* (§ 53 Anm. 3 e) aa) für eine solche der „Volksmoral"; *H. Mayer* spricht von bloßem, nur mit verhältnismäßigen Mitteln abzuwehrendem „Unfug", wenn der „ungezogene Zechgenosse" einem anderen das Bier austrinken will (a. a. O., S. 204). *Maurach* wählt die oben erwähnte Begründung (A II 2), spricht sich aber für eine Anwendung des § 53 StGB aus, wenn Ausweichen nicht mehr möglich ist (AT § 26 II B 2 c). Demgegenüber will *Baumann* auch hier den Gesichtspunkt der a.i.i.c.

---

[122] JR 62, 189.
[123] NJW 62, 286.

gelten lassen: Auch der BGH stelle in Wirklichkeit hierauf ab, wenn er in NJW 62, 308 dem Angeklagten vorhält, die spätere Entwicklung bei seiner Rückkehr sei für ihn überschaubar gewesen (MDR 62, 349).

bb) *Stellungnahme:* Der vorstehende Überblick ergibt ein ähnliches Bild, wie es uns die Diskussion über die Frage einer begrenzten Duldungspflicht gegenüber böswilligen Angriffen vermittelt: die Mehrheit der Diskussionsbeiträge spricht sich für eine Einschränkung des Notwehrrechts aus, vermag dies jedoch meist nur mit unbewiesenen Behauptungen zu begründen: denn als nichts anderes als unbewiesene Behauptungen können Formulierungen aufgefaßt werden wie „Forderung des Rechtsgefühls, der Volksmoral, der guten Sitten" oder „von Rechts wegen" (s. o. C I 1 b). Demgegenüber bietet die Gegenmeinung „handfeste" Gegenargumente, die zumindest bis zu einem gewissen Grade sachlich berechtigt erscheinen. Auch hier erhebt sich die Frage, ob nicht dem „Rechtsgefühl" der überwiegenden Meinung sachliche Erwägungen zur Seite gestellt werden könne, die die scharf akzentuierte Gegenmeinung nicht nur vom „Gefühl" her, sondern auch aus juristischen Gründen als zu weitgehend erscheinen lassen, wobei hier das Wort „juristisch" im Sinne von „rechtswissenschaftlich" verstanden wird. Auch diese Frage läßt sich erst auf der Grundlage der materiellen Voraussetzungen strafbaren Unrechts in befriedigender Weise beantworten.

d) aa) Die Entscheidungen Bayr. ObLG NJW 53, 1723 und OLG Düsseldorf NJW 61, 1783 leiten aus § 1 StVO und dem Gedanken der Verkehrsgemeinschaft den Grundsatz ab, daß *fahrlässigen* Verkehrssündern gegenüber auch im Fall eines an sich bestehenden Notwehrrechts nicht mit Gewaltanwendung, sondern nur mit schonungsvoller Anpassung begegnet werden dürfe. *Baumann*[124], *H. W. Schmidt*[125] und *Maurach*[126] stimmen diesen Entscheidungen im Ergebnis weitgehend zu.

bb) *Stellungnahme:* Oben (A II 3 b) ist ausführlich dargelegt worden, daß zwischen der durch die Normen der StVO begründeten Rechtswidrigkeit und der Strafrechtswidrigkeit streng unterschieden werden muß. Eine Übertragung von Rechtsgrundsätzen des Straßenverkehrsrechts in das Strafrecht mußte mit Rücksicht auf Art. 103 II GG de lege lata für unzulässig erklärt werden. De lege ferenda ist eine solche Übertragung zulässig, wenn das hierdurch betroffene menschliche Verhalten nicht nur unter dem Gesichtspunkt der StVO, sondern auch unter dem der materiellen Voraussetzungen strafbaren Unrechts seinem kriminellen Gehalt nach so schwerwiegend ist,

---

[124] NJW 1961, 1745.

[125] DAR 1962, 351 ff., 353 ff.

[126] AT § 26 II A 1.

daß eine strafrechtliche Ahndung dieses Verhaltens gerechtfertigt erscheint. Auch hier wird deshalb über die Frage einer Einschränkung des Notwehrrechts erst entschieden werden können, nachdem zuvor die materiellen Voraussetzungen strafbaren Unrechts näher bestimmt worden sind. In dieser Stellungnahme wird dann auch zu erwägen sein, ob es nicht zweckmäßig und gerechtfertigt ist, den für das Straßenverkehrsrecht entwickelten Grundsatz wenigstens teilweise auf den allgemeinen Rechtsverkehr auszudehnen mit der Folge, daß allgemein gegenüber fahrlässigen Angreifern das Notwehrrecht eingeschränkt wird. Zu einer solchen allgemeinen Einschränkung des Notwehrrechts könnte vielleicht der Umstand Anlaß geben, daß wir es bei der Fahrlässigkeit mit einer Schuldform zu tun haben, die wesentlich milder zu beurteilen ist als ein vorsätzliches Verhalten.

2. wegen „schuldhafter" Verursachung des Angriffs

a) Gegenüber Angriffen, die der Angegriffene „schuldhaft" verursacht hat, hat die Rechtsprechung dem Angegriffenen in zahlreichen Entscheidungen eine Pflicht zum Ausweichen oder eine begrenzte Duldungspflicht auferlegt. OLG Kiel, HE 2, 166 ff., begründet dies damit, daß das Notwehrrecht sinngemäß nur demjenigen in vollem Umfang zugebilligt werde, der als „legitimer Hüter der Rechtsordnung" angesehen werden könne. Wer durch einen rechtswidrigen Angriff selber aus dem Rechtsfrieden herausgetreten sei, müsse zwar einen rechtswidrigen Angriff seinerseits nur bis zu einer gewissen Grenze dulden, aber er müsse ihm ausweichen. Das OLG Hamm, JMBl. NRW 61, 142, nannte als entscheidenden Gesichtspunkt, daß dem Angeklagten Ausweichen eher als jedem anderen Angegriffenen zuzumuten gewesen sei, da er den Angreifer durch „sein extrem ungehöriges Verhalten" in Erregung versetzt und herausgefordert habe. In den anderen, oben (A I 3 b) angeführten Entscheidungen erschöpft sich die rechtliche Begründung in der bloßen Feststellung: der Angegriffene habe den Angriff verschuldet, deshalb hätte er ausweichen oder bis zu einer gewissen Grenze Schläge hinnehmen müssen.

Das *Schrifttum* hat sich z. T. sehr ausführlich mit der hier erörterten Frage auseinandergesetzt:

Schröder[127] und *Lenckner*[128] unterscheiden zwischen den Fällen bestehender und nicht bestehender Ausweichmöglichkeit. Könne der Provokateur *ausweichen*, so sei eine Abwehr des Angriffs als nicht erforderlich *(Schröder)* oder als unzulässig *(Lenckner)* anzusehen, wenn das den Angriff auslösende Verhalten zu mißbilligen *(Schröder)* oder rechtlich zu mißbilligen sei *(Lenckner)*. Eine bloß zu mißbilligende, gegen die Regeln von Anstand und gegenseitiger Rücksicht verstoßende „Provokation" hält

[127] JR 62, 187 ff.; Kommentar § 53 Anm. IV.
[128] GA 61, 309 ff.

Lenckner nicht für ausreichend, um eine Verwirkung des Notwehrrechts eintreten zu lassen, da sonst die „Schuld" des Provokateurs nicht in dem Vorwurf eines rechtlich fehlerhaften, sondern lediglich „unklugen" oder die Anstandsregeln verletzenden Verhaltens bestehen würde. Als Grund dafür, daß dem Provokateur in dem erwähnten Sinne das Notwehrrecht zu versagen sei, führt *Lenckner* an, daß der Gesichtspunkt der Bewährung der Rechtsordnung u. U. für den nicht mehr gelte, der sich zuvor gegen das Recht erhoben habe. So sei der Mörder, der schwerstes Unrecht auf sich geladen habe, nicht mehr dazu aufgerufen, als Hüter der Rechtsordnung aufzutreten.

Besteht *keine Ausweichmöglichkeit* mehr, so soll der Provokateur nach der Ansicht *Schröders* und *Lenckners* zwar gegen den rechtswidrigen Angriff des Provozierten Notwehr üben dürfen, weil dieser nicht berechtigt sei, das verletzte Recht eigenmächtig wiederherzustellen und der Angegriffene sonst der Privatsache des Angreifers ausgeliefert sei *(Lenckner)*. Gleichwohl soll der Angegriffene aber für die in Notwehr begangene Handlung unter dem Gesichtspunkt der a.i.i.c. einstehen, wenn er bei der Provokation mit der Reaktion des provozierten Angreifers rechnete oder rechnen mußte.

Roxin[129] hat gegen diese Ansicht Bedenken erhoben. Er hält den Schluß, das „Versuchung + Vorsatz" und „Verursachung + Vermeidbarkeit" eine vorsätzliche oder fahrlässige Straftat ergeben müsse, für voreilig. Er lasse offen, weshalb das verursachende Verhalten, das nach *Schröder* nicht rechtswidrig zu sein braucht, ein „unverbotenes Tun": die Abwehr rechtswidrig machen solle. Die Rechtswidrigkeit der strafbegründenden causa (actio *illicita!)* könne man also nur aus dem angestrebten Erfolg herleiten. Dies sei aber nur schwer begründbar. Sehe man in der Provokation (z. B. *Hänselei)* eine rechtswidrige Verursachung der nachher in Notwehr begangenen Handlung (z. B. Tötung), so liege bereits in dieser ein versuchsbegründender, rechtswidriger Angriff, da alles spätere Handeln des Provokateurs rechtmäßig sei. Nehme man dies an, dann sei aber die a.i.i.c. überflüssig, da der Provozierte Notwehr üben könne. Gehe man dagegen davon aus, daß das Vorgehen des Provozierten rechtswidrig sei, Sticheleien also hingenommen werden müßten, dann sei die Provokation kein rechtswidriger Deliktversuch. Dann aber entstehe das merkwürdige Ergebnis, daß ein Verhalten, das in keiner Phase rechtswidrig sei, dennoch bestraft werde. In diesem Falle aber lasse sich die Rechtswidrigkeit der causa überhaupt nicht mehr begreiflich machen. Gleichgültig, ob man die Provokation als rechtswidrig oder rechtsmäßig ansähe, sei die a. i. i. c. also gegenstandslos. Weitere konstruktive Bedenken ergäben sich auch im Hinblick auf die Teilnahme-, Täterschafts- und Versuchsvorschriften.

In seinem eigenen Lösungsvorschlag verwendet *Roxin* den Begriff des *Rechtsmißbrauchs.* Die Provokation sei dann nicht mehr das Strafbare, sondern lediglich der Grund, weshalb dem Provokateur das Notwehrrecht zu versagen sei. Im Falle absichtlicher und vorsätzlicher Provokation will R. dem Provokateur das Notwehrrecht im vollen Umfange, bei fahrlässiger Provokation nur bei bestehender Ausweichmöglichkeit absprechen. Dabei

---

[129] ZStrW 75, S. 545 ff.

seien unter Provokation nicht nur solche angriffsauslösenden Handlungen zu verstehen, die von der Rechtsordnung, sondern auch solche, die lediglich vom Standpunkt der *Sozialethik* als verwerflich angesehen würden. Beide unterschieden sich nur durch das formelle Element der Rechtswidrigkeit und die Grenze zwischen ihnen sei fließend, wie die Rechtsprechung zum Persönlichkeitsrecht zeige.

Die Gleichbehandlung von *Absichts-* und *Vorsatzprovokation* begründet R. mit der nahen Verwandtschaft, die zwischen beiden bestehe (S. 573 ff.). Die Vorsatzprovokation komme vor allem in solchen Fällen vor, in denen der Täter wegen der perfiden Art der Herausforderung von vornherein mit einem Angriff rechne. Dann aber werde ihm die Verletzung des anderen, möge er sie auch nicht geradezu erstreben, doch auch nicht unwillkommen sein, denn sonst brauchte er ja von seinem Verhalten nur abzustehen.... Für die Vorsatzprovokation gelte deshalb, was bereits im Zusammenhang mit der Erörterung der Absichtsprovokation ausgeführt worden sei: Wer jemanden durch rechtswidriges Verhalten vorsätzlich zum Angriff reize, der handele, weil er sich außerhalb der Gesetze bewege, ohne überpersönliche Legitimation und dürfe deshalb gegenüber dem Provozierten nicht als Repräsentant und Bewahrer der Rechtsordnung auftreten.

Bei der *fahrlässigen* oder *sonst verschuldeten Provokation* müsse dem Provokateur das Recht zum Selbstschutz zugebilligt werden (S. 577 ff.). Wer mit einem rechtswidrigen Angriff nicht gerechnet habe und von der Situation überrascht werde, brauche Schutz. Könne deshalb der Provokateur dem plötzlichen Angriff nicht mehr ausweichen, so stehe ihm das volle Notwehrrecht zur Seite. Anders sei dagegen zu urteilen, wenn für den Provokateur eine *Ausweichmöglichkeit* bestehe. Hier entfalle der Gedanke des Selbstschutzes und — da der Verteidiger zur Bewährung der Rechtsordnung nicht berufen sei — der Grund, dem fahrlässigen Provokateur das Notwehrrecht zuzuerkennen. Die Begründung dafür, daß der Provokateur zur Rechtsbewährung nicht berufen sei, lasse sich „ohne alles Pathos" aus den nüchternen Anforderungen des sozialen Zusammenlebens herleiten: Diesen sei im Normalfall zu entnehmen, daß man grundsätzlich einem rechtswidrigen Angriff nicht auszuweichen brauche. Der freiheitliche Lebensraum der Staatsbürger würde unerträglich eingeengt, die friedliche Bevölkerung, überspitzt formuliert, in ständiger Flucht vor den Rechtsbrechern leben, wenn der gewalttätige Aggressor ungestört seinen Weg gehen dürfte. Bei der fahrlässigen Provokation verhalte es sich anders: hier sei es nicht so, daß der Angreifer mit seinem Tun den Rechtsfrieden breche, vielmehr handele es sich jeweils um eine *interne* Auseinandersetzung. Wer einen Schuldlosen überfalle, bedrohe in dem *einen* Opfer die Sicherheit aller anderen, gleich schuldlosen Bürger; deshalb müsse ihm Einhalt geboten werden. Demgegenüber habe die Tat des Provozierten subjektiv und objektiv lediglich den Sinn einer internen Vergeltung. Der Angegriffene müsse sich selbst schützen, aber nicht die Rechtsgemeinschaft, denn er sei allein betroffen. „Wenn in einem solchen Fall ein Mensch ohne Not verletzt oder getötet werden dürfte, so wäre das barbarisch und käme einer Art von Leibes- oder Todesstrafe gleich". Eine Rechtsgüterbeeinträchtigung, die nicht durch Schutzerfordernisse gedeckt sei, sei deshalb mißbräuchlich.

b) *Stellungnahme:* Art. 1 I GG erklärt die Achtung und den Schutz der Menschenwürde zu dem überragenden Prinzip unserer Rechtsordnung. Dieses Rechtsprinzip sowie der Schutz der in Art. 2 ff. GG genannten Grundrechte kommt *jedem* Menschen zugute[130]. Art. 1 I GG verpflichtet den Staat, die gesamte Rechtsordnung so zu gestalten, daß die Menschenwürde und damit auch die Grundrechte auch nicht von außerstaatlichen Kräften verletzt werden können[131]. Zur Erfüllung dieser Verpflichtung hat der Gesetzgeber für eine Vielzahl von staatlichen Schutzmaßnahmen eine gesetzliche Grundlage geschaffen. Da jedoch kein noch so gut organisierter Staat allgegenwärtig sein kann, bildet es einen wesentlichen Bestandteil staatlicher Schutzmaßnahmen, daß jedem einzelnen die rechtliche Möglichkeit gegeben wird, sich im Falle fehlenden staatlichen Schutzes gegen gegenwärtige rechtswidrige Angriffe selbst zu verteidigen. Hieraus ergibt sich im Hinblick auf die oben unter aa) wiedergegebenen Auffassungen folgendes:

Es muß als eine viel zu weitgehende und durch Art. 1 GG widerlegte Behauptung gewertet werden, wenn gesagt wird, der schuldhafte Provokateur sei wegen seines vorangehenden rechtswidrigen oder gar nur sozialethisch verwerflichen Verhaltens nicht zur Bewährung der Rechtsordnung berufen. Auch der Provokateur wird nach dem oben Gesagten in seiner Menschenwürde und in seinen Menschenrechten geschützt, und ein rechtswidriger Angriff auf diese Rechte wird auch dann in vollem Umfange von der Rechtsordnung mißbilligt, wenn der Angriff von einem provozierten Angreifer geführt wird. Da der Schutz des Provokateurs vor solchen Angriffen nur sichergestellt ist, wenn er sich bei Abwesenheit staatlicher Hilfe selbst gegen den Angreifer verteidigen kann, ist ihm *grundsätzlich* auch gegenüber dem „provozierten" Angreifer das Notwehrrecht zuzubilligen. Seine Abwehr dient in diesem Fall nicht nur seinem eigenen Schutz, sondern auch der Allgemeinheit, da auf diese Weise der von der heutigen Rechtsordnung mißbilligten Blutrache und Lynchjustiz entgegengewirkt wird. Daß auch der „Provokateur" grundsätzlich zur Bewährung der Rechtsordnung berufen ist, zeigt sich deutlich in zwei Beispielen, die *Lenckner*[132] erwähnt: Antwortet der Provozierte erst Wochen nach der Provokation mit einem Gegenangriff — z. B. der Bruder des Ermordeten trifft vier Wochen nach der Tat den Mörder auf der Straße und stürzt sich mit einem Messer auf ihn —, so kann kein Zweifel sein und wird auch von *Lenckner* angenommen (a. a. O.), daß sich der Angegriffene in vollem Umfange gegen den Angriff wehren kann. Hat jemand einen anderen beleidigt, so muß er sich möglicherweise eine Ohrfeige gefallen lassen,

[130] Vergl. *Hamann,* GG Art. 1 I B. 2.
[131] *Hamann,* Art. 1 I A 1 b; *Maunz-Dürig,* Art. 1 I Rd.-nr. 3 ff.
[132] GA 1961, 311 ff.

er braucht aber nicht wehrlos zuzusehen, wie der andere ihn „zur Strafe beraubt" oder gar mit der tödlichen Waffe auf ihn losgeht. Daß der Provokateur in beiden Fällen als „Bewahrer der Rechtsordnung" auftreten darf, rechtfertigt *Lenckner* damit, daß in jedem Fall die Grenzen des Grundsatzes überschritten seien, daß derjenige nicht mehr zur Bewährung der Rechtsordnung berufen sei, der sich zuvor selbst gegen die Rechtsordnung erhoben habe. Dem ist jedoch unter Hinweis auf Art. 1 I GG entgegenzuhalten, daß hier von *Lenckner* zu Unrecht die Ausnahme zum Grundsatz erhoben und der Grundsatz zur Ausnahme degradiert wird. Nicht nur Art. 1 I GG, sondern auch den beiden oben erwähnten Beispielen ist zu entnehmen, daß der Provokateur nicht erst Wochen nach der Provokation, sondern bereits unmittelbar nach der Tat *grundsätzlich* berechtigt ist, dem sich gegen seine Grundrechte richtenden Racheakt des Provozierten mit einer Notwehr entgegenzutreten.

Wenn hier eine Einschränkung des dem Provokateur zustehenden Notwehrrechts erwogen wird, so kann es dabei nur um die Frage gehen, ob unter Umständen von dem Grundsatz der an sich auch dem Provokateur gestatteten Rechtsbewährung in der Gestalt eine *Ausnahme* zu machen ist, daß der Provokateur verpflichtet wird, dem unmittelbar nach der Provokation erfolgenden Angriff auszuweichen oder, wenn dies nicht mehr möglich ist, wenigstens so lange nichts gegen den Angreifer zu unternehmen, wie ihm durch diesen kein erheblicher Schaden droht.

Eine solche Ausnahme kann nur Gesetz werden, wenn dafür triftige Gründe gegeben sind. Ein Grund in diesem Sinn kann nicht bereits in der von OLG Kiel, *Lenckner*, *Roxin* und der übrigen Rechtsprechung verwendeten Behauptung gesehen werden, der Provokateur sei nicht zur Bewährung der Rechtsordnung berufen, weil er den Angriff „verschuldet oder zuvor selbst gegen die Rechtsordnung verstoßen habe". Denn diese Behauptung beruht — wie dargelegt — auf einer durch Art. 1 I ff. GG widerlegten Schlußfolgerung. Aus demselben Grund kann auch der Auffassung von *Roxin* keine Bedeutung beigemessen werden, bei der Auseinandersetzung zwischen einem fahrlässig handelnden Provokateur und dem hierdurch Provozierten gehe es lediglich um einen *internen* Streit, weshalb der Angegriffene zwar sich selbst, nicht aber die Rechtsgemeinschaft schützen dürfe. Die Behauptung von dem angeblich internen Charakter dieser Auseinandersetzung ist unzutreffend. In Wirklichkeit muß sich der Staat auch hier auf Grund der Art. 1 ff. GG um den Schutz der Menschenwürde und der Grundrechte insoweit besorgt zeigen, als diese in Gefahr sind, verletzt zu werden. Ist staatliche Hilfe nicht gegenwärtig, so muß entsprechend den obigen Ausführungen dem Gefährdeten die Möglichkeit gegeben werden, sich selbst zu wehren. Dabei schützt der Angegriffene aber nicht nur sich selbst, sondern auch die Allgemeinheit, da diese unter dem Gesichtspunkt präventiver Abschreckung unmittelbar an *jeder* Verhinderung von rechtswidrigen Racheakten oder Lynchjustiz interessiert sein muß. Die Notwendigkeit eines solchen allgemeinen Rechtsschutzes auch in diesen Fällen illustriert besonders eindrucksvoll ein Fall, der kürzlich durch die Presse ging: Ein PKW-Fahrer hatte fahrlässig einen Verkehrsunfall verursacht und wurde hierauf von einer Menschengruppe gelyncht, die sich im Zustand der Angetrunkenheit im besonderem Maße hierüber erregt hatte.

Es ergibt sich somit, daß die Erwägungen, mit denen die bisher erörterten Entscheidungen und Lehrmeinungen für den Fall schuldhafter Provokation eine Einschränkung des Notwehrrechts zu begründen versuchen, das gewünschte Ergebnis nicht hinreichend rechtfertigen. Als „Grund", der dieses Ergebnis möglicherweise tragen könnte, bleibt der Gesichtspunkt übrig, auf den das OLG Hamm in JBMl. NRW 1961, 142 aufmerksam gemacht hat: der Umstand, daß der Angreifer durch das provozierende Verhalten des Angegriffenen in Erregung versetzt und herausgefordert worden ist. Diese Erwägung kann in dieser knappen Form allerdings nur als Hinweis aufgefaßt werden und müßte auf seine Durchschlagskraft näher untersucht werden. Eine solche Untersuchung, bei der also geprüft würde, ob der Erregungszustand des provozierten Angreifers oder sonstige, bisher nicht genannte Gründe möglicherweise eine Einschränkung des Notwehrrechts rechtfertigen, kann jedoch ebenfalls erst nach Klarstellung der materiellen Voraussetzungen der Rechtfertigungsgründe und der materiellen Strafbarkeitsvoraussetzungen durchgeführt werden.

3. wegen naher menschlicher Beziehungen zwischen Angreifer und Angegriffenem

a) Das OLG Celle in Hann. Rechtspflege 47, 15 begründet in einem Notwehrfall, in dem sich Vater und Sohn als Angreifer und Angegriffener gegenüberstanden, eine Ausweichpflicht des Sohnes mit der weitgehenden Behauptung, daß der Sohn „immer" gegenüber dem rechtswidrigen Angriff seines Vaters auszuweichen habe, wenn er dies ohne Verletzung seiner Ehre oder anderer berechtigter Belange tun könne. In MDR 58, 12 mutete der BGH dem Angeklagten zu, auszuweichen oder Boxhiebe hinzunehmen, weil „insbesondere... unter an sich nicht feindlich Gesinnten desselben Lebenskreises" strengere Anforderungen an die Erforderlichkeit der Verteidigung zu stellen seien, wenn die gewählte Abwehrmaßnahme den Tod des Angreifers bedeuten könnte.

Die Stellungnahmen des Schrifttums sind geteilt: *Eb. Schmidt* hat sich scharf gegen die Entscheidung des OLG Celle gewandt[133]. Die

---

[133] Niederschriften II, Anh. 21, 57.

Behauptung, der Sohn habe „immer" dem Vater auszuweichen, könne allenfalls vom Standpunkt der Moral her erwogen werden. *Schmidt* hält es für unverständlich, daß „der dem Trunk ergebene und die Familie tyrannisierende Mann", der sich an der eigenen Frau tätlich vergreife und brutal die Gefühle von Frau und Kind verachte, den Respekt verdiene, den ein Sohn dem Vater schulde. Es sei seltsam, daß das OLG Celle diesen „Vater" gegen Notwehrhandlungen der gequälten Angehörigen schützen könne.

Ablehnend zu der Entscheidung des OLG Celle äußert sich auch *Maurach*, ohne dies jedoch näher zu begründen („zu weitgehend")[134].

„Im Hinblick auf die unbedingt heilig zu haltenden Pietätsverhältnisse" hält *Oetker* eine Einschränkung des Notwehrrechts der Kinder gegenüber den Eltern für notwendig[135]. *LK-Jagusch*[136] vertritt unter Berufung auf die „Volksmoral" und die Sozialethik die gleiche Auffassung. Mit der Begründung, bei Beleidigungen sei im allgemeinen der öffentliche Friede nicht gestört, spricht *H. Mayer* (S. 204) dem Ehemann das Recht ab, „seine zänkische Ehefrau zu erschlagen, weil er anders ihren Redefluß nicht hemmen kann". *Henkel*[137] tritt für eine Beschränkung des Notwehrrechts unter dem Gesichtspunkt der Zumutbarkeit in solchen Verhältnissen ein, die von den Beteiligten eine besondere Rücksichtnahme fordern (Verwandtschafts- und Vorgesetztenverhältnisse). Als Grund führt er auch hier an, daß die sozialen Verpflichtungen der Rechtsgenossen untereinander von den sozialrechtlichen Anschauungen heute stärker empfunden würden. *Roxin* (S. 581) hält die erwähnten Entscheidungen des OLG Celle und des BGH für gerechtfertigt, weil bei Auseinandersetzungen zwischen einander nahestehenden Personen der Streit von vornherein „privaten" Charakter habe, auf den internen Lebensbereich beschränkt sei und die Öffentlichkeit nicht so berühre, daß ein Beharren auf dem Rechtsbehauptungsprinzip unbedingt geboten sein müßte.

b) *Stellungnahme:* Auch hier läßt sich zwischen solchen Auffassungen unterscheiden, die sich mit bloßen unbewiesenen Behauptungen als Begründung begnügen und solchen, die mit einander widersprechenden sachlichen Gründen eine Einschränkung des Notwehrrechts bejahen oder ablehnen. Zu der ersten Gruppe müssen die Ansichten des OLG Celle, des BGH, von *Maurach, Oetker* und *LK-Jagusch* gerechnet werden. Dem Hinweis von *Roxin* auf den „privaten" Charakter der hier in Frage stehenden Notwehrsituation kann auch hier mit Rücksicht auf Art. 1 ff. GG nicht gefolgt werden (s. C II

[134] AT § 26 II B 2c.
[135] VDA II, S. 283.
[136] § 53 Anm. 3 a ee.
[137] Zumutbarkeit etc., S. 273.

2 b). Der Ansicht von *H. Mayer*, bei Beleidigungen werde der öffentliche Frieden nicht gestört und sei deshalb das Notwehrrecht einzuschränken, ist entgegenzuhalten, daß die Ehre unabdingbarer Bestandteil der Menschenwürde ist und damit den gleichen Schutz beanspruchen darf wie diese. Welche Bedeutung die Rechtsordnung der Ehre beimißt, kommt darin zum Ausdruck, daß sie die Ehre unter strafrechtlichen Schutz gestellt hat. Es ist somit kein Grund ersichtlich, warum ideelle Rechtsgüter einen geringeren Schutz erfahren sollten als Sachwerte. In dem von *Mayer* erwähnten Beispiel läßt sich eine Einschränkung des Notwehrrechts allenfalls möglicherweise mit den nahen menschlichen Beziehungen rechtfertigen, die zwischen Ehegatten bestehen.

Die Auffassungen von *Henkel* und *Eb. Schmidt* stehen einander konträr gegenüber: Während *Henkel* eine *Rechts*pflicht zu besonderer Rücksichtsnahme in Verwandtschafts- und Vorgesetztenverhältnissen als gegeben ansieht und dies mit dem allerdings nicht näher begründeten Hinweis auf die sozialen Verpflichtungen der Rechtsgenossen rechtfertigt, will *Schmidt* eine solche Rücksichtspflicht allenfalls dem Bereich der *Moral* zurechnen.

Diese Meinungsverschiedenheiten zeigen, daß sich auch hier eine endgültige Stellungnahme zu den bisherigen Auffassungen und dem hier angeschnittenen Problem erst durchführen läßt, wenn die unter C I 1 b offengelegten Grundfragen beantwortet worden sind.

III. Ergebnis

Die bisherige Diskussion über die künftigen Grenzen des strafrechtlichen Notwehrrechts hat deutlich werden lassen, daß sich eine Grenzziehung in befriedigender Weise nur durchführen läßt, wenn zuvor eine Besinnung auf die materiellen Grundlagen strafbaren Unrechts und der Rechtfertigungsgründe stattgefunden hat. In der Mehrzahl der zur Erörterung stehenden Abgrenzungsfragen zeigte die Diskussion auf der einen Seite eine überwiegende Auffassung, die sich für eine Einschränkung des bisherigen Notwehrrechts einsetzt und die als Begründung hierfür häufig nichts weiteres als den Hinweis auf so vieldeutige und deshalb unergiebige Formeln oder Behauptungen wie „Forderung des Rechtsgefühls, ... des Anstandsgefühls aller billig und gerecht Denkenden, ... des gesunden Volksgefühls, ... der Volksmoral, ... der guten Sitten“ oder „von Rechts wegen“, „Rechtsmißbrauch“ usw. zu nennen weiß; und auf der anderen Seite eine Gegenmeinung, die eindringlich vor einer „sozialethischen Aufweichung“ des Notwehrrechts mit Argumenten warnt, denen man — wenn auch im Widerspruch zu einem unreflektierten Rechtsgefühl — zumindest zunächst eine gewisse sachliche Berechtigung nicht absprechen kann. Aber auch bei den Fragen, bei denen sich beide Seiten sachlicher Argumente bedienen, vermag keiner der

Diskussionsbeiträge eine hinreichende und befriedigende Rechtfertigung für das von ihm geforderte Ergebnis zu bieten: entweder betreffen die einander widersprechenden Argumente jeweils nur einen von mehreren zu beachtenden Aspekten des streitigen Problems oder es werden durch sie in allzu lakonischer Weise Fragen berührt, die auf den größeren Zusammenhang zwischen dem Notwehrrecht und den materiellen Voraussetzungen strafbaren Unrechts hinweisen, die aber einer ausführlicheren und in stärkerem Maße sachbezogenen Erörterung bedürfen, als sie ein bloßer Hinweis auf diesen Zusammenhang darstellt.

Die Frage nach den Grenzen des Notwehrrechts gehört zu jenen Fragen, die leicht dazu verführen, Grundsätze, die ihrer Natur nach nur in der Sozialethik Geltung beanspruchen können, zu *Rechts*grundsätzen zu erheben, deren allgemeine Beachtung man dann u. U. sogar mit Hilfe von strafrechtlichen Sanktionen sicherzustellen versucht[138]. Um dieser Gefahr einer unzulässigen Verquickung von sozialethischen und rechtlichen Fragen von vornherein entgegenzutreten, ist es notwendig, den *strafrechtlichen* Charakter der zu behandelnden Fragen besonders zu betonen. Dies wird entsprechend den obigen Ausführungen (C I 1 b) in dieser Arbeit in der Weise geschehen, daß jede der zu erörternden Grenzfragen jeweils unter dem Aspekt von zwei Fragen untersucht wird: 1. Ist das Notwehrverhalten, um das es geht, rechtswidrig, weil es die materiellen Voraussetzungen der Rechtfertigungsgründe nicht erfüllt? 2. Ist das rechtswidrige Verhalten strafwürdig?

Bevor die Untersuchung in dieser Weise fortgesetzt werden kann, muß feststehen, an welche materiellen Voraussetzungen die Rechtfertigungsgründe und das strafbare Unrecht geknüpft sind. Dies ist im folgenden zu erörtern.

---

[138] Kritisch zu derartigen Tendenzen: *Lange*, Der Strafanspruch . . ., S. 94 ff.; Die Strafrechtsreform . . ., S. 955 ff.

ZWEITER TEIL

Die Begriffe des Unrechts und des Rechts in der bisherigen Diskussion

A. Die materiellen Voraussetzungen der Rechtfertigungsgründe

a) Die Funktion der Rechtfertigungsgründe besteht darin, einem Verhalten, das an sich den Tatbestand einer Strafgesetznorm erfüllt, die durch die Tatbestandsmäßigkeit indizierte Rechtswidrigkeit zu nehmen. Rechtfertigungsgründe finden sich nicht nur im StGB (z. B. §§ 53, 226 a), sondern auch in anderen Gesetzen (u. a. § 904 BGB), oder sie sind übergesetzlicher Natur (übergesetzlicher Notstand).

Über den rechtlichen Grund der Rechtfertigungsgründe gehen die Meinungen auseinander[1].

Die auf *Hegel* und *Merkel* zurückgehende *Güterabwägungstheorie* führt das Wesen der Rechtfertigungsgründe darauf zurück, daß die durch die zu rechtfertigende Handlung geschützten Rechtsgüter die durch sie verletzten überwiegen. Über das Bestehen eines Rechtfertigungsgrundes entscheidet also nach dieser Theorie eine Abwägung der betroffenen Rechtsgüter.

Gegen die Güterabwägungstheorie ist eingewendet worden, daß sie leicht dazu verführe, sich mit einer abstrakten Abwägung der einander gegenübergestellten Rechtswerte zu begnügen. Um auch den Umständen Rechnung tragen zu können, die zwar außerhalb der durch die Abwägungstheorie in Beziehung gesetzten Rechtsgüter liegen, die aber für die jeweilige Entscheidung ebenfalls von Bedeutung sind, will die von *zu Dohna* und *Eb. Schmidt* begründete *Zwecktheorie* den Rechtfertigungsgründen ein allgemeineres Prinzip zugrunde legen[2].

Als ein sinnvolles Gefüge von Normen, das am Zweckgedanken der Kulturförderung orientiert sei, versuche das Recht, „den dem Kulturfortschritt dienenden, das Gemeinschaftsleben fördernden und erhaltenden Zwecken zum Siege zu verhelfen. Sein Sinn sei es, daß ‚richtige Zwecke' mit angemessenen" Mitteln erstrebt würden. Nach

---

[1] Über den neuesten Meinungsstand gibt *Lenckner*: Der rechtfertigende Notstand, einen guten Überblick: S. 47 ff.

[2] *Eb. Schmidt*, Das Reichsgericht etc., S. 370 ff.

diesem Prinzip seien auch die Voraussetzungen der Rechtfertigungsgründe zu ermitteln.

Heute sind die Gegensätze zwischen Güterabwägungstheorie und Zwecktheorie weitgehend überbrückt. Teils wird versucht, beide Theorien miteinander zu kombinieren[3]. Teils wird die Güterabwägungstheorie dahingehend interpretiert[4], daß bei der Abwägung alle Interessen zu berücksichtigen seien, die in irgendeiner Form für die Rechtfertigung von Bedeutung sein könnten. Und von *Noll*[5] wird die Güterabwägungstheorie als „Wertabwägungstheorie" gedeutet, bei der nicht nur der „Erfolgsunwert", sondern auch der „Handlungsunwert" zu berücksichtigen seien. Das Wesen der Rechtfertigungsgründe erblickt *Noll* darin, daß der Unrechtscharakter „durch gewichtigere Rechtfertigungselemente aufgehoben" werde: den verletzten Werten stünden „gewichtigere geschützte oder geschaffene Werte" gegenüber.

b) Güterabwägungs- und Zwecktheorie geben zwar wertvolle Hinweise dafür, wie an die Wertungsaufgabe heranzugehen ist, die bei der Feststellung von materiellen Rechtfertigungsgründen erfüllt werden muß. Sinn und Zweck dieser beiden Theorien erschöpfen sich jedoch im wesentlichen darin, *formale* Aspekte dieses Wertungsvorgangs zu umreißen. Ihnen läßt sich nicht entnehmen, welcher *materielle Maßstab* der der Ermittlung eines Rechtfertigungsgrundes vorausgehenden Wertung zugrundezulegen ist. So sagt die Güterabwägungstheorie nichts darüber aus, wonach zu bemessen ist, ob und inwieweit die Interessen, Rechtsgüter und Rechtswerte, die durch die u. U. zu rechtfertigende Handlung geschützt werden, „wertvoller", „gewichtiger" sind als diejenigen, die durch die betreffende Handlung verletzt wurden. Und die Zwecktheorie schweigt sich ebenfalls über den Maßstab aus, an dem „abgelesen" werden kann, daß die zu rechtfertigende Handlung ein „angemessenes Mittel zu einem berechtigten Zweck" ist. Zwar hat *Eb. Schmidt* in diesem Zusammenhang erklärt, daß die Zwecktheorie am Zweckgedanken der Kulturförderung zu orientieren sei. Damit wird die offene Frage jedoch nur verschoben. Denn es fragt sich nunmehr, was in Fällen, die so umstritten sind wie die Grenzen des Notwehrrechts, der Kultur und dem Gemeinschaftsleben „förderlich" ist. Auch die Beantwortung dieser Fragen setzt einen Maßstab in Gestalt von materiellen Rechtsgrundsätzen voraus, über deren Inhalt auch der Hinweis von *Schmidt* und damit die Zwecktheorie keine Auskunft gibt.

Die Frage nach den materiellen Voraussetzungen der Rechtfertigungsgründe muß im größeren Zusammenhang des Strafrechts und des Rechts gesehen werden. Es ist deshalb zu untersuchen, ob sich

---

[3] So z. B. *Lange* Niederschriften, Bd. 12, S. 173.
[4] So *Lenckner,* a. a. O., S. 133 ff.
[5] Tatbestand etc., S. 9 ff.

vielleicht unter dem Aspekt der materiellen Voraussetzungen strafbaren Unrechts eine Antwort auf sie finden läßt.

B. Die materiellen Voraussetzungen strafbaren Unrechts

Das Strafrecht dient wie das Recht der Ordnung der Gesellschaft. In der Tatsache, daß der Staat sich im Strafrecht seiner härtesten Mittel bedient, kommt zum Ausdruck, daß es hier um den Schutz der elementarsten und wichtigsten Rechtsgüter und Werte der Gesellschaft geht. Obwohl die Formulierungen in dieser Beziehung mitunter verschieden sind, kann man sagen, daß diese Auffassung vom „fragmentarischen Charakter" des Strafrechts in Rechtsprechung und Lehre allgemein anerkannt wird[6].

Die Meinungen gehen erst auseinander, wenn es um die Frage geht, die oben als bisher unbeantwortete Kernfrage der Rechtfertigungsgründe herausgestellt wurde: Wonach bemißt sich der „Wert" und die Bedeutung der rechtlichen Interessen und Güter und welche Maßstäbe und Gesichtspunkte entscheiden darüber, welche Rechtsgüter unter strafrechtlichen Schutz gestellt werden?

Eine an Anhängern recht zahlreiche Meinungsrichtung nimmt an, daß Gesetzgeber und Richter an die in der Allgemeinheit herrschenden Wertungen gebunden seien. So erblickt *M. E. Mayer*[7] in den Strafrechtsnormen staatlich anerkannte Kulturnormen, deren Inhalt durch die jeweiligen positiven Interessen der Gemeinschaft bestimmt wird. *Liszt-Schmidt*[8] erklären die religiösen, sittlichen oder ästhetischen Anschauungen des Staatsvolkes für maßgeblich. Und *Maurach* will die Wertfrage der Entscheidung der Allgemeinüberzeugung und im Falle des Fehlens ethischer Wertungsgleichheit der der „maßgebenden Schichten" überlassen[9].

Gegen diese Auffassungen sind mit Recht Bedenken erhoben worden. Herrschende Auffassungen lassen sich angesichts des heutzutage herrschenden „Wertpluralismus" in zahlreichen Fragen überhaupt nicht feststellen. Gerade über schwierige Fragen der Ethik und des Rechts, wie z. B. Schwangerschaftsunterbrechung, Sterilisation, Geschlechtsverkehr zwischen Verlobten und nicht zuletzt das Notwehrrecht, werden (oder wurden) erbitterte Auseinandersetzungen geführt, in denen auch nach längerer Dauer keine Einigkeit erzielt wird (oder wurde). Die „anerkannten Wertvorstellungen" sind „mehr denn je nur ein fiktives Leitbild" (*Lenckner*, a. a. O., S. 173). Die gleichen Bedenken bestehen gegen den Ausweg *Maurachs*, notfalls auf die „tonangebenden Schichten" als maßgebenden Wer-

---

[6] Vgl. z. B. *Maurach*, AT S. 20 ff.; *H. Mayer*, S 55. ff.; *Kohlrausch-Lange*, Vorbem. III; *Baumann*, AT S. 6 ff.

[7] a. a. O., S. 37 ff.

[8] a. a. O., S. 4 ff.

[9] AT § 19 II; ähnl. BVG 6, 434 (Strafbarkeit der Homosexualität).

tungsfaktor abzustellen. Die Unbeantwortbarkeit der Fragen: Welche Schichten sind tonangebend? Mit welchem Recht soll diesen die Befugnis zugestanden werden, über den Inhalt der für alle geltenden Rechtsnormen zu entscheiden?, ist ein weiteres gewichtiges Argument, das der Auffassung von *Maurach* entgegensteht.

Auch die Lösung, die *Heinitz* und *Lenckner* vorgeschlagen haben[10], vermag nicht zu befriedigen: In dem der Gesetzgebersituation gleichzustellenden Fall, daß ein Richter eine Wertungsfrage zu entscheiden habe, solle dieser nach eigenem Wissen und Gewissen entscheiden, wobei sich allerdings nicht vermeiden lasse, daß immer ein „Schuß irrationaler Erwägung" hinzukomme (*Lenckner,* S. 185). Eine Verwirklichung dieser Auffassung würde nicht nur die Gefahr in sich bergen, daß dadurch mancher Richter versucht sein könnte, seine persönliche Weltanschauung zum verbindlichen Maßstab des Rechts zu machen. Sie zwingt zudem zur — wie noch zu zeigen sein wird: allzu frühzeitigen und deshalb unberechtigten — Resignation gegenüber der Frage, ob sich die materiellen Voraussetzungen strafbaren Unrechts wissenschaftlich begründen lassen.

Baumann[11] erklärt — ähnlich wie *Jäger*[12] und *Noll*[13] — die soziale Zweckmäßigkeit und Notwendigkeit zum maßgebenden Kriterium dessen, was Recht sein soll. Entsprechend dem Zweck des Strafrechts seien nur solche Strafrechtsnormen haltbar, durch die das Sozialleben besser geordnet werde. Maßstab für die Begründung strafbaren Unrechts sei somit die besondere Gesellschaftsschädlichkeit des betreffenden Verhaltens (*Jäger,* a. a. O., S. 281). Diese Auffassungen stecken zwar den Rahmen des Strafrechts richtig ab: dieses darf nicht irgendwelchen irrationalen Zwecken dienen, wie z. B. der absoluten Vergeltungsidee oder der Durchsetzung von Weltanschauungen bestimmter Bevölkerungskreise: maßgebend ist vielmehr allein, was für die Regelung des Gemeinschaftslebens erforderlich ist. Aber bei der entscheidenden Frage, was im einzelnen Fall „erforderlich" ist, läßt diese Auffassung den Ratsuchenden im Stich. Sie bietet keinen Wegweiser für Fälle, in denen — wie hier — die Meinungen über die Strafwürdigkeit eines bestimmten Verhaltens auseinandergehen.

Im gleichen Maße unbefriedigend ist in diesem Zusammenhang die Auffassung von *Schmidhäuser*[14]. Schmidhäuser erblickt den Grund des Strafrechts in der Sozialethik, da nur durch einen solchen Bezug zur Sozialethik verhindert werden könne, daß das Strafrecht zum bloßen Gewaltrecht werde. Abweichend von der herkömmli-

---

[10] *Heinitz,* Zur Entwicklung . . ., S. 284 ff.; *Lenckner,* Der rechtfertigende Notstand, S. 172 ff.

[11] Lehrbuch, S. 7 ff.

[12] Strafrechtspolitik und Wissenschaft, S. 273 ff.

[13] Die ethische Begründung . . ., S. 20 ff.

[14] Gesinnungsmerkmale . . ., S. 161 ff.

chen Meinung definiert er den Begriff der Sozialethik nicht wie diese als Inbegriff aller für das soziale Zusammenleben geltenden Regeln, sondern als einen Grundstock von sozialethischen Forderungen an den einzelnen, die sich für das Leben der Menschen als so unentbehrlich erwiesen haben, daß sie allgemein einsichtig, anerkannt und erfüllbar sind. Diese Auffassung meint — wenn auch mit anderen Worten und einer anderen Begründung — praktisch dasselbe wie die von *Baumann*, *Noll* und *Jäger* und unterstreicht nochmals besonders eindringlich den „fragmentarischen Charakter" des Strafrechts. Ebenso wie *Baumann* macht *Schmidhäuser* deutlich, in welchem Rahmen sich die erforderliche Wertung abzuspielen habe. Die Frage nach dem Maßstab dieser Wertung bleibt aber auch bei ihm letztlich unbeantwortet. Soweit *Schmidhäuser* die allgemeine Anerkennung als Maßstab ansieht, muß ihm mit dem Einwand begegnet werden, der gegen die Auffassung von *Maurach* u. a. geltend gemacht wurde (s. o.).

Es zeigt sich somit, daß die bisherigen Versuche, das Wesen strafbaren Unrechts zu erklären, auf halbem Wege stehen geblieben sind. Zwar geben sie meist richtig den Rahmen an, innerhalb dessen der Geltungsbereich des Strafrechts liegen soll. Die entscheidende Frage aber, wie dieser Rahmen auszufüllen ist, die Frage, nach welchen Maßstäben sich so schwierige Fragen beantworten lassen wie die, ob z. B. Sterilisation, körperliche Züchtigung, Schlägermensur usw. strafbar sind, lassen diese Erklärungsversuche offen.

Für alle erwähnten Auffassungen gilt, was *Lange* gegen den Begriff „Sozialschädlichkeit" eingewendet hat[15]. Begriffe, wie Gesellschaftsschädlichkeit, soziale Unentbehrlichkeit oder Zweckmäßigkeit, können mit den verschiedensten Inhalten gefüllt werden. Sie bedeuten eine Gefahr, wenn man sich nicht bewußt ist, daß ihre „Ausfüllung" an höheren, dem Recht wesentlichen Maßstäben ausgerichtet werden muß. *Lange* erblickt deshalb mit Recht das entscheidende Kriterium strafbaren Unrechts nicht in dem vieldeutigen Begriff der Sozialschädlichkeit, sondern in der *„Rechtswertwidrigkeit"* des betreffenden Verhaltens.

Damit führt die Frage nach den materiellen Voraussetzungen der Rechtfertigungsgründe und des strafbaren Unrechts zwangsläufig zu den Fragen: Wann ist ein menschliches Verhalten rechtswidrig oder „rechtswertwidrig"? Was ist Recht?

C. Der Begriff des Rechts

Die Frage: Was ist Recht? ist gleichbedeutend mit der Frage nach den materiellen Prinzipien für die Ordnung menschlichen Zusammenlebens. Sie ist seit den Griechen unter dem Begriff des Naturrechts

[15] ZStrW 65, 96.

immer wieder diskutiert und verschieden beantwortet worden[16]. Aus der Vielzahl der dabei zutagegetretenen Auffassungen ragen *zwei Hauptrichtungen* hervor. Die eine — zurückgehend auf Plato und Aristoteles — glaubt das Recht auf eine in der Natur vorhandene Ordnung zurückführen zu können, die der Mensch zu erstreben habe und die er entweder unter Berufung auf ein intuitives Apriori (Plato) oder durch die Ableitung aus der empirisch faßbaren Natur (Aristoteles) erkennen könne[17]. Die andere Gruppe der Begründungen ist nicht so optimistisch; sie nimmt ihren Ausgang von der Unvollkommenheit der menschlichen Natur und faßt das Recht als eine Lebensnotwendigkeit auf (Sophisten, Hobbes)[18]. Innerhalb dieser beiden Grundrichtungen bestanden jeweils starke Meinungsverschiedenheiten darüber, was als naturgemäß und was als unvollkommen und deshalb ergänzungsbedürftig anzusehen war. Es erwies sich geradezu als eine „Gesetzmäßigkeit" des Naturrechts[19], daß man als „naturgemäß" erkannte, was man selbst auf Grund vorangegangener Wertungen in die Natur des Menschen hineingelegt hatte. Die Einseitigkeit der gegebenen Begründungen und der oftmals allzu schnelle Rückgriff auf ein angebliches Naturrecht trugen dazu bei, daß schließlich in Juristenkreisen naturrechtliche („metajuristische") Überlegungen als verpönt galten und in dem Spruch des Gesetzgebers vielfach der einzige Maßstab des Rechts erblickt wurde[20].

Nach den Erfahrungen der Hitlerzeit, die in so unheilvoller Weise demonstriert haben, daß Gesetzesrecht auch Unrecht sein kann, setzte in großem Umfange eine Diskussion über das Wesen des Rechts ein, die inzwischen kaum noch übersehbar und noch nicht abgeschlossen ist. Ungeachtet der hierbei aufgetretenen Meinungsunterschiede lassen sich in einem Überblick über den augenblicklichen Stand der Diskussion drei Grundauffassungen herausschälen, deren wesentliche Unterscheidungsmerkmale sich am besten von der Methode ihrer Begründung her erfassen lassen.

Für die *metaphysische* Rechtsauffassung gehören die obersten Rechtsgrundsätze einer überempirischen, wissenschaftlichen Beweisen nicht zugänglichen „Welt" an, von der die Menschen durch das Gefühl, das Gewissen oder den Glauben eine mehr oder weniger vollkommene Kenntnis erlangen könnten. Die *empirische* Rechtsauffassung lehnt metaphysische Überlegungen ab und versucht, das Recht aus empirisch nachprüfbaren Feststellungen abzuleiten. Eine *dritte* Auffassung glaubt weder auf empirischer noch auf metaphy-

---

[16] Vgl. hierzu: *Welzel,* Naturrecht . . ., S. 9 ff.
[17] Vgl. *Topitsch,* S. 164
[18] *Welzel,* Naturrecht . . ., S. 12 ff.; 114 ff.
[19] *Stratenwerth,* Rechtsphilosophie, S. 290.
[20] *Welzel,* Naturrecht, S. 185.

sischer Grundlage irgendwelche verbindliche Aussagen über materielle Rechtsprinzipien machen zu können: es ist dies die Auffassung des Relativismus und des Wertnihilismus, die heute jedoch an Bedeutung eingebüßt hat.

I. Die metaphysische Rechtsauffassung

Den Anhängern dieser Richtung ist ungeachtet aller Unterschiede in der näheren Durchführung die Vorstellung gemeinsam, daß über die letzten Maßstäbe des Rechts kein auf rationaler Erfahrungserkenntnis aufbauender wissenschaftlicher Beweis geführt werden könne. Glaube, Gewissen oder das Wertgefühl seien die Organe, durch die der Mensch von diesen letzten Ordnungen erfahre. Wie weit diese „Erfahrungen" reichen und welche Schlußfolgerungen aus ihnen zu ziehen sind, ist lebhaft umstritten.

1. *Der Neuthomismus* erblickt im Naturrecht einen Ausdruck des ewigen Gesetzes, des göttlichen Planes, der dem Aufbau der Welt zugrunde liege. Dieser Plan schlage sich bezüglich des menschlichen Verhaltens in den Moralgesetzen nieder, die der menschlichen Natur immanent seien. Er besage u. a., daß der Mensch seine angeborenen Anlagen vervollkommnen, seine „psychophysische Struktur" disziplinieren müsse. So werde z. B. der Ehebruch verurteilt, weil die psychophysische Natur die Einheit der Ehe verlange[21, 22]. Auch von evangelischer Seite aus werden neuerdings Versuche unternommen, das Recht auf eine gottgewollte Ordnung zu gründen[23]. Erwähnenswert ist hier insbesondere der Versuch von *Weinkauff*, dem ersten Präsidenten des BGH[24]. Nach der Auffassung von *Weinkauff* beruht das Recht auf einer „vorgegebenen" Ordnung der Werte, die auf göttliche Setzung zurückzuführen sei. Diese Ordnung, die den Menschen nur in Umrissen erkennbar sei, stecke gewissermaßen die äußersten Grenzen ab, die das positive Recht nicht überschreiten dürfe. Ihr Inhalt könne vom Menschen mit „verhältnismäßig großer intuitiver Sicherheit ergriffen" werden. Das Kriterium der Wahrheit naturrechtlicher Sätze sei „das Gefühl innerer Gewißheit, das sie vermitteln". Die Wissenschaft hält *Weinkauff* nicht für befähigt, über die obersten Rechtsgrundsätze zwingende Aussagen zu machen. Als Beispiel, in denen die Rechtsprechung des BGH in dieser Weise naturrechtliche Begründungen gegeben habe, führt *Weinkauff* u. a. Entscheidungen an, die sich mit der Auslegung von Art. 1 und Art. 3 GG, mit dem Begriff der Ehe, der Schuld (BGH S. 2, 194 ff.) und

---

[21] *Bochenski*, S. 251 ff.
[22] Vgl. BGH 11, Anh. 34 ff.; hierzu *Welzel*, Naturrecht . . ., S. 227.
[23] Vgl. *Welzel*, a. a. O., S. 225.
[24] NJW 1960, 1690 ff.

des Eigentums auseinandersetzen (BGH Z Gr. S. 6, 270 ff.). Gegen diese Ansichten sind mit Recht Bedenken erhoben worden[25]. Glaubensaussagen können für das Recht, das *allen* Menschen ungeachtet ihres Glaubens eine irdische Ordnung sein soll, nicht maßgebend sein. Abgesehen hiervon berücksichtigen die vorerwähnten Auffassungen nicht genügend, daß das menschliche Gewissen oder Fühlen irren kann. Die Geschichte bietet eine Vielzahl von Beispielen, in denen insbesondere auch kirchliche Instanzen Zwangsmaßnahmen auf ein angebliches Naturrecht stützten, das sich aus unserer heutigen Sicht als das größte Unrecht darstellt (Hexenverbrennung, Ketzerhinrichtungen usw.).

2. *Materiale Wertethik:* Nach dieser von *Scheler* und Nicolai *Hartmann* begründeten Lehre ist Richtmaß des sozialen Handelns eine objektive Ordnung der Werte, die als „materielle Qualitäten"[26], als „an sich seiende Wesenheiten" *(Hartmann)* unabhängig von der Form, in die sie eingehen, ein selbständiges Dasein führen: Der Mensch vermag im Laufe konkreter Werterfahrungen die Werte nicht nur in ihrem Inhalt, sondern auch in ihrer Rangordnung zu erkennen. Die „Werterkenntnis" vollzieht sich „im Fühlen, Vorziehen, Lieben und Hassen"[27]. Der Verstand vermag hier nichts; dieser verhält sich zu den Werten wie „Ohr und Hören zur Farbe"[28]. Die „Tafeln der Werte", die beide Philosophen aufstellen, fallen verschieden aus. Für *Scheler* bildet der Wert des Heiligen, für Hartmann die „Fernstenliebe" den höchsten Wert in der Wertordnung.

In der Rechtswissenschaft ist es vor allem *H. Hubmann*[29], der versucht hat, die Lehren der materialen Wertethik — wenn auch in etwas modifizierter Form — auf das Recht zu übertragen. Nach ihm ist Naturrecht ein Bestand von ideellen Werten, an denen die Interessenentscheidungen des Rechts zu messen sind. „Erfahrungsorgan" für die Werte ist nicht der menschliche Verstand, sondern das Rechtsgefühl, das selbst in komplizierten Lagen „fast selbsttätig die überwiegende Wertkonstellation herausfindet", und zwar mit einer „Gewißheit von viel ursprünglicherer Art, als es die Vernunft vermöchte"[30]. Dem Einwand, der vielfach gegen die materiale Wertethik erhoben wird, die von ihr gefundenen Werte seien zu abstrakt und lebensfremd, begegnet *Hubmann* durch die Forderung, daß die Wertprinzipien an der Wirklichkeit orientiert werden müßten[31].

---

[25] *A. Arndt,* S. 125 ff.; *Welzel,* Naturrecht ..., S. 223 ff.
[26] *Scheler,* S. 39.
[27] *Scheler,* S. 88.
[28] *Scheler,* S. 269.
[29] NoR S. 339 ff.
[30] a. a. O., S. 368.
[31] a. a. O., S. 356.

Die materiale Wertethik hat aus mehreren Gründen in der Rechtswissenschaft nur wenig Zustimmung gefunden[32]. Die Ansicht, die Wertentscheidungen des praktischen Lebens ließen sich an Hand einer feststehenden Rangordnung der Werte fällen, verkennt die Kompliziertheit der Interessenverkettungen im wirklichen Leben. Oftmals hat das Recht es mit Wertkonflikten zu tun, die wegen der Gleichheit der Werte durch eine bloße Abwägung derselben nicht gelöst werden können[33]. Auch in anderer Hinsicht geht die materiale Wertethik — auch in der von *Hubmann* befürworteten Form — an der Wirklichkeit vorbei. Durch ihre These von einer vorgegebenen Ordnung erweckt sie den Anschein, als sei es nicht der Mensch, sondern eine „außermenschliche Instanz", die über die nicht selten tragischen Konflikte zu entscheiden habe[34]. Diese These ist nicht nur nicht beweisbar, sondern im Hinblick auf den Grundsatz der Rechtssicherheit und -klarheit mit Gefahren verbunden: Sie lenkt den Blick von der konkreten Wirklichkeit ab und lastet dem Gefühl Aufgaben an, die dieses niemals allein zu erfüllen vermag. Wie noch zu zeigen sein wird, kommt dem Gefühl zwar auch eine Erkenntnisfunktion zu, dies aber nur stets unter der Kontrolle der anderen Erkenntnisfähigkeiten und in ständiger Überprüfung an der Wirklichkeit (vergl. 3. Teil).

Daß das Rechtsgefühl eine unsichere Erkenntnisgrundlage ist, daß es Werttäuschungen nicht verhindern kann, wird auch von *Hubmann* am Schluß seiner Untersuchungen zugegeben. Er meint jedoch, daß sich die einzelnen möglichen Irrtümer im consensus omnium wieder ausgleichen würden; die Urteile, in denen eine möglichst große Anzahl der Menschen übereinstimmt, könnten „als die Offenbarung der echten Werte" angesehen werden. Auch diese Auffassung beruht auf einem unbewiesenen Postulat. Zahllose Verirrungen in der Geschichte zeigen, daß die Zustimmung der Volksmehrheit keineswegs als Garant für die Rechtmäßigkeit einer Entscheidung angesehen werden kann. Weitere Bedenken gegen einen Rückgriff auf die herrschende Meinung sind bereits oben geäußert worden (s. 2. Teil, B).

3. Wesentlich *skeptischer* hinsichtlich der Möglichkeit, Aussagen über ein überzeitliches Naturrecht zu machen, zeigt sich eine dritte Gruppe von „Rechtsmetaphysikern", die mit den Namen von *Welzel*, *Wieacker*, *Bockelmann*, *Zippelius*, *Spranger*, *Fechner* und Arthur *Kaufmann* verbunden ist. Diese glauben zwar auch an das Bestehen einer vorgegebenen Ordnung der Werte; nach ihrer Ansicht ist der Mensch jedoch nicht imstande, mehr als nur konkrete, auf die je-

---

[32] Ablehnend: *Wieacker*, Privatrechtsgeschichte, S. 353, JZ 61, 337 ff.; *Welzel*, Naturrecht, S. 220 ff.; *Würtenberger*, NoR S. 430 ff.; *H. U. Evers*, JZ 61, S. 241 ff.; *Weischedel*, S. 21 ff.

[33] Vgl. *Zippelius*, S. 125 ff.

[34] *Maihofer*, Naturrecht als Existenzrecht, S. 17.

weilige Situation bezogene, „geschichtlich wandelbare" Angaben über den Inhalt dieser Wertordnung zu machen.

Welzel[35] zieht aus der langen, immer wieder zu Fehlschlägen führenden Geschichte des Naturrechts die Konsequenz, daß es unmöglich sei, Allgemeingültiges über die obersten Maßstäbe des Rechts zu sagen. Auf Grund der unerfreulichen geschichtlichen Erfahrungen lehnt er es ab, Sollensinhalte aus der „Natur" des Menschen abzuleiten. Jede Berufung auf das „Naturgemäße" oder „Naturwidrige" sei in Wirklichkeit nur ein ideologisches Kampfmittel ohne sachlichen Inhalt. Das einzige, was die Geschichte in diesem Zusammenhang an Überzeitlichem gezeigt habe, sei das Erlebnis eines transzendenten Verpflichtetseins der Menschen gegenüber etwas, was mehr sei, als nur das, was auf bloßer Gewohnheit beruhe oder durch Gewalt erzwungen werde. In diesem transzendenten Sollenserlebnis werde dem Menschen durch Vermittlung des Gewissensrufs eine Verantwortung erkennbar, die er vor einer von außen an ihn herantretenden „Instanz" trage. Diese transzendenten Sollenserlebnisse fänden ihren Ausdruck in „ursprünglichen Sinnentwürfen", in denen der Mensch den Sinn seines Daseins zu deuten versuche und in verpflichtenden Handlungen auseinanderlege. Diese Sinnentwürfe bildeten bei jedem Menschen die Grundlage seiner späteren Wertentscheidung und damit auch des Rechts. *Welzel* verkennt nicht die Schwierigkeiten, die sich aus seiner Auffassung ergeben: Die von ihm erwähnten Sollensentwürfe können mehr oder weniger mißglücken. Nie könne man absolut sagen, ob der jeweilige „Gewissensruf" richtig sei. „Denn keiner von uns Menschen hat im Rate der Götter gesessen, wo über die Tafeln des Rechten und Gerechten beschlossen wurde"[36].

Die Folgerungen, die *Welzel* hieraus für die Gesetzgebung zieht, sind für diese nicht gerade hilfebringend und müßten für die Rechtswissenschaft eigentlich Anlaß zur Selbstaufgabe sein: Der Gesetzgeber, der vor der Aufgabe stehe, einen umstrittenen ethischen Normeninhalt zu kodifizieren, solle der geistigen Auseinandersetzung hierüber freien Lauf lassen und sich dann autoritativ für eine der diskutierten Möglichkeiten entscheiden. Welche Wahl er hierbei treffe, sei lediglich Sache des Gewissens der parlamentarischen Mehrheit. Wissenschaftlich nachweisbare Maßstäbe ständen ihm nicht zur Verfügung. Von relativistischen Anschauungen unterscheidet sich *Welzels* Ansicht nur dadurch, daß er dem Gesetzgeber in negativer Hinsicht gewisse Grenzen setzt: 1. Echtheit der Gewissensentscheidung; 2. Bindung an die „sachlogische Struktur" des Rechts, die sich aus dem logischen Satz vom Widerspruch ergebe;

---

[35] Zum folgenden: Naturrecht, S. 236 ff.; Gesetz und Gewissen, S. 283 ff.; NoR S. 329 ff.

[36] Gesetz und Gewissen, S. 396; Naturrecht, S. 242.

3. Bindung des Rechts an drei Seinsaspekte, deren transzendenter Hintergrund stets zu beachten sei: physische Bedürftigkeit, Geschlechtsdifferenzierung und soziales Aufeinanderangewiesensein der Menschen.

Diese Grenzen sind zu unbestimmt, um den Gesetzgeber daran zu hindern, Unrecht zu setzen. Nach den eigenen Worten von *Welzel* bietet die Echtheit einer Gewissensentscheidung keine Garantie für ihre Richtigkeit. Das gleiche gilt für Regelungen, die frei von logischen Widersprüchen sind. Schon Kant hat in seiner Unterscheidung zwischen analytischen und synthetischen Urteilen gezeigt, daß logische Schlußfolgerungen allein keine materielle Aussagekraft besitzen (vgl. hierzu den 3. Teil)[37]. Die drei „Seinsaspekte", die *Welzel* bei der Rechtsfindung berücksichtigt wissen will, bieten nur eine begrenzte Auswahl aus der großen Zahl rechtlich relevanter „Seinsaspekte", und schließlich ergibt sich aus den Darlegungen *Welzels* nicht, wo die Grenze zwischen empirischer und transzendenter Begründung des Rechts liegen soll.

Fragt man nach den Gründen, weshalb *Welzel* zu diesen negativen Schlußfolgerungen hinsichtlich der Möglichkeit einer wissenschaftlichen Begründung des Rechts gelangt ist, so stößt man auf seine skeptische Haltung gegenüber den empirischen Wissenschaften. Angesichts der vielen Fehlschläge sogenannter empirischer Naturrechtserklärungen in der Vergangenheit hält er es für verfehlt, aus der empirischen Natur des Menschen irgendwelche Folgerungen für das Recht zu ziehen[38].

Würtenberger[39] weist zu Recht darauf hin, daß diese „historische" Schlußfolgerung nicht zwingend sei. Die bisherigen an der Natur des Menschen orientierten Rechtserklärungen hätten vor allem deshalb ihr Ziel verfehlt, weil sie immer nur eine besondere Seite der menschlichen Natur verabsolutiert und zum objektiven Vorzugswert erhoben hätten. Damit sei aber keineswegs erwiesen, daß auch einer „ganzheitlichen" Betrachtung des Menschen, wie sie vor allem in den letzten Jahrzehnten betrieben worden ist, für die Grundlegung des Rechts jede Bedeutung abgesprochen werden müsse.

Entfällt damit dieses „historische" Argument als negative Voraussetzung für die transzendente Rechtserklärung *Welzels*, so bleibt als einzige Begründung hierfür seine Behauptung, die obersten Rechtsgrundsätze seien einem wissenschaftlichen und rationalen Beweis nicht zugänglich, sondern könnten allenfalls mit der Gefahr des Irrtums im „Gewissensruf" erfahren werden, da wir keinen Zugang zu dem transzendenten Inhalt der Gerechtigkeit hätten. Diese Behauptung beruht in mehrfacher Hinsicht auf unbewiesenen oder nicht nä-

---

[37] Kritisch zu diesem Argument von *Welzel: G. Bohne*, S. 5.
[38] Naturrecht ..., S. 240.
[39] NoR S. 440 ff.

her begründeten Prämissen. Unbeweisbar ist die These von dem transzendenten Ursprung der Gerechtigkeit. Für die Behauptung, es gebe keine allgemeinen Rechtsgrundsätze, die wissenschaftlich beweisbar seien, suchen wir bei *Welzel* ebenfalls vergeblich nach einer Begründung. Insbesondere unterläßt es *Welzel,* zu erklären, was er unter einer „wissenschaftlichen", „empirischen " oder „rationalen" Beweisführung versteht. Eine entsprechende Aufklärung wäre jedoch unbedingt erforderlich gewesen, ehe man zu solch folgenschweren negativen Behauptungen gelangt, wie zu jenen, mit denen *Welzel* das Recht charakterisiert.

Auch für *Wieacker*[40] gehört das Recht einem transzendenten, „absoluten" Bereich an, der wissenschaftlichen Methoden unzugänglich ist. Die Begegnung mit diesem transzendenten Recht erfolgt im Gewissen. Dieses vermag dem Menschen jedoch keine allgemeingültige Norm zu vermitteln, sondern lediglich „einen einzigartigen und spontanen Befehl an die je einzigartige Person aus Bereichen, die unseren methodischen Erfahrungen zugänglich sind". Die Herkunft dieser „Befehle" sei unerforschlich, ihre Existenz jedoch gewiß. Befehle des Rechtsgewissens konkretisierten sich, wenn wir dieses auf die dem Rechtsgewissen vorgegebene Lage bezögen. Die Beziehung *Wieackers* zur Wirklichkeit ist die gleiche wie die *Welzels:* Diese setze dem Recht in erster Linie lediglich negative Grenzen, und zwar dadurch, daß das Recht die sich aus dem Satz vom Widerspruch ergebenden „sachlogischen Strukturen" zu beachten habe. So will *Wieacker* z. B. wie *Welzel* die Erscheinung der sittlich verantwortlichen Personalität nicht aus psychologisch-empirischen Tatsachen, sondern aus ihrer logischen Notwendigkeit ableiten: Der Mensch könne nur in sittlicher Freiheit den transzendenten „Gewissensrufen" folgen. Hieraus folge nach dem logischen Satz vom Widerspruch, daß er vom Recht als sittlich verantwortliche Person anerkannt werden müsse. Die Folgerung, die sich hieraus für die Rechtsfindung ergibt, gleich derjenigen *Welzels: Wieacker* weiß dem Gesetzgeber keine wissenschaftlich gesicherten materiellen Grundsätze an die Hand zu geben, nach denen dieser seine Entscheidungen auszurichten hätte. Er vermag die Gesetze nur mit ihrer allgemeinen Anerkennung zu legitimieren. Fehle ihm diese, so käme ihnen auch keine Rechtsqualität zu. Ihre einzige Begründung sei dann ihre Positivität. Sei dies aber der Fall, so könnten sie auch ohne weiteres wieder abgeändert werden. Als Beispiele in diesem Sinne nennt *Wieacker* das Prinzip der Sozialstaatlichkeit und die Gleichberechtigung von Mann und Frau.

Von dieser Grundanschauung her ist es jedoch unverständlich, daß *Wieacker* den Gesetzgeber an das Grundgesetz binden will. Denn nach *Wieackers* Ansicht müßte doch selbst eine Grundgesetzände-

---

[40] JZ 64, 634 ff.; Privatrechtsgeschichte, S. 354 ff.; JZ 61, 339 ff.

rung zulässig sein, wenn diese allgemeine Anerkennung findet. Diese Beschränkung, die *Wieacker* dem Gesetzgeber auferlegen will, bei ihm aber ohne Begründung dasteht, zeigt, daß *Wieacker* — wenn auch unbewußt — in Wirklichkeit von dem Bestehen allgemeingültiger Rechtsgrundsätze ausgeht.

Gegen *Wieackers* Grundanschauung sind die gleichen Einwendungen zu erheben wie gegen *Welzel:* Er liefert sich zu schnell dem Bereich des Transzendenten aus. Auch bei ihm fehlt es an einer wissenschaftlichen Begründung dafür, daß über materielle Rechtsgrundsätze kein wissenschaftlicher Beweis geführt werden könne. Der eigentliche Grund für dieses unbefriedigende Ergebnis dürfte auch hier darin zu suchen sein, daß die Begriffe „wissenschaftlich", „empirisch", „methodisch" im Dunkeln bleiben.

Gleiches gilt für die Rechtsbegründung von *Zippelius*[41]: Aus der Tatsache, daß die „Wertetafeln" der materialen Wertethik unbeweisbar seien, zieht er die Folgerung, daß die Erfahrungen der Menschen von vorgegebenen und unveränderlichen Werten höchst unvollkommen seien und daß uns in Grenzfällen nichts anderes übrig bleibe, als Wertkonflikte mit rational nicht nachvollziehbaren Willensentscheidungen zu lösen. Aus diesem Grunde erklärt er die herrschenden Wertvorstellungen zum Richtmaß rechtlicher Wertentscheidung. Wo eine allgemein herrschende Auffassung nicht feststellbar sei, müsse das persönliche Gewissen des mit der Entscheidung Beauftragten den Ausschlag geben. Gegen diese Auffassung bestehen die gleichen Bedenken, wie sie bereits oben gegen Auffassungen geltend gemacht wurden, die auf das Gefühl oder die herrschende Meinung als Maßstäbe des Rechts abstellen (vgl. oben). Im übrigen unterläßt es auch *Zippelius,* auf die Möglichkeit einer wissenschaftlichen Begründung der Rechtswerte näher einzugehen.

Bockelmann[42] hält es ebenfalls für unmöglich, aus dem an sich nicht zu leugnenden transzendenten Naturrecht irgendwelche Grundsätze abzuleiten. Zum Ausgleich hierfür will er sich an die Erfahrungen halten. Diese lehrten uns, welche Folgen sich aus dieser oder jener Regelung ergeben. Erwiesen diese sich als gefährlich und schädlich, so sei die Regelung unzulässig. Versage die Erfahrung, wie z. B. bei der Schwangerschaftsunterbrechung und anderen Zweifelsfällen, so verbürge der Willensentschluß des Gesetzgebers die Richtigkeit der Entscheidung unter der doppelten Voraussetzung, daß der Entschluß einer echten Gewissensentscheidung entspringe und daß den durch ihn Betroffenen kein Gewissensopfer abverlangt werde. Daß diese Grenzen für die Richtigkeit des gesetzgeberischen Entschlusses in Wirklichkeit keine Gewähr bieten, ergibt sich aus *Bockelmanns* eigenen vorangehenden Äußerungen. *Bockelmann* be-

[41] Wertungsprobleme, S. 124 ff.; 189 ff.
[42] Einführung, S. 114 ff.

tont mehrfach, daß das Rechtsgefühl und das Gewissen irren könne, weshalb die allgemeinen Anschauungen niemals als Rechtsmaßstab angesehen werden könnten. Ist dem aber so, so ist es widerspruchsvoll und inkonsequent, wenn zur Begrenzung des gesetzgeberischen Willens gleichwohl auf die subjektive Rechtsüberzeugung der Gesetzgeber oder der Betroffenen zurückgegriffen wird.

Fechner[43] hält „metaphysisches Fragen" für die Rechtserklärung ebenfalls für unentbehrlich. Er meint, daß die Frage der Freiheitssphäre des Einzelnen, der Arbeitspflicht, Wehrpflicht, Ehe etc. mit Entscheidungen über den Sinn des Daseins zusammenhingen, die immer etwas rational Unauflösliches enthielten. Zum Beweis dafür, daß reiner Empirismus auf dem Gebiete des Rechts zu unzulänglichen Ergebnissen führe, gebraucht *Fechner* das oben als nicht zwingend nachgewiesene „historische" Argument[44]. Nach der Ansicht von *Fechner* beruht das Recht vielfach auf unwägbaren Wertentscheidungen, die sich einer objektiven Begründung und Überprüfung entzögen. Dennoch gebe es immerhin Anzeichen der Objektivität der Werte[45]: die Urbilder, Archetypen Jungs als „im kollektiven Unterbewußtsein wirkende Urerfahrung der Menschen".

Eine ähnliche metaphysische Grundanschauung vertreten *E. Spranger*[46] und Arthur *Kaufmann*[47]. Auch diesen Auffassungen gegenüber muß eingewandt werden, daß sie allzu vorschnell den Bereich wissenschaftlichen Beweises verlassen und das Recht auf eine metaphysische Grundlage stellen. Die Vielfalt der hier möglichen Hypothesen macht es ihnen unmöglich, irgendwelche materiellen Rechtsgrundsätze zu begründen. Bei keinem der genannten Rechtsmetaphysiker findet sich eine Untersuchung über die Möglichkeit wissenschaftlicher Beweisführung. Solange eine solche nicht erbracht worden ist, solange nicht die Grenzen wissenschaftlichen Denkens aufgezeigt worden sind, läßt sich aber nicht sagen, daß das Recht wissenschaftlich nicht begründet werden könne.

Der Einwand, der Frage einer wissenschaftlichen Grundlegung des Rechts zu wenig Beachtung geschenkt zu haben, trifft letztlich auch *H. Henkel*[48], der eine Art Zwischenstellung zwischen der empirischen und der metaphysischen Rechtsauffassung einnimmt. Für *Henkel* ist das Wesen des Menschen nur einer von mehreren Faktoren, die für die Gestaltung des Rechts maßgebend sind. Nach seiner Ansicht wird das Recht durch Real- und Idealfaktoren bestimmt. Unter Realfaktoren versteht er tatsächliche „Vorgegebenheiten" des Rechts, die in

---

[43] S. 278 ff.
[44] S. 278.
[45] S. 160 ff.
[46] NoR S. 86 ff.
[47] Recht und Sittlichkeit, S. 23 ff.
[48] Einführung in die Rechtsphilosophie.

die Lebensverhältnisse eingegangen seien, wie z. B. Sozialstrukturen, sachlogische Strukturen, die Natur des Menschen und die herrschenden Wertordnungen[49]. Als Idealfaktoren bezeichnet *Henkel* die sogenannten „Aufgegebenheiten" des Rechts: die Ideen der Gerechtigkeit, Zweckmäßigkeit und Rechtssicherheit[50]. Oberstes Ziel des Rechts sei das Gemeinwohl[51]. Im Verhältnis zu diesem Leitziel hätten die Realfaktoren die Bedeutung von sogenannten Topoi, d. h. Richtpunkten für die konkrete Entscheidung[52]. Eine Rechtsnorm enthalte „richtiges Recht", wenn die ihr zugrundeliegende Entscheidung unter Berücksichtigung der maßgebenden Topoi auf der Grundlage von Allgemeinwohlerwägungen getroffen worden seien (S. 424).

Das Werk von *Henkel* enthält eine Fülle von wertvollen und zutreffenden Einzeluntersuchungen. Aber die entscheidende Frage, wie die einzelnen Topoi im konkreten Fall miteinander zu verbinden seien, welche Rangordnung unter ihnen herrsche, kurz: was im einzelnen Fall „richtiges Recht" sei, findet auch bei ihm keine befriedigende Antwort. Die Antwort, die *Henkel* gibt, ist zu vage, um als Entscheidungsgrundlage dienen zu können, insbesondere bleibt bei ihm offen, welche Topoi in concreto „maßgebend" sein sollen.

II. Die empirische Rechtsbegründung

Die Befürworter dieser Richtung lehnen Überlegungen über eine etwaige metaphysische Grundlage des Rechts, über eine „absolute", „vorgegebene" Ordnung als unbeweisbare Spekulation ab. Für sie ist allein die Wirklichkeit maßgebend für die Rechtsbegründung: die Natur des Menschen und sein Verhältnis zur Umwelt, soweit sie sich durch empirische Tatsachen nachweisen lassen. Die Grundsätze, die sie an die Stelle einer dem Menschen vorgegebenen Ordnung setzen, werden von dem Empirikern mit unterschiedlicher Ausführlichkeit erörtert.

A. Arndt[53] verurteilt scharf jeden Glauben an eine „vorgegebene" Ordnung. Es sei ein Aberglaube, anzunehmen, nicht der Mensch trage die Verantwortung für das Recht, sondern er wäre seinerseits dem mit Eigengesetzlichkeit ihn verpflichtenden Recht verantwortlich. Gegeben sei nicht das Recht, sondern die Rechtlosigkeit. Das Recht sei eine Kulturerscheinung, eine Aufgabe, die er in ethischer Verantwortung durch eine „geistige Leistung" zu erfüllen habe.

Maihofer[54] erblickt ebenfalls im Menschen Maß und Grund des Rechts. Was im einzelnen Falle Recht sei, lasse sich nicht an Hand

[49] a. a. O., S. 160 ff.
[50] S. 299 ff.
[51] S. 365 ff.
[52] S. 416 ff.
[53] NoR S. 125 ff.; 130.
[54] S. 15 ff.

einer vorgegebenen Ordnung feststellen, sondern müsse der Mensch in der jeweiligen geschichtlichen Situation selbst entscheiden. Hierbei habe er in „sinnverstehender und wertauslegender Analyse“ sich Klarheit über die jeweilige Lebenswirklichkeit zu verschaffen und den Konflikt unter Berücksichtigung der eigenen Wesensbestimmung zu lösen. Die Notwendigkeit zur ständigen eigenen Wesensbestimmung ergebe sich daraus, daß der Mensch immer wieder in unheilvolle Konflikte gerate, was nicht so sehr das Ergebnis einer Unvollkommenheit des Menschen sei, sondern der paradoxen unmenschlichen Struktur seiner Umwelt.

Im Anschluß an die moderne Forschung der philosophischen Anthropologie und Zoologie erblickt *R. Lange*[55] im Recht eine Institution, deren Notwendigkeit sich aus dem empirisch feststellbaren Wesen des Menschen ergebe. Als „weltoffenem“ Wesen sei dem Menschen die Gestaltung seiner persönlichen und sozialen Sphäre schon biologisch zur Aufgabe gemacht. Das Recht sei kein bloßer Begriff, sondern eine „strukturelle Realität des menschlichen Verhaltens“. In ähnlicher Weise räumt auch *Würtenberger*[56] den Forschungen der Anthropologie für die Begründung des Rechts eine überragende Bedeutung ein.

Besonders entschieden wendet sich *G. Bohne*[57] gegen den naturrechtlichen Skeptizismus, der es für unmöglich hält, das Recht rational zu begründen. Den entscheidenden Grund des Rechts erblickt *Bohne* in dem Menschen selbst. Das Recht habe die Aufgabe, die Werte zu schützen, die einem menschlichen Zusammenleben Inhalt und Sicherheit geben. Bei diesen Werten handele es sich aber nicht um irgendwelche abstrakte, vorgegebene Wesenheiten, sondern der Mensch selbst habe sie „in die Dinge hineingelegt, sich zu erhalten“. Da die Menschwürde das oberste Ziel des Rechts sei, gebe ihr Wesen und ihre Eigenheit die Richtung an, in welche sich das Recht entfalten solle. So werde insbesondere auch der Inhalt der Strafrechtsnormen durch das Recht auf Menschenwürde bestimmt.

III. Die relativistische und wertnihilistische Rechtsauffassung

Ähnlich wie die Vertreter der metaphysischen Rechtsauffassung spalten sich die „Empiriker“ in eine Gruppe der „Optimisten“ und in eine solche der „Negativisten“. Während erstere der Frage, ob sich das Recht empirisch begründen lasse, positiv gegenüberstehen (siehe vorstehenden Abschnitt), halten die „Negativisten“ eine wissenschaftliche Begründung des Rechts für unmöglich. Als Vertreter des empirischen Skeptizismus sind vor allem *Radbruch* und *Th. Geiger* zu nennen. Ihre Hauptthesen seien im folgenden kurz skizziert.

---

[55] Wandlungen ..., S. 364 ff.

[56] NoR S. 441 ff.

[57] S. 4 ff., 9 ff.

G. Radbruchs[58] Ausgangspunkt ist der sogenannte Methodendualismus. Wie Kant trennt er scharf zwischen Sein und Sollen. Einen Schluß von dem, was ist, auf das, was sein soll, hält *Radbruch* für unmöglich, da Sollenssätze und Werturteile nicht induktiv auf Seinsfeststellungen, sondern nur deduktiv auf andere Sätze gleicher Art gegründet werden könnten. Zwar sei das Recht als Idee auf Realien hin geordnet. Dieser Zusammenhang wirke sich jedoch nur in der Form aus, daß die Wirklichkeit der „Stoff" sei, der durch die Idee des Rechts geformt werde. Die Idee des Rechts, die Gerechtigkeit, sei nicht weiter ableitbar, sie sei „an sich erstrebenswert, nicht etwa, weil sie Vorbedingung des Wohls der Gesellschaft sei" (S. 124 ff.).

Da Sollenssätze nur durch andere Sollenssätze begründet werden könnten, seien sie in ihren letzten Voraussetzungen unbeweisbar. Die Wissenschaft könne zwar lehren, „was man kann, was man will, aber nicht, was man soll". Sie könne die Werturteile bis in ihre letzte weltanschauliche Voraussetzung hinauf klarlegen und bei der Errichtung eines Systems Hilfe leisten. Damit seien aber die Möglichkeiten der Wissenschaft erschöpft. Welche Rechtsauffassung, welche Weltanschauung die richtige sei, vermöge sie nicht zu sagen. Die Wahl zwischen den verschiedenen Weltanschauungen müsse jedem einzelnen überlassen bleiben. Der Relativismus sei deshalb die gedankliche Voraussetzung der Demokratie: sie lehne es ab, sich mit einer bestimmten politischen Auffassung zu identifizieren, sei vielmehr bereit, jeder politischen Auffassung, die sich die Mehrheit verschaffe, die Führung im Staat zuzuerkennen, weil sie ein eindeutiges Kriterium für die Richtigkeit eines Standpunktes über den Parteien nicht anerkenne (S. 84).

Eine in ihrer negativen Einstellung kaum zu überbietende Haltung gegenüber dem Recht nimmt Th. Geiger[59] ein, der sich mit Recht zu den Wertnihilisten zählt.

Nach der Ansicht *Geigers* enthalten Rechtsnorm und sittliche Werturteile lediglich ideologische Aussagen, in denen etwas Nicht-Objektives fälschlicherweise objektiviert werde. Aussagen über die Wirklichkeit seien erkenntnistheoretisch nur in zwei Formen, und zwar stets nur in der Ist-Form, denkbar und zulässig. Entweder könne man feststellen, daß die Wirklichkeit A mit B identisch sei (A = B) oder daß A unter den weiteren Begriff B falle und somit ein Teil von B sei. Solche Aussagen würden durch logische Verarbeitung von Beobachtungen gewonnen und ihr Aussageinhalt in der gleichen Weise nachgeprüft. Rechtliche, sittliche und ästhetische Werturteile hätten demgegenüber zwar die gleiche sprachliche „Ist"-Form wie Wirklichkeitsurteile („ist gut"). Diese Verwendung der gleichen Sprachform sei jedoch erkenntniskritisch unzulässig. Werurteile seien in der

---

[58] Rechtsphilosophie, S. 97 ff.

[59] Ideologie und Wahrheit, S. 50 ff.; Vorschule, S. 293 ff., 313.

Wirklichkeit nicht verifizierbar und verkörperten lediglich die subjektive Auffassung des Urteilenden, der nichts Objektives entspreche. Der Satz: „Die soziale Gerechtigkeit gebietet die Schaffung gleicher Ausbildungsmöglichkeiten für alle Begabten" sei z. B. erkenntnistheoretisch ein Nonsens. Einen Gegenstand „soziale Gerechtigkeit" gebe es im Bereich der Erkenntniswirklichkeit überhaupt nicht[60]. Es gebe kaum eine irgendwo verpönte Handlung, die nicht in irgendeiner anderen, vergangenen oder gegenwärtigen Gesellschaft zugelassen, ja vielleicht geboten gewesen wäre. Das gelte von der Lüge bis zur Blutrache, vom Inzest bis zum Kannibalismus. Mit rationalen Gründen lasse sich „wahrhaftig" nicht beweisen, daß die eine Moral richtig, die andere falsch sei. Daß wir gleichwohl manchmal den Eindruck haben, die Handlungen seien gut oder böse, sei allein auf den überpersönlichen Druck der Gesellschaft, auf die Reaktion der öffentlichen Meinung und die Erziehung zurückzuführen.

IV. Folgerungen

Mit der Untersuchung der materiellen Voraussetzungen von Recht und Unrecht sind wir an einem Punkt angelangt, wo nach der überwiegenden Zahl der oben wiedergegebenen Meinungen wissenschaftlich gesicherte Aussagen entweder überhaupt nicht oder nur in sehr begrenztem Umfange möglich sind. Würde sich diese überwiegende Auffassung als richtig erweisen, so würde dies im Hinblick auf das gestellte Thema zur Folge haben, daß wir unsere Untersuchungen über die künftigen Grenzen des Notwehrrechts hier abbrechen müßten. Eine Grenzziehung im strafrechtlichen Notwehrrecht läßt sich, wie oben ausführlich dargelegt wurde, in befriedigender Weise nur durchführen, wenn zuvor die materiellen Voraussetzungen der Rechtfertigungsgründe und damit zusammenhängend die Voraussetzungen von Recht und Unrecht bestimmt worden sind. Trifft es zu, daß über die Grundlagen von Recht und Unrecht keine wissenschaftlich gesicherten Aussagen gemacht werden können, so würde dies wegen des unlösbaren Zusammenhangs beider Problemkreise bedeuten, daß die Frage nach den Grenzen des Notwehrrechts im gleichen (negativen) Sinne beantwortet werden müßte. Da dieser Arbeit das Ziel gesetzt ist, das Thema mit wissenschaftlichen Methoden zu untersuchen, müßte sich in diesem Fall ihr Ergebnis auf jene negativen Feststellungen beschränken. Allenfalls könnten wir noch — im Anschluß an *Welzel* — unsere subjektive Auffassung zu dem zu erörternden Problem darlegen oder — wie *Radbruch* es vorgeschlagen hat — die bisherigen Auffassungen auf logische Widersprüche oder Systemwidrigkeiten hin überprüfen. Die Möglichkeit, objektiv nachprüfbare Aussagen über die Grenzen des Notwehrrechts zu machen, bliebe uns versagt.

---

[60] Ideologie, S. 50.

Es fragt sich, ob wir gezwungen sind, dieser überwiegenden Meinung und ihren negativen Konsequenzen zu folgen, oder ob wir nicht vielmehr — was im Hinblick auf das zu untersuchende Problem fruchtbarer wäre — jener Auffassung den Vorzug geben können, die es unter Berufung auf die empirische Natur des Menschen für möglich hält, das Recht und jene materiellen Rechtsgrundsätze wissenschaftlich zu begründen, an denen auch die Entscheidung über das hier zur Diskussion stehende Problem ausgerichtet werden könnte. Im Zusammenhang mit der Erörterung der metaphysischen Rechtsauffassungen mußte immer wieder festgestellt werden, daß keine dieser Auffassungen sich der Mühe unterzogen hat, die ihnen zugrundeliegende Behauptung näher zu begründen, das Recht sei wissenschaftlichen Beweisen unzugänglich. Von keiner dieser Auffassungen kann gesagt werden, daß sie sich, was in diesem Zusammenhang unbedingt erforderlich gewesen wäre, mit den Fragen auseinandergesetzt habe, was unter den Begriffen „wissenschaftlich", „empirisch" zu verstehen ist und wo die Grenzen wissenschaftlichen Forschens liegen. Auch die relativistischen Thesen von *Radbruch* lassen in dieser Beziehung eine hinreichende Begründung vermissen. Bei *Geiger* finden sich zwar diesbezügliche Ausführungen. Da diese aber einseitig nur das Wissen über die gegenwärtige („ist") und nicht auch dasjenige über die in der Zukunft liegende Wirklichkeit berücksichtigen, an welches vor allem auch das Recht anknüpft (s. u. 3. Teil), müssen seine Untersuchungen als unvollständig angesehen werden.

Muß damit auf der einen Seite festgestellt werden, daß für die Behauptung, über das Recht und seine obersten Grundsätze könne die Wissenschaft keine allgemeingültigen Aussagen machen, bisher keine hinreichende Begründung geliefert worden ist, so läßt sich auf der anderen Seite auch nicht sagen, daß das Gegenteil erwiesen und die negativen Behauptungen über die Möglichkeit einer wissenschaftlichen Begründung des Rechts widerlegt worden sind. Eine Widerlegung der erwähnten Behauptungen kann weder in dem Hinweis auf ihre unzureichende Begründung noch darin gesehen werden, daß zum Beweise ihrer Unrichtigkeit auf die empirische Natur des Menschen verwiesen wird. Denn gerade in einem solchen Hinweis erblickt die überwiegende Meinung z. T. nur ein „ideologisches Kampfmittel" und in den Werturteilen, die auf derartigen „Seinsfeststellungen" beruhen, ideologische Aussagen, in denen etwas Nicht-Objektives fälschlicherweise objektiviert werde usw.

Den Auffassungen, die bestreiten, daß das Recht und seine obersten Grundsätze wissenschaftlich begründet werden können, könnte allenfalls dadurch wirksam begegnet werden, daß die Grenzen wissenschaftlichen Forschens ermittelt und der Nachweis erbracht würde, daß das Recht innerhalb dieser Grenzen liegt. Nur wenn ein solcher Nachweis gelingt, kann man sagen, daß die erwähnte Skepsis bezüglich der Aussagekraft der Rechtswissenschaft zu Unrecht besteht und die sich aus ihr ergebenden negativen Folgerungen hinfällig sind.

Damit ergibt sich im Rahmen des Themas dieser Arbeit die Notwendigkeit, die Begriffe „Wissen", „wissenschaftlich" und „empirisch" näher zu bestimmen, um auf diese Weise festzustellen, ob und gegebenenfalls wie das Recht und seine obersten Grundsätze wissenschaftlich begründet werden können.

Die Notwendigkeit einer solchen Untersuchung sei durch eine kurze *Zusammenfassung* der bisherigen Untersuchungen nochmals verdeutlicht. Der kritische Überblick über die bisherige Diskussion der künftigen Notwehrregelung hatte zu der Einsicht geführt, daß sich eine wissenschaftlich befriedigende Lösung des Notwehrproblems nur finden lasse, wenn zuvor der materielle Gehalt der Rechtfertigungsgründe, zu denen das Notwehrrecht gehört, sowie der des strafbaren Unrechts bestimmt worden sind. Eine solche Bestimmung wurde auf der Grundlage der bisherigen Lehrmeinungen vergeblich versucht. Über den Inhalt der Rechtfertigungsgründe bestehen lediglich Theorien formalen Charakters, aus denen sich keine materiellen Rechtsgrundsätze ableiten lassen. Der Begriff des strafbaren Unrechts ist hinsichtlich seines materiellen Gehaltes ebenfalls noch weitgehend ungeklärt. Da beide Begriffe auf dem Begriff des Rechts aufbauen und inhaltlich von diesem abgeleitet sind, mußte im folgenden versucht werden, den Inhalt des Rechtsbegriffs näher zu bestimmen. Hierbei zeigte sich, daß die bisherigen Lehrmeinungen in tiefgehende Meinungsverschiedenheiten über die Grundlagen des Rechts gespalten sind. Als noch schwerwiegender im Hinblick auf das gestellte Thema erwies sich die Feststellung, daß eine überwiegende Meinung die unbewiesene, aber andererseits auch nicht widerlegte Behauptung für richtig hält, das Recht und seine Grundsätze könnten nicht wissenschaftlich begründet werden. Vor die Wahl gestellt, entweder dieser skeptischen Haltung der überwiegenden Auffassung zu folgen, oder diese in Zweifel zu ziehen und in der genannten Weise auf ihre Stichhaltigkeit hin zu überprüfen, hat sich der Verfasser für die zuletzt genannte Möglichkeit entschieden, da nur so vermieden werden kann, daß die Untersuchung über die Grenzen des Notwehrrechts bereits hier ergebnislos endet.

DRITTER TEIL

Das Recht als Gegenstand wissenschaftlicher Erkenntnis

A. Die augenblickliche Lage in der deutschen Rechtswissenschaft

Die Frage, ob und mit welchen Methoden das Recht und seine obersten Grundsätze wissenschaftlich begründet werden können, gehört zu den zentralen Fragen der Rechtswissenschaft. Ihre Bedeutung zeigt sich nicht nur im Zusammenhang mit den Grenzen des Notwehrrechts. Die Notwendigkeit, zu ihr Stellung zu nehmen, tritt eigentlich in jeder Rechtsfrage de lege ferenda zutage, insbesondere bei solchen, die umstritten sind, wie z. B. die Frage der Strafbarkeit der Schwangerschaftsunterbrechung, zu deren Beantwortung eine Besinnung auf die Grundlagen des Rechts erforderlich ist. Vor allem aber stellt sich diese Grundfrage der Rechtswissenschaft nach dem Erlebnis des Hitlerregimes, in dem das Recht beliebig manipuliert und in den Dienst eines Verbrecherstaates gestellt wurde. Der Mißbrauch, der zu dieser Zeit von Staats wegen mit dem Recht getrieben wurde, hat in besonders eindringlicher Weise offenbar werden lassen, daß sich die Rechtswissenschaft nicht nur mit der Auslegung des geltenden Rechts begnügen darf, sondern vor allem auch um die wissenschaftliche Begründung von Rechtsgrundsätzen bemüht sein muß, an die auch der Gesetzgeber gebunden ist. Die meisten Vertreter der heutigen deutschen Rechtswissenschaft sind sich dieser Aufgabe bewußt, wovon die große Zahl der sich mit dieser Frage befassenden Diskussionsbeiträge zeugt. Vielfach wird dabei jedoch nicht erkannt, daß einer wissenschaftlichen Untersuchung über die Grundlagen des Rechts eine Erörterung der Frage vorausgehen muß, was unter den Begriffen „Wissen“ und „wissenschaftlich“ zu verstehen und welche wissenschaftliche Methode der Jurisprudenz adäquat ist. Meist wird über diese wichtige Frage nur mit wenigen Worten und Sätzen, die nicht mehr als bloße Behauptungen darstellen, hinweggegangen und darauf die Frage nach der Möglichkeit einer wissenschaftlichen Begründung entweder negativ oder positiv beantwortet. Während über die Methode der Gesetzesauslegung eine Reihe wertvoller Untersuchungen vorliegt[1], sind literarische

[1] *Engisch*, Einführung in das juristische Denken, 3. Aufl. 1964; *Larenz*, Methodenlehre der Rechtswissenschaft, 1960; *Jescheck*, Methode der Strafrechtswissenschaft, Studium Generale 1959, S. 107 ff. u. a.

Äußerungen zu Methodenfragen im Bereich de lege ferenda nur sehr spärlich vertreten. *Engisch*[2] hat ihnen einen Aufsatz gewidmet. Doch liegen Bedeutung und Ziel dieser Arbeit weniger darin, selbst eine Methodik der Rechtswissenschaft zu entwickeln, als vielmehr darin, auf die Problematik der methodischen Frage aufmerksam zu machen. *Engisch* weist zum Schluß seines Aufsatzes ausdrücklich darauf hin, daß die Lösung dieses Problems der Zukunft vorbehalten sei. Somit dürfte die Feststellung nicht übertrieben sein, daß über die Methode der Rechtserkenntnis, soweit es um Fragen de lege ferenda geht, in der deutschen Rechtswissenschaft weitgehend Unklarheit herrscht[3].

Der Verfasser würde sich im Rahmen dieser Arbeit sicherlich ebenfalls nicht in diesen noch „unbeackerten" Fragenkreis vorwagen, wenn er bei seinen Vorarbeiten nicht auf ein Buch gestoßen wäre, das sich mit der Frage wissenschaftlicher Begründung des Rechts unter ausführlicher Auseinandersetzung mit der bisherigen erkenntnistheoretischen Literatur befaßt und sie in positivem Sinne beantwortet: das 1960 erschienene Buch: „Erkenntnis und Wertung" des dänischen Juristen und Philosophen Fr. Vindung *Kruse.* Das Werk von *Kruse* ist in der deutschen Rechtswissenschaft — wie bereits gesagt — bisher wohl nicht genügend gewürdigt worden. Die folgenden Erörterungen versuchen zu zeigen, daß die Untersuchungen von Kruse in Wirklichkeit stärkste Beachtung verdienen und für die deutsche Rechtswissenschaft eine wesentliche Bereicherung sein können. *Kruses* Hauptthese, die er ausführlich begründet, lautet: Das Recht und die Ethik lassen sich ebenso wissenschaftlich begründen wie die anderen Wissenschaften auch. Zu ihr gelangt er, nachdem er die Faktoren unserer Erkenntnis, die Begriffe „Wissen", „empirisch" usw., einer gründlichen Untersuchung unterzogen und sie zu dem Begriff der Wertung in Beziehung gesetzt hat. In der Kritik an dem Werk von Kruse wird gezeigt werden, daß seine Thesen in mehrfacher Hinsicht durch moderne Forschungsergebnisse mehrerer empirischer Wissenschaften bestätigt werden. Am Beispiel des Notwehrrechts soll dargetan werden, daß das Werk von Kruse nicht bloße Theorie ist, sondern vor allem für die Praxis von großem Gewinn sein kann.

Um in die Problematik einzuführen, wird zunächst ein kurzer Überblick über die Geschichte der bisherigen Erkenntnistheorien gegeben.

B. Die bisherige Erkenntnistheorie

Das Erkenntnisproblem beschäftigt die Philosophie bereits seit dem Altertum. Aber erst in der Neuzeit ist dieses Problem in der Weise untersucht worden, daß zwischen dem metaphysischen und dem wis-

---

[2] Aufgaben einer Logik ..., S. 76 ff.

[3] Ebenso: *Hirsch,* a. a. O., S. 329 ff.; *Jäger,* S. 273 ff.

senschaftlichen Teil der Fragestellung streng unterschieden wurde[4]. Als Begründer der Erkenntnistheorie als Sonderdisziplin der Wissenschaft wird gemeinhin *John Locke* („Versuch über den menschlichen Verstand“, 1690) angesehen[5]. *Locke* versuchte in einer systematischen und auf Selbstbeobachtungen aufbauenden Untersuchung eine Antwort auf die Frage nach dem Ursprung, Umfang und den Grenzen der menschlichen Erkenntnis zu finden. Mit den Fragen: Was können wir wissen? Welche Vorstellungen des Menschen von der Welt entsprechen der wirklichen Welt? Wo liegen die Grenzen der Fähigkeit des Menschen, die Welt zu erkennen? hat *Locke* zugleich die Grundfragen formuliert, mit denen sich die Erkenntnistheorie nach ihm immer wieder befaßt hat. Von den z. T. stark voneinander abweichenden Antworten, die im Laufe der letzten Jahrhunderte auf diese Fragen gegeben worden sind, seien im folgenden einige der wichtigsten wiedergegeben, die auch dem Werk von *Kruse* als Diskussionsgrundlage dienen[6].

Um festzustellen, in welchem Maße unsere Vorstellungen von der Welt mit der Wirklichkeit übereinstimmen, versuchte *Locke* die Begriffe und Allgemeinbegriffe in den Prozeß ihrer psychologischen Entstehung aufzulösen. Das erste Ergebnis, zu dem er hierbei gelangte, war die — gegen einige Vertreter der älteren Philosophie gerichtete — Feststellung, daß es keine „angeborenen Ideen“ gebe. Der Glaube an sie berge eine große Gefahr in sich, weil er den Gründen wissenschaftlicher Prüfung eine Schranke zu setzen versuche. Unser Bewußtsein, die Grundlage unserer Erkenntnis, gleiche vielmehr zunächst einem „weißen Blatt Papier, frei von irgendwelchen Schriftzügen, ohne alle Vorstellungen“. Das, was wir später in ihm anträfen, sei das Ergebnis unserer Erfahrungen und Geistestätigkeit. Die Elemente unserer Erfahrung seien die „einfachen Ideen“, Daten unserer Sinnes- und Selbstwahrnehmung (sensation und reflexion). Die „einfachen Ideen“ als das „Gegebene“ unseres Bewußtseins entständen nicht durch die Tätigkeit unseres Denkens, sondern unser Geist nehme sie passiv auf. Unsere Geistestätigkeit setze erst ein, wenn der Verstand beginne, die gegebenen Ideen wie einen Stoff zu bearbeiten, d. h. die in unserem Gedächtnis aufbewahrten Vorstellungen zu benennen, zu Komplexen zusammenzufügen, abstrahierend und verallgemeinernd allgemeine Begriffe zu bilden und die gegebenen Ideen zu vergleichen, ein Vorgang, der im folgenden im Anschluß an *Kruse* kurz *Unterscheiden und Vergleichen* der gegebenen Ideen genannt wird. Dabei entstehe eine Vielzahl von Kombinationen und Beziehungen, die sich zu den einfachen Ideen verhielten wie die 24 Buchstaben des Alphabets zu der außerordentlich großen Zahl der Worte unserer Sprache. Kenntnis von der Wirklichkeit der Außenwelt erlangen wir nach der Ansicht von *Locke* lediglich durch unsere einfachen Ideen. Diese „bildeten“ die Gegenstände der Außenwelt „ab“, wobei wir allerdings nicht sagen könnten, was diese in Wirk-

[4] *K. Schilling*, Weltgeschichte, S. 415 ff.; *E. Cassirer*, Bd. II, S. 227 ff.
[5] *E. Cassirer*, a. a. O.; *E. v. Aster*, S. 333 ff.
[6] Zum folgenden: *E. Cassirer*, a. a. O.; *E. v. Aster*, a. a. O.

lichkeit seien. Unser Wissen von ihnen beschränke sich auf das in den einfachen Ideen „Gegebene". Die Beziehungen *(Relationen)*, die unser Verstand durch Unterscheiden und Vergleichen zwischen den einfachen Ideen herstelle, seien lediglich „Erfindungen unseres Geistes"; ihnen entspreche nichts in der Wirklichkeit, es sei denn auf Grund zufälliger Übereinstimmung. Wollten wir also wissen, ob unsere Begriffe etwas über die Wirklichkeit aussagen, so müßten wir sie auf die einfachen Ideen zurückführen.

An diese These: wirklich sei allein das, was wir in den einzelnen Sinnesempfindungen vorfinden, knüpft *David Hume* (1711—1776) an, wie dieser überhaupt einen großen Teil der Lehre *Lockes* übernimmt[7]. Stärker als dieser zieht *Hume* jedoch die negativen, zum Skeptizismus hinführenden Konsequenzen, die sich aus der erwähnten Grundanschauung ergeben.

Für *Hume* ist Grundlage der Erkenntnis das menschliche Bewußtsein. Dieses setzt sich zusammen aus einem Strom von wechselnden Eindrükken der Sinnes- und Selbstwahrnehmung (Impressionen) und aus den Vorstellungen, die die Impressionen in Gestalt von schwächeren Kopien im Gedächtnis hinterlassen (Ideen). Die Tätigkeit des Denkens besteht darin, die Vorstellungsinhalte aufeinander zu beziehen und zu vergleichen und dadurch die Relationen zwischen jenen Vorstellungen aufzuzeigen. Von diesen Relationen hält *Hume* das gleiche wie *Locke*: sie sind — da nicht unmittelbar in den Sinneswahrnehmungen gegeben, sondern erst durch unsere Verstandestätigkeit entstanden — das Produkt einer Sinnestäuschung und deshalb unwirklich. *Hume* ist sich bewußt, daß seine Auffassung der „populären" Anschauung widerspricht, für die bestimmte Relationen zwischen Perzeptionen — wie Kausalzusammenhang, Gegenstands-, Ichvorstellung — so tief im Bewußtsein verwurzelt sind, daß niemand ihre wirkliche Existenz anzuzweifeln versucht. Er meint jedoch, daß die „populäre" Auffassung lediglich psychische Ursachen habe: Stellen wir zwischen zwei Sachverhalten einen *Kausalzusammenhang* fest, so bedeutet das, daß wir auf Grund bestimmter Vorstellungen zu der Auffassung gelangt sind, daß der Sachverhalt A und der Sachverhalt B so eng mit einander zusammenhängen, daß auf A stets B folgt:

Blei können wir dadurch zum Schmelzen bringen, daß wir eine Flamme in seine Nähe halten. Da wir diesen Zusammenhang weder A noch B unmittelbar ansehen, ergibt sich für *Hume* von seiner Grundthese aus keine andere Möglichkeit, als den angeblichen Kausalzusammenhang, der seine Entstehung den Assoziationsgesetzen verdanke, für unwirklich zu erklären: Daß wir einen solchen Zusammenhang annähmen, beruhe darauf, daß wir mehrmals beobachteten, wie auf A der Sinneseindruck B folge; mit der Zeit würden wir uns an diese Aufeinanderfolge so *gewöhnen*, daß jedesmal, wenn wir die Sinnesempfindung A hätten, wir auch mit dem Auftauchen von B rechneten. In Wirklichkeit sei der auf den Assoziationsgesetzen beruhende Kausalzusammenhang lediglich ein *Glaube*, der sachlich durch nichts anderes gerechtfertigt sei als die Gewohnheit. Die auf

[7] Zum folgenden: *E. Cassirer*, Bd. II, S. 335 ff.; *E. v. Aster*, S. 373 ff.; *F. Überweg*, Bd. III, S. 404 ff.

ihn aufbauenden Wissenschaften hätten demzufolge eine äußerst unsichere Basis. Auch unsere Vorstellung von *Gegenständen*, die über den augenblicklichen Sinneseindruck hinaus Bestand haben, und unsere Vorstellung von dem eigenen Ich hält *Hume* für eine Illusion, da sie sich in keiner einzigen Sinneswahrnehmung wiederfänden. In beiden Vorstellungen sieht *Hume* nichts weiteres als Selbsttäuschungen, die dem Umstand ihre Entstehung verdankten, daß unser Assoziationsvermögen eine Beziehung der Ähnlichkeit, die wir zwischen verschiedenen Bewußtseinsinhalten finden, mit einer absoluten Identität verwechsele.

Immanuel Kant, der mit seiner „Kritik der reinen Vernunft" eines der großen Werke der Erkenntnistheorie geschrieben hat, ist durch *Hume* in zweifacher Hinsicht angeregt worden[8].

Einmal hat *Hume Kant*, wie dieser selbst von sich sagte, aus dem „dogmatischen Schlummer" geweckt, in den ihn in seiner Frühzeit die damals in der deutschen Philosophie herrschende rationalistische Philosophie *Chr. Wolffs* versetzt hatte: *Wolff* und seine Anhänger hatten versucht, unter Verzicht auf jede Erfahrung aus wenigen vorgegebenen metaphysischen Grundbegriffen allein mit dem formell logischen Satz vom Widerspruch ein System der Welterkenntnis aufzubauen[9]. Unter dem Einfluß von *Hume* erkannte *Kant* bald, daß rein logische Begriffszergliederung uns nicht zur Einsicht in reale Zusammenhänge führen kann, daß vielmehr die Erfahrung die letzte Instanz für alle Urteile über die Existenz sein müsse. Auf der anderen Seite machte ihm aber das Beispiel *Humes* deutlich, daß für unsere Erfahrungen nicht allein die Sinneswahrnehmungen die Grundlage bilden könnten, sondern daß diese vielmehr nur einer unter mehreren Erkenntnisfaktoren seien. Für *Kant* steht es als Tatsache fest, daß in unserem Dasein, so wie es für uns erkennbar ist, die Geschehnisse und Erscheinungen gewisse Gesetzmäßigkeiten und Regelmäßigkeiten aufweisen[10]. Auch die Sensualisten *Locke* und *Hume* kommen in Wirklichkeit an dieser Tatsache nicht vorbei: denn wenn sie die Konstanz in der Natur auf die „Kraft" der Assoziationen zurückzuführen, so übersehen sie dabei, daß diese „Kraft" selbst irgendeine Konstanz der in unserem Bewußtsein erscheinenden Eindrücke notwendig voraussetzt. Worauf ist diese Konstanz zurückzuführen? Es gibt zwei Möglichkeiten: Entweder liegt sie in den Dingen selbst oder in den Formen unseres Bewußtseins. *Kant* entscheidet sich für letzteres: Würden wir annehmen, die im Naturgeschehen beobachtete Konstanz — Kausalzusammenhänge, Raum, Zeit, Gleichheiten und Verschiedenheiten — hafte den Dingen selbst an, sei ihnen sozusagen „abgezogen", so hätten unsere Erkenntnisprinzipien eine äußerst unsichere Grundlage. Denn dann wären die erwähnten Gesetzmäßigkeiten nichts anderes als Eigenschaften der Dinge, die wir — induktiv — auf Grund bisheriger Erfahrungen wahrgenommen haben und die sich demzufolge jederzeit wieder ändern könnten. Eine solche empirische Betrachtungsweise würde jedoch dem allgemeingültigen und notwendigen Charakter nicht

[8] Zum folgenden: *E. Cassirer*, Bd. II, S. 585 ff.; *E. v. Aster*, S. 461 ff.; Überweg, Bd. III, S. 537 ff.; *Th. Valentiner*, S. 18 ff.

[9] *Cassirer*, S. 585 ff.

[10] *Cassirer*, S. 709.

gerecht, den wir dem Kausalsatz, den Raum- und Zeitvorstellungen und der auf diesen aufbauenden Mathematik beimessen. Raum und Zeit, der Kausalsatz usw. sind Erkenntnisprinzipien, die vor und für alle Erfahrungen apriorische Gültigkeit haben. Die Allgemeingültigkeit begründet *Kant* mit einer Art *„kopernikanischen Wendung"*, indem er erklärt, daß die erwähnten Erkenntnisprinzipien subjektive Formen unserer Anschauung und unseres Verstandes seien, die jeder Wahrnehmung ihren Stempel aufdrückten. Im einzelnen führt *Kant* seine Erkenntnistheorie wie folgt durch:

Es gibt zwei Erkenntnisquellen, die Sinnlichkeit und den Verstand. Sinnlichkeit ist das in uns liegende *passive* Vermögen, von etwas, das von außen auf uns einwirkt, „affiziert" (beeindruckt) zu werden. Die Sinne, und nur sie allein, liefern uns Anschauungen, d. h. unmittelbare Vorstellungen einzelner Gegenstände. Die Gegenstände weisen alle eine bestimmte Form auf: sie sind räumlich und haben eine bestimmte Stelle in der Zeit. Zeit und Raum sind — wie bereits angedeutet — nicht Erscheinungen, die den Dingen an sich anhaften, sondern sie sind reine Anschauungsformen unseres äußeren Sinnes. Dies ist der Grund, weshalb wir uns von den möglichen Formen und Gestalten im Raum, von Raum und Zeit vor aller empirischer Wahrnehmung exakte mathematische Begriffe machen können[11].

Mit der Sinnlichkeit hängt eng unser Denken zusammen. Beide verhalten sich zueinander wie die Form zum Inhalt. Der Verstand verarbeitet das im Mannigfaltigen der Anschauung Gegebene, indem er es durch urteilendes Verknüpfen zu gegenständlichen Einheiten zusammenfaßt. Die „Verknüpfungsweisen", die „Denkhandlungen", die hierbei dem Mannigfaltigen seine endgültige Gestalt geben, sind identisch mit den Formen der Logik, wie sie von Aristoteles entwickelt worden sind. Aus der Tafel der Urteilsformen glaubt *Kant* daher die Kategorien, die „Grundbegriffe unseres reinen Verstandes" vollständig herleiten zu können.

Ein Wissen von der Wirklichkeit erlangen wir nach *Kant* somit dadurch, daß wir die subjektiven Formen unserer Anschauung und unseres Verstandes auf die Sinnlichkeit anwenden. Die „Objektivität" unserer Erfahrungsurteile ist eine Folge der Subjektivität unserer Anschauungs- und Verstandesformen: weil diese unsere Erfahrungen prägen und nicht etwa, weil diese ein objektiv Vorhandenes nachzubilden hätten, besitzen unsere sich auf sie gründenden Aussagen über die Erfahrungswelt objektive Geltung. Die These *Kants*, die Erfahrungswelt sei ein „Produkt unseres Denkens", bedeutet jedoch nicht, daß unser Bewußtsein die in ihm liegenden Erscheinungen selbst schafft. Vielmehr will *Kant* damit lediglich sagen, daß wir die Gegenstände der Wirklichkeit nur durch diese Formen verstehen können. Erscheinungen, die wir nicht auf sie zurückführen können, verstehen wir nicht.

Über die weitere Entwicklung der Erkenntnistheorie ist nur kurz zu berichten. In der auf *Kant* folgenden Philosophie des deutschen Idealismus und der Romantik lebte eine überwiegende Tendenz zur Spekulation. Die Hauptvertreter dieser Richtungen — *Fichte, Hegel, Schel-*

[11] *Aster*, S. 516.

ling — glaubten nicht nur — wie *Kant* — die *Form* der Erkenntnis, sondern auch ihren *Inhalt*, d. h. die ganze Wirklichkeit selbst in uns enthalten. Erkenntnis wurde bei ihnen „zur Selbstanschauung der Vernunft". Die Folge hiervon war, daß zwischen Philosophie und empirischen Wissenschaften eine Entfremdung eintrat, die schließlich auch in der Erkenntnistheorie Gegenreaktionen auslöste. Mit dem Positivismus und Neukantianismus entstanden philosophische Richtungen, die mehr oder weniger stark an die englischen Sensualisten *Locke* und *Hume* oder an die Transzendentalphilosophie *Kants* anknüpften.

Von der weiteren Entwicklung sagt K. H. *Volkmann-Schluck* (Ev. Kirchenlexikon, 1961, Bd. I, 1122), daß sich „nach Hegels Tod das Chaos der Lehrmeinungen ausbreitete". Mit dem Pragmatismus, dem Materialismus und der Phänomenologie sind nur einige der wichtigsten von ihnen genannt. Es hieße den Rahmen des Themas sprengen, würde nun hier im einzelnen auf diese verschiedenen Richtungen eingegangen. Sinn dieses kurzen Überblicks war es, in die nun folgenden Gedankengänge *Kruses* einzuführen.

C. „Erkenntnis und Wertung"

Das Werk von Fr. Vinding *Kruse*

I. Die Aussagen der in dem historischen Überblick behandelten Erkenntnistheorien betrafen in der Hauptsache Fragen der Naturerkenntnis. Unerwähnt blieb bisher, welche Auffassungen darüber bestehen, wie sich Recht und Moral erkenntnistheoretisch begründen lassen. *Kruse* stellt diese Frage an den Anfang seines Buches. In einer eingehenden Untersuchung der bisherigen Rechts- und Moralbegründungen gelangt er zu dem Ergebnis, daß über die ethischen Werte, die Moral und das Recht eine tiefgreifende Unklarheit und Unsicherheit herrsche. Überwiegend werde die Auffassung vertreten, daß für die Moral- und Rechtsbegründungen nicht die gleichen Erkenntnisprinzipien gelten wie für die Naturerkenntnis. Und meist würden wissenschaftliche Aussagen über Moral und Recht nicht für möglich gehalten.

Diese unsichere Lage der Ethik und des Rechts empfindet *Kruse* — insbesondere angesichts der jüngsten Erfahrungen auf dem Gebiete der Politik und des Rechts — als im höchsten Maße beunruhigend. Um aus ihr herauszufinden, um auch das Recht und die Ethik endlich auf eine wissenschaftliche Grundlage zu stellen, unterzieht er die Grundfrage der Wissenschaften einer eingehenden Untersuchung: Worin besteht das menschliche Wissen und die wissenschaftliche Erkenntnis? In einer groß angelegten Kritik an der bisherigen Erkenntnistheorie kommt er — um dies vorwegzunehmen — zu dem Ergebnis, daß diese auf mehreren unbewiesenen und unrichtigen Behauptungen beruhe, daß die bisherige Trennung zwischen Sein und

Sollen unberechtigt sei und daß sich die rechtliche und ethische Wertung nach denselben methodischen Grundsätzen richte wie alle anderen Wissenschaften.

Der nachfolgende Überblick über die Untersuchungen *Kruses* muß sich im Rahmen des hier zu behandelnden Themas darauf beschränken, die Grundlinien der Thesen *Kruses* nachzuzeichnen. Da in seiner Auseinandersetzung mit den großen Erkenntnistheoretikern des 18. Jahrhunderts: *Locke, Hume* und *Kant,* alles wesentliche gesagt wird, wird darauf verzichtet, *Kruses* Kritik an späteren Erkenntnistheorien wiederzugeben.

II. Kritik der Erkenntniskritik

In seiner Kritik an der bisherigen Erkenntnistheorie versucht *Kruse* nachzuweisen, daß die von *Kant* und den Empirikern durchgeführte scharfe Trennung zwischen Sinnesempfinden und bearbeitender Tätigkeit unseres Verstandes auf einer unberechtigten Abstraktion von psychischen Erscheinungen beruht, die in Wirklichkeit untrennbar miteinander zusammenhängen.

1. *Kruse* zeigt diesen Zusammenhang zunächst an unserer Auffassung von *Gleichheiten* und *Verschiedenheiten* auf (S. 112 ff.), die er als das grundlegendste und universellste Element unserer Erkenntnis bezeichnet. Ohne diese Vorstellung von Gleichheiten und Verschiedenheiten wäre nicht nur unser Denken, sondern jedes Wahrnehmen, jedes Fühlen unmöglich. Auf jeder Stufe unseres Bewußtseins begegnen wir ihr, und zwar stets in drei eng miteinander zusammenhängenden Bewußtseinsphasen: Das *Unterscheidungs*vermögen setzt voraus, daß unser Bewußtsein Eindrücke *bewahren* kann, nachdem der Reiz von außen aufgehört hat; denn ein Eindruck kann nur dann von einem anderen unterschieden werden, wenn beide nicht miteinander identisch sind. Zu dem Erinnerungs- und Unterscheidungsvermögen kommt als drittes das Vermögen hinzu, Eindrücke *zusammenzufassen* und zu *vergleichen.* Diese drei Fähigkeiten unseres Bewußtseins: unterscheiden, bewahren und vergleichen erzeugen alle allgemeinen Vorstellungen und Begriffe; wir beobachten sie aber auch in den einfachsten Erscheinungen unseres Bewußtseins, z. B. bei zwei kurz aufeinanderfolgenden oder gleichzeitigen Sinnesempfindungen (zwei aufeinanderfolgenden Tönen oder zwei gleichzeitigen Gesichtsempfindungen; zwei verschiedenen Farben einer Blume). Der unlösbare Zusammenhang zwischen den Sinnesempfindungen und unserem Unterscheiden und Vergleichen erweist sich auch an einer weiteren Beobachtung. Gäbe es diesen Zusammenhang nicht, gäbe es keinen Unterschied zwischen Sinnesempfindungen, so würden wir überhaupt keine Sinnesempfindungen erhalten. Würde es andererseits keine Sinnesempfindungen geben, die einander gleichen, würden diese eine „einzige, verworrene, kaleidoskopische, unaufhörlich wechselnde Masse" bilden, so würden wir auch nichts wahrnehmen. „Ein einziger, ununterbrochener, unaufhörlich wechselnder Strom von Sinneseindrücken würde unser Bewußtsein überwältigen und betäuben. So wie aber unser Bewußtsein geschaffen ist, kehren im Wirbel der Verschiedenheiten ständig die gleichen Hauptarten sinnlicher Empfindungen wieder." Wir nehmen in unseren Sinnesempfindungen Dinge sehr ver-

schiedener Größe, Gestalt und Farbe wahr. Aber alle haben sie die gleiche Eigenschaft der Größe, Gestalt, Farbe usw. Und selbst innerhalb derselben Hauptart, z. B. der Farbe, gibt es viele Sinnesempfindungen, die einander gleichen oder teilweise gleichen, z. B. sehen wir viele Dinge, die rot, viele, die grün, viele, die die gleiche Gestalt und Größe haben.

Wenn bisher der unlösbare Zusammenhang zwischen den Sinnesempfindungen und der unterscheidenden und vergleichenden Tätigkeit unseres Bewußtseins herausgestellt wurde, so bedeutet das nicht, daß beide miteinander identisch wären. Sinnliches Wahrnehmen ohne Unterscheiden und Vergleichen läßt sich nicht denken. Jedoch ist Unterscheiden und Vergleichen eine von den sinnlichen Wahrnehmungen und ihren entsprechenden Vorstellungen verschiedene Tätigkeit unseres Bewußtseins. Dies zeigt sich insbesondere, wenn wir denken und bestimmte Vorstellungen einander gegenüberstellen (z. B. Vergleichen zweier Bilder in der Erinnerung). Das Auffinden von Verschiedenheiten und Gleichheiten erweist sich somit als ein Vermögen unseres Bewußtseins, das selbständig neben die Sinnesempfindungen und die von diesen abgeleiteten Vorstellungen tritt.

Mit diesen — sich auf psychologische Beobachtungen stützenden — Feststellungen begegnet *Kruse* einer der wichtigsten Thesen der *Kantschen* und sensualistischen Erkenntnistheorie: Es ist unkorrekt, von der „passiven" Aufnahme unserer Sinnesempfindungen und der „aktiv"-bearbeitenden Tätigkeit unseres Geistes zu sprechen. Die Sinnesempfindung erweist sich als ein „zusammengesetzes Produkt". Selbst in ihrer einfachsten Form (z. B. eine einzelne Farbe) läßt sie sich nicht als ein von einem unterscheidenden und vergleichenden „Wirken" getrenntes Element begreifen. Es entbehrt jeder Grundlage, wenn die Erkenntnistheoretiker des 18. Jahrhunderts und ihre Nachfolger zwischen Sinnesempfindungen als „Erfahrung", als empirischem Stoff und unseren Vorstellungen von Verschiedenheiten und Gleichheiten als „Erfindungen" oder apriorischen Formen unseres Geistes unterschieden. Unterscheiden und Vergleichen ist ein Grundfaktor *jeder* menschlichen Erkenntnis. Ebensowenig wie wir ohne dieses Vermögen sinnlich empfinden und wahrnehmen können, können wir es beim logischen Denken, bei der wissenschaftlichen Begriffsbildung und Systematik entbehren. Vor allem wenden wir es auch bei der Selbstwahrnehmung an.

Auch bezüglich der Erklärung unserer Erkenntnis von *Ursache* und *Wirkung*, dem wichtigsten Erkenntnisfaktor nach unserer Vorstellung von Verschiedenheiten und Gleichheiten, zeigt *Kruse*, daß die englischen Empiriker und *Kant* das Opfer allzu scharfer Abstraktionen geworden seien (S. 120 ff.).

Der Auffassung von *Hume*, unsere Kausalvorstellung sei eine durch Gewöhnung hervorgerufene Täuschung, hält er entgegen, daß sie zu Unrecht davon ausgehe, daß wir gewöhnlich bei dem Erlebnis eines Kausalzusammenhangs zunächst die Ursache und dann die Wirkung beobachteten. In Wirklichkeit verhalte es sich umgekehrt. In der Mehrzahl der Fälle nähmen wir zuerst die Wirkung in Gestalt einer *Veränderung* wahr und dann — oft erst nach längerem Suchen — die Ursache. Es genüge dann oft schon ein einzelner Fall, eine vereinzelte Sinneswahrnehmung, um in uns die Frage nach ihrer Ursache entstehen zu lassen. Die These von *Kant*, unsere Kausalauffassung entspringe der Form unseres Denkens, die wie die Axiome der Mathematik aus der Natur unseres Verstandes hervorgegangen seien, hält Kruse nicht nur für unbewiesen, sondern auch für lebensfern, da sie — ebenso wie die Auffassung von *Hume* — mehrere Erfahrungsbereiche unberücksichtigt lasse. Es gebe zwei Erfahrungsbereiche, in denen wir unmittelbar die Verursachung als eine notwendige innere Beziehung zwischen uns und der Umwelt erleben: den Bereich der *inneren Organempfindungen*, das Erleben der eigenen *„Kraft"*, unseres Willens und dessen Einwirken auf die Muskeln, sowie das Erlebnis des *Schmerzes*. Ein einziges Erlebnis der eigenen Kraft und eines von außen zugefügten Schmerzes und nicht erst eine Vielzahl von solchen Erlebnissen hätten genügt, um in unserem Bewußtsein die Vorstellung von einer notwendigen Kausalverbindung „psychisch natürlich" entstehen zu lassen. Mit der fortschreitenden Entwicklung des menschlichen Gedächtnisses hat der Mensch allmählich viele Erlebnisse solcher Verbindungen in seinem Bewußtsein aufbewahren können. Aus den Erfahrungen hat er gelernt, jene Ursachenreihen zur Abwehr von Gefahren und zur Erzielung besserer Lebensbedingungen zu verwerten. Hierbei hat der Mensch allmählich eine beträchtliche gewohnheitsmäßige Routine erlangt, so daß sich der Ursachenbegriff tief im menschlichen Bewußtsein eingeprägt hat. *Kruse* erklärt es angesichts dessen für verständlich, daß *Kant* angenommen habe, der Kausalbegriff sei eine in der Struktur unseres Verstandes verwurzelte apriorische Form, ohne die wir keine Erfahrungen machen könnten.

Bei dem Gebrauch des Begriffs Ursache macht *Kruse* eine wichtige und stets zu beachtende Einschränkung (S. 141, 132, 156): Das Wort Ursache ist eigentlich falsch gewählt. In der Kausalerkenntnis vermögen wir lediglich eine gewisse *Gesetzmäßigkeit zwischen den Veränderungen* festzustellen, die wir in unserer Umwelt wahrnehmen. Was wir Ursache nennen, ist in Wirklichkeit eine Veränderung, auf die wir eine andere — Wirkung genannte — Veränderung zurückführen. Eine eigentliche, letzte Ursache dieser Veränderungen kennen wir nicht. So erklärt die moderne Naturwissenschaft alle Veränderungen „als Bewegungen von Körpern — von den größten bis zu den allerkleinsten des Universums — oder (wie das Licht) als solche zwischen den Körpern". Da wir keine Kraft oder Ursache der Bewegungen im Universum wahrnehmen können, beschränkt sich die Naturwissenschaft darauf, zwischen den Erscheinungen des Universums gesetzmäßige Zusammenhänge zu registrieren. Die heutige Physik ist an einem Punkt angelangt, wo sie in den von ihr erforschten Erscheinungen selbst nicht mehr gesetzmäßige Zusammenhänge erkennen kann, sondern sich — wie z. B. in der Atomtheorie — mit der Feststellung *statistisch-häufiger Zusammenhänge* zwischen den Bewegungen begnügen muß (S. 143).

Bereits an dieser Stelle tritt der Unterschied zwischen der Kausalerklärung und derjenigen *Kants* und der englischen Sensualisten deutlich hervor. Während letztere den Grund für die Entstehung des Kausalbegriffs lediglich in der Eigenart unseres Bewußtseins suchen (Verstandesform, Assoziation), schlägt *Kruse* eine Brücke zwischen unseren Sinnesempfindungen und der Tätigkeit unseres Bewußtseins und erklärt beide in gegenseitiger Wechselwirkung am Entstehungsvorgang für mitbeteiligt. Daß die Sinnesempfindungen mit unserer Kausalvorstellung ähnlich eng zusammenhängen wie mit unserer Auffassung von Verschiedenheiten und Gleichheiten, belegt *Kruse* noch mit zwei weiteren Argumenten (S. 144).

Einen ähnlich engen Zusammenhang nimmt *Kruse* für das Verhältnis zwischen den Sinnesempfindungen und unserer Zeit- und Raumvorstellung an (S. 156 ff.):

Unsere *Zeit*vorstellung verdankt ihre Entstehung unserem Vermögen, zu unterscheiden und zu vergleichen. Sie wird entsprechend einem der Umwelt entlehnten Bild als „ein Strom von Erlebnissen in den einzelnen Augenblicken von Sinnesempfindungen, inneren Organempfindungen, Vorstellungen, Gefühlen usw. gedacht". Zu dieser Vorstellung von der Reihenfolge der Erlebnisse kann es jedoch nur kommen, nachdem wir zwischen den einzelnen verschiedenartigen Sinnesempfindungen unterschieden und bei aller Verschiedenheit Gleichheiten festgestellt haben, wodurch wir in den Stand gesetzt werden, vergangene Erlebnisse wiederzuerkennen und uns an sie zu erinnern.

Unsere *Raum*vorstellung entsteht dadurch, daß wir zwischen Berührungs- und Bewegungsempfindungen unterscheiden und sie miteinander verknüpfen. Wir stellen fest, daß wir, um einen Gegenstand, den wir sehen, berühren zu können, erst eine Reihe von Bewegungsempfindungen durchleben müssen (d. h. uns zu dem Gegenstand hinbewegen müssen). Indem wir wiederholt Gruppen von Tast- und Bewegungsempfindungen in der beschriebenen Weise miteinander verknüpfen, erhalten wir nach und nach eine vertiefte Auffassung von Abständen und vom Raum.

In einer abschließenden Stellungnahme faßt *Kruse* die *Ergebnisse* seiner Kritik an den Erkenntnistheorien des 17. und 18. Jahrhunderts zusammen (S. 158 ff.): Die Auffassungen *Kants* und der englischen Sensualisten lassen sich durch den Ausdruck *Elementenpsychologie* kennzeichnen. Ihr Wesensmerkmal besteht in einer scharfen Scheidung zwischen den Sinnesempfindungen einerseits und dem psychischen Vorgang andererseits, dem wir in den Relationen Verschiedenheiten, Gleichheiten, gesetzmäßige Zusammenhänge, Raum und Zeit begegnen. Die Sinnesempfindungen sind nach dieser Auffassung Elemente, die wir zuerst erhalten und die unser Geist erst später mittels der Relationen zu größeren Einheiten zusammenfügt. Die zusammenfassende Tätigkeit der Relationen werde danach auf ähnlich äußerliche Weise verstanden, wie wir den Handwerker im Verhältnis zu seinem Material sehen, aus dem er ein Haus oder andere Dinge gestaltet und aufbaut. *Kruse* hält dies für eine zu weitgehende Analogie, durch die in der Wirklichkeit unlösbar zusammenhängende psychische Erscheinungen scharf voneinander getrennt werden. Unsere Sinnesempfindungen träten unaufhörlich in Gleichheiten und Verschiedenheiten auf in „jenen gesetzmäßigen Zusammenhängen, die in allen Veränderungen wiederkehren", und in der Regel im zeitlich-räumlichen Zusammenhang. Erst auf der Ebene der Vorstellungen könne man scharf zwischen der bearbeitenden Tätigkeit unseres Bewußtseins und den Vorstellungen als Elementen unterscheiden, und zwar teils als freie Kombination vieler verschiedenartiger Vorstellungselemente seitens unserer Phantasie und teils als Zusammenfassung zahlreicher individueller, sinnlicher Bilder (z. B. von verschiedenen Tieren) zu allgemeinen Vorstellungen (dem Begriff Tier). An unseren Wirklichkeitserfahrungen wirkten somit Sinnesempfindungen und Relationen in gleichem Maße aktiv mit.

Hieraus folge, daß die Behauptung der englischen Empiriker und *Kants*, die Relationenen seien *subjektiv*, jeder Grundlage entbehre (S. 147, 160). Ob die Grundelemente unserer Erkenntnis, die Relationen, uns eine wahre Erkenntnis der Welt geben, ob das Dasein, das Universum im Innersten so ist, wie es jene Relationen angeben, oder ob diese subjektiv sind, wissen wir nicht. Beides ist möglich. „Alles, was wir sagen können, ist, daß der menschliche Geist das Dasein in Gleichheiten und Verschiedenheiten und in gesetzmäßigen Zusammenhängen auffaßt, die wir Ursache und Wirkung nennen."

III. Das Wesen der Erkenntnis (S. 171 ff.)

Eine Untersuchung des Wesens der Erkenntnis ist selbst Erkenntnis. Sie bedient sich derselben Erkenntnisfähigkeiten wie jede andere Erkenntnis. So gründet sich unsere Erkenntnis darauf, daß wir sinnlich empfinden, daß wir zwischen den Sinneseindrücken und unseren Vorstellungen unterscheiden und vergleichen, gesetzmäßige Zusammenhänge zwischen ihnen finden und uns hierbei durch Raum und Zeit orientieren können. Eine Kritik der Erkenntnisfähigkeiten hält *Kruse* nur deshalb für möglich, weil unsere Erkenntnis nicht auf einer einzigen Fähigkeit, sondern auf einem *Zusammenspiel* einer Reihe von verschiedenen Fähigkeiten beruhe. Aufgabe der Erkenntniskritik sei es, das richtige Zusammenspiel, die bestmögliche Korrelation zwischen ihnen aufzuspüren und ihre gegenseitige Begrenzung festzustellen. Hierbei gelte es, den Fehler der Erkenntnistheorien des 17. und 18. Jahrhunderts zu vermeiden, daß man einseitig die Sinneswahrnehmungen als Grundlage der Kritik wähle und darauf, ohne ein objektives Kriterium für einen Vergleich zur Hand zu haben, die Subjektivität der anderen Erkenntnisfaktoren annehme. Der einzige richtige Weg bestehe vielmehr in einer allseitigen Kritik, d. h. darin, daß jede Erkenntnisfähigkeit mittels der anderen kritisch beleuchtet werde. Nach diesen Grundsätzen untersucht *Kruse* dann näher die Bedeutung jeder einzelnen Erkenntnisfähigkeit.

Von den von *Kruse* in dieser Weise untersuchten Erkenntnisfaktoren werden im folgenden jene beiden erörtert, die für die Wissenschaften und insbesondere für die Rechtswissenschaft von besonderer Bedeutung sind: unsere Auffassung von Verschiedenheiten und Gleichheiten sowie unser Kausalbegriff.

1. Verschiedenheit und Gleichheit (S. 178 ff.)

Unsere Auffassung von Verschiedenheiten und Gleichheiten ist — wie bereits mehrfach gesagt — unsere universellste Erkenntnisfähigkeit. Ohne diese Fähigkeit könnten wir weder in der Wissenschaft noch im Alltagsleben einen Schritt weiterkommen. Sie ist am Entstehen der anderen Erkenntnisfähigkeiten unmittelbar beteiligt. Alles seelische Leben, alles Erkennen, Fühlen und Wollen ist mit ihr untrennbar verknüpft. „In jeder einzelnen Sekunde eines jeden menschlichen Erlebnisses — sei es nun, was wir Sinnesempfindung, Vorstellung, Gefühl, Willen, Handlung u. a. nennen — erleben wir gar nichts, empfinden, fühlen, denken, wollen oder vollenden wir überhaupt nichts, ohne in jedem einzelnen Augenblick zu unterscheiden und zu vergleichen ... In unserem innersten Lebensnerv sind wir an diese Fähigkeit gebunden." Die Elemente, zwischen denen unterschieden und verglichen wird, können sehr verschiedener Art sein: Sinnesempfindungen, Vorstellungen, darunter auch Phantasievorstellungen, Gefühle, Willensakte, Worte, geometrische Figuren, Zahlen usw. Der Kürze halber spricht *Kruse* von Unterscheiden und Vergleichen, ohne jedesmal die Elemente zu nennen, mit denen diese Fähigkeit jeweils arbeitet. Unser Unterscheidungs- und Vergleichungsvermögen kann die erwähnten Elemente nicht nur gruppieren, sondern auch einige von ihnen mittels anderer kritisch beleuchten.

Die Bedeutung unseres Unterscheidungs- und Vergleichungsvermögens zeigt sich weiter darin, daß auf ihm unsere Vorstellung unseres eigenen *Ichs* und von einer außerhalb desselben bestehenden *äußeren Welt* beruhen. Auch die für die Wissenschaft bedeutsamen *Allgemeinbegriffe*, die zu den wichtigsten Faktoren alles höheren menschlichen Denkens zählen, verdanken ihm ihre Entstehung (S. 211 ff.). Durch die Allgemeinvorstellungen werde etwas in unseren Daseinserfahrungen Zentrales ausgedrückt, nämlich die Gesetzlichkeit, die darin bestehe, „daß unsere Unterscheidungs- und Vergleichungsfähigkeit überall in der Natur nicht nur zwischen zwei Sinnesempfindungen oder zwei Sinneskomplexen, sondern zwischen unzähligen derartigen Empfindungen und Komplexen dieselben Gleichheiten und Verschiedenheiten findet". Diese gesetzmäßigen Gleichheiten und Verschiedenheiten in unserer Naturerfahrung drücke unser Bewußtsein im Typus, in Allgemeinbegriffen aus, so wie unsere Auffassung von Veränderungen eine andere Gesetzmäßigkeit im Universum auffinde, der wir in den sogenannten Naturgesetzen Ausdruck gäben.

2. *Die gesetzmäßigen Zusammenhänge (S. 201 ff.)*

Nach unserer Auffassung von Gleichheiten und Verschiedenheiten (Erkenntnisfaktor I) räumt *Kruse* unserer Auffassung gesetzmäßiger Zusammenhänge innerhalb der äußeren und psychischen Erscheinungen — und zwar in Verbindung mit der Zeit, in der diese auftreten — die größte Bedeutung als Erkenntnisfaktoren ein. Die gesetzmäßigen Zusammenhänge zwischen den Sinnesempfindungen und Selbstwahrnehmungen seien ein wissenschaftliches Grundfaktum, das unerschütterlich sei, gleichgültig, welche visuellen und kraftmäßigen Deutungen wir ihnen beilegten. Neben unserem Erkenntnisfaktor I habe unsere Auffassung von Ursache und Wirkung den größten Anteil an der Bildung unseres Wirklichkeitsbegriffes. Die festen gesetzmäßigen Zusammenhänge in der äußeren Natur, die sich selbst unter den größten Veränderungen von unserem Willen unabhängig, unerschütterlich geltend machten, gäben uns in seltenem Maße den Eindruck einer äußeren, festen, stabilen Wirklichkeit, mit der wir überall zu rechnen hätten, auf die wir uns andererseits aber auch verlassen könnten.

3. *Die Bedeutung der Erkenntnisfaktoren für die Wissenschaften. Vorläufiger Überblick*

Die Erkenntnisfaktoren, die uns die „universellsten Relationen" zwischen den Erlebnissen aufzeigten, Verschiedenheiten und Gleichheiten und gesetzmäßige Zusammenhänge, seien, so sagt *Kruse*, nicht nur das Fundament unseres Wirklichkeitsbegriffs, sondern der Ausgangspunkt alles menschlichen Erkennens und Wissens. In allen Bereichen der Wissenschaft versuche die Forschung, den Problemen des Daseins dadurch immer weiter auf den Grund zu kommen, daß sie eine Erscheinung nach der anderen mittels solcher begreiflich mache, die früher erklärt worden seien. Erkenntnis heiße Wiedererkennen oder — mit anderen Worten — Unbekanntes aus Bekanntem erklären; ein wissenschaftlicher Beweis bedeute dasselbe. Aber wie weit auch in den einzelnen Wissenschaften die Beweisketten reichen würden, schließlich werde man doch auf ein letztes, unerklärliches, unbekanntes Etwas stoßen. Und dieses letzte Unbeweisbare sei in allen Formal- und Realwissenschaften unsere Auffassung von Verschiedenheiten und Gleichheiten und gesetzmäßigen Zusammenhängen zwischen unseren Erlebnissen.

So beruhten die Axiome und Definitionen der *Mathematik* auf der letzten, nicht weiter ableitbaren Voraussetzung, daß eine Größe, sei es nun eine Figur oder eine Zahl, einer anderen gleich sei (S. 204 ff.). Diese letzte Voraussetzung lasse sich nicht beweisen, da wir unsere Auffassung von Verschiedenheit und Gleichheit auf nichts zurückführen könnten, das wir noch besser kennen als diese Auffassung. — Entsprechendes gelte auch für die *Logik;* diese beruhe ebenfalls auf Verschiedenheit und Gleichheit (S. 180, 206). In der *Realwissenschaft* bestehe das „Verstehen", das „Erkennen" einer Erscheinung darin, sie teils mittels unserer Auffassung von Verschiedenheit und Gleichheit von etwas Unbekanntem auf etwas Bekanntes und teils sie als Wirkung auf eines oder mehrere frühere Glieder zurückzuführen, d. h. die Erscheinungen in gesetzmäßigen Verbindungen mit anderen zu sehen. Auch in der Realwissenschaft seien die letzten Voraussetzungen, bei denen alle Beweisketten enden würden, die Wahrnehmung gewisser Gleichheiten und Verschiedenheiten und gesetzmäßiger Zusammenhänge in ihrer Verbindung mit Zeit und Raum. So führe die *Physik* alle Veränderungen im physischen Bereich letzten Endes auf Bewegungen von mehr oder weniger großen Körpern zurück, zwischen denen wir gewisse gesetzmäßige oder statistisch häufige Zusammenhänge feststellten (S. 208, 334). Die Erscheinung, daß jeder Stoff sich im Verhältnis zu anderem Stoff bewege, müsse als eine materielle Urerscheinung angesehen werden, wie die, daß Stoff Ausdehnung habe.

In der *organischen* Welt (S. 316) sei das Leben die letzte, nicht weiter definierbare Erscheinung, bei der alle Erklärungsversuche endeten.

Auch in unserer eigenen inneren *psychischen Welt* erlebten wir nur Sinnesempfindungen und andere Erscheinungen in Gleichheiten und Verschiedenheiten und in gesetzmäßigen Zusammenhängen. Wenn wir sagten, unsere Muskelkraft setze unseren oder andere Körper in Bewegung, so bedeute dies lediglich, daß wir erlebten, wie gewisse Empfindungen von Muskelspannung gewissen Bewegungs- und Berührungsempfindungen in einem vielfach erfahrenen gesetzmäßigen Zusammenhang zeitlich folgten. Wie unser Wille — ein rein inneres, psychisches Erlebnis — die sogenannte Muskelkraft hervorrufen könne und wie unsere Muskelkraft Körper in Bewegung setze, wüßten wir in Wirklichkeit nicht. Gleiches gelte von der Frage, wie Sinnesempfindungen in uns hervorgerufen werden usw. Denken, Gefühl, Stimmung, Willensentschlüsse u. ä. würden von uns psychische Erscheinungen genannt im Gegensatz zu den räumlichen Gegenständen und ihren Bewegungen; und wir könnten in ihrem Auftreten gewisse Gesetzmäßigkeiten feststellen. Was das Psychische aber sei, sei uns ebenso unbekannt, wie das Physische (Bewegung, Stoff). Auch das Psychische könnten wir nicht durch etwas definieren, das wir noch besser kennen (S. 335 ff.). Die Auseinandersetzung zwischen *Determinismus* und *Indeterminismus* drehe sich deshalb um ein Scheinproblem, das daher rühre, daß beide Richtungen Erscheinungen erklären wollten, die zu den letzten, irreduktiblen Erscheinungen des Universums gehören: dem Psychischen und den gesetzmäßigen Zusammenhängen innerhalb des Physischen. Das Problem sei unlösbar und könne höchstens Gegenstand unnützer Spekulation sein. Darüber zu philosophieren sei genau so wenig lohnend, wie die Frage, was das Physische, was Stoff, was Ausdehnung sei. In den Realwissenschaften — Geschichte, Rechtswissenschaft, Psychologie, Psychiatrie etc. — genüge es, festzustellen, daß es gewisse gesetzmäßige Zusammenhänge — hier also — zwischen menschlichen Gefühlen, Stimmungen, Leidenschaften und Handlungen gebe und daß gewisse Charaktere mit diesen oder jenen Eigenschaften wahrscheinlich geneigt sein würden, sich auf diese oder jene Weise zu benehmen, und in diesen oder jenen Fällen Handlungen zu begehen oder zu unterlassen. Darauf beruhe die Möglichkeit, daß wir bis zu einem gewissen Grade menschliches Verhalten überhaupt voraussehen könnten. Diese Möglichkeit sei bei jeder praktischen *Menschenkenntnis* und bei der Behandlung von Menschen, z. B. für die Erziehung und für die Strafprinzipien der Gesellschaft und andersartigen Beeinflussungen der Verbrecher von der allergrößten Bedeutung.

Indessen seien die seelischen Zusammenhänge *weit komplizierter* als die physischen. Deshalb sei es auch weit schwieriger, den wirklich gesetzmäßigen Zusammenhängen zwischen den Beziehungen, die wir Ursache und Wirkung nennen, nachzuspüren, als in der Natur. Oft müßten wir uns mit statistisch häufigen oder regelmäßigen Verbindungen begnügen.

Schließlich müsse man sich bewußt sein (S. 203), daß auch die *Erkenntnislehre* und -psychologie auf der Anwendung der sechs Erkenntnisfaktoren selbst nicht — wie es die bisherige Erkenntnislehre getan habe — zu kritisieren vermögen. Jedwede Behauptung, daß diese Faktoren uns die innerste Wirklichkeit des Universums oder das Gegenteil zeigten, daß sie oder einige von ihnen subjektiv oder apriorisch seien, sei unbeweisbar, da sie auf der Grundlagenillusion beruhe, wir seien imstande, die Erkenntnisfaktoren selbst zu beurteilen oder zu kritisieren.

IV. Wissen und Wertung

1. Das Ergebnis der bisherigen Untersuchungen scheint für die Wissenschaft wenig ermutigend zu sein: In allen Wissenschaftsbereichen führt jede Erkenntnis, jede Beweisführung als Wiedererkennung von Glied zu Glied schließlich auf unsere letzten Erkenntisfaktoren zurück. Diese Grundvorstellungen jeder Wissenschaft: Gleichheiten und Verschiedenheiten und gesetzmäßige Zusammenhänge in Raum und Zeit zwischen unseren Sinnesempfindungen können durch keinen weiteren Wiedererkennungsakt bewiesen werden. Wir wissen nicht, ob sie uns eine wahre Erkenntnis des Daseins vermitteln. Zu der Behauptung von Sokrates, daß wir nichts wissen, müsse — meint *Kruse* — gesagt werden, daß wir nicht einmal dies wissen.

Bedeutet dieses Ergebnis: daß sich die letzten Grundlagen der Wissenschaft nicht beweisen lassen, nun, daß alle Wissenschaft schließlich völlig im Ungewissen und Unsicheren schwebe, so daß also doch die Relativisten und Skeptiker recht hätten? Bedeutet es, daß angesichts dieses unsicheren Bodens der Wissenschaft die subjektivsten und willkürlichsten Weltanschauungen, die mysthischen Vorstellungen gewisser sozialer und religiöser Richtungen ebenso gut seien wie die Grundvorstellungen der Wissenschaften, da ja keine von ihnen bewiesen werden kann? So daß schließlich der einzige Beweis für die Richtigkeit einer Anschauung darin besteht, daß sie sich auf sozialen, moralischen, wissenschaftlichen Gebieten durchsetzt und allen jenen, die ihr nicht folgen, notfalls mit Gewalt aufgezwungen wird?

2. *Kruse* versucht, dieser Schicksalsfrage der Menschheit, der in der heutigen großen Kulturkrise eine besondere Bedeutung zukomme, durch eine weitere Orientierung innerhalb der Erkenntnispsychologie beizukommen (S. 227 ff.): Ein wesentliches Hindernis für die Gewinnung eines weiteren Horizonts in der Erkenntnislehre habe bisher darin bestanden, daß selbst die größten Denker durch allzu bruchstückhaftes, die großen Zusammenhänge nicht sehendes Denken die tiefsten Trennungen zwischen Phänomenen festgelegt hätten, die im Leben einen innigen Zusammenhang aufweisen. So habe eine allzu scharfe Sonderung zwischen den sinnlichen Empfindungen und den Relationen die unglücklichsten Konsequenzen nach sich gezogen. Es gebe aber noch eine andere gewaltige Trennung zwischen organisch eng zusammenhängenden Erscheinungen, die das Denken der letzten Jahrhunderte geprägt habe: die Trennung zwischen unserem *Erkennen, Fühlen* und *Wollen* oder — wenn man eine Zweiteilung verwende, die den Gegensatz zwischen der Erkenntnisseite und der anderen Seite der menschlichen Natur festhalte — die Trennung zwischen dem Vorstellungsleben i. w. S., d. h. Sinnesempfindungen, Vorstellungen und Relationen, und dem Gefühls- und Willensleben. Diese beiden Seiten der menschlichen Natur gehörten in Wirklichkeit wie die Sinnesempfindungen und Relationen organisch zusammen. Nach der Ansicht *Kruses* würden unsere wissenschaftlichen Grundbegriffe ohne diese gefühls- und willensmäßige Reaktion des menschlichen Geistes gar nicht entstehen können. Schon aus seinen bisherigen Untersuchungen ergebe sich, daß zwischen der Entstehung des Wirklichkeitsbegriffes und unserem Fühlen und Wollen ein enger Zusammenhang bestehe, und daß unsere Kausalvorstellung zu allererst aus unseren Erlebnissen des Schmerzes und unserer Willensentschlüsse entstehe. Gefühls- und Willenselement seien aber noch tiefer mit der menschlichen Erkenntnis verwurzelt. Wenn wir während der Entwicklung des menschlichen Geistes durch die Jahrtausende allmählich dazu gekommen seien, sinnlich wahrzunehmen, zwischen den einzelnen Sinnesempfindungen zu unterscheiden und zu vergleichen, sie nach Verschiedenheiten zu gruppieren (Allgemeinbegriffe) und sie in ihren gesetzmäßigen Zusammenhängen aufzufassen, so könne — zutiefst gesehen — das einzige Motiv, die einzige Begründung dafür die sein, daß diese Erkenntnisakte von Gefühlen begleitet worden seien, die für die Menschheit im Laufe der Zeiten und in einer Summe genommen überwiegend solche der Zufriedenheit gewesen seien.

Andere Erklärungsversuche seien lediglich Umwege. So müsse die Auffassung, wir würden uns deshalb an unsere Erkenntnisfaktoren halten, weil die Wirklichkeit uns die sinnlichen Empfindungen im Zusammenhang der Relationen aufzwinge, schließlich bei der Erklärung enden, daß wir letztlich uns deshalb vor dieser Wirklichkeit beugen und mit ihr abfinden, weil wir erkannt hätten, daß es für uns das Beste sei: durch Jahrtausende in Schmerz und Lust, durch unzählige Erlebnisse in Leid und Zufriedenheit hätten wir erfahren, daß die Wirklichkeit: unsere Sinnes- und Selbstwahrnehmungen im Zusammenhang der Relationen der beste Boden sei, auf dem wir unser Leben und unsere gesamte Tätigkeit aufbauen müssen, wenn wir die größtmögliche Befriedigung unseres Bedarfs und die relativ geringsten Leiden erreichen wollten.

Die Erklärung *Kants,* die Relationen seien subjektive Formen unserer Anschauung oder unseres Verstandes scheitere nicht nur an ihrer Unbeweisbarkeit, sondern auch daran, daß sie allzu einseitig lediglich die intellektuelle Seite des Erkenntnisvorganges berücksichtige. Auch Kants Auffassung verkenne, daß unsere Erkenntnis letztlich nicht durch den intellektuellen Teil des Menschen allein, sondern durch den ganzen Menschen, durch die gesamte Fähigkeit des Menschen, zu empfinden, zu erkennen und zu wollen, in gemeinsamer Zusammenarbeit begründet worden sei (S. 230, 265).

3. In der Tiefe unseres Seelenlebens seien unser Vergleichen und Unterscheiden, unsere Auffassung gesetzmäßiger Zusammenhänge, unsere Gefühle und unsere Willensentschlüsse auf das engste miteinander verknüpft (S. 231 ff.). In ihrem Zusammenspiel verberge sich ein Grundvermögen, das schwierig zu erfassen sei, das aber wahrscheinlich die Quelle aller menschlichen Erkenntnis und menschlichen Handelns darstelle:

Wir unterscheiden 1. zwischen den verschiedenen Sinnesempfindungen und zwischen Empfindungen unter ihnen, die mit dem Gefühl der Befriedigung oder der Lust[12] verbunden seien und jenen, die Unlust und Schmerz verursachen; 2. entdecken wir Gleichheiten zwischen den beiden Gruppen, wenn die entsprechenden Sinnesempfindungen wiederkehren. Gleichzeitig nehmen wir wahr, daß diese Lust und Unlust verursachenden Sinnesempfindungen 3. in regelmäßigen Verbindungen zurückkehren; 4. zeigt sich, daß der Mensch eine Fähigkeit besitzt, diejenigen Verbindungen von Sinnesempfindungen *im voraus zu wählen,* die Gefühle der Befriedigung verleihen, und jene zu meiden, die Unlust und Schmerz erregen. *Kruse* bezeichnet diese Wahl als *Willensakt.* Diesen komplizierten psychischen Prozeß, dieses Grunderlebnis müsse man sich als einheitlichen Vorgang denken, den man vielleicht am besten mit dem Wort „*Vortasten*" umschreiben könne. Dieses *Urvermögen* sei der Lebensnerv in uns, der Keim alles menschlichen Handelns und Erkennens.

Der Organismus taste sich unwillkürlich zu dem Verhalten vor, das seine Bedürfnisse am besten befriedige, sei es nun durch Handeln oder durch passive Einstellung. Er erlebe einen Schmerz oder eine Befriedigung und fühle sich nun unwillkürlich zu denjenigen Elementen seiner Umgebung

---

[12] Nur der Abkürzung wegen gebraucht *Kruse* das Wort Lust an Stelle des Wortes Befriedigung. Letzteres hält er für seine Darlegungen für geeigneter, da es umfassender sei: Befriedigung lebenswichtigen Bedarfs suche der Organismus unabhängig davon, ob diese Befriedigung im Augenblick der Befriedigung mit irgendeinem Lustgefühl verbunden sei oder nicht. Befriedigung umfasse sowohl die Entfernung von Schmerz als auch die Erzielung von Lustgefühlen.

vor, die Schmerz oder Befriedigung verleihen, also zu dem, was wir später Ursache nennen. Und gleichzeitig erlebe er ein instinktives Wirken in sich selbst zur Abwehr des Schmerzes oder zur Erreichung der Befriedigung, indem der Organismus die Fähigkeit in sich entdecke, sich in der Umwelt zu bewegen und mit Hilfe der von ihm beherrschten Bewegungen Schmerz zu meiden und Befriedigung zu erzielen. Auf einer höheren Entwicklungsstufe vollziehe der Mensch diese Wahl der Bewegungen bewußter auf der Grundlage unserer beiden wichtigsten Erkenntnisfaktoren zur Abwehr von Gefahren und zur Befriedigung der Bedürfnisse, und zwar in der Form, die wir *Arbeit* nennen. Im Laufe der Jahrtausende habe sich somit das Urvermögen in immer höherem Maße zu einem planmäßigen und bewußten Vorarbeiten entwickelt. Wenn gesagt werde, unser Urvermögen sei die Triebkraft allen menschlichen Fortschritts, so gelte dies insbesondere auch der Wahl unserer *Erkenntnis.* Auf der ersten Stufe, in der ersten Reaktion alles Lebenden sei Unterscheiden und Vergleichen gewiß nichts anderes als ein Unterscheiden und Vergleichen zwischen Lust und Unlust. Was später zu zwei verschiedenen Erscheinungen werde, die voneinander getrennt werden können, nämlich in einen intellektuellen und einen gefühlsmäßigen Teil der Lust und der Unlust, stellten von Anfang an nur zwei Seiten derselben Urerscheinung dar. Aber in diesem einfachen Erlebnis der Lust und der Unlust habe gleichzeitig ein Unterscheiden gelegen zwischen dem Ich, das Lust und Unlust empfand, und Etwas, das dem Ich Lust und Unlust verursachte: der Umwelt. Hier nun habe unser Urvermögen seine volle Wirkung entfaltet: Durch allmähliches, von zahllosen Enttäuschungen immer wieder zurückgeworfenes Vortasten hätten wir erfahren, daß der ständige Wechsel von Lust und Unlust von Sinnes- und Selbstwahrnehmungen herrühre, die unaufhörlich in Gleichheiten und Verschiedenheiten und regelmäßigen Verbindungen wiederkehrten; gleichzeitig hätten wir eine Fähigkeit, eine Macht in uns erlebt, „durch einen ungewissen Sprung in die Zukunft eine bestimmte Verbindung zu *wählen*", unsere Wahrnehmungen in der bestimmten gesetzmäßigen Verbindung zu wollen und zu verwirklichen, die uns die größte Befriedigung vermittele.

4. Weiterhin habe der Mensch erfahren, daß er imstande sei, in die gesetzmäßigen Zusammenhänge der Natur aktiv *einzugreifen* und durch planmäßige Handlungen gewisse von uns gewünschte Wirkungen hervorzurufen *(feststellendes Experiment).* Hierbei sei entdeckt worden, daß wir durch das Experiment Wirkungen hervorzurufen vermögen, die der gesamten Menschheit zum Nutzen gereichen *(wertendes Experiment).* Indem der Mensch sich in dieser Weise zu seinen Erkenntnisfaktoren und dem darauf aufbauenden Wirklichkeitsbegriff vorgetastet und diese Erkenntnisfaktoren immer bewußter eingesetzt habe, sei es ihm allmählich gelungen, die Natur unter seine Herrschaft zu bekommen, eine Herrschaft, die die Quelle so zahlloser nützlicher Wirkungen für die Menschheit sei. Es habe sich gezeigt, daß allein die unerschütterliche *Wirklichkeit* der Welt und ihr gesetzmäßiger und logischer Zusammenhang uns Sicherheit und Ruhe als Grundlage aller Handlungen und des gesamten Denkens und Waltens unseres ganzen Lebens geben könne. Mit dieser von unserem Wollen und Wünschen unabhängigen Wirklichkeit sei ein *Wahrheitskriterium* entstanden, das insofern absolut sei, als die Wahrheit einer jeden Anschauung, Vorstellung und Theorie zunächst danach beurteilt werden müsse,

ob sie mit dieser Wirklichkeit in ihren Gleichheiten und Verschiedenheiten und gesetzmäßigen Zusammenhängen übereinstimme (S. 241 ff., 274). Nehme man die Geschichte der Menschheit als Ganzes, so zeige sich, daß die Gefühle der Befriedigung, die die Menschheit mit den Erkenntnisfaktoren und dem sich darauf gründenden Wirklichkeitsbegriff verknüpft habe, in der Tiefe und Breite eine weit festere Grundlage gehabt hätten, als dies bei jeder anderen konkreten Anschauung der Fall gewesen sei. Zwar sei es immer wieder vorgekommen, daß konkrete Anschauungen und Weltanschauungen die Gefühle der ganzen Menschheit beherrscht hätten. Dies sei jedoch immer nur eine gewisse Zeit hindurch so gewesen, schließlich seien die Anschauungen stets wieder verschwunden, „wie das Unkraut, das heute auf dem Felde wächst und morgen verbrannt wird". Die Erkenntnisfaktoren jedoch hätten allen Anfechtungen zum Trotz ihre Bedeutung behalten, sie und der Wirklichkeitsbegriff seien „wie eine Mauer, die sich die tiefste Befriedigung der Menschheit errichtet" habe, „um gegen alle willkürlichen und phantastischen Anschauungen geschützt zu sein".

Auf die Frage: Warum folgen wir unseren Erkenntnisfaktoren? gibt es nach der Ansicht von *Kruse* somit nur eine einzige Antwort: weil wir uns durch zahllose Erlebnisse der Befriedigung und des Schmerzes Jahrtausende hindurch zu diesen Grundvorstellungen vorgetastet haben als denjenigen, die — fasse man das Leben der Menschengeschlechter als Summe auf — ein Maximum der Befriedigung und ein Minimum des Schmerzes vermittelt haben. Nicht nur in bezug auf die Wahl dessen, was wir im tagtäglichen Handlung und Unterlassung nennen, sagt uns unser Gefühl und unser Willensentschluß, welche Handlung oder Unterlassung von uns vorzuziehen sei: in allen Erkenntnisakten, bei jedem Vergleichen und Unterscheiden und bei jeder Kausalerkenntnis sind es letzten Endes unser Gefühl und der damit verbundene Willensentschluß, die bestimmen, daß wir den erwähnten Erkenntnisfaktoren und dem durch sie ausgelösten Willensentschluß folgen *sollen* und *müssen.* Hieraus folgt, daß die scharfe Sonderung der bisherigen Philosophie zwischen *Sein* und *Sollen,* zwischen Erkenntnis und Wertung, zwischen der intellektuellen und gefühlsmäßigen Seite der menschlichen Natur eine abstrakte und schematische Sonderung von Erscheinungen ist, die im Leben eng miteinander verbunden sind. Denn in Wirklichkeit verhält es sich so, daß unsere Erkenntnisfaktoren und damit die auf ihnen aufbauenden Erkenntnisse, unser Wirklichkeitsbegriff und sogar unsere logischen und mathematischen Axiome in letzter Instanz durch unser Fühlen und Wollen bestimmt werden. Nur scheinbar liegen in diesen Grundvorstellungen selbstverständliche Wahrheiten, die über alle Erfahrung erhaben sind. In Wirklichkeit sind sie erst das Ergebnis eines mühseligen Vortastens. Wahrheitsgetreu können wir somit sagen, daß alle Wissenschaft, jede Erkenntnis, „daß etwas sei", ihre letzte Begründung in einem „muß" der Menschheit hat. Der Satz z. B., daß Metall B bei y Grad schmelze, ist Ausdruck dafür, daß wir Sinnesempfindungen gehabt haben und daß gewisse gesetzmäßige Zusammenhänge und Gleichheiten und Verschiedenheiten in ihnen vorhanden sind und daß wir diesen Erkenntniselementen deshalb vertrauen, weil die Menschheit durch ihre gesamte Entwicklung sich dahin vorgetastet habe, daß wir unseren Erkenntnisfaktoren und dem durch sie gebildeten Wirklichkeitsbegriff folgen *müssen.*

5. Aber *Kruse* hält die scharfe Sonderung zwischen Sein und Sollen noch aus einem anderen — vielleicht noch bedeutsameren — Grund für unberechtigt. Es zeigt sich nämlich, daß die Individualethik und die Sozialethik nach der gleichen Methode wissenschaftlich begründet werden können, wie die angewandten Naturwissenschaften: Hinter allen menschlichen Fortschritten liegt der planmäßige Eingriff in den gesetzmäßigen Zusammenhang der Natur, jener Eingriff, der das Wesen des Experiments, sowohl des feststellenden als auch des wertenden, ausmacht. Die Entdekkung des Feuers z. B. ist darauf zurückzuführen, daß der Mensch in den Urzeiten beobachtete, wie zwei gegeneinanderschlagende Steine Feuer hervorbrachten. In einem feststellenden Experiment ahmte er die Natur nach. Aber er erreichte auch bald das wertende Experiment, indem er die durch das Aneinanderschlagen der Steine entstandenen Feuerfunken verwandelte, um ein Feuer anzuzünden, das ihn erwärmen konnte. Durch ähnliche Experimente entdeckten die Menschen, daß sie die Dinge, die Stoffe der Natur beeinflussen und umgestalten konnten, um daraus ihnen nützliche Gegenstände, wie Geräte, Kleider, Waffen, Boote, Schiffe etc., herzustellen. In derselben Weise — durch das feststellende und wertende Experiment — entwickelten sich u. a. auch alle Gewerbe und die angewandten oder technischen Wissenschaften.

Auf einer höheren Entwicklungsstufe entdeckte der Mensch, daß er durch Beobachtung und Ausnützung gesetzmäßiger Zusammenhänge innerhalb seines Körpers Wirkungen zu dessen Gunsten hervorbringen kann. Die Entwicklung der dadurch entstandenen Medizin führte unwillkürlich auch zur Wahrnehmung und Ausnutzung gesetzmäßiger Zusammenhänge im *seelischen* Bereich. „Wenn die Physiologie durch das feststellende Experiment und die Medizin durch das wertende Experiment konstatieren, daß die Aufnahme gewisser Stoffe in den Organismus eine vorteilhafte Wirkung, die Aufnahme anderer Stoffe aber, wie z. B. Alkohol und Kokain in größeren Mengen, eine schädliche Wirkung auf den Organismus ausübt, werden wir gleichzeitig dazu genötigt, gewisse seelische Zusammenhänge zu beobachten und festzustellen, daß der Mensch bis zu einem gewissen Grade im Stande sei, eine Wahl unter diesen Wirkungen zu treffen und dadurch seine Neigung zum übertriebenen Gebrauch der genannten Genußmittel zu beherrschen" (S. 243). Dieses Beispiel zeigt, wie mit Hilfe von feststellenden und wertenden Experimenten ähnlich wie in der Physiologie, Medizin und Psychologie Sollensvorschriften der Individualethik begründet werden können. Nach der Auffassung von *Kruse* sind auch die anderen Grundsätze der Ethik und des Rechts auf die gleiche Weise zu entwickeln. Nur eine objektive, auf dem feststellenden und wertenden Experiment aufbauende, wissenschaftliche Untersuchung der seelischen und gesellschaftlichen Phänomene und ihrer gesetzmäßigen Zusammenhänge könne der Lebensführung und dem Zusammenleben der Menschen den richtigen Weg weisen. Bisher fehle es hier meist an wissenschaftlich genauen Prüfungen und Erfahrungen. Die bisherige philosophische Ethik sei überwiegend ohne jede wissenschaftliche Begründung vorgegangen. Eine solche fehle auch den Glaubenssätzen der ererbten Moral und der Religion, die jedoch mit Ehrfurcht aufzunehmen seien, weil sie die Erfahrungen der Menschheit durch Jahrtausende verkörperten.

In der bisherigen geschichtlichen Entwicklung haben sich die Menschen nach den Ausführungen Kruses zu *zwei Fundamentalnormen* vorgetastet, die sich für jedes Menschenleben als unentbehrlich erwiesen haben:

Was das Gebiet der *Individualethik* angeht, so hat der Mensch nur mittels des feststellenden und wertenden Experiments entdeckt, daß er bis zu einem gewissen Grade imstande ist, sein Seelenleben zu beherrschen, daß er seine Gedanken, seine Leidenschaften und Wünsche in bestimmte Richtungen leiten und von anderen — erfahrungsgemäß schädlichen — fernhalten könne. Die Eigenschaften, die der Mensch dabei entwickelt habe und die wir *moralisch* und in ihrer Summe *Charakter* zu nennen pflegen, sind in all ihren verschiedenen Formen „ebenso notwendig aus dem feststellenden und wertenden Experimentieren der Menschen wie Geräte, Wagen ... und die gesamte spätere Technik und Wissenschaft aus dem Urgrunde des Lebens erwachsen". Jede menschliche Lebenserfahrung zeigt, daß die Charakterbildung, die „eine Frucht der langen Entwicklung auf dem Leidensweg der Menschheit ist". „eine allesentscheidende Bedeutung dafür hat, was der einzelne aus seinem Leben macht".

Dem Charaktergesetz in der Individualethik steht das allgemeine Schädigungsverbot in der *Sozialethik* als Fundamentalnorm gegenüber (S. 245 ff.). Auch hier haben sich die Menschen durch vielfältiges feststellendes und wertendes Experimentieren Jahrtausende hindurch, oftmals erst unter vielen Leiden zu einem anderen, unentbehrlichen Kulturwert vorgestastet: nämlich zur *menschlichen Gesellschaft.* Im Kampfe gegen mannigfaltige Gefahren der umgebenden Natur, im Streben, uns die Erde untertan zu machen, hat sich die Erscheinung, die wir Gesellschaft nennen, als die wichtigste Wehr und der beste Schutz der Menschheit, als das einzige Mittel zur Sicherung des Arbeitsfriedens und des Lebens des einzelnen erwiesen. Neben der Aufgabe, eine Wehr gegen die Gefahren der Natur und eine organisierte Verwertung ihrer Kräfte zu schaffen, hat es die Gesellschaft sich zur zweiten Aufgabe gemacht, durch eine starke Gesellschaftsmacht die Menschen daran zu hindern, sich gegenseitig zu schädigen.

Das Gebot: Du sollst den anderen nicht schädigen, muß als das Grundgesetz aller menschlichen Gemeinschaft angesehen werden, als ein Gesetz, ohne das keine Gesellschaft bestehen könnte, und ohne dessen Geltung die Menschheit zugrundegehen oder auf die Stufe des Raubtiers hinabsinken müßte. Für die Unentbehrlichkeit dieses Grundgesetzes legen alle Straf- und Entschädigungsgesetze im Laufe der Zeiten „einen einzigen gewaltigen Beweis ab". Ob es die Gesetze *Hammurabi, Mosis* oder *Manus* sind oder ob wir in die Strafgesetze der modernen Staaten schauen: stets lautet das elementare Gebot, auf das sich alle Spezialregeln wie: Du sollst nicht töten, stehlen, beleidigen etc., zurückführen lassen: Du darfst Deinen Nächsten nicht schädigen. Dieses Gebot ist ein leitender Grundsatz für alle rechtlichen und moralischen Regeln des menschlichen Zusammenlebens. Sucht man nach dem Grund für die allgemeine Geltung dieses Gebots, so findet man ihn einmal darin, daß die allgemeine Durchführung dieses Gesetzes den Menschen jene Leiden erspart, die sie sich andernfalls zufügen würden und zum anderen darin, daß durch seine Geltung der Arbeitsfriede des einzelnen gesichert wird. Während in früheren Zeiten den Menschen viel kostbare Arbeitszeit dadurch verloren ging, daß sie „mit der Maurerkelle in der einen Hand und mit dem

Schwerte in der anderen arbeiten" mußten, indem sie sich gleichzeitig mit der Arbeit unaufhörlich gegen Feinde von außen wehren mußten, sichert die Gesellschaft in der Gegenwart den Arbeitsfrieden des einzelnen dadurch, daß sie selbst „das Schwert übernommen" hat und mit harten Mitteln gegen die vorgeht, die gegen das Grundgesetz verstoßen.

An der Herausbildung dieser beiden Grundsätze wird deutlich, wie sich *Kruse* den Weg der Ethik und der Rechtslehre als Wissenschaft denkt: Beide müssen ihr Ziel nüchtern und realistisch auf solche Aufgaben beschränken, die eben wegen ihres stark begrenzten Charakters ebenso sicher begründet werden können wie jede andere Wissenschaft. Ebenso wie die anderen Wissenschaften in ihren „Bekanntheitsprozeß" auf einzelne letzte Glieder zurückgeführt werden, die auf dem gewöhnlichen Wege nicht bewiesen, sondern nur aufrechterhalten und begründet werden können, weil sie sich als für die Existenz und den Fortschritt der Menschheit als unentbehrlich erwiesen haben, ebenso müssen Ethik und Rechtslehre auf einzelne letzte Glieder, einzelne fundamentale Grundsätze gegründet und beschränkt werden, die für die Menschheit ebenso unbestreitbar sind, wie die letzten Grundlagen der Wissenschaft, und die wie diese allein durch ihre Unentbehrlichkeit begründet werden können.

An eine zukünftige Ehtik sei die Forderung zu stellen, daß sie sich mit solchen Aussagen bescheide, die objektiv mit den erwähnten Experimentalmethoden begründet werden können. Hierzu sei es notwendig, daß sie die abstrakten und unfruchtbaren Höhen der bisherigen Ethik verlasse und mit den in ihren Bereich hineinragenden Erfahrungswissenschaften, wie Psychologie, Psychiatrie, Medizin und Rechtswissenschaft, eng zusammenarbeite.

V. Ethik und Recht im System der Wissenschaften

1. Beschreibende und wertende Wissenschaften (S. 284 ff.)

Unser Wissen von der Wirklichkeit umfaßt — wie dargelegt — das Dasein in einem großen Zusammenhang von vergangenen, gegenwärtigen und zukünftigen Gleichheiten und Verschiedenheiten und gesetzmäßigen Zusammenhängen. Die *beschreibende* Wissenschaft äußert sich in drei verschiedenen Urteilsformen über die Wirklichkeit: 1. daß etwas *sei*, 2. daß etwas *gewesen sei*, und 3. das etwas den gesetzmäßigen Zusammenhängen nach *sein werde*. Das *wertende* Experiment stellt eine 4. *Art* der wissenschaftlichen Behauptung (Wissen 4) dar. Es handelt sich hierbei um eine kompliziertere Gedankenform, die der dritten Wissensform (Wissen 3) am nächsten kommt. Ihr besonderes Merkmal besteht darin, daß hier der Mensch *bewußt* in den Naturverlauf *eingreift* und diesen nach einem Zweck leitet, den die Natur an sich außerhalb der Menschennatur (und der organischen Natur) nicht hat. Sie erfordert deshalb eine andere sprachliche Form, als die Wissensformen 1—3. Um die zweckbestimmte, experimentelle Ausnutzung der gesetzmäßigen Zusammenhänge der Natur zum Ausdruck zu bringen, faßt *Kruse* diese Wissensform in einen bedingten Satz *„wenn* der Mensch die Veränderung b hervorrufen *will, muß* er zuerst die Ursache a hervorbringen", oder mit anderen Worten: „Der Mensch muß die Ursache a in Bewegung setzen, um die Wirkung b hervorzurufen". Diese Wissensform stellt — wie oben näher ausgeführt wurde

— in aller menschlichen Arbeit, in den technischen Naturwissenschaften und in der Medizin die herrschende Gedankenform dar. Und sie muß — so fordert *Kruse* — in Zukunft auch in der Ethik und in der Rechtslehre vorherrschen, sollen diese nicht in den abstrakten und unfruchtbaren Höhen der bisherigen Ethik verharren. Die wissenschaftliche Ethik kann *keine absoluten Gebote* aufstellen, wie dies z. B. die Moral der Religionen und die apriorische Pflichtethik *Kants* mit dem kategorischen Imperativ tun. In diesem Sinn kann keine auf wissenschaftlicher Basis arbeitende Ethik die Worte: „Du sollst", „Du mußt" auffassen. Auf wissenschaftlicher Grundlage läßt sich nur ein — von *Kruse* sogenannter — *hypothetischer Imperativ* begründen, die Ethik vermag den Menschen lediglich zu sagen: „Wenn Ihr diese oder jene schädliche Wirkungen oder Veränderungen in Eurem Leben vermeiden wollt, müßt Ihr diese oder jene Veränderungen oder Ursachen einsetzen, also praktisch gesprochen: Euch so oder so verhalten". Für die Ethik bedeutet das, daß diese hiernach nur eine seelische Heilkunde, eine Charakter- und Lebenslehre werden kann, die die Behandlung des Körpers durch die Medizin mit einer entsprechenden, erfahrungsmäßigen, experimentellen Behandlung der Seele fortsetzt. Entsprechend verhält es sich in der Sozialethik, die „der Gesellschaft und ihren Menschen nicht imperativ und absolut erklären kann: ‚Ihr dürft einander nicht schädigen', sondern viel bescheidener und nüchterner, rein wissenschaftlich: *wenn* die Gesellschaft eine Reihe von vorteilhaften Wirkungen — bezüglich Arbeitsteilung, Arbeitsfrieden, Verminderung der Leiden usw. — erzielen will, *muß* sie in allen ihren Gesetzen den Grundatz durchführen, daß die Menschen einander nicht schädigen dürfen". Ist man sich des hypothetischen, begrenzten Charakters ethischer Aussagen bewußt, so kann man durchaus auch weiterhin die bisher üblichen Ausdrücke *„sollen, müssen"* verwenden, genauso wie es in den anderen wertenden Wissenschaften zulässig ist, wissenschaftliche Aussagen in die hypothetische Satzform zu kleiden, also z. B. zu sagen: daß wir den Stoff x mit dem Stoff y mischen müssen, wenn wir den Stoff z erzeugen wollen, daß wir die Konstruktion x verwenden müssen, um einen bestimmten Brückenbau y zu schaffen usw. Der Grund dafür, daß die Wörter „sollen, müssen, dürfen" in der Ethik und in der Rechtslehre vor allem, wenn es um das Verhältnis zu anderen Menschen gehe, eine besondere Betonung erhalten haben („Du darfst nicht töten"), ist der, „daß der durch die experimentellen Erfahrungen der Jahrtausende gewonnene Grundsatz für alles Zusammenleben der Menschen: daß sie einander nicht schädigen dürfen, sich infolge seiner absoluten Notwendigkeit für alles menschliche Leben, für Arbeit und Fortschritt, dem menschlichen Gefühlsleben tief eingeprägt hat" (S. 301).

2. Nach dieser Orientierung versucht *Kruse*, den Standort der Ethik und der Rechtswissenschaft im *System der Wissenschaften* näher zu bestimmen:

Es ist zu unterscheiden zwischen zwei Hauptarten der Wissenschaften: den beschreibenden oder theoretischen und den experimentellen, wertenden oder auch praktischen oder angewandten Wissenschaften. Im großen ganzen entspricht jeder beschreibenden eine angewandte Wissenschaft. Die *beschreibenden* Wissenschaften sammeln Beobachtungen, stellen Verschiedenheiten und Gleichheiten und gesetzmäßige Zusammenhänge unter ihnen fest, einschließlich ihrer zeitlichen und räumlichen Zusammenhänge, und geben eine systematische Darstellung all dieser Erfahrungen. Zu dieser Gruppe gehören neben den beschreibenden Naturwissenschaften, wie z. B. Physik, Chemie, Mathematik etc., die „Humanwissenschaften", wie z. B. Anthropologie, Anatomie, Psychologie, Geschichte, Soziologie, positive Rechtswissenschaft (beschreibende Darstellung des geltenden Rechts)[18], Sozialökonomie etc. Die *angewandten* Wissenschaften verwerten die hierdurch erworbenen Erfahrungen, insbesondere die festgestellten gesetzmäßigen Zusammenhänge, indem sie — sei es nun mit Händen, Geräten, Maschinen und anderen technischen Mitteln oder aber durch psychische Einwirkung — in diese Zusammenhänge eingreifen und durch Herbeiführung bestimmter Ursachen bewußt und planmäßig bestimmte nützliche Wirkungen hervorrufen. Zu dieser Gruppe gehören außer den Ingenieurwissenschaften die Medizin, die Psychotherapie, die Individual- und Sozialethik, die Rechtslehre und die angewandte Sozialökonomie.

Es besteht kein Grund, hinsichtlich der wissenschaftlichen Methode zwischen den experimentellen Wissenschaften auf *physischem* und denen auf *psychischem* Gebiet einen Wesensunterschied anzunehmen (S. 295 ff.). Beide Wissenschaftsbereiche bedienen sich des feststellenden und des wertenden Experiments. Bei beiden ist es zweckmäßig, streng zwischen dem auf den bisherigen Erfahrungen fußenden, faktisch beschreibenden Wissen 1 und 2 und dem Wissen in der Bedeutung der Wissensformen 3 und 4 zu sondern. Ebenso wie die Naturwissenschaften müssen sich auch die Geisteswissenschaften erst vor Augen führen, was innerhalb des betreffenden Erfahrungsbereiches bisher faktisch geschehen ist, bevor sie zu Wissen 3 übergehen, d. h. ehe sie generelle Aussagen über die zukünftige — durch einen menschlichen Eingriff nicht gestörte — faktische Entwicklung machen; und ehe sie schließlich Behauptungen in der Bedeutung der Wissensform 4 aufstellen, also sich dazu äußern, welche Wirkung ein planmäßiges experimentelles Eingreifen des Menschen nach den bisherigen Erfahrungen haben wird. In der gleichen Weise müssen in Zukunft auch die Ethik und Rechtslehre verfahren: Auf der Grundlage der Untersuchungen der Psychologie, der Geschichte, der Soziologie, der positiven Rechtswissenschaften u. ä. über die tatsächlichen psychischen, gesellschaftlichen und rechtlichen Zusammenhänge müssen Ethik und Rechtslehre die dabei wahrgenommenen Erscheinungen in ihren zahllosen Gleichheiten und Verschiedenheiten und gesetzmäßigen Zusammenhängen zum Nutzen des Menschenlebens charakterlich und gesellschaftlich verwerten, indem sie sich dabei auf das wertende Experiment stützen. An Hand früherer Erfahrungen stellen wir fest, daß die Ausführung oder Unterlassung einer Handlung x die vorteilhafte Wirkung y nach sich zieht und daß die Ausführung der Handlung p die schädliche Folge q hat. Ergibt sich nun auf Grund dieser oder anderer Erfahrungen, daß zwischen x und y und zwischen p und q ein gesetzmäßiger Zusammenhang besteht, suchen wir künftig diejenigen Bedingungen herbeizuführen, die vorteilhafte, und die-

[18] In der positiven Rechtwissenschaft ist man sowohl bei der Auslegung geltender Gesetzesbestimmungen als auch bei der Vervollständigung der Gesetzgebung sehr oft in weitem Ausmaße genötigt, von der Rechtslehre auszugehen, mithin also das Wissen 4 anzuwenden (S. 297 ff.).

jenigen fernzuhalten, die schädliche Wirkungen erzeugen. Auf der Basis dieser Erfahrungen stellen wir eine ethische oder rechtliche Regel auf. Ethische und rechtliche Regeln sind somit das Ergebnis eines psychologischen Experiments, eines „psychologischen Analogons“ zu dem physikalischen oder chemischen Experiment. Von jeder konkreten Entscheidung in der Rechtswissenschaft, z. B. der Entscheidung einer Rechtssache durch den Richter, dem Rat eines Anwalts an seinen Klienten etc., nimmt *Kruse* an, daß sie Ausdruck eines Experimentalwissens von derselben Art seien wie die Entscheidung eines Arztes in bezug auf die Notwendigkeit einer Operation oder die eines Ingenieurs bezüglich der Brauchbarkeit einer Brückenkonstruktion u. ä. „Alle diese Entscheidungen fußen auf einer experimentellen Ausnutzung der gesetzmäßigen Zusammenhänge in der Natur, und sowohl der äußeren als der inneren, also auf einem Wissen, das auf vorzeitigen Erfahrungen gebaut ist, daß diese oder jene bestimmten Wirkungen eintreten werden, wenn man so oder so handelt“. Auch weitergehende rechtswissenschaftliche Abhandlungen, wie z. B. Gutachten über eine Gesetzesvorlage, stellen eine experimentelle Forschung dar, die — auf zahlreichen bisherigen Erfahrungen fußend — zu konstatieren versucht, „welche gesellschaftliche Behandlung, auch gesetzliche Ordnung genannt, die zweckdienlichste sei, d. h. die nützlichsten Wirkungen für die Gesellschaft mit sich führen würde, wenn diese oder jene bestimmte Änderung, auch Ursache genannt, eingesetzt wird“.

Nach der Ansicht *Kruses* erleidet der wissenschaftliche Charakter der Ethik und der Rechtslehre nicht dadurch Abbruch, daß in bezug auf wichtige Fragen dieser Gebiete oft sehr geteilte Meinungen herrschen. Die Meinungsverschiedenheiten seien eben ein Zeichen dafür, daß diese Wissenschaften in Gestalt des Menschen und der menschlichen Gesellschaft es mit besonders komplizierten Erscheinungen zu tun haben, die bis heute nur zum Teil erforscht seien. Im übrigen gebe es auch in anderen Wissenschaften, wie der Physik und der Medizin, gerade heute wieder stark voneinander abweichende Auffassungen über Einzelfragen. Angesichts dieser Schwierigkeiten sei es eben unbedingt notwendig, die ethischen Grundsätze strengstens auf das zu begrenzen, was die gesammelten experimentellen Erfahrungen auf diesem Gebiet als zwingend notwendig für die Aufrechterhaltung und das Wachstum des Menschenlebens erweisen.

Durch die neue Erfahrungsethik und Rechtslehre kann nach Ansicht von *Kruse* nicht nur eine Ethik der *Mittel*, sondern auch eine solche der *Zwecke* begründet werden (S. 312 ff.): Wie die körperliche Gesundheit der Menschen das ethische Ziel der Heilkunst darstellt, bilden die seelische Gesundheit und Zufriedenheit des Menschen im weitesten Sinne den Zweck der Individualethik; durch dieses Ziel: das Wohl des einzelnen, kommen wir zum Charaktergesetz. Der Zweck der sozialen Ethik läßt sich aus dem Zweck der Individualethik ableiten. „Der Mensch ist nicht um des Sabbathes willen, sondern der Sabbath um des Menschen willen da. In gleicher Weise ist der Mensch“ — entgegen der nicht begründbaren Behauptung gewisser Diktaturstaaten — „auch nicht um der Gesellschaft, sondern die Gesellschaft um des Menschen willen vorhanden“. Der Zweck der Sozialethik ist demnach die im Sinne des Zwecks der Individualethik möglichst gute Einrichtung der Gesellschaft. Diese Erwägungen führen zur Begründung des allgemeinen Schädigungsverbotes, dessen allgemeine Geltung unbedingte Voraussetzung dafür ist, daß die Menschen in Zufriedenheit leben können. Mit der gleichen Methode lassen sich weitere Zwecke der Ethik begründen, wie z. B. der gegenseitige Schutz der Menschen und der Grundsatz der Gleichberechtigung aller Menschen.

D. Stellungnahme zu dem Werk von Kruse

I. Bestätigung der Thesen Kruses durch die neuesten Forschungsergebnisse der philosophischen Anthropologie und anderer Humanwissenschaften

Das Ergebnis der Untersuchungen von *Kruse* läßt sich in drei Hauptthesen zusammenfassen:

1. Die Trennung *Kants* und der englischen Sensualisten zwischen den Sinnesempfindungen und den Relationen widerspricht der Wirklichkeit. Die Behauptung *Kants,* die Relationen Raum und Zeit, gesetzmäßige Zusammenhänge und Gleichheiten und Verschiedenheiten seien apriorische Formen unserer Anschauung und unseres Geistes, beruht auf einer petitio principii. In Wirklichkeit verkörpern die beiden zuletzt genannten Relationen Erkenntnisfaktoren, die unlösbar mit den Sinnesempfindungen verbunden sind. Wirklichkeitserkenntnis ist gleichbedeutend mit der Auffassung von Gleichheiten und Verschiedenheiten sowie gesetzmäßigen Zusammenhängen zwischen unseren Sinnes- und Selbstwahrnehmungen.

2. Auch die seit *Kant* herrschende Trennung zwischen Sein und Sollen, zwischen Erkennen, Fühlen und Wollen ist das Ergebnis einer wirklichkeitsfremden Abstraktion von Erscheinungen, die untrennbar miteinander zusammenhängen. Unsere Erkenntnis beruht letztlich ebenso auf einem „Soll" der Menschheit wie die Grundsätze des Rechts und der Ethik.

3. Die Methode der Rechtserkenntnis entspricht der der angewandten Naturwissenschaften. Während durch die Technik die physische Natur ins Lebensdienliche verändert wird, bedeutet das Recht einen Eingriff in die bestehenden Verhältnisse des sozialen Zusammenlebens. Die Notwendigkeit und die Art des Eingriffs ergeben sich aus Beobachtungen und Bewertungen vergangener, gegenwärtiger und zu erwartender Kausalzusammenhänge im psychologischen und sozialen Bereich.

Im folgenden soll gezeigt werden, daß moderne Forschungen der philosophischen Anthropologie, Psychologie und anderer Humanwissenschaften zu Ergebnissen gelangt sind, die denen der Untersuchungen *Kruses* — wenn auch häufig im Gewande anderer Formulierungen — im wesentlichen entsprechen.

1. Erkenntnisfaktoren: das Ergebnis von Wirklichkeitserfahrungen

Zur Begründung der oben angeführten These 1. hat *Kruse* psychologische Untersuchungen angestellt über die Entstehung der Erkenntnisfaktoren und über das Verhältnis zwischen den Sinnesempfindungen und den Relationen. Neuere Forschungen, insbesondere der Kinder- und Jugendpsychologie, die sich auf ein reiches Erfahrungswissen stützen, zeigen, daß die Fakten, die *Kruse* zum Beweise für die Richtigkeit seiner Ausführungen anführt, der Wirklichkeit entnommen sind. Es handelt sich dabei um Untersuchungen über die Entwicklung der menschlichen Erkenntnisfähigkeiten, des Wirklichkeitsbildes und der Sinneswahrnehmungen.

Im folgenden wird zunächst ein kurzer Überblick über diese Untersuchungen gegeben[14].

Das, was wir Erwachsenen in den Wahrnehmungen unmittelbar zu haben glauben, ist das Ergebnis eines langjährigen Erfahrungsprozesses, in dessen Verlauf sich unsere Sinne zunächst allein und später vom Denken unterstützt *aktiv* mit den Dingen auseinandersetzen und sie „in Erfahrung ziehen". Ebenso verhält es sich mit dem logischen Denken, dem Wirklichkeitsbild und unseren Zeit- und Raumvorstellungen. Auch die Formen unseres logischen Denkens und die von *Kant* so genannten Anschauungsformen sind dem Menschen weder angeboren noch in seinem Geist vorgeformt, sondern vielmehr die „Krönung der geistigen Entwicklung und der Abschluß einer aktiven Konstruktion und Auseinandersetzung mit der Umwelt", welche die „ganze Kindheit beansprucht" *(Piaget-Inhelder,* S. 276).

aa) In seiner ersten Begegnung mit der Wirklichkeit erkennt der Mensch als Säugling zunächst überhaupt nichts. Die Umwelt ist ihm ein „unendliches Überraschungsfeld", dessen Reize er als störend empfindet und mit Unlustreaktionen beantwortet[15]. Zu ersten Wahrnehmungen kommt es, wenn das Kind wenige Tage nach der Geburt dazu übergeht, die ihm angeborenen Reflexmechanismen, wie Saug- und Greifreflexe, einzuüben[16]. An Gegenständen, mit denen seine Lippen zufällig in Berührung kommen, lernt es die Saugbewegung an deren Form und Größe anzupassen und damit immer feiner die verschiedenen Reize zu unterscheiden. Hat das Kind auf diese Weise seine Greif- und Saugbewegungen einigermaßen steuern gelernt, „so beobachtet man" — wenige Monate später — „den merkwürdigen Prozeß der anscheinend lustvollen Wiederholung, der unermüdlichen Reproduktion". Das Kind „beginnt, aktiv zu werden, Betasten, Kriechen, Aufstehen und Einzelbewegungen der Glieder werden gelernt, und zwar in wiederholender Weise". *Gehlen* (a. a. O.) bezeichnet diese Erscheinung als ein „menschliches Urphänomen": „Die zur Plastizität und zur Selbstführung bestimmte menschliche Motorik muß sich zunächst selbst ergreifen und das Selbstgefühl der eigenen Tätigkeit ist die Lustquelle der Bewegungen. Dieses Selbstgefühl entsteht dadurch, daß irgendeine zufällig ablaufende Bewegung beim Umgang mit einem Gegenstand sensorisch reflektiert wird. In den dabei auftretenden Empfindun-

---

[14] Hierzu: *J. Piaget* und *B. Inhelder:* Psychologie der frühen Kindheit, S. 275 ff.; *A. Busemann,* Psychologie der späten Kindheit und des Jugendalters, S. 315 ff.; *A. Gehlen,* Der Mensch.

[15] *A. Gehlen,* Der Mensch, S. 131 ff.

[16] *Piaget-Inhelder,* S. 277.

gen erfährt das Kind einerseits die Besonderheiten des jeweiligen Gegenstandes, andererseits wird es sich seiner eigenen Bewegungen bewußt, es spürt, daß es diese übernehmen, einsetzen und mit ihnen den sensorischen Reizerfolg wiederholen kann. Hierdurch wird ein „entfremdetes Selbstgefühl der eigenen Bewegungen“ vermittelt, die sich an ihren sinnlichen Rückwirkungen und Begleitungen weitertreiben. Weil sie auf Sinneseindrücken und auf Bewegungen aufbauen, die den Reiz zur Fortsetzung selbst erzeugen, werden diese Bewegungsvollzüge *senso-* (oder *sensu-)motorische Kreisprozesse* genannt *(Gehlen,* S. 131 ff.; *Piaget-Inhelder,* S. 277 ff., 312). Solche Prozesse bauen sich aus, vermannigfaltigen sich notwendig, weil einerseits von ihnen neue Bewegungskombinationen entwickelt und andererseits auch neue Sacheindrücke hervorgerufen werden, die wieder reizen, sich darauf einzulassen. „Dieses produktive Umgangsverhältnis ist zugleich auch ein sachliches, in der Bewegung lernt das Kind, sich vorgreifend anf erwartete Dingveränderungen einzustellen“. Während das Kind die sensumotorischen Kreisreaktionen zunächst nur an zufällig ausgelösten Handlungen vollzog, geht es in der 2. Hälfte seines ersten Lebensjahres dazu über, die erlernten Handlungschemata absichtlich einzusetzen: Es entdeckt, daß ein einmal erfolgreich angewandtes Mittel immer wieder seinen Zweck erfüllen kann. Nach dem 9. Monat versucht sich das Kind in dieser Weise (d. h. absichtlich) auch an neuen Situationen. Es bahnt sich damit zugleich die nächste Entwicklungsphase an, in der das Kind mit den Dingen experimentiert und diese zu Werkzeugen werden läßt. Den Höhepunkt und Abschluß der sensumotorischen Phase erreicht das Kind mit dem Übergang vom sensumotorischen Intelligenzakt zur *Vorstellung.* Gegen Mitte des 2. Lebensjahres erlangen die sensumotorischen Intelligenzakte eine erstaunliche Sicherheit und Vollkommenheit. Ohne langwierige Vorversuche zu machen, versteht das Kind relativ schnell, sich neuen Situationen anzupassen. Der Grund dafür, daß das Kind die schon vorher erlernten Handlungsschemata rascher und vollkommener zu koordinieren und einzusetzen vermag, besteht darin, daß das Kind die Handlungsweisen *innerlich* vollzieht. Dieser innerliche Handlungsvollzug bildet den Beginn des Denkens, wenn auch nur mit Hilfe unvollkommener bildlicher Vorstellungen.

bb) Der Übergang vom sensumotorischen Handeln zum *anschaulich-symbolischen Denken* bedeutet den Beginn einer Verinnerlichung menschlichen Handelns, die das Kind in den Stand versetzt, Vergangenes wiederaufleben zu lassen und Zukünftiges vorwegzunehmen *(Piaget-Inhelder,* S. 312). Dieser mehrere Jahre andauernde Prozeß setzt die in der 2. Hälfte des 2. Lebensjahres erwachende Fähigkeit des Kindes voraus, sich sprachlicher Zeichen, bildlicher Vorstellungen und Symbole zu bedienen, um mit diesen eine Handlung oder einen Gegenstand zu ersetzen. Diese Fähigkeit erwirbt das Kind, wenn es beginnt, die Sprache seiner Umwelt zu erlernen. Sprechen und die Sprache anderer verstehen heißt begreifen, daß sich eine bestimmte Bezeichnung auf eine bestimmte Sache bezieht (*Piaget-Inhelder,* S. 280 ff.). Das Kind lernt diese wechselseitige Beziehung erst allmählich verstehen. Seine anschaulichen „Vorbegriffe“ haben noch keine festumrissene Bedeutung. Systematische Experimente an über 4 Jahre alten Kindern haben ergeben, daß die Kinder bis zum 7. Lebensjahr wohl anschaulich, aber noch nicht logisch-operativ denken. Anschauliches Denken[17] ist dadurch gekennzeichnet, daß der Mensch zwar „innerlich mit Hilfe von Vorstellungen experimentiert, die Gedankengänge bleiben jedoch irreversibel, d. h. das Kind kann noch nicht vom Teil auf das Ganze“ und umgekehrt schließen. „Es kann noch nicht gleichzeitig an den Teil und das Ganze denken“. Es stellt zwar zwischen den Vorstellungen gewisse Beziehungen her, „ohne diese aber reversibel zu gestalten und miteinander koordinieren zu können“.

cc) Die Bildung *logisch-konkreten Denkens* vollzieht sich um das 7. Lebensjahr. Allgemein ist eine erhebliche Steigerung der *Wahrnehmungsleistungen* zu beobachten, was auf den wachsenden Vorrat an Erfahrungen zurückzuführen ist. Diese Veränderung sowie eine wesentliche Verbesserung der *Merkfähigkeit* führen dazu, daß sich in zunehmendem Maße neben der „präsenten (Wahrnehmungs-)Welt eine nur *repräsentiert* erlebbare Welt“ aufbaut (*Busemann,* Psychologie, S. 321). Diese Vorstellungswelt wird zunächst vorwiegend als unverbindliches und thematisch wechselreiches Phantasieren erlebt; nach und nach macht sich bei den Kindern ein steigendes Bedürfnis nach Verbindlichkeit, d. h. nach Übereinstimmung der Denkinhalte mit der Wirklichkeit bemerkbar. Der Fortschritt vom phantastischen zum denkenden Leben in der nur repräsentierten Welt knüpft an Wahrnehmungen an, indem zunächst die Verarbeitung des sensorischen Materials zu gedanklichem Handeln mit und am wahrgenommenen und noch präsenten Gegenstand, also zu ihn betreffenden Überlegungen überleitet. Ab dem 7. Lebensjahr verlagern sich derartige Operationen immer mehr in die Welt der Vorstellungen, d. h. sie werden in zunehmendem Maße „an nur mehr oder minder anschaulichen, also vorstellungsmäßig oder gedanklich repräsentierten Gegenständen“ erlebt. Die Folge ist, daß das Kind nunmehr mit Hilfe konkreter Gegenstände Relationen und Klassen bilden kann. Ihm gelingt der Schluß vom Teil aufs Ganze; auffallend bleibt aber auch hier die Unfähigkeit zu abstraktem Denken. Die erwähnten logischen Operationen kann es nur an konkreten Gegenständen vollziehen.

dd) Abstrakt logisches Denken lernt das Kind erst mit 12, durchschnittlich mit 15 Jahren (*Piaget-Inhelder,* S. 284). Dies zeigt sich an einer „Verschiebung der Abstraktions-, Qualitäts- und Relationsbegriffe in die Kategorien der Substanz, so daß z. B. die Begriffe Länge (von lang), Tätigkeit (von tun), Gegenteil (von gegen) im eigenen Denken und im Verständnis fremden Denkens Verwendung finden“ (*Busemann,* a. a. O., S. 344). Der

[17] *Oehler* berichtet, daß bei den Germanen das anschaulich-konkrete Denken in dem erwähnten Sinne noch stark ausgeprägt war und die Abstraktion, das systematische Denken weitgehend fremd war. „Das Tier hatte nicht einen Kopf, Beine, Ohren, Haare, die etwa bei Abstraktion dieser Teile für andere Tiere Begriffe hätten bilden können, sondern die einzelnen Glieder wurden nur als Kopf und Beine dieses Tieres erfaßt. Es gibt nur selten allgemeine Begriffe wie Mensch und Baum; die Gemeinschaft besteht nicht aus Menschen, sondern aus Männern, Frauen etc.; es gibt keine Tiere, sondern Bären, Hunde, Wölfe etc. Die Erscheinungen und Lebensvorgänge stehen beziehungslos nebeneinander, ohne daß sich daraus weitere Berührungspunkte ergäben (*Wurzel,* Wert..., S. 22 ff.).

Jugendliche wird fähig, konkrete Gegenstände durch Wortbegriffe zu ersetzen und „diese zu reversiblen Gegenständen zu verbinden" (Piaget-*Inhelder, S. 284).*

b) Aufbau und Wandlung des Wirklichkeitsbildes

Während der ersten 7 Lebensjahre ist das Kind damit beschäftigt *(Piaget-Inhelder,* S. 283 ff.), sich zu seiner Weltorientierung in dem Fluß der sich wandelnden Erscheinungen Konstanten zu schaffen, die seinem Wahrnehmen und Denken als Stützpunkte dienen. Nach der Geburt ist das Weltbild des Kindes naturgemäß „egozentrisch, d. h. auf das eigene Ich ausgerichtet". Raum und Zeit scheinen für es nicht zu bestehen. Ebenso ist es sich noch nicht der Konstanz der Gegenstände bewußt: es sieht nur auf- und untertauchende Bilder. Allmählich lernt der Säugling bekannte und unbekannte, angenehme und unangenehme Gesamtsituationen zu unterscheiden. Mit etwa 6 Monaten greift das Kind nach allen möglichen *Gegenständen,* es behandelt sie so, als ob sie *konstant* seien. Dies gilt jedoch nur solange, wie sie in seine Aktivität einbezogen werden und in seinem Gesichtskreis liegen. Von unsichtbaren Gegenständen weiß das Kind erst, wenn es mit 1½ Jahren die Gegenstände und ihre Bewegungen nicht nur wahrzunehmen, sondern auch sich vorzustellen vermag. In ähnlicher Weise entdeckt das Kind nach und nach die sich auf die Quantität, die Zahl, den Raum und die Zeit beziehenden, elementaren Invarianzprinzipien, welche seinem Weltbild eine „objektive Struktur verleihen". Es vergehen aber noch mehrere Jahre, bis das Kind lernt, das in der sensumotorischen Phase erworbene „Handlungsschema des konstanten Gegenstandes" auch auf entfernte Gegenstände und auf bestimmte Mengen und Quantitäten anzuwenden. Die Feststellung gleichbleibender *Größen, Mengen* und die *Identitäts*feststellung gelingen ihm erst nach dem 7. Lebensjahr, wenn es zusammen mit dem konkret-logischen Denken die Fähigkeit erlernt, Veränderungen von Gegenständen gedanklich rückgängig zu machen. Auch den *Raum* muß sich das Kind während der ersten 6 Lebensjahre erst „erobern" (*Piaget-Inhelder,* S. 290 ff.). Den Nahraum „erkennt" das Kind durch die Zusammenarbeit seiner Bewegungen und Wahrnehmungen. Die Vorstellung eines „euklidischen Raumsystems, aus invarianten Körpern, aus konstanten Entfernungen oder Koordinatensystemen gebildet", gewinnt das Kind nach Vollendung des 6. Lebensjahres, im engsten Zusammenhang mit den logisch-konkreten Denkoperationen. Zur *Zeit*vorstellung tastet sich das Kind in entsprechender Weise erst allmählich vor *(Piaget-Inhelder,* S. 294).

Wie das Wirklichkeitsbild überhaupt, so macht auch das *Wahrnehmungsfeld* während der Kindheit einen vielfältigen Wandel durch. Was ursprünglich beim Säugling ein „unendlich reizüberflutetes Überraschungsfeld" war, wird schließlich nach jahrelanger aktiver Verarbeitung „reduziert auf Reihen übersehener Zentren, die Dinge, deren jedes eine höchstverdichtete, mühelos und mit leichter Probe des Hinblicks zu entnehmenden Fülle von Andeutungen, von möglichen Sacherfahrungen... in dahingestellter Verfügbarkeit" enthält *(Gehlen,* Der Mensch, S. 175). Dabei erwirbt das Wahrnehmungsfeld einen hohen *Symbolgehalt.* Dieser Symbolreichtum des Wahrnehmungsfeldes ist nicht etwa in der Weise zustandegekommen, daß der Mensch — wie *Kant,* seine Vorgänger und

Nachfolger annahmen — die Sinneswahrnehmungen passiv aufnimmt und der Verstand darauf aktiv das Mannigfaltige der Wahrnehmungen bearbeitet, gliedert und gestaltet: dies ist ein Irrtum, den *Gehlen* auf einen „Mangel tieferer Kenntnisse der Sinnesphysiologie, Tierpsychologie und Sprachtheorie, ja völliger Abwesenheit dieser Wissenschaften" zurückführt (Der Mensch, S. 180). Das, was wir als Erwachsene in den Wahrnehmungen erkennen, ist vielmehr das Ergebnis eines langwierigen, komplizierten und in hohem Maße aktiven Erfahrungsprozesses, der sich in der Ebene der Sinneswahrnehmungen (Tasten, Hören, Sehen) und der Bewegungen abwickelt und in den sich erst nach Ablauf der sensumotorischen Entwicklungsphase der Verstand und das Denken einschalten.

c) Vergleicht man die vorstehenden Forschungsergebnisse mit den Untersuchungen von *Kruse*, so läßt sich im Ergebnis eine weitgehende Übereinstimmung feststellen.

1. Die Darlegungen über die Bildung der sensumotorischen Intelligenz und die allmähliche Entwicklung des Wahrnehmungsfeldes zeigen besonders anschaulich, in welch starkem Maße die *Sinneswahrnehmungen* am Aufbau des Wirklichkeitsbildes *aktiv* beteiligt sind. Sie bestätigen damit die entsprechende These von *Kruse*, mit der dieser den Ansichten von *Kant* und den englischen Empirikern begegnet: In der sensumotorischen Entwicklungsphase sind es allein die Sinnes- und Selbstwahrnehmungen, die dem Kind ohne Mitwirkung des Denkens eine erste Kenntnis von der Wirklichkeit vermitteln. Erst nachdem das Kind durch sensumotorische Bewegungen die Gegenstände seiner unmittelbaren Umwelt in Erfahrung gezogen und im Umgang mit ihnen eine gewisse Sicherheit erlangt hat, setzt mit $1^1/_2$ Jahren das Denken ein. Aber auch an dem weiteren Entwicklungsverlauf sind die Sinneswahrnehmungen in starkem Maße beteiligt. Bevor der junge Mensch den „erfahrenen Blick" eines erwachsenen Menschen erwirbt, bevor das Wahrnehmungsfeld mit jenem hohen Symbolgehalt angereichert wird, der es dem Menschen ermöglicht, blitzschnell komplizierteste Situationen zu überschauen, muß dieser einen langjährigen Erfahrungsprozeß durchlaufen, der sich vor allem in der Ebene der Sinneswahrnehmungen (Tasten, Hören, Sehen) abspielt. Das, was wir Erwachsenen „unmittelbar in den Wahrnehmungen zu haben glauben", ist in Wahrheit erst das Ergebnis dieses reichhaltigen Erfahrungsprozesses. Die Einsicht in diesen komplizierten Entstehungsvorgang hat *Gehlen* zu der Feststellung veranlaßt, daß die Wahrnehmungen und Bewegungen „eine hohe Intellektualität auszeichnet" (Der Mensch, S. 178).

2. Gleiches — d. h. ihre Unvereinbarkeit mit der Realität — muß auch von der Behauptung *Kants* angenommen werden, die von ihm sog. *reinen Verstandesbegriffe* seien apriorische Formen unseres Verstandes. Die oben mitgeteilten kinder- und jugendpsychologischen Untersuchungen haben ergeben, daß die erwähnten Erkenntnisfaktoren dem Menschen weder angeboren noch irgendwie vorgeformt

sind. Der Mensch findet zu ihnen vielmehr erst im Verlauf langjähriger Erfahrungen; sie sind das Ergebnis einer „aktiven Konstruktion und Auseinandersetzung mit der Umwelt“, welche die ganze Kindheit in Anspruch nimmt. Dies gilt für unsere Vorstellungen von Raum und Zeit ebenso wie für unsere Auffassung von Gleichheiten und Verschiedenheiten. Und daß dies auch für unsere Kausalauffassung zutrifft, sei durch die folgenden, z. T. ergänzenden Ausführungen belegt.

Als wesentliche Faktoren dafür, daß in uns der *Kausalbegriff* entstehen kann, nennt *Kruse* die „Organempfindungen“: das Erlebnis der eigenen Kraft und das Schmerzerlebnis. Die Untersuchungen über die sensomotorischen Kreisprozesse verdeutlichen uns, in welch unmittelbarer Weise der Mensch als Säugling die eigenen Bewegungen und sich als „Ursache“ dieser Bewegungen erlebt; es ist das „entfremdete Selbstgefühl der eigenen Tätigkeit“, das uns einerseits die eigenen Bewegungen und die eigene Kraft unmittelbar erleben läßt und das andererseits in besonderem Maße dazu beiträgt, daß wir im Umgang mit den Dingen allmählich mit deren Veränderungen vertraut werden. Mit dem Hinweis auf das Schmerzerlebnis bringt *Kruse* zum Ausdruck, daß bereits die physische Konstitution des Menschen und ihr Verhältnis zur Welt der Gegenstände den Menschen *zwingt*, die Frage nach dem Warum? der Veränderungen zu stellen. Dieser Gesichtspunkt wird durch neuere Untersuchungen der Biologie, Psychologie und der auf den empirischen Humanwissenschaften gründenden philosophischen Anthropologie nicht nur bestätigt, sondern noch durch weitere Tatsachen ergänzt und untermauert[18]: Die *Veränderung* der Welt ist für den Menschen eine Lebensnotwendigkeit. Während das Tier weitgehend seiner Umwelt „angepaßt“ ist, während seine Sinnes-, Verteidigungs-, Angriffs- und Ernährungsorgane und insbesondere seine Instinkte so angelegt sind, daß es in *seiner* Umwelt leben, sich orientieren, schützen, ernähren und in festgelegter Weise auf „arteigene Umweltereignisse“ reagieren kann, ist der Mensch im Vergleich hierzu in jeder Hinsicht „unfertig“, „nicht festgestellt“ und „unspezialisiert“: Ihm „fehlt das Haarkleid und damit der natürliche Witterungsschutz; es fehlen natürliche Angriffsorgane, aber auch eine zur Körperflucht geeignete Körperbildung; der Mensch wird von den meisten Tieren an Schärfe der Sinne übertroffen, er hat einen geradezu lebensgefährlichen Mangel an echten Instinkten und er unterliegt während der ganzen Säuglings- und Kindheitszeit einer ganz unvergleichlich langfristigen Schutzbedürftigkeit. Mit anderen Worten: Innerhalb der *natürlichen,* urwüchsigen Bedingungen würde er als bodenlebend inmitten der gewandtesten

[18] Zum folgenden: *A. Portmann,* Zoologie ..., S. 59 ff.; Um das Menschenbild, S. 66 ff.; *Gehlen,* Der Mensch, S. 31 ff.; *M. Landmann,* Philos. Anthropologie, S. 156 ff.

Fluchttiere und der gefährlichsten Raubtiere schon längst ausgerottet sein" (*Gehlen,* Der Mensch, S. 33). Schon aus diesen Tatsachen ergibt sich, daß der Mensch — insbesondere mit Rücksicht auf seine physische Konstitution — genötigt ist, den gesetzmäßigen Zusammenhängen in den Erscheinungen der Welt seine Aufmerksamkeit zuzuwenden, sie in ihrer Eigenart zu erkennen und auf der Grundlage dieser Erkenntnis die Welt so zu verändern, daß er in ihr leben kann. Die Kultur ist seine „zweite Natur". Deshalb — und nicht etwa, weil der Kausalbegriff eine Form unsers Verstandes sei — stellen wir immer wieder die Frage nach dem Warum? der Veränderungen und versuchen wir, den gesetzmäßigen Zusammenhängen in ihnen nachzuspüren.

2. *Zusammenhang zwischen Erkennen, Fühlen und Wollen*

Im Gegensatz zu der seit *Kant* herrschenden Auffassung nimmt *Kruse* — wie dargelegt — einen unlösbaren Zusammenhang zwischen unserem Erkennen, Fühlen und Wollen an. Er meint, daß unsere Wirklichkeitserkenntnis in demselben Maße auf unserem Fühlen und Wollen und damit letztlich auf einer Wertung beruhe, wie die ethische und rechtliche Wertung. Diese These wird durch die neuere Anthropologie und Psychologie nicht nur bestätigt, sondern mit weiteren Tatsachen belegt, so daß sich der Blick, den *Kruse* in die Tiefen unseres Erkennens und Wertens tut, noch erweitert.

a) Das menschliche Antriebsleben

aa) Das Antriebsleben der *Tiere* ist durch Instinktgebundenheit gekennzeichnet[19]. Wie die moderne Verhaltenspsychologie, insbesondere *K. Lorenz,* in zahllosen Experimenten festgestellt hat, beruhen ihre Verhaltensweisen auf angeborenen Instinkten, die durch „innere Reizproduktion" zentral gesteuert werden und auf eine bestimmte, biologisch bedeutsame (äußere) Reizsituation ohne vorhergehende Erfahrung festgelegt sind (*Gehlen,* Urmensch..., S. 126). Anders verhält es sich beim *Menschen.* Seine Verhaltensweisen sind durchweg nicht durch angeborene Instinkte festgelegt. Angeborene Instinktbewegungen finden sich nur bei dem neugeborenen Säugling[20]. Im übrigen aber kennzeichnet den Menschen eine weitgehende „*Instinktreduktion*", d. h. er empfindet zwar wie alle Lebewesen gewisse elementare Bedürfnisse, wie z. B. Hunger, Geschlechtstrieb. Diese sog. „Minimaltriebe" oder „Primärbedürfnisse" schlagen jedoch nicht, wenn sie fühlbar werden, wie beim Tier unmittelbar in eine Handlung um. Sie machen sich beim Menschen vielmehr nur als „innenbehaltene, gefühlsbetonte Drangzustände" oder in Gestalt von „Gefühlsstößen" bemerkbar. Ob diese in eine Handlung übergehen, hängt von anderen „sehr hochbedingten Steuerungen" ab. Zwischen das Auftreten des Bedürfnisses

---

[19] Vgl. zum folgenden: *M. Landmann,* S. 169 ff.; *Gehlen,* Urmensch..., S. 125 ff.; Der Mensch, S. 51 ff.; 327 ff.; *A. Portmann,* Zoologie..., S. 59 ff.; *Ph. Lersch,* S. 16 ff.

[20] *Piaget-Inhelder,* S. 305.

und seine Erfüllung schiebt sich ein von *Gehlen* sogenannter „hiatus" (eine „Lücke"), indem eine *intellektuelle Verarbeitung* einsetzt, oder — wie *Gehlen* es auch ausdrückt (Der Mensch S. 53) —— in das sich das „ganze System der Weltorientierung" einschaltet, also „die Zwischenwelt der bewußten Praxis und Sacherfahrung, Hand, Auge, Tastsinn und Sprache verläuft". Diese Instinktreduktion hat der Mensch bitter nötig. Als „unspezialisiertes", „weltoffenes" Wesen wäre er verloren, wenn er nur über „ein paar eingleisige, festgelegte Instinkte verfügte... Denn nichts gewährleistet, daß sie Situation überhaupt eintritt, auf die jene Instinkte ansprechen müßten, wenn der Mensch sie nicht selbst herbeiführte" *(Gehlen,* Der Mensch, S. 330). Wie dargelegt, ist der Mensch auf die Veränderung der Natur angewiesen. Unbedingte Voraussetzung für diese Veränderung ist, daß er die Sachverhalte und Umstände seiner Umwelt bis ins einzelne *erkennt,* daß er sich probierend, erfahrend, experimentierend in sie einläßt, um die Bedingungen für die Erfüllung seiner Primärbedürfnisse zu finden und zu schaffen. Aus dieser besonderen Situation des Menschen sind auch die anderen Faktoren des menschlichen Antriebslebens zu verstehen:

bb) Wie bereits gesagt, sind die menschlichen Antriebe *hemmbar.* Die Hemmung kann auf Grund eines beim Menschen ständig zu beobachtenden *Antriebsüberschusses* selbst zum Bedürfnis werden, was dazu führt, daß bloße „Jetztbewältigungen" ein Gefühl der Unzufriedenheit zurücklassen. Die Hemmung von Primärbedürfnissen bedeutet nun nicht, daß das Antriebsleben zum Erliegen kommt. Kennzeichen des Menschen ist vielmehr, daß seine Antriebe *allen* Handlungen *nachwachsen* können, so daß diese selbst zum Bedürfnis werden. Dabei ist es gleichgültig, ob diese Handlungen unmittelbar biologisch zweckmäßig sind oder nicht. Da der Mensch auf die Veränderung der Welt angewiesen und damit der „grenzenlosen Zufälligkeit" der Wirklichkeit ausgesetzt ist, ist es für ihn lebenswichtig, „daß auch noch die speziellsten Fähigkeiten zu Bedürfnissen werden können und deshalb ‚mit Interesse' getan werden" *(Gehlen,* Der Mensch, S. 336). Diese ungemein wichtige Tatsache erklärt, daß „schlechterdings alle menschliche Tätigkeit, von der Philosophie bis zur Kopfjägerei" drangbesetzt und mit Sättigungswert, d. h. also getrieben verlaufen kann. Von diesen sogenannten *„Sekundärbedürfnissen"* gilt dasselbe, was über die Primärbedürfnisse gesagt wurde: Sie sind hemmbar und sind der Stellungnahme ausgesetzt. Im ganzen läßt sich die Eigenart des menschlichen Antriebslebens mit dem Ausdruck „Plastizität" (*Gehlen*) umschreiben: die nicht festgelegten Antriebe sind *„weltoffen"* und können sich an „alle Welttatsachen verteilen".

cc) Aus der Plastizität und Weltoffenheit der Antriebe folgt die Notwendigkeit ihrer *Orientierung* und der Herausbildung von Dauerinteressen. Es wäre „unerträglich, wenn unser Handeln sich in seinen Zielen und Wirkungen widerspräche, wenn wir ohne Grund heute zerstörten, was wir gestern aufbauten[21]. Die Bildung von Dauerinteressen setzt voraus, daß das betreffende Bedürfnis „auskristallisiert" und bewußt und faßlich geworden ist, daß der Mensch zu ihm Stellung genommen, es an der Erfahrung orientiert, und andere sich hiergegen aufbäumende Interessen und Be-

[21] *Busemann,* Kindheit und Reifezeit, S. 208.

dürfnisse wiederholt gehemmt hat. Ist das Interesse in dieser Weise „festgestellt" und damit zur *Gewohnheit* geworden, so tritt eine spürbare *Entlastung* ein: Bei einem gewohnten Verhalten fallen der „Motivations- und Kontrollaufwand, die Korrekturbemühungen und die Affektbesetzung" weg. Dadurch wird das habitualisierte Verhalten „stabilisiert" und „kritikfest" und damit zur Basis für ein „höheres, auf ihm erwachsendes variables Verhalten". Besonderes Merkmal derart formierter Dauerinteressen ist einmal, daß sie *„sekundär triebhaft"* sind: sie werden selbst zum Bedürfnis und man findet schließlich in ihnen „unmittelbare Befriedigung". Zum anderen ist für sie kennzeichnend, daß „sich die Antriebsmomente in den Gegenstand verlagern", d. h. der Gegenstand, an dem die eingewöhnte Handlung vollzogen wird, übt eine gewisse *„Sollenssuggestion"* aus[22]. Er treibt den betreffenden Menschen dazu, in der gewohnten Weise zu handeln.

dd) Eine besondere Bedeutung kommt dem Phänomen des „Willens" im Antriebsleben des Menschen zu. *Gehlen* (Der Mensch, S. 362 ff.) wendet sich gegen die übliche These der bisherigen Psychologie, daß es außer den „Trieben" noch den „Verstand" und den „Willen" gebe. Er meint, daß ein solches besonderes „Willensvermögen" gar nicht existiere, und verweist darauf, daß die griechische Philosophie die gleiche Auffassung vertreten habe: Aristoteles habe unter dem heutigen Begriff „Wille" das „überlegte Begehren" verstanden und dabei ebenso wie Plato die *Führungsrolle* betont, die der Verstand in bezug auf die „Begierden" einnehme. *Gehlen* definiert den Willen als die „Fähigkeit, die über die ganze Breite der Person ablaufenden Bewegungen in Führung zu nehmen". Als Sichvergegenständlichen, Einsetzen und Führen, als das „geführte, phantasiemäßig vorentworfene Vollziehen von ‚Bewegungen' (im weitesten Sinne)" sei Wollen das „Urphänomen Mensch schlechthin". „‚Wollen' ist die Struktur der Handlungen eines unspezialisierten, nicht festgestellten entlasteten, eines in sich selbst thematischen Wesens". Unter Wille im engeren Sinn versteht *Gehlen* die „nach seiner Aufgabe hin verfügbare Energie" oder mit anderen Worten die *Willenskraft* des Menschen: Willenskraft setzt voraus, daß der Mensch seine Bewegungen beherrschen gelernt, Dauerantriebe und -interessen auf Kosten verworfener entwickelt und seine Handlungen zu Bedürfnissen macht, „seine Überzeugungen formiert und ein System von Erfahrungen und Deutungen festgelegt hat". Hat der Mensch in dieser Weise seine Dauerinteressen und Überzeugungen ausgebildet, so verläuft nun alles weitere Denken und Begehren in dem hierdurch festgesetzten Rahmen. Dadurch wird eine völlige Konzentration auf die bestehenden Aufgaben möglich, der gesamte Antriebsüberschuß „strömt dann" in den eingegrenzten „Bahnen und man weiß, welche außerordentlichen Leistungen solcher Willenskraft verdankt werden".

b) Folgerungen im Hinblick auf *Kruses* Untersuchungen

aa) Die im vorstehenden wiedergegebenen neueren Erkenntnisse über das menschliche Antriebsleben knüpfen an Selbstwahrnehmungen an, die von jedem normalen Menschen nachvollzogen werden

[22] *Bürger-Prinz,* Motiv und Motivation, S. 21; *Gehlen,* Urmensch, S. 25.

können. Aus ihnen ergibt sich im Hinblick auf die Untersuchungen *Kruses* insbesondere die Folgerung, daß — ebenso wie alle anderen menschlichen Handlungen, die nicht bloße „Jetztbewältigungen“ sind — auch jeder Akt der Wirklichkeitserkenntnis in seinem Ursprung eine Willenshandlung ist, die auf der Hemmung von Gegenantrieben aufbaut. Wenn dem entgegengehalten wird, für den Erwachsenen sei Wirklichkeitserkenntnis doch eine Selbstverständlichkeit, zu der er sich nicht erst „durchringen“ muß, so wird damit zwar der augenblickliche Zustand richtig beschrieben, es wird aber verkannt, daß dies nur deshalb selbstverständlich ist, weil die Erkenntnis der Wirklichkeit dem erwachsenen Menschen zum „Dauerinteresse“, zur Gewohnheit geworden ist, bei der der Motivationsprozeß wegfällt: In Wirklichkeit kann sich der Mensch — zumindest theoretisch — auch anders verhalten[23]. Auf Grund der bei ihm zu beobachtenden Instinktreduktion sind die Verhaltensweisen des Menschen nicht festgelegt: Er kann (theoretisch) denken, was ihm beliebt. Das „Spielalter“, in dem die Phantasie ihre Blüten treibt, und die vielen spekulativen Systeme der Philosophie, die ebenso an der Wirklichkeit vorbeigehen, wie zahllose pseudowissenschaftliche Untersuchungen, legen hiervon Zeugnis ab. Wenn die Menschheit im Laufe der Jahrtausende allmählich dazu übergegangen ist, die Wirklichkeitserkenntnis zur Grundlage ihres Lebens zu machen, so ist dies ebenso das Ergebnis einer Willensleistung wie der Erwerb der Fähigkeit zu wirklichkeitsgetreuem Denken im Leben des Menschen unserer Zeit. Die Erkenntnisse der Wissenschaft haben sich vielfach erst nach Überwindung erbitterten Widerstandes solcher Menschen durchgesetzt, die an althergebrachten, z. B. kultischen oder religiösen Vorstellungen festhalten wollten. Und jeder Mensch erlebt noch heute in seiner Kindheit, welche Schwierigkeit es bereitet, das phantastische zugunsten des wirklichkeitsgebundenen Denkens aufzugeben. Wie oben gezeigt wurde, ist hierzu erforderlich, daß sich in dem Kind das Bedürfnis entwickelt nach Verbindlichkeit der Denkoperationen, d. h. daß es darauf achtet, daß sich die Resultate seines Denkens im Unterschied zur Phantasie an den Wahrnehmungsgegenständen bewähren müssen. Noch der Erwachsene erlebt manchmal, daß Wirklichkeitserkenntnis keineswegs eine Selbstverständlichkeit ist. Das „Wunschdenken“ — oder wie der Jurist sagt: die „Tatbestandsquetsche“ — ist eine Neigung, die jeder, der „wirklichkeitsgetreu“ bleiben will, zuerst bekämpfen und hemmen muß. Daß wir der Wirklichkeitserkenntnis in unserem Leben eine überragende Bedeutung beimessen, ist somit in Wahrheit das Ergebnis langjähriger und vielfältiger Erfahrungs- und Hemmungsprozesse. Wenn sie uns Erwach-

---

[23] Das Wort „theoretisch“ wird hier deshalb verwendet, weil auch der, der sich prinzipiell der Wirklichkeit verschließt, dies zumindest im Hinblick auf seine elementaren Bedürfnisse nicht tut (s. u.).

senen als selbstverständlich erscheint, so ist dies darauf zurückzuführen, daß uns die „Harmonie der Denkresultate mit der Realität" allmählich zum Bedürfnis, zum Dauerinteresse geworden ist[24]. Von diesem Bedürfnis gilt das gleiche, was oben über die Besonderheiten von Gewohnheit und Dauerinteresse gesagt wurde: es ist „sekundär triebhaft" und die „Antriebsmomente verlagern sich in den Gegenstand", d. h. hier in die Gegenstände der Wirklichkeit: Gleichheiten und Verschiedenheiten und gesetzmäßige Zusammenhänge zwischen den Sinnes- und Selbstwahrnehmungen. Diese üben auf jeden eine „Sollenssuggestion" in dem oben beschriebenen Sinne aus, für den die Wirklichkeitserkenntnis zum Bedürfnis geworden ist.

Kruse hat also recht, wenn er feststellt, daß die Faktoren der menschlichen Erkenntnis „nicht durch den intellektuellen Teil des Menschen allein, sondern durch den ganzen Menschen, durch die gesamte Fähigkeit des Menschen, zu empfinden, zu erkennen und zu wollen, in gemeinsamer Zusammenarbeit zu begründen" seien (a. a. O., S. 265).

bb) Der 2. These von *Kruse:* nicht nur die rechtliche und ethische Wertung, sondern jede wissenschaftliche Wirklichkeitserkenntnis beruhe letztlich auf einem „Soll", auf einer Wertung des Menschen, ist aus den folgenden Erwägungen zuzustimmen: Wie oben dargelegt (s. D I 1 c), ist der Mensch nur als „Kultur"- und nicht als „Natur"-wesen lebensfähig. Nur wenn er die Welt verändert, kann er in der in jeder Hinsicht menschenfeindlichen Natur existieren. Die Natur ins Lebensdienliche zu verändern, setzt aber voraus, daß der Mensch sich zuvor mit den Bedingungen einer solchen Verändertung vertraut macht, d. h. daß er die Welt — im Rahmen des Notwendigen — in ihren Gleichheiten und Verschiedenheiten und gesetzmäßigen Zusammenhängen erkennt. Somit läßt sich feststellen: Bereits die physische Natur macht dem Menschen die Wirklichkeitserkenntnis zur Aufgabe.

Nun kann man dem natürlich entgegenhalten: Warum soll ich die Welt verändern? Warum soll ich mich am Leben erhalten? In der Tat ist diese Frage oft gestellt und insbesondere von zahlreichen „modernen" Philosophen (z. B. „Nihilisten") negativ beantwortet worden. Eigenartigerweise hat jedoch keiner dieser „Weltverneiner" — von Ausnahmen abgesehen — die praktischen Konsequenzen aus seiner Überzeugung gezogen: Auch sie bedienen sich nach wie vor der „Kultur"erzeugnisse, wie Kleidung, Schuhe, Ofen, Heizung, Wasch-, Lebens-, Verkehrsmittel usw. Keinem von ihnen würde es einfallen, im Winter ohne Kleidung herumzulaufen; nur im Falle der Not würden sie bei eisiger Kälte nicht heizen. Warum verhalten sich diese Menschen so widerspruchsvoll im Hinblick auf ihre Über-

[24] *Busemann,* Psychologie, S. 322: Bei Kindern zeigt sich dieses Bedürfnis in zunehmendem Maße nach dem 7. Lebensjahr.

zeugungen? Die Antwort kann nur lauten: weil sie als Menschen nicht anders können, weil sie so handeln müssen. Nur in besonderen Ausnahmezuständen, z. B. wenn das Leben ganz unerträglich wird oder wenn er krank ist, verzichtet der Mensch darauf, die Welt zu erkennen und zu verändern und die von Menschen geschaffenen Kulturprodukte zu nutzen; nur dann entschließt er sich auch, seinem Leben ein Ende zu setzen. Abgesehen von diesen Ausnahmefällen unterliegt der Mensch jenem „psychologisch-biologischen Urfaktum" oder „Urvermögen", „auf dem wir und alle anderen lebenden Wesen ihr gesamtes Dasein bauen", und ohne das „wir weder leben noch handeln können" (*Kruse*, a. a. O., S. 263): Wir unterscheiden und vergleichen zwischen den Gefühlen der Lust und der Unlust und wählen die Bewegung oder den Zustand, der die Lust oder die Zufriedenheit festhält und den „Schmerz" im weitesten Sinne abhält. Die Besonderheit des Wesens: Mensch besteht nun darin, daß er nicht einfach — ähnlich wie das Tier den Instinkten — jedem erstbesten Lustgefühl folgen kann, sondern daß er die Bedingungen seiner tiefsten Zufriedenheit selbst erkennen oder — um in der Terminologie Gehlens und der neueren Psychologie und Anthropologie zu sprechen — daß er seine „Antriebe" an Erfahrungen „orientieren" muß. Und die Erfahrungen, die die Menschheit bisher gemacht hat, lehren, daß die Wirklichkeit in ihren Gleichheiten und Verschiedenheiten und gesetzmäßigen Zusammenhängen für diese „Orientierung" die sicherste Basis bietet. In dieser Tatsache ist der Grund dafür zu suchen, daß die Menschheit im Laufe der Geschichte in zunehmendem Maße dazu übergegangen ist, alle Bereiche des Lebens wissenschaftlich zu erforschen.

3. Moralisches und rechtliches Bewußtsein: das Ergebnis von Wirklichkeitserfahrungen

In seiner Untersuchung über die Möglichkeit einer wissenschaftlichen Begründung des Rechts und der Ethik zeigt *Kruse*, daß die ethische und rechtliche Wertung auf einen komplizierten Erfahrungs- und Bewertungsvorgang beruhe. Ergebnis dieses Erfahrungsprozesses sei die Einsicht, daß der Mensch in bestimmter Weise in psychische oder sozialpsychologische Zusammenhänge eingreifen müsse, wenn er verhindern wolle, daß er sich selbst oder andere schädige. In dem folgenden Überblick soll gezeigt werden, daß auch hier die Thesen *Kruses* durch neuere Erkenntnisse der Kinder- und Jugendpsychologie sowie der Rechtsgeschichte und das moderne Menschenbild, so wie es sich auf Grund von empirischen Forschungen verschiedener Wissenschaften darbietet, in vielfacher Hinsicht bestätigt werden.

a) Entwicklung während der Kindheit und Jugendzeit

Das moralische und rechtliche Bewußtsein entwickelt sich nur allmählich. Es ist ebenso wie die Intelligenz das „Ergebnis einer aktiv-geistigen Konstruktion" (*Piaget-Inhelder*, S. 305), die während der Jugendzeit — bei dem einzelnen mehr oder weniger früh — ihren vorläufigen Abschluß und in der Charakterisierung des jungen Menschen als „geistig-sittlich reif" ihren Ausdruck findet.

aa) In den ersten Lebensjahren ist beim Kind naturgemäß ein moralisches Gefühl noch nicht vorhanden[25]. Das Kind unterscheidet zunächst in zunehmenden Maße zwischen angenehmen und unangenehmen Empfindungen, Bedürfnissen und Befriedigungen und es bevorzugt jene Situationen, die Lustgefühle in ihm hervorrufen. Dieser gefühlsbetonten Objektauswahl entspricht es, daß diese — soweit sie seine Mitmenschen betrifft — „gewöhnlich auf seine Mutter fällt. Die Objektwahl kann hierbei recht ausschließlich sein. Nur ungern und häufig mit negativen Gefühlen teilt das Kind die Liebe der Mutter mit den übrigen Angehörigen". Die erste Begegnung mit ethischen Normen findet um das zweite und dritte Lebensjahr statt. Das Kind lernt begreifen, daß es nicht lügen und naschen darf, daß es dafür getadelt oder gar bestraft werden kann, und es ist im Stande, entsprechende, plötzlich aufkommende Lustgefühle oder Antriebe zu unterdrücken. Von einer Einsicht in den ethischen Sinn und Wert der Wahrheit und des Eigentums kann aber noch keine Rede sein; Grundlage seines moralischen Handelns ist vielmehr der Respekt des Kindes vor der Überlegenheit seiner Erzieher, denen „es sogar Allwissenheit und Allmacht zuschreibt". Das moralische Urteil ist also in diesem Alter noch völlig *unselbständig* und vom Urteil der Erwachsenen abhängig. Typisch für die Kinder dieses Alters ist das *„Erfolgsdenken"*, wie es auch für die Phase primitiver Rechtsentwicklung kennzeichnend ist (*Piaget-Inhelder,* S. 309). Die Fähigkeit, innerlich und selbstkritisch zu den eigenen Handlungen Stellung zu nehmen, erwirbt das Kind — wenn auch nur allmählich — in dem Augenblick, in dem es konkretlogisches Denken lernt, d. h. um das 7. Lebensjahr (s. o.): Wenn das Kind also in verstärktem Maße sich in der nur repräsentierten Vorstellungswelt zu bewegen lernt, wenn es mit Hilfe konkreter Gegenstände Relationen und Klassen bilden kann und ihm der Schluß vom Teil aufs Ganze gelingt usw. Diese Fähigkeit erwerben bedeutet nun aber nicht, daß das Kind gleich von dieser Möglichkeit Gebrauch macht. Naturgemäß wendet sich das Interesse des Kindes zuerst den Sinnes- und nicht den Selbstwahrnehmungen zu: also der Welt der Gegenstände. Das Interesse für das Ich, das *„Selbstbewußtsein"* erwacht meist erst später. Immerhin gibt es aber einen Bereich, in dem bereits in diesem Alter das Gerechtigkeitsgefühl geweckt wird: das *Spiel.* Im Spiel entsteht beim Kind „ein Interesse für gemeinsam ausgedachte und befolgte Spielregeln", „die nunmehr weniger aus Traditionstreue, als aus dem Gefühl gegenseitiger Verantwortung heraus befolgt werden" (*Piaget-Inhelder,* S. 311)[26]. Es lernt, sich in die Rolle des anderen zu versetzen („to take the role of the other", *Gehlen:* Der Mensch, S. 350) und wird sich erstmals des Grundsatzes bewußt: Was Du nicht willst, das man Dir tu, das tu auch nicht den anderen an. Die Spielgemeinschaft „fördert somit in hohem Maße das Gerechtigkeitsgefühl und das ‚fair play'"[27]. Doch wendet das Kind diesen Grundsatz zunächst

[25] Zum folgenden: *Piaget-Inhelder,* S. 305 ff.

[26] Ebenso *W. Beck,* Grundzüge d. Sozialpsychologie, S. 45 ff.

[27] *Piaget-Inhelder,* S. 310.

nur gegenüber seinesgleichen, und meist sogar nur gegenüber einem engeren Kreis von Spielfreunden an. Während „einen Kameraden anlügen, häßlich" und schärfstens zu verurteilen ist, „ist man den Erwachsenen gegenüber manchmal gezwungen, ein wenig zu schwindeln". Trotz der deutlichen Ansätze in der Spielgemeinschaft findet man gewöhnlich auch bei 6—10jährigen Kindern noch nicht ein echtes selbständiges moralisches Bewußtsein vor. Vorherrschend ist eine *„naive Kollektivmoral"* oder — wie es *Busemann* auch nennt — eine Art *„Siegfriedmoral"*, in der sich die Wertmaßstäbe der Umwelt und die Bedürfnisse des Kindes spiegeln (Spielgruppen Erzieher;)[28]. Im allgemeinen ist für dieses Alter kennzeichnend der Übergang vom persönlichen „Ich-soll" zum anonymen „man-soll". Das Kind erfährt, daß die Gebote, die die Mutter oder andere Erzieher ihm erteilen, nicht nur zu Hause, sondern auch anderswo, in der Schule, in anderen Familien, ja praktisch überall gelten und daß es eine überlegene Macht gibt, die die Einhaltung der Gebote mit Härte und kategorisch fordert. Dieser Übergang zur *„anonymen Verbotsmoral"* vollzieht sich „auf Grund von Erfahrungen, die unter Abstraktion vom Besonderen des Einzelfalls", d. h. hier „von den Momenten der persönlichen Bindung an den Urheber der Beanspruchung ... geordnet wird" *(Busemann,* Kindheit, S. 302 ff.). Als höchste moralische Instanz wird in der Begegnung mit der Religion häufig auch der persönliche Gott erlebt.

bb) Zu einer Vertiefung der moralischen Einsicht, zum *„autonomen Bewußtsein"* kommt es erst, wenn der Jugendliche sich seiner *selbst bewußt* wird, wenn er die oben erwähnte Fähigkeit der Selbstkritik nicht nur auf einzelne Handlungen wie im Spiel, sondern auf den ihm erkennbaren psychischen Gesamtzusammenhang anwendet[29]. Hierbei wird ihm allmählich bewußt, daß nicht die Eltern, seine Erzieher es sind, die über seine Lebensinhalte zu bestimmen haben, sondern daß er selbst sein Leben zu führen und in die Hand zu nehmen hat. Dieser Prozeß der *Selbsterkenntnis* kompliziert sich dadurch, daß der Jugendliche ihn ständig mit den Forderungen seiner sozialen Umwelt abstimmen muß. Beides, das Sichselbstbewußtwerden und die Anpassung an die soziale Umwelt, verlaufen „in Abstraktionen, die in der Verarbeitung von Erfahrungen von selbst eintreten" und in dem „Erwerb unterscheidender Ausdrücke für verschiedene Sachverhalte und in dem die Welt der Wahrnehmungen und des Denkens gewaltig erweiternden begrifflichen Erfassen psychischer, charakterlicher und ethischer Sachverhalte" ihren Niederschlag finden. „Wie das Kleinkind sich in der realen Welt der Gegenstände orientiert, so orientiert sich das Kind, nachdem seine soziale Umwelt wesentlich erweitert wurde, in der Welt der sozialen moralischen Werte". Diese Verarbeitung von Erfahrungen stellt „eine erhebliche intellektuelle Leistung" dar, deren „Bewältigung einen Kraftaufwand erfordert, den offensichtlich die Umwelt mit ihren Ansprüchen auslöst" (*Busemann,* a. a. O.).

Es ist natürlich und hängt mit der Vielfalt der von dem Jugendlichen zu machenden Erfahrung zusammen, daß dieser seine inneren Erfahrungen noch nicht gleich mit den Erscheinungen seiner Umwelt in Einklang

---

[28] *Busemann,* Psychologie, S. 327 ff.; Kindheit, S. 214 ff.; 306 ff.

[29] Zum Folgenden: *Busemann,* Psychologie, S. 332 ff.; 344 Kindheit, Seite 215, 309 ff.

zu bringen vermag. Nur zu leicht wird ihn das erwachte Selbstgefühl zum Übermut und zu Verhaltensweisen verleiten, die sich dadurch auszeichnen, daß der Jugendliche genau das Gegenteil dessen tut, was der Erwachsene verlangt. In der Tat sind es derartige Reaktionen, denen das „Flegelalter" seinen Namen verdankt. Jugendliche dieses Alters empfinden Freude an der Unordnung in der Umwelt, „zumal wenn der Protest der Erwachsenen ausgelöst wird". Etwa im 17. Lebensjahr erreicht diese „puberale Opposition gegen die bisherige Autorität" ihren Höhepunkt (*Busemann*, Psychologie, S. 340). In diesem Alter entscheidet sich gewöhnlich „für lange Zeit die Orientierung der Wertwelt, insbesondere das Niveau der ethischen Selbstbeanspruchung (laxe, normale oder rigorose Selbstbeurteilung)". „Aus dem moralischen Vakuum", das durch die Lockerung der Bindung an die bisherigen Erzieher im „Flegelalter" entstanden ist, „führt den Jugendlichen das Bedürfnis nach Würde vor sich selbst und Geltung in die neuen Gesellungen hinaus." Wenn auch die Wertorientierung durch die ihn umgebende Gemeinschaft mitgeprägt wird, so ist es doch — anders als in der Kindheit — der Jugendliche selbst, der entscheidet, ob er sich der geltenden Moral anschließen oder zu ihr in Opposition treten soll. „Der seiner selbst bewußt gewordene Mensch kann sich selbst prüfen, kann auf Grund der Selbstprüfung Vorsätze fassen, Versuchungen meiden, bestimmte sittliche Forderungen zu Richtlinien seines Handelns erheben usw." (*Busemann*, Psychologie, S. 342). Diese Phase der Wertorientierung findet ihren vorläufigen Abschluß, wenn den Jugendlichen *„geistig-sittliche Reife"* zugesprochen werden kann. Was ist hierunter zu verstehen? *Busemann*[30] sieht „geistig-sittliche Reife" als gegeben an, wenn der Mensch *die Bedeutung seines Handelns für sich und seine Mitmenschen erkennen kann.* Den Inhalt des Wortes „Bedeutung" verdeutlicht er an dem folgenden Beispiel: Z hat sich mit Frl. X verlobt. Z weiß von sich, daß er „sich leicht entflammen läßt" und er weiß auch, daß Frl. Y möglicherweise sich bemühen wird, ihn seiner Verlobten wieder zu entziehen. Weil er auf Treue hält, beschließt er, in Zukunft eine Begegnung mit Y zu meiden. „Die gleichen Qualitäten der Y haben nunmehr eine neue Bedeutung, weil sie mit den eigenen Charakterzügen und der Tatsache der Verlobung zusammen gesehen werden." „Alle diese Erfahrungen haben eine Bedeutung füreinander, sie weisen aufeinander in bestimmtem Sinne hin wie Wörter auf ihre Gegenstände und aus diesem Zusammen von Hinweisen entspringt ein sinngemäßer Vorsatz" (*Busemann*, a. a. O.). Der jugendliche Verbrecher, dem man die „geistig-sittliche Reife" absprechen muß, unterlasse diese „Zusammenschau". Er sei nicht imstande, die Bedeutung seiner Tat für sich selbst, seine Angehörigen, den Geschädigten, die Gesellschaft usw. zu erkennen. — „Geistig-sittliche Reife" sei nicht mit Intelligenz gleichzustellen, auch intelligenten Menschen könne diese fehlen. Wesentliches Merkmal des „Geistigen" sei, „daß Äußeres (Sachverhalte der objektiven Welt) als Hinweis für Inneres gedeutet wird. Die Deutung der Hinweise von Objektivem auf Objektives (Donner als Hinweis auf Blitz) oder von Seelischem auf Seelisches (Müdigkeit als Hinweis auf geleistete Arbeit)" sei reines Intelligenzgeschehen, in dem ein äußerer Sachverhalt beschrieben wird. „Erst die Deutung des Äußeren (Wetter, Landschaft) als Hin-

[30] Kindheit . . ., S. 415 ff.

weis auf Inneres (Stimmung, Entschließung, Erinnerung) oder die Deutung des Inneren als Hinweis auf Äußeres (nicht als Ursache und Wirkung, sondern als symbolisierende Objektivation) . . . ist von geistiger Art." Der Unterschied zwischen Geistes- und Naturwissenschaften liege „nicht im Gegenstand an sich, sondern darin, ob das Selbst mit einbezogen wird in die wissenschaftliche Leistung oder nicht . . . Geist ist also nicht eine feinere, höhere Substanz, sondern eine höchst gesteigerte seelische Leistung, die intellektuelle Leistung voraussetzt, aber über intelligente Leistungen im üblichen Sinne dadurch hinauswächst, daß Welt und Selbst in ihren Bedeutungen füreinander gesehen werden" (*Busemann,* Kindheit, S. 417).

cc) Vergleich mit den Untersuchungen von *Kruse*

Nach der Ansicht von *Kruse* beruhen die ethischen und rechtlichen Grundsätze auf Wertungen, die wie folgt verlaufen: 1. der Mensch macht an sich und seinen Mitmenschen insbesondere im psychischen Bereich Erfahrungen und stellt hierbei bestimmte Verschiedenheiten und Gleichheiten sowie Kausalzusammenhänge fest; 2. er erkennt, daß bestimmte Verhaltensweisen schädliche und andere vorteilhafte Wirkungen für ihn und seine Mitmenschen nach sich ziehen; 3. er erkennt und lernt, sein Verhalten bis zu einem gewissen Grade so zu steuern, daß es weder ihn noch andere schädigt.

Die vorstehenden Forschungsergebnisse enthalten zahlreiche Anhaltspunkte dafür, daß sich das moralische und rechtliche Bewußtsein der jungen Menschen in der Regel in der von *Kruse* beschriebenen Weise entwickelt. Sie zeigen: a) daß das moralische und rechtliche Bewußtsein auf einem komplizierten und langwierigen Erfahrungsprozeß beruht, bei dem der junge Mensch sich seiner selbst bewußt wird und sich mit den sozialen Anforderungen seiner Umwelt auseinandersetzt; b) daß dieser Erfahrungsprozeß von unserem Erkenntnisvermögen getragen wird. Dies zeigt sich einmal darin, daß zwischen der geistigen Entwicklung des Kindes und der Entwicklung seines ethischen Bewußtseins ein enger Zusammenhang besteht und daß beide nahezu parallel verlaufen; und z. a. darin, daß das Sichselbstbewußtwerden und die Anpassung an die soziale Umwelt in Abstraktionen verlaufen, die in dem „Erwerb unterscheidender Ausdrücke für verschiedene Sachverhalte und in dem die Welt der Wahrnehmung und des Denkens gewaltig erweiternden begrifflichen Erfassen psychischer, charakterlicher und ethischer Sachverhalte" ihren Niederschlag finden; c) daß mit diesem Erfahrungsprozeß eine wesentliche Steigerung unserer Willenskraft einhergeht. Aus diesen Feststellungen ergibt sich, daß das ethische Bewußtsein des Menschen von heute in der Regel nicht das Ergebnis von irgendwelchen Gefühlen ist, sondern aus einer von unseren Erkenntnisfähigkeiten gesteuerten Auseinandersetzung mit dem Selbst und der sozialen Umwelt resultiert. Eben dies behauptet *Kruse.*

Kruses Ausführungen werden noch in einer anderen Hinsicht durch die erwähnten Untersuchungen bestätigt. *Busemann* definiert den

Begriff „geistig-sittliche Reife" als die Fähigkeit des Menschen, die Bedeutung eigenen Handelns für sich und seine Mitmenschen zu erkennen. Das wesentliche Merkmal des „Geistigen" erblickt er darin, daß Sachverhalte der objektiven Welt als Hinweis für Inneres gedeutet oder — mit anderen Worten — daß das Selbst in die wissenschaftliche Leistung einbezogen werde. Nichts anderes will *Kruse* mit der oben wiedergegebenen Beschreibung der verschiedenen Stadien der ethischen und rechtlichen Wertung aussagen. Was *Busemann* mit z. T. wenig greifbaren Ausdrücken wie „geistig", „symbolisierende Objektivation", „Bedeutung" einerseits — „Intelligenzgeschehen", „objektiver Sachverhalt" andererseits umschreibt, ist nichts anderes als die von *Kruse* getroffene Unterscheidung zwischen dem beschreibenden (Wissensformen 1—3) und dem wertenden Wissen (Wissensform 4), das auf den zuerst genannten Wissensformen aufbaut. Wenn *Busemann* in dem Verlobtenbeispiel ausführt, Z habe in einer Art „Zusammenschau von Hinweisen" die betreffenden Erlebnisgehalte in ihrer Bedeutung füreinander erkannt, so heißt das in Wirklichkeit, daß Z durch Unterscheiden und Vergleichen und Auffinden von gesetzmäßigen Zusammenhängen seine bisherigen Erfahrungen einander gegenüberstellt und daß er aus dieser Gegenüberstellung Folgerungen insoweit gezogen hat, daß bestimmte Zustände (z. B. das Verlobtsein) als „wertvoll" und andere demgegenüber (z. B. die Begegnung mit Y) als „schädlich" oder zumindest als „gefährlich" anzusehen seien, daß er sich dann vorzustellen versucht hat, welchen Verlauf die zukünftige Entwicklung auf Grund der bisherigen Erfahrungen nehmen würde, wenn er sich untätig verhielte und daß er sich schließlich für einen vorbeugenden „Eingriff" in die zu erwartenden Kausalverläufe in der Weise entschieden hat, daß der als „wertvoll" erkannte Zustand möglichst erhalten bliebe.

Aus dem Vorstehenden ergibt sich demnach, daß nach dem gleichen Wertungsprinzip, auf dem nach der Auffassung von *Kruse* die wissenschaftliche Erkenntnis rechtlicher und ethischer Normen gründet (oder gründen sollte), sich gewöhnlich der in unserem Kulturkreis lebende Mensch des Inhalts ethischer Normen bewußt wird oder bewußt werden kann. Es wird hierbei nicht verkannt, daß in der Wirklichkeit zahlreiche Menschen von dieser Möglichkeit keinen Gebrauch machen: daß eine große Zahl unter ihnen rechtliche und ethische Normen nur aus bloßer Berechnung befolgen, um die sich im Falle ihrer Nichtbefolgung ergebenden Schwierigkeiten zu meiden; und daß bei vielen anderen Menschen das Befolgen der Normen zur gedankenlosen Gewohnheit geworden ist[31]. Das spricht jedoch nicht gegen die obige These. Aus der weitgehenden Instinktfreiheit des Menschen (s. o. D I 2 a) folgt, daß er sein Verhalten zum Guten und Bösen wenden, daß ihm grundsätzlich normengerechtes und normenwidriges

[31] *Ph. Lersch,* Der soz. Mensch, S. 130 ff.

Verhalten zum Dauerbedürfnis werden kann. Entscheidend ist, in welche Bahnen er seine Interessen lenkt. Sieht er nur seine eigenen Interessen, legt er einen ausgeprägten Egoismus und Rücksichtslosigkeit an den Tag, so wird er fremden Interessen nur geringe Aufmerksamkeit schenken wollen und sie meist nur als Störung empfinden. Die Tatsache aber, daß er andererseits zu erkennen vermag, welche vorteilhaften oder nachteiligen Folgen sein Verhalten für ihn selbst hat, und daß er sein Verhalten seinen egoistischen Zielen entsprechend einzurichten vermag, zeigt, daß nicht etwa ein Mangel an intellektueller Einsichtsfähigkeit, sondern die fehlende Bereitschaft hierzu ihn daran hindern, sich in die Lage des anderen zu versetzen. Diese Einsichtsfähigkeit kann deshalb durchweg bei jedem normalen Menschen angenommen werden. Auf der Tatsache, daß sich immer wieder Menschen finden, die wider besseres Wissen oder trotz vorhandener Einsichtsfähigkeit sich gegen ihre Mitmenschen vergehen, basiert der staatliche Zwang. Im übrigen kann es als „Regel" angesehen werden, „daß das normativ geforderte und von der Mitwelt erwartete Verhalten, auch wenn es ursprünglich rein äußerlich und ohne inneres Element vollzogen wird, die Tendenz und den Erfolg hat, eine Wirkung auch auf das Innere auszuüben und in ihm eine entsprechende Gesinnung zu evozieren"[32]. Die Einhaltung des Tötungsverbotes z. B. ist den meisten Menschen zum Dauerbedürfnis geworden, so daß in entsprechenden Situationen der Motivationsprozeß wegfällt. Das Verbot ist in ihnen so tief verwurzelt, daß sie nur in Fällen schwerster Not hinsichtlich seiner Einhaltung Überlegungen anstellen müssen.

b) Die geschichtliche Entwicklung des Rechts

Die vorstehende Darstellung über die Kindheit und Jugendzeit hat gezeigt, welche erheblichen Abstraktionsleistungen der Mensch vollbringen muß, ehe er die geistig-sittliche Reife erlangt. Er würde dies wohl kaum allein und schon gar nicht in so kurzer Zeit erreichen, wenn er hierbei nicht von den Erfahrungen der Erwachsenen und seiner Vorfahren „zehren" könnte und Erziehung und die geltenden Institutionen ihn nicht von Anfang an auf die richtigen Bahnen lenkten[33]. Noch viel umfangreicher aber sind die Erfahrungen, die die Menschheit machen und verstandesmäßig verarbeiten mußte, bis einzelne Menschen erkannten, daß nicht nur sie, sondern alle normalen Menschen fähig sind, ihr und das Verhalten anderer in der erwähnten Weise moralisch zu bewerten und sich entsprechend ihrer Einsicht zu verhalten, und daß die zur Einsicht und zum entsprechen-

[32] *Ph. Lersch,* Der soz. Mensch, S. 132.

[33] Nach der Formulierung von *Villinger* (in Fischer-Lexikon Medizin III 1959, S. 161) „durchläuft der werdende Mensch zwischen Zeugung und Reife Jahrmillionen der Tier-Mensch-Werdung und Jahrhunderttausende der Menschheitsentwicklung im Zeitraffertempo".

den Handeln nicht bereiten Menschen durch eine zentrale Macht und mit Gewalt gezwungen werden können, sich so zu verhalten, daß das Wohl ihrer Mitmenschen hierdurch nicht beeinträchtigt wird. Die Geschichte zeigt, daß Jahrtausende vergehen mußten, bis sich die Menschheit unseres Kulturkreises zu den Institutionen Staat und Recht vorgetastet hatte. In einem kurzen und zwangsläufig schematischen Überblick soll dies im folgenden am Beispiel der Geschichte des deutschen Strafrechts verdeutlicht werden[34].

In der germanischen Frühzeit kann man von einer Strafe im heutigen Sinne (= „Reaktion des Staates auf einen Rechtsbruch") noch nicht sprechen. Ein Staat, der die Beziehungen der Menschen untereinander überwacht, fehlt völlig. Der Germane ist eingegliedert in überpersönliche Verbände, die kultischen Charakter haben: Haus, Sippe, Völkerschaft. Er hat teil an dem „von den Göttern erflehten Frieden". Den Friedensschutz verliert er, wenn er sich in bestimmter Weise an seinen Mitmenschen vergeht. Der Verletzte darf Rache üben, die Sippe zur Fehde schreiten. Diese Sanktionen dienten aber nicht der Daseinssicherung oder der Verteidigung, sondern der Wiederherstellung der Sippenehre, „die zugleich des Rächers eigene war. Ehre und Ansehen galten ihnen als der eigentliche Lohn der Rachetat, Sicherheit und deren Schutz so wenig, daß ihnen der Begriff der Notwehr nahezu unbekannt war" (*B. Rehfeldt*, S. 107). Friedlosigkeit oder Todesstrafe dienten nicht dem Zweck der Versöhnung oder Austilgung des Täters, sondern die Tötung des Missetäters war ein „Sühneopfer, durch das der Zorn der beleidigten Götter abgewendet werden sollte" (*B. Rehfeldt*), a. a. O., S. 108 ff.). Kennzeichnend für die germanische Rechtsauffassung war die „Erfolgshaftung". Einen Schuldbegriff im heutigen Sinne gab es nicht. „Die Tat tötete den Mann." Ohne daß dies hier näher ausgeführt werden könnte, ist anzunehmen, daß zwischen dem primitiven Zustand der germanischen Rechtsentwicklung und dem Stand der intellektuellen Entwicklung der Germanen ein enger Zusammenhang besteht. Wie bereits oben (s. D I a) im Anschluß an *Oehler* (a. a. O., Seite 22 ff.) dargelegt wurde, zeichnete die Germanen symbolisch-anschauliches Denken aus. Hiermit hängt die Erscheinung zusammen, daß die Germanen hinter den einzelnen Veränderungen der Natur häufig göttliche Kräfte vermuteten („Veränderungsgötter" wie z. B. Donner-, Flußgötter). Dies läßt den Schluß zu, daß ihnen noch weitgehend die Fähigkeit zur Einsicht in solche Kausalzusammenhänge fehlte, die man nicht unmittelbar den Wahrnehmungen ansah, also insbesondere auch in psychische Zusammenhänge. Die Unfähigkeit zum abstrakten Denken hatte zur Folge, daß die „Mannigfaltigkeit" der sozialen Phänomene in ihren Vorstellungen noch weitgehend beziehungslos nebeneinander stand und ein abstraktes Gebilde wie der Staat einfach noch nicht „begriffen" wurde. Die hier ausgesprochene Vermutung wird durch die Tatsache bestätigt, daß noch heute Kinder in der Phase des symbolisch-anschaulichen Denkens die Dinge „als beseelt wahrnehmen" und die moralische Wertung des Kleinkindes weitgehend vom Erfolgsdenken bestimmt ist. Und daß

[34] Zum Folgenden: *Eb. Schmidt*, Einführung . . ., S. 21 ff.; *B. Rehfeldt*, Die Entwicklung . . ., S. 95 ff.

weiterhin in der folgenden konkret-logischen Entwicklungsphase, weil die „Erklärung komplexer Sachverhalte unter unzureichender Analyse leidet", das kindliche Theoriebild noch lange dem „magischen" Denken der Primitiven ähnelt[35].

Eine bedeutsame Wandlung vollzog sich im 11. Jahrhundert, als die Kirche begann, mit sogenanntem Gottesfrieden die unheilvolle Ausbreitung der Fehden dadurch einzudämmen, daß sie Verletzungen der Gottesfrieden zunächst mit kirchlichen und später mit weltlichen Strafen ahndete. Nach 1093 wurden die Gottesfrieden mehr und mehr durch weltliche Landfrieden abgelöst, die „thematisch bald über diese" hinausgingen, indem Missetaten auch abseits aller Fehden in gesteigertem Maße mit Strafen, und zwar mit peinlichen Strafen, bedroht werden. Bis zur ersten Hälfte des 13. Jhd. entwickelten sich so die Landfrieden zu regelrechten Strafgesetzbüchern" (*Eb. Schmidt,* a. a. O., S. 50). In dem sich hier vollziehenden Wandel ist die *„Geburt der Strafe"* zu erblicken[36]. Denn indem Menschen zunächst in den Gottesfrieden und dann verstärkt in den Landfrieden versuchen, zur Erreichung eines bestimmten Zweckes mit abschreckenden Mitteln das Verhalten der Mitmenschen in eine bestimmte Richtung zu lenken, oder — besser gesagt — von einer bestimmten Richtung abzulenken, so liegt darin die Erkenntnis des der Strafe zugrundeliegenden psychischen Sachverhaltes, daß alle normalen Menschen es bis zu einer gewissen Grenze selbst in der Hand haben, in welcher Richtung sie sich verhalten, und daß die Ankündigung besonders schwerwiegender Übel diese Selbstbestimmung in zweckgemäßer Weise beeinflussen kann. Damit kommt zugleich zum Ausdruck, „daß die Menschen das Recht nicht mehr als geheiligt und unantastbar ansehen, weil es von alters her überkommen war, sondern daß sie es ihrer eigenen Vernunft unterwerfen und ändern können"[37]. „Aus der magischen Heilung", die durch die bisherigen Sanktionen bewirkt werden sollte, ist „sittliche Verantwortung" geworden (*Achter,* a. a. O.).

Dieser Ansatz zum sittlichen Denken bedeutet jedoch nicht, daß den Menschen dieser Zeit der Sinn des Strafrechts im vollen Maße aufgegangen wäre. Die Einsicht in die dem modernen Strafrecht zugrundeliegenden psychischen Sachverhalte und die tiefere Menschenkenntnis lassen z. T. noch sehr zu wünschen übrig. Denn wie sollte man es sonst erklären, daß die Menschen dieser Zeit und insbesondere auch die Kirche es mehrere Jahrhunderte hindurch zuließen, daß die Missetäter mit für uns unvorstellbar grausamen Strafen (z. B. Vierteilung, Rädern, Sieden in Wasser und Öl und schrecklichen Verstümmelungen) gesühnt wurden, daß es keine Freiheitsstrafe im heutigen Sinne gab, daß es zu weitverbreiteten Ketzer- und Hexenverbrennungen und zu Kinderhinrichtungen kam usw. (*Eb. Schmidt,* a. a. O., S. 61 ff.), und daß — häufig auch von Unschuldigen — Aussagen mit grausamen Foltermethoden erzwungen wurden? Der Hinweis auf die damaligen politischen Verhältnisse würde zur Erklärung nicht ausreichen. Das ergibt sich bereits daraus, daß es zu einer richtigen „Auf-

---

[35] *Busemann,* Psychologie, S. 318; *Piaget-Inhelder,* S. 309.
[36] *Achter,* Die Geburt der Strafe, S. 19 ff.
[37] *Achter,* Die Geburt der Strafe, S. 19 ff.

klärung" der Menschen in dieser Beziehung erst im 17. und 18. Jahrhundert durch die Philosophen dieser Zeit gekommen ist (s. u.).

Immerhin machte die Strafrechtsentwicklung gewaltige Fortschritte. Durch die von *J. v. Schwarzenberg* stark geförderte Rezeption römischen Rechts wurde die mittelalterliche Rechtsentwicklung da, „wo sie unfertig stehen geblieben war", dem fortgeschrittenen Erfahrungswissen des Corpus iuris angepaßt. Die Bedeutung der Rezeption liegt insbesondere darin, daß staatlichem Strafen das Prinzip der *Schuldhaftung* zugrundegelegt und damit endgültig die Erfolgshaftung abgeschafft wurde. Eine Vertiefung der Menschenkenntnis zeigt sich auch in der Behandlung des Versuchsproblems. Dieses wird „in seiner allgemeinen Bedeutung erkannt" *(Eb. Schmidt,* a. a. O., S. 119). Aus der Zeit des 14. und 15. Jahrhunderts datiert auch die „Entdeckung der *Staatsidee*[38]. Mit dem 16. Jahrhundert tritt die deutsche Strafrechtspflege in ihre *wissenschaftliche* Epoche ein. Der Bruch mit der ptolomäischen Welterklärung durch *Copernikus* und die naturwissenschaftlichen Forscherleistungen von *Galilei, Kepler* und *Descartes* hatten zu einer gewaltigen Intensivierung wissenschaftlichen Forschens geführt. Von dieser Bewegung wurde auch das Rechtsdenken in starkem Maße beeinflußt. Indem „dem gläubigen Menschen des Mittelalters" „die sich auf sich selbst stellende menschliche Vernunft . . . entgegengestellt" wurde, war das „Tor aufgerissen, das das naturrechtliche Denken im Banne der Theologie gehalten" hatte *(Eb. Schmidt,* S. 158). An die Stelle der scholastischen Auffassung, die das Recht auf die „Identität der göttlichen und menschlichen Natur" gründete, setzte *H. Grotius* die „gewaltige Lehre von der Autonomie des vernünftigen, wenn auch von Gott mit seiner Vernunft gewollten Menschen" (*Eb. Schmidt,* a. a. O.). Den wahren Grund des Rechts erblickte *Grotius* — ebenso wie *Hobbes* und *Pufendorf* — nicht mehr in Gott, sondern in der Natur des Menschen. Kennzeichnend für diese drei Philosophen ist, daß sie die „Natur" des Menschen, — im Gegensatz zur „entelechialen Begründung aristotelisch-thomistischen Gepräges" —, auf empirischem Wege durch „scharfe, enthüllende Fremd- und Selbstbeobachtung" zu erkennen versuchen[39]. Allerdings haftet den hierbei entstehenden Entwürfen der Mangel an, daß sie den Menschen nicht in seiner Ganzheit sehen[40], sondern immer nur Teilaspekte seiner „Natur" herausstellen. Dennoch bedeuten diese Naturrechtsentwürfe einen großen Fortschritt: Während das Rechtsdenken des Mittelalters mehr im Zeichen eines „unsicheren Vortastens" stand, hat nunmehr eine prinzipielle Besinnung begonnen, bei der „man die Einzelfragen aus grundsätzlichen Gesichtspunkten zu verstehen sich bemüht" (*Eb. Schmidt,* S. 169). Der *empirische Mensch* ist in den Mittelpunkt der Rechtsdiskussion gerückt und dies hat zur Folge, daß insbesondere auch das Strafrecht dem wirklichen Mensch mehr und mehr angepaßt wird. Dies und nichts anderes bezwecken auch die „Humanisierungs"bestrebungen der Aufklärungszeit: Abschaffung der Folter, Einführung der Freiheitsstrafe (Anfang des 17. Jahrhunderts) und des Gedankens der Spezialprävention, Zurücktreten der Ketzer- und Hexenprozesse, Entwicklung des Schuldprinzips, die ins-

[38] *B. Rehfeldt,* Einführung . . ., S. 21; *Eb. Schmidt,* S. 139 ff.

[39] *Welzel,* Naturrecht . . ., S. 113 ff.

[40] Vgl. *Würtenberger,* NoR, S. 440.

besondere durch die Lehre von der Imputation von *Pufendorf* gefördert wurde usw. Ihre Krönung findet diese allgemeine Besinnung auf die empirische Natur des Menschen in der Deklaration der Menschenrechte. Diese Entwicklung wurde im vergangenen Jahrhundert dadurch unterbrochen, daß zeitweise wirklichkeitsfremde Straftheorien herrschend wurden, bei denen „der wirkliche Mensch nicht einmal in ihr Blickfeld rückte" (*P. Noll,* Die ethische Begründung, S. 4 ff.; *Eb. Schmidt,* S. 231 ff.).

Während die Praxis im Strafvollzug bezeichnenderweise zum Prinzip der Spezialprävention zurückkehrte (*Eb. Schmidt,* S. 349 ff., 421 ff.), setzte in der Wissenschaft mit *F. von Liszt* gegen Ende des 19. Jahrhunderts eine Entwicklung ein[41], in deren Verlauf sich in zunehmendem Maße die Einsicht durchsetzte, daß der Mensch es ist, der das Strafrecht geschaffen hat und dem allein dieses zu dienen bestimmt ist; und daß deshalb der Inhalt der Strafrechtsnormen auf empirisch fundierte Kenntnisse vom Menschen und nicht etwa auf irgendeine abstrakte Idee von ihm gründen muß. Diese Entwicklung ist heute noch nicht abgeschlossen[42].

Die Geschichte des Strafrechts bietet einen „einzigen großen Beweis" für die Richtigkeit der These von *Kruse,* daß das Recht das Ergebnis von Wirklichkeitserfahrungen und darauf aufbauenden Wertungen ist, zu denen sich die Menschheit durch Unterscheiden und Vergleichen und Auffinden von gesetzmäßigen Zusammenhängen erst im Laufe einer langen Geschichte vorgetastet hat. Jahrtausende mußten vergehen, bis die Germanen das „Recht" von magischen und kultischen Vorstellungen lösten und erkannten, daß sie selbst imstande seien, mit zweckmäßigen Mitteln — d. h. hier: mit abschreckenden Strafen — in den Verlauf des sozialen Zusammenlebens in der Weise einzugreifen, daß sich dadurch die Bedingungen des Zusammenlebens verbesserten. Weitere, durch viele blutige Zusammenstöße gekennzeichnete Jahrhunderte waren nötig, bis Menschen die Institution Staat schufen und damit anerkannten, daß eine das Leben eines einzelnen Herrschers überdauernde Einrichtung am besten geeignet sei, den Zweck des Rechts durchzusetzen. Und erst als Menschen sich daran machten, systematisch und mit wissenschaftlichen Methoden die empirische Natur des Menschen zu erforschen und weitere blutige Erfahrungen hinzukamen, wurde das Strafrecht und das Recht (Menschenrechte!) so gestaltet, daß man von ihm — zumindest bis zu einem gewissen Grade — sagen konnte, es sei „human", d. h. dem wirklichen Menschen angepaßt.

Die Geschichte des Strafrechts zeigt nicht nur, wie sich die Strafe und andere strafrechtlichen Institute entwickelt haben, sondern sie bietet vor allem auch eine anschauliche Illustration dafür, wie die Menschen allmählich ihre Kenntnisse über sich (Selbsterkenntnis) und ihre Mitmenschen vertieft haben. Weil wir heutigen Menschen uns

---

[41] *Eb. Schmidt,* S. 353 ff.

[42] Vgl. *R. Lange,* Wandlungen . . ., S. 346 ff.; *R. Lange,* Die Strafrechtsreform . . ., S. 952 ff.; Der Strafanspruch . . ., S. 80 ff.

und unsere Mitmenschen im allgemeinen besser kennen, als die Menschen der Frühzeit und des Mittelalters sich und ihresgleichen, erscheint uns heute so vieles von dem, was damals geschah, so unbegreiflich und unvorstellbar grausam. Nur die Tatsache unserer vertieften Menschenkenntnis erklärt es, daß wir nicht mehr an Hexen und Ketzer glauben und daß wir die Folter scharf verurteilen. In ihr liegt auch der Grund dafür, daß die Menschen der damaligen Zeiten die von uns als „barbarisch" empfundenen Menschenbehandlungen so lange widerspruchslos duldeten („Was ich nicht weiß, macht mich nicht heiß"). Wenn es trotz dieses Wandels auch heute immer wieder Menschen gibt, die ins „tiefe Mittelalter" zurückfallen, so vor allem deshalb, weil sie der Haß — z. B. der Rassenhaß der Nazizeit — oder andere Gründe für die Einsicht in die tieferen Zusammenhänge des menschlichen Lebens „blind" macht.

4. *Das moderne Menschenbild und die Rechtserkenntnis*

Über das moderne Menschenbild ist bereits oben im Zusammenhang mit der Darstellung des menschlichen Antriebslebens alles Wesentliche gesagt worden. Wenn hier nochmals auf diese Darlegungen zurückgegriffen wird, so deshalb, um zu zeigen, daß *Kruses* Untersuchungen über die Methode der Rechtserkenntnis in ihrem Ergebnis diesen neuesten Erkenntnissen der philosophischen Anthropologie und anderer empirischer Wissenschaften auch noch in einer anderen Beziehung entsprechen und diese wertvoll ergänzen.

Als wesentliches Kennzeichen des Menschen wurde oben herausgestellt, daß dieser selbst es ist, der — im Gegensatz zu den instinktgebundenen Tieren — über die Art und Richtung seiner Verhaltensweisen frei entscheiden kann. So gehört beim Menschen sogar der am meisten instinktgebundene Teil des Verhaltens, die Sexualsphäre, zum Bereich der persönlichen Entscheidungsfreiheit; selbst hier ergeben sich Möglichkeiten „scharfen Konflikts zwischen extrem verschiedenen Verhaltensweisen"[43]. „Der relativen Schwäche der Instinktorganisation steht beim Menschen eine gewaltige Steigerung anderer zentraler Antriebssysteme gegenüber", deren Organisation uns weitgehend unbekannt ist, und die in Erscheinungen wie dem „Willen" und der „Willenskraft" ihren Ausdruck finden (*Portmann*, a. a. O., S. 62 ff.). Die weitgehende Instinktfreiheit und die Tatsache, daß die Antriebe praktisch jeder menschlichen Handlung „nachwachsen" können, sind zwar einerseits Grundlage für den ungeheuren schöpferischen Reichtum des Menschen, sie bedeuten aber andererseits die Gefahr, daß der einzelne Mensch sich selbst in seinen Verhaltensweisen widerspricht und — was für die Gesamtheit noch schlimmer ist — daß die Menschen im Verhältnis zueinander in lebens-

[43] *Portmann*, Zoologie . . ., S. 59 ff.

gefährliche Konflikte geraten können. Hieraus ergibt sich die Notwendigkeit, daß die Menschen ihre Antriebe, Bedürfnisse und Interessen im Hinblick auf ihr eigenes Leben und auf das Leben ihrer Mitmenschen „orientieren", d. h. diese in bestimmten Verhaltensweisen so festlegen, daß diese ihnen zur „Gewohnheit" und praktisch so „automatisiert" werden, daß der Motivationsprozeß wegfällt und die Menschen ihre Aufmerksamkeit anderen „höheren Dingen" zuwenden können. In der Festlegung solcher Gewohnheiten liegt die besondere Bedeutung des Rechts und es ist deshalb berechtigt, wenn *Schelsky* feststellt[44], daß „der Mensch sich gerade . . . im Aufgehen in die Institutionen als das Ich überhöhenden Ordnungen und Seinsformen in seiner höheren und sozialen Existenzweise erst gewinnt"[45]. Es ergibt sich somit, daß sowohl der Determinismus wie auch der absolute Indeterminismus auf wirklichkeitsfremden Konstruktionen beruhen. Empirisch nachweisbar ist allein ein „relativer Indeterminismus" (*Ehrhardt-Villinger,* a. a. O., S. 222 ff.), d. h. der Mensch ist zwar in der Entscheidung frei, er muß bei seiner Entscheidung aber der Eigenart seiner eigenen Natur Rechnung tragen. Auf eben diesem empirischen nachgewiesenen Bild vom Menschen gründet sich die von *Kruse* entwickelte rechtliche und ethische Erkenntnis- und Wertungsmethode: Ebenso wie in der physischen Natur stellt der Mensch im psychischen und sozialen Bereich seines Lebens Verschiedenheiten und Gleichheiten und gesetzmäßige Zusammenhänge fest. Unter den ständigen Veränderungen in den genannten Lebensbereichen begegnet er im Laufe vielfältiger Erfahrungen solchen, die ihm Vorteile, und solchen, die ihm Nachteile bringen. Im Unterschied zu den in dieser Hinsicht durch ihre Instinkte sehr gehemmten Tieren braucht der Mensch dem Ablauf der gesetzmäßigen Zusammenhänge nicht untätig zuzusehen; durch einen „Sprung in die Zukunft", durch willensgesteuertes „Wählen" kann er sich vielmehr für solche Handlungen entscheiden, die weder ihm noch anderen schaden. Auf dem weiteren Kausalzusam-

---

[44] Soziologie . . ., S. 63.

[45] Diese Einsichten sind — wie gesagt — das Ergebnis von Forschungen der letzten Jahrzehnte, sie haben sich zwar noch nicht allgemein durchgesetzt: z. B. sind noch viele Darstellungen der Psychologie und Psychiatrie von den Trieblehren *Freuds* beherrscht. Dennoch läßt sich sagen, daß sie allmählich alle Humanwissenschaften zu „erobern" beginnen: außer von den oben Genannten werden sie z. B. anerkannt in der *Medizin* von *H. Ehrhardt* und *W. Villinger* in Soziale und angewandte Psychiatrie, S. 222 ff.; in der *Soziologie* von *H. Schelsky,* Soziologie . . ., S. 59 ff.; *H. Plessner; Psychologie: von Thomae, Ph. Lersch,* a. a. O. S. 16 ff.; *Rechtswissenschaft:* außer von *R. Lange,* Wandlungen . . ., S. 364 ff.; Der Strafanspruch . . ., S. 80 ff.; Die Strafrechtsreform . . ., S. 952 ff.; Das juridisch-forensisch-kriminologische Grenzgebiet, S. 404 ff.; *von Würtenberger,* NoR S. 441; weitgehend auch von *Welzel,* Lehrbuch, § 20, und *Maurach,* AT § 36 I.

menhang, daß viele Menschen sich dem Schädigungsverbot nicht freiwillig fügen, beruht das Recht, das die widerstrebenden Menschen im Interesse aller zu entsprechendem Verhalten zwingt. Ethik und Rechtswissenschaft gründen somit auf denselben Wissensformen wie die angewandten Naturwissenschaften: Wenn der Mensch die vorteilhafte Wirkung oder Veränderung a hervorrufen *will*, muß er zuerst die Ursache oder Veränderung b hervorbringen. Ebenso wie die moderne Anthropologie erklärt *Kruse* die Entscheidungsfreiheit und die Fähigkeit des Menschen zum Erkennen und Werten sowie den Zwang zur Kultur, zur Veränderung der gegebenen Natur ins Lebensdienliche oder — wie es *Kruse* auch nennt — die Selbst- und Naturbeherrschung zu den drei Grundpfeilern des Rechts.

Die besondere Bedeutung des Werks von *Kruse* zeigt sich nun im Hinblick auf die Frage: Nach welchem Maßstab, nach welcher Methode hat der Mensch seine Antriebe, seine Bedürfnisse und seine Interessen zu orientieren? Hat die besondere Bedeutung, die die Institutionen für das menschliche Leben haben, zur Folge, daß der Mensch sich den *geltenden* Institutionen fügen muß, ohne die Möglichkeit zur Kritik diesen gegenüber und zur Änderung ihres Inhalts zu haben? Diese vor allem im Hinblick auf die jüngste Vergangenheit für das Recht entscheidende Frage hat auch die philosophische Anthropologie und insbesondere auch Gehlen nicht befriedigend beantworten können.

Es ist das besondere Verdienst *Kruses*, die hier aufgetretene Lücke geschlossen zu haben. Mit seiner eingehenden Analyse hat *Kruse* gezeigt, daß wir nicht zu der oben erwähnten passiven Haltung gegenüber den geltenden Institutionen verurteilt sind, sondern, daß wir vielmehr in der Wirklichkeit einen Maßstab besitzen, an dem sich jede Institution messen lassen muß. Dies ist nicht in dem Sinne aufzufassen, daß wir einfach nur die *bestehenden* Verhältnisse der Wirklichkeit zu kopieren brauchten, um den Inhalt der Rechtsnormen festzustellen: dann wären Rechtsnormen ja überflüssig. Die Wirklichkeit ist vielmehr insoweit Maßstab des Rechts, als ihr zu entnehmen ist, welche gesetzmäßigen Zusammenhänge des menschlichen Zusammenlebens so beschaffen sind, daß ihre *Veränderung* geboten ist, d. h., daß der Mensch mit rechtlichen Maßnahmen zur Abwendung von Nachteilen und zur Erzielung von Vorteilen in sie *eingreifen* muß. Es ist in dieser Weise, in der heute — wie dargelegt — jeder normale Mensch unseres Kulturkreises zur geistig-sittlichen Reife findet oder finden kann, und es geschah — wie im geschichtlichen Überblick gezeigt wurde — in derselben Weise, daß sich die Menschheit allmählich zum allgemeinen Schädigungsverbot als unentbehrlicher „Fundamentalnorm" des sozialen Zusammenlebens vorgetastet hat. Und das von *Kruse* entwickelte Wertungsprinzip weist auch den Weg, auf dem die überkommenen Normen der sich ständig wandelnden

Wirklichkeit angepaßt und neue Rechtsgebiete erschlossen werden müssen.

II. Die Bedeutung der Untersuchungen von Kruse für die deutsche Rechtswissenschaft

Die Bedeutung *Kruses* für die deutsche Rechtswissenschaft tritt besonders hervor, wenn wir uns die Meinungsverschiedenheiten und Unklarheiten vergegenwärtigen, die in der gegenwärtigen Diskussion über die Grundlagen des Rechts zutage getreten sind und über die oben berichtet worden ist. Eine große Zahl von Juristen, die sich mit dieser Frage befaßt haben, hält es für unmöglich, das Recht wissenschaftlich zu begründen. Entweder sprechen sie dem Recht transzendenten Charakter zu und glauben an das Bestehen einer den Menschen vorgegebenen Ordnung, wobei hinsichtlich der Möglichkeit, sichere Aussagen über diese vorgegebene Ordnung zu machen, überwiegend Skepsis vorherrscht, oder sie sehen — wie z. B. *Geiger* — im Recht lediglich eine Art Ideologie, die den Menschen von der herrschenden Gesellschaftsschicht aufgezwungen worden ist. Eine dritte Spielart skeptizistischer Rechtsauffassungen bildet der relativistische Standpunkt von Radbruch. *Kruses* Verdienst ist es, nachgewiesen zu haben, daß diese wegen ihrer negativistischen Einstellung gefährlichen Rechtsauffassungen das Ergebnis einer an der Oberfläche bleibenden Betrachtungsweise sind, die allzu frühzeitig vor den Schwierigkeiten kapituliert, die mit der Frage wissenschaftlicher Begründung des Rechts verknüpft sind. Die eingehenden Untersuchungen *Kruses* haben ergeben, daß sich das Recht durchaus mit wissenschaftlichen Methoden begründen läßt: zwar nicht in dem Sinne, daß absolute Rechtsgrundsätze nach dem Beispiel der 10 Gebote oder des kategorischen Imperativs als erwiesen angesehen werden könnten. Die Wissenschaft muß sich vielmehr mit der Begründung hypothetischer Imperative begnügen. Dadurch mindert sich jedoch in nichts der wissenschaftliche Charakter der Jurisprudenz: denn auch die angewandten Naturwissenschaften bedienen sich der der Rechtswissenschaft zugrundeliegenden Methode.

Der Wert der Untersuchungen von *Kruse* ist nicht nur darin zu sehen, daß durch sie die Rechtswissenschaft eine neuartige und beachtenswerte *theoretische* und methodische Grundlegung erhalten hat. Ihre Bedeutung zeigt sich vor allem auch in der Rechts*praxis:*

1. Auf dem von *Kruse* beschriebenen Weg wird es der Rechtswissenschaft möglich sein, mit wissenschaftlichen Methoden materielle Rechtsgrundsätze zu begründen, an denen sich jede Gesetzgebung messen lassen muß (s. vorstehenden Abschnitt). Eine Wiederholung des Zustandes, daß zahlreiche, dem Positivismus huldigende Juristen ratlos oder unkritisch zusehen, wie der Staat die Gesetzgebung dazu

mißbraucht, Unrecht zu kodifizieren, würde dadurch in Zukunft zwar nicht völlig ausgeschlossen, aber wesentlich erschwert.

2. Mit der von *Kruse* aufgezeigten Methode wird in Zukunft jedes rechtliche Wertungsproblem wissenschaftlich untersucht werden können. Durch den Zwang zu wissenschaftlicher Begründung würde meines Erachtens verhindert werden, daß sich die Begründung schwieriger und umstrittener Rechtsentscheidungen, wie dies nicht selten auch in höchstrichterlichen Urteilen geschehen ist, in unbestimmten und vieldeutigen Hinweisen auf ein angeblich bestehendes „Naturrecht", eine „vorgegebene Ordnung", das „Rechtsgefühl" oder „allgemeines Rechtsempfinden", die „herrschende Meinung" usw. erschöpft. Statt bei solchen schlagwortartigen und das Problem höchstens verdeckenden Argumenten Hilfe zu suchen, wird jeder Jurist, der sich einer rechtlichen Wertungsfrage gegenübersieht, gezwungen sein, die wirkliche Situation, die er unter dem Gesichtspunkt des Rechts zu bewerten hat, genau zu analysieren. Er wird sich einen „umfassenden Einblick in die durch das Gesetz zu ordnenden Lebensverläufe verschaffen . . . größere Lebenszusammenhänge . . . in einzelne klar faßbare Sachverhalte auflösen und sie so unter Ausschaltung subjektiver Wertungen... beurteilbar machen" müssen. „Hypothetische Kausalverläufe, die den Normierungen des Gesetzgebers zugrunde liegen, wird er auf ihre geringere oder größere Wahrscheinlichkeit" hin zu beurteilen haben[46]. Bei der Erfüllung dieses wesentlichen Teils der rechtlichen Wertungsaufgabe wird sich der Jurist vielfach der Hilfe anderer Wissenschaften bedienen müssen.

Dieser Bezug der Rechtswissenschaft zu den anderen Humanwissenschaften ist zweifellos schon lange vor *Kruse* gesehen worden. Dies gilt insbesondere für das Strafrecht, wo mit der Kriminologie eigens für die Untersuchung dieses Zusammenhangs ein besonderer Wissenschaftszweig gegründet wurde. Die Kriminologie wird aber auch heute von zahlreichen Juristen noch nicht in ihrer vollen Bedeutung für das Strafrecht erkannt. Vor allem herrscht über den methodischen Zusammenhang zwischen Kriminologie und Strafrecht weitgehende Unklarheit. Es ist das Verdienst *Kruses,* einerseits gezeigt zu haben, wie diese Unklarheit beseitigt werden kann, und z. a. deutlich gemacht zu haben, daß nicht nur — wie vielfach angenommen — Fragen des Strafvollzugs und ähnliche, die Person des Verbrechers berührende Probleme, sondern insbesondere auch jede strafrechtliche Wertungsfrage unter kriminologischen Gesichtspunkten untersucht werden müssen. Entsprechendes gilt für die anderen Rechtsgebiete, in denen das Verständnis für den Wirklichkeitsbezug des Rechts häufig noch schwächer entwickelt ist als im Strafrecht.

---

[46] Mit diesen Worten, die ihrem Sinn nach von *Kruse* stammen könnten, umschreibt das Bundesverfassungsgericht in seinem bedeutsamen Apothekerurteil die Wertungsaufgabe des Richters: BVG 7, 377 ff.; 412 ff.

VIERTER TEIL

Das Wesen der Rechtfertigungsgründe

A. Der Mensch: letzter Grund und Maßstab des Rechts

I. Das Recht beruht auf der Erkenntnis, daß die Menschen den Ablauf des menschlichen Zusammenlebens nicht sich selbst überlassen dürfen, wollen sie schwerwiegende Schäden oder — was gerade heute angesichts der Entwicklung von Massenvernichtungswaffen besonders aktuell ist — gar die völlige Selbstvernichtung vermeiden. Der in ihm liegende planmäßige Eingriff in die bisher wahrgenommenen Kausalzusammenhänge kommt in dem Begriff „Ordnung" (des menschlichen Zusammenlebens) zum Ausdruck. Wie diese Ordnung auszusehen hat, läßt sich nicht aus irgendwelchen abstrakten Werten oder durch das Gefühl ermitteln: Der Mensch hat sich zu ihr erst auf Grund von — auf jahrtausendelangen Erfahrungen aufbauenden — Beobachtungen der Wirklichkeit vorgetastet. Da der einzige Zweck des Rechts der Mensch ist, bildet seine empirisch feststellbare Natur den Ausgangspunkt allen Rechts: Dieses Menschenbild ergibt — trotz aller bei den einzelnen Menschen zu beobachtenden Verschiedenheiten — das Bild eines weltoffenen Wesens, dem auf der einen Seite die Entfaltung der eigenen Persönlichkeit im wesentlichen selbst überlassen ist, das zum anderen aber in vielfacher Hinsicht schutz- oder förderungsbedürftig ist.

Bereits oben war ausführlich die Rede von der Notwendigkeit von Gesetzen, die die Menschen vor Schädigungen schützen[1]. Ein fein ausgeklügeltes System von Schutzbestimmungen dient dem Zweck, Menschen an gegenseitigen Schädigungen zu hindern oder bereits eingetretene Schädigungen auszugleichen. Das StGB gründet zudem auf dem gesetzmäßigen Zusammenhang, daß jeder Mensch — auch der Verbrecher — in der Regel imstande ist, seinen Willen so zu beherrschen, daß er von vorsätzlichen oder fahrlässigen Schädigungen anderer abläßt. Die Strafe beruht auf dem Gesichtspunkt, daß die Androhung eines Übels und die strikte Durchführung dieser Androhung in der Regel geeignet sind, die Willensbildung des Delinquenten und der Allgemeinheit zu beeinflussen (spezial- und generalpräventive Wirkung der Strafe).

II. Die verschiedenen Ordnungsgesetze tragen dafür Sorge, Schäden von den Menschen abzuwenden, die in irgendwelchen, vom Wil-

[1] Siehe 3. Teil C IV 5, V.

len des Menschen unabhängigen Naturerscheinungen ihre Ursache haben (Polizeigesetze, Baurecht, Gesundheitsgesetze, Impfzwang usw.). Andere Gesetze haben eine aktive Förderung des Menschen im Auge (Schul-, Erziehungs-, Verkehrsgesetze, Daseinsvorsorge usw.). Alle Gesetze — auch solche, die gewöhnlich als rein formal angesehen werden (z. B. das Grundbuchrecht) — haben einen derartigen Bezug zum Menschen und verfolgen letztlich den Zweck, jedem Menschen ein menschenwürdiges Dasein zuzusichern.

Daß der Mensch der letzte Maßstab und oberstes Ziel des Rechts ist, dem alle Staatsgewalt zu dienen hat, hat darin Ausdruck gefunden, daß die Verfassung unseres Staates das Grundrecht der Menschenwürde und die sonstigen Grundrechte an die Spitze ihrer Normen stellt (Art. 1 ff. GG).

Das Wesen des Menschen bestimmt nicht nur den Grund, sondern auch die Grenzen des Rechts: Aus der „Weltoffenheit" des Menschen, aus seiner Fähigkeit zur Selbstbestimmung und Selbstgestaltung seines Lebens, folgt, daß ein gesetzlicher Eingriff in die Zusammenhänge der menschlichen Gesellschaft nur zulässig ist, wenn dies unumgänglich notwendig ist. Wann dies der Fall ist, läßt sich ebenfalls nur durch genaue Analyse und Bewertung der Wirklichkeit feststellen.

B. Ausnahmecharakter der Rechtfertigungsgründe

Auch wenn wir das allgemeine Schädigungsverbot als Fundamentalgesetz des menschlichen Zusammenlebens anerkennen, läßt sich nicht übersehen, daß wir in zahlreichen Fällen gezwungen sind, einander zu schädigen: Der Arzt, der einem an Arterienverkalkung erkrankten Patienten das Leben retten will, muß diesem ein Bein amputieren. Eltern, die ihr widerspenstiges Kind zum Gehorsam erziehen wollen, müssen u. U. auf das Mittel körperlicher Züchtigung oder sonstige Strafen zurückgreifen. Der Staat darf unter bestimmten Voraussetzungen seinen Bürgern gewisse Vermögensopfer, z. B. Steuern, abverlangen. Im Notwehrrecht berechtigt der Gedanke des Rechtsschutzes zu Abwehrmaßnahmen, durch die der Angreifer in irgendeiner Form geschädigt wird usw. Stets handelt es sich um Schädigungen, die, wären sie nicht erlaubt, eine Bestrafung zur Folge hätten.

Forscht man nach dem Verhältnis zwischen dem allgemeinen Schädigungsverbot und der berechtigten Schädigung und fragt, wie beide miteinander zu vereinbaren seien, so ergibt sich als erste wichtige Feststellung, daß berechtigte Schädigungen immer nur als *Ausnahmen* zugelassen werden können, die an der grundsätzlichen Geltung des allgemeinen Schädigungsverbots nichts ändern. Die Gründe, die zu derartigen Ausnahmen berechtigen, müssen in jedem Fall ein stärkeres Gewicht haben, als jene, die die Unterlassung der Schädigung gebieten. Wann solche *„höheren Gründe“* anzunehmen sind, ergibt sich ebenfalls erst durch Analyse und Bewertung der Wirklichkeit: durch Gegenüberstellung der (hypothetischen) Kausalverläufe im Falle eines „schädigenden“ Eingriffs und jener, zu denen es bei Unterlassung einer solchen Schädigung kommen würde. In dem Arztfall, in dem die Amputation des Beines die einzige Möglichkeit zur Lebensrettung ist, ist die Notwendigkeit des schädigenden Eingriffs und die „Höherwertigkeit“ des durch ihn geschützten Rechtsguts besonders offenkundig. Bei der (berechtigten) Erziehungsstrafe bilden die vorteilhafte Wirkung der Erziehung und bei staatlichen Steuern die Notwendigkeit des Staatsbetriebes den „höheren Grund“. Stets sind es „höhere Rücksichten“, die eine Schädigung ausnahmsweise als gerechtfertigt erscheinen lassen; stets muß hinter ihr entweder die Rücksicht auf den Menschen selbst, dem sie zugefügt wird, oder die Rücksicht auf einen Mitmenschen oder die Allgemeinheit als Grund der Rechtfertigung stehen. *Kruse*[2] beschreibt das Verhältnis zwischen dem allgemeinen Schädigungsverbot und der berechtigten Schädigung in der Weise, daß er ersteres als ethischen *Hauptgrundsatz* kennzeichnet und ihm die Rechtfertigung bestimmter Schädigungen als *Grundsatz der Ausnahme* gegenüberstellt.

Es ergibt sich somit, daß sowohl die Güterabwägungs- wie auch die Zwecktheorie im Kern etwas Richtiges aussagen: In der Zwecktheorie kommt gut zum Ausdruck, daß ein Rechtfertigungsgrund erst angenommen werden kann, wenn alle tatsächlich erheblichen Umstände analysiert, bewertet und am Zweck des Rechts orientiert worden sind. Ihr „Nachteil“, daß sie den *Ausnahme*charakter der Rechtfertigungsgründe nicht genügend herausstellt, wird von der Güterabwägungstheorie wettgemacht, die von den Rechtfertigungsgründen fordert, daß durch sie höherwertige Rechtsgüter geschützt werden. Auf die Gefahr einer allzu abstrakten Abwägung, die mit dieser Theorie verbunden ist, wurde bereits oben hingewiesen.

C. Rechtfertigungsgründe und Grundgesetz

Die Rechtfertigungsgründe ermächtigen, soweit sie gegen einzelne Menschen und nicht gegen den Staat gerichtet sind, durchweg — insbesondere im Strafrecht — zu Eingriffen in Grundrechte anderer Menschen. Es fragt sich, ob die Schranken, die das Grundgesetz Eingriffen in Grundrechte auferlegt, auch den Inhalt der Rechtfertigungsgründe bestimmen.

Dies wäre zu verneinen, wenn die Grundrechte lediglich „staatsgerichtet“ wären und für die Beziehungen der Menschen untereinander keine rechtliche Bedeutung hätten. In der Tat ist auch heute die Frage noch nicht ausdiskutiert, ob die Grundrechte auch in den Beziehungen zwischen den einzelnen Menschen eine „Drittwirkung“ ent-

[2] a. a. O., S. 420 ff.

falten[3]. Dieser Meinungsstreit betrifft jedoch in erster Linie das Privatrecht. Insbesondere nach der Entscheidung des BVG 7, 198 ff. (Lüth-Urteil) werden den Grundrechten heute nahezu unstreitig wenigstens in dem folgenden Sinne eine absolute Wirkung zugesprochen:

Art. 1 I GG verpflichtet alle Staatsgewalten, die Würde des Menschen zu achten und zu schützen. Darin kommt zum Ausdruck, daß der Staat die Menschenwürde nicht nur vor sich selbst, sondern vor allen möglichen Angriffen schützen muß. Jeder Mensch hat Anspruch auf positive Abwehrmaßnahmen des Staates, wenn im privaten Bereich sein Recht auf Menschenwürde angetastet wird. Da die anderen Grundrechte aus diesem obersten Menschenrecht abgeleitet sind, erstreckt sich der allgemeine Schutzanspruch auch auf ihren Geltungsbereich. Mit Recht erblickt das Bundesverfassungsgericht (a. a. O.) deshalb in den Grundrechten eine objektive Wertordnung, eine verfassungsrechtliche Grundentscheidung, die in allen Rechtsgebieten zur Geltung gebracht werden muß.

Diese heute nahezu allgemein anerkannte[4] Auffassung wirkt sich für die Gestaltung der Rechtfertigungsgründe in der Weise aus, daß auch sie stets auf ihre Übereinstimmung mit dem Wertgehalt der Grundrechte überprüft werden müssen. Auch für Rechtfertigungsgründe gilt demzufolge die Grenze, die Art. 19 II GG allgemein Eingriffen in Grundrechte auferlegt: „In keinem Fall darf ein Grundrecht in seinem Wesensgehalt angetastet" werden. Es fragt sich, was hiermit gemeint ist.

Die sogenannte *absolute Theorie* versteht unter „Wesensgehalt" der Grundrechte jene Eigenschaften, die die „Natur, die Grundsubstanz des einzelnen Grundrechts ausmachen". Jedem Grundrecht komme ein absoluter substantieller Wesenskern zu, der in keinem Fall angetastet werden dürfe. Entscheidend dafür, ob eine Beschränkung den Wesensgehalt antaste, seien nicht der Zweck und der Grund der Beschränkung, sondern „allein das, was nach der Beschränkung von dem Grundrecht überhaupt noch übrig bleibt"[5].

Die heute wohl überwiegend vertretene sogenannte *relative Theorie* begegnet der absoluten Theorie einerseits mit dem Vorwurf, daß sie zu einer Relativierung der Grundrechte führe: Indem sie den Wesensgehalt lediglich mit dem absolut unantastbaren Kern identifiziere, setze sie den Geltungsbereich, der außerhalb des „absoluten

[3] Hierzu: *Maunz-Dürig*, Art. 1 Nr. 127 ff.; *Nipperdey* in *Nipp.-Bettermann*, Bd. IV 2, S. 747.

[4] Vgl. u. a. *Nipperdey*, a. a. O.; *G. Müller*, Drittwirkung . . ., S. 122; *Maunz-Dürig*, Art. 1 Nr. 2 ff.; 74 ff.; 127 ff.; *Hamann*, S. 62, 67; *Hamel*, S. 13 ff.; *Wertenbruch*, S. 144 ff.

[5] So *Mangoldt-Klein*, Art. 19 II, Anm. V 4 a und d; BVerwG 2, 295 ff. (300).

Kerns" liege, insoweit einer erhöhten Gefahr aus, als hier bereits irgendein öffentliches Interesse genüge, um einen staatlichen Eingriff zu rechtfertigen. Andererseits aber gehe die absolute Theorie zu weit: Niemand könne bestreiten, daß es im Leben bestimmte Situationen gebe, in denen das Recht gezwungen sei, die völlige Vernichtung des absoluten Kernbereiches bestimmter Grundrechte zuzulassen. Absoluter Schutz würde hier bedeuten, „daß man lieber untergeht, als selbst in der gefährlichsten Krise diesen Wesensgehalt aufzuopfern"[6]. Die relative Theorie erblickt den Wesensgehalt in folgendem:[7] Sinn und oberstes Ziel der Grundrechte sei es, jedem Menschen die Möglichkeit zur Selbstbestimmung und eigenverantwortlichen Lebensgestaltung zuzusichern. Deshalb müsse den Grundrechten ein möglichst weiter Geltungsbereich belassen werden. Im Wesen der Grundrechte liege es demzufolge, daß sie grundsätzlich unantastbar seien. Wenn gleichwohl Eingriffe rechtlich gestattet würden, so könne dies stets nur zum Schutze höherwertiger Rechtsgüter und auch hier nur dann geschehen, wenn dies zwingend notwendig sei. Um zu ermitteln, ob ein solcher Fall vorliege, sei eine sorgfältige Analyse der jeweiligen Situation unter gerechter Abwägung und Bewertung aller hineinspielender Interessen notwendig. Bewertungsmaßstab seien hierbei nicht persönliche Ansichten des Urteilenden, sondern allein die objektive Wertordnung, das „Menschenbild des Grundgesetzes".

Die relative Theorie stimmt im Ergebnis weitgehend mit den obigen Ausführungen über das Wesen der Rechtfertigungsgründe überein. Ihr ist aus den dort angeführten Gründen zuzustimmen. — Daß die absolute Theorie zu untragbaren Ergebnissen führen würde, zeigt sich im übrigen gerade im Notwehrrecht. Unstreitig muß jedem Menschen in einer Notwehrlage das Recht zugestanden werden, sich gegen einen lebensbedrohenden rechtswidrigen Angriff notfalls durch Tötung des Angreifers zu wehren.

D. Das Wesen der strafrechtlichen Rechtfertigungsgründe

Oben (1. Teil, A II) wurde gezeigt, daß zwischen Rechts- und Strafrechtswidrigkeit streng unterschieden werden muß. Die verschiedenen Funktionen der einzelnen Rechtsgebiete führen dazu, daß ein Verhalten, das in dem einen Teil der Rechtsordnung verboten und mit den dort vorgesehenen Sanktionen geahndet wird, in anderen Bereichen der Rechtsordnung gänzlich unbeachtet bleibt und keinerlei Sanktionen auslöst. So sind z. B. zahlreiche Handlungen, die gegen

---

[6] *E. v. Hippel*, S. 57.

[7] BGH Z DÖV 55, 729 ff. (Gutachten); *E. v. Hippel*, S. 25 ff.; *P. Häberle*, S. 8 ff.; 23 ff.; *W. Hamel*, S. 38 ff.; *Schüle* in *Schüle, H. Huber*, Persönlichkeitsschutz . . ., S. 52; im Ergebnis ebenso BVG 7, 402 ff.: vgl. hierzu *E. v. Hippel*, S. 54 ff.

eine Norm des Zivilrechts verstoßen, vom Standpunkt des Strafrechts aus nicht rechtswidrig, d. h. nicht strafrechtswidrig. Das Strafrecht erfaßt nur einen Teil der rechtswidrigen Handlungen und diese nur dann, wenn sie als strafwürdig anzusehen sind.

Wann ist ein rechtswidriges Verhalten *strafwürdig?* Auch dies läßt sich nicht abstrakt, sondern nur nach einer genauen Wirklichkeitsanalyse feststellen. Auf der einen Seite stehen die Bedürfnisse der menschlichen Gesellschaft, deren wichtigste das Strafrecht sicherstellen soll, auf der anderen Seite die „Strafe". Stets müssen im Strafrecht die menschlichen Bedürfnisse, die es zu sichern gilt, im Lichte der Strafe gesehen werden, durch die ein Mensch zum Teil oder ganz von der Teilnahme am freiheitlichen Leben ausgeschlossen wird. Nur die Bedürfnisse, die für die Menschheit von besonders großer Bedeutung sind, können eine Bestrafung rechtfertigen. Hieraus folgt, daß das BVG 6, 434 viel zu weit geht, wenn es in einem Verstoß gegen die guten Sitten ein Indiz für die Strafbarkeit menschlichen Verhaltens erblickt. Würde man diese Auffassung des Bundesverfassungsgerichts konsequent zu Ende denken, müßte mit Rücksicht auf ihre Sittenwidrigkeit praktisch jede Unhöflichkeit bestraft werden. Sittenwidrigkeit eines Verhaltens mag dazu führen, daß dem Handelnden hinsichtlich dessen Durchsetzung der gerichtliche Schutz und damit das Recht zur Berufung auf das Zivilrecht versagt werden. Damit es bestraft werden kann, muß der Verstoß gegen die Interessen der menschlichen Gesellschaft so schwerwiegend sein, daß er einen so tiefgreifenden Eingriff in die „Rechte" des Täters rechtfertigt, wie ihn die Strafe darstellt.

Dieser Gesichtspunkt beeinflußt auch die Grenzen der Rechtfertigungsgründe im Strafrecht. Die Tatsache, daß die an sich formal gerechtfertigte Schädigung eines anderen moralisch verwerflich ist, mag dazu führen, daß verhindert wird, daß sie nicht noch durch die Schutzbestimmungen des Zivilrechts gefördert wird. Strafwürdig aber ist sie erst, wenn sie unter Berücksichtigung aller Umstände so schwerwiegend ist, daß das härteste Mittel, das zum Schutze der menschlichen Gemeinschaft zur Verfügung steht, für sie gerade hart genug ist.

Die folgenden Untersuchungen werden stets unter dem Blickwinkel der so verstandenen Rechtswidrigkeit und Strafwürdigkeit stehen.

FÜNFTER TEIL

Grenzen der Strafbarkeit im künftigen Notwehrrecht

A. Der allgemeine Grundsatz

Eine Hauptaufgabe des Rechts ist es, die Menschen vor gegenseitigen Schädigungen zu bewahren. Obwohl zur Erfüllung dieser Aufgaben ein großer Staatsapparat zur Verfügung steht und dieser mit einer Vielzahl vorbeugender und beseitigender Maßnahmen bemüht ist, die Menschen an gegenseitigen Verletzungen zu hindern, sind die im Verlauf der Geschichte entwickelten, staatlichen Schutzvorkehrungen unvollkommen: Das menschliche Zusammenleben ist viel zu vielgestaltig, als daß der Staat allgegenwärtig sein könnte. In solchen Fällen, in denen die Schutzmaßnahmen des Staates versagen: in der „Not", gestattet der Staat dem einzelnen etwas, was er ihm u. a. auf Grund *schlechter Erfahrungen* sonst nicht erlaubt: die gewaltsame Durchsetzung seines Rechts auf Schutz vor Schädigungen durch andere Menschen. Seine Beschränkung auf den Augenblick der Not und sein Schutzzweck bestimmen die Grenzen dieses Rechts zur Selbstverteidigung: Die Maßnahme des Angegriffenen muß zur Abwehr *erforderlich* sein und sie muß sich gegen einen *gegenwärtigen* rechtswidrigen Angriff richten.

Grundsätzlich braucht der Angegriffene in diesen Grenzen auf die Person des Angreifers keine besondere Rücksicht zu nehmen. Er braucht vor einer Abwehr nicht etwa deshalb zurückzuschrecken, weil der Schaden, den er dem Angreifer mit seiner Abwehrmaßnahme zufügen müßte, größer ist als der, der ihm selbst droht. Dieser „harte" Wesenszug des Notwehrrechts rechtfertigt sich aus zwei Gründen: a) weil der Angegriffene vor einem Schaden bewahrt bleiben soll und b) weil der Schutz der menschlichen Gemeinschaft dies erfordert. Der Umstand, daß jeder, der sich mit dem Gedanken trägt, ein Verbrechen zu begehen, damit rechnen muß, „daß er in jedem Bürger einen sofort bereiten, energischen Verteidiger findet"[1], der notfalls hart zuschlägt, wirkt — wahrscheinlich noch stärker als die Strafdrohung — abschreckend. Hierdurch wird die Begehung von Verbrechen wesentlich erschwert, da der Rechtsbrecher Wege finden muß, auf denen sein Vorhaben nicht in irgendeiner Form gestört wird.

---

[1] *H. Mayer,* a. a. O., S. 199 ff.

Dem Notwehrrecht würde gerade im Hinblick auf die unter a) und b) genannten Gesichtspunkte vieles von seiner Wirkung genommen, wenn der Verteidiger unter Strafandrohung (!) gezwungen würde, bei seiner Abwehr den ihm drohenden Schaden an demjenigen zu messen, der dem Angreifer durch seine Abwehrhandlung entstehen würde. Die Pflicht zu einer solchen, oft recht schwierigen *Abwägung* würde nicht nur in keiner Weise der konkreten Situation des Angegriffenen Rechnung tragen, in der es auf schnelles Reagieren ankommt (s. 1. Teil A II). Noch weit schwerwiegender wäre es, daß hierdurch viele überhaupt von einer Abwehr des rechtswidrigen Angriffs abgehalten würden: Nähme doch manch einer lieber einen — vielleicht sogar recht erheblichen — Rechtsverlust als das Risiko in Kauf, wegen einer falschen Abwägung für Jahre ins Gefängnis zu kommen.

Diese Grundlagen des Notwehrrechts sind weitgehend anerkannt, und es besteht kein Zweifel, daß auch die Regelung des künftigen StGB auf ihnen beruhen muß[2].

Wie oben dargelegt, schwindet jedoch diese allgemeine Übereinstimmung, wenn es darum geht, *Ausnahmen* von dem erwähnten Grundsatz zuzulassen. Zu dieser Frage soll im folgenden Stellung genommen werden.

B. Ausnahmen von dem allgemeinen Grundsatz?

I. Ausnahme von der Ausnahme?

In der Untersuchung über das Wesen der Rechtfertigungsgründe wurde dargelegt, daß ein Rechtfertigungsgrund eine Ausnahme von dem allgemeinen Schädigungsverbot darstelle, die durch „höhere Gründe" gerechtfertigt sein müsse. Wenn nun hier dem „ob" und „wie" einer Einschränkung des Notwehrrechts nachgegangen wird, so ist dies nichts anderes, als eine Untersuchung der Frage, ob von der unter A. als allgemeinen Grundsatz herausgestellten Ausnahme nochmals eine Ausnahme gemacht werden soll. Aus diesem Zusammenhang ergibt sich, daß diese zweite Ausnahme nur dann gerechtfertigt ist, wenn den Gründen, die sie tragen, ein höheres Gewicht zukommt als jenen, auf denen die erste, unter A. ausgesprochene Ausnahme beruht. Denn die Tatsachen, die zur Gewährung des Notwehrrechts Anlaß geben, sind auch in den hier diskutierten Notwehrfällen gegeben, in denen eine Einschränkung des Notwehrrechts erwogen wird: Der Angegriffene sieht sich einem rechtswidrigen Angriff gegenüber und verdient an sich Schutz.

Hieraus folgt, daß einer Einschränkung des Notwehrrechts nur dann das Wort geredet werden kann, wenn die sie stützenden Gründe so bedeutsam sind, daß hinter ihnen sogar die Schutzbedürftigkeit

---

[2] So insbesondere auch die Amtl. Begründung zum E 1962, S. 156 ff.

des Angegriffenen und der Allgemeinheit zurücktreten muß. Ob dies der Fall ist, ist nicht abstrakt durch Abwägung der beteiligten Rechtsgüter, sondern — nach der im 3. Teil entwickelten Methode — durch Bewertung aller in Betracht kommenden Tatsachen festzustellen.

1. Das Verhalten des Angegriffenen als möglicher Grund für eine Ausnahme

Es geht hier um die Frage, ob der Angegriffene möglicherweise wegen einer zu weitgehenden Ausübung seines Notwehrrechts bestraft werden kann. Das Verhalten des Angegriffenen muß demzufolge den Ausgangspunkt bilden für die Untersuchung der Frage, ob und aus welchen Gründen eine Ausnahme in dem oben erwähnten Sinne Gesetz werden soll. Die zunächst zu prüfende Frage lautet deshalb: Welche Momente des Verhaltens des Angegriffenen lassen dieses als rechtlich mißbilligenswert und strafwürdig erscheinen?

a) Gegenüber *„böswilligen" Angreifern* schränken Rechtsprechung und ein Teil der Lehre das Notwehrrecht dahingehend ein (s. o.), daß der Angegriffene die nicht bereitstehende Hilfe Dritter in Anspruch zu nehmen oder geringfügige Angriffe zu dulden habe, wenn dies die einzige Möglichkeit sei, zu verhindern, daß der Angreifer im Rahmen der „erforderlichen" Verteidigung getötet oder schwer verletzt werde. Wie oben angeführt, steht dem der Fall gleich, der sich von den beiden vorerwähnten Alternativen nur insoweit unterscheidet, als der Angegriffene dem Angriff ausweichen kann.

Allen drei Alternativen ist gemeinsam, daß dem Angegriffenen unter Strafandrohung ein *Verzicht* auf eine an sich *rechtlich geschützte Position* zugemutet wird: Der Angegriffene, dem die Pflicht auferlegt wird, die Hilfe nicht anwesender Dritter in Anspruch zu nehmen, wird in seiner *Handlungsfreiheit* und u. U. noch in der Ausübung anderer Rechte eingeschränkt: Beispiel: RG 72, 57, wo das Reichsgericht einem in seinem *Wohnrecht* beeinträchtigten Wohnungsinhaber zumutete, den „Angriff" bis zur Ankunft der herbeizuholenden Hilfe weiter in seiner Wohnung zu dulden. — Dem Angegriffenen, der dem Angriff nicht ausweicht, wird verwehrt, was er sonst grundsätzlich tun darf: an *der* Stelle zu verweilen, an der er sich gerade befindet. Bei ihm wird das Recht auf *Freizügigkeit* eingeschränkt. Und von dem Angegriffenen, der sich ohne Möglichkeit der erforderlichen Gegenwehr Angriffe auf Rechtsgüter von geringer Bedeutung gefallen lassen muß, wird ein Verzicht auf diese Rechtsgüter (meist *Vermögensrechte*, die durch Art. 14 GG geschützt sind, aber z. B. auch das *Parkrecht)* erwartet.

Dieser Deutung gegenüber kann nicht eingewendet werden, daß die erwähnten Rechte nur innerhalb bestimmter Grenzen gelten würden und jenseits dieser Grenzen nicht mehr als Rechte anzusehen seien: Denn hier ist ja gerade die Frage nach den Grenzen der betreffenden Rechte gestellt. Solange diese Frage nicht beantwortet ist, gilt als Grundsatz, daß das Recht besteht. Dies ergibt sich insbesondere daraus, daß die Schranken der betreffenden Grundrechte stets als Ausnahmen gefaßt sind. — So sagt zwar Art. 2 I GG, daß das Recht auf freie Entfaltung der Persönlichkeit, d. h. auf allgemeine Handlungsfreiheit, seine Grenze u. a. in dem Sittengesetz finde, es stellt sich hier aber gerade die Frage, welche Norm des Sittengesetzes eine Einschränkung des Notwehrrechts fordert. Artikel 11 II GG läßt zwar einen Eingriff auf Freizügigkeit u. a. ausnahmsweise zu, wenn dies erforderlich ist, um strafbaren Handlungen vorzubeugen. Es ist jedoch höchst zweifelhaft, ob hiermit die hier in Rede stehenden Fälle gemeint sind. Denn das Notwehrrecht zeichnet sich gerade dadurch aus, daß ein öffentliches Interesse daran besteht, daß der Angegriffene dem rechtswidrigen Angriff entgegentritt. Auch hier hängt es deshalb von besonderen Gründen ab, ob der Angegriffene in seinem Recht auf freie Wahl des Aufenthaltsortes beschränkt werden kann. Entsprechendes gilt für das Recht auf Eigentum. Trotz seiner „Sozialbindung“ gibt es keinen allgemeinen Grundsatz, daß jeder Mensch verpflichtet sei, der Forderung eines einzelnen Mitbürgers nachzukommen, diesem zuliebe auf sein Eigentum an einer Sache oder auf andere geringwertige Rechte zu verzichten. Auch hier kann eine entsprechende Einschränkung immer nur eine näher zu begründende Ausnahme sein.

b) Die Besonderheit, daß der Angegriffene unter dem Gesichtspunkt des Strafrechts dafür zur Rechenschaft gezogen wird, daß er nicht unter Aufgabe einer ihm an sich zustehenden Rechtsposition schonend auf den Angreifer Rücksicht genommen hat, kennzeichnet auch die übrigen Fälle, in denen Rechtsprechung und Lehre das Notwehrrecht einschränken (vgl. o. 1. Teil):

Wenn z. B. BGH NJW 62, 308, von dem Angeklagten verlangt, er hätte den Angriff des ihn vor der Haustür erwartenden *betrunkenen* M dadurch verhindern müssen, daß er entweder mit der Rückkehr in seine Wohnung noch eine Weile wartete oder fremde Hilfe herbeiholte, so mutet er diesem eine Einschränkung seiner (oben erwähnten) Rechte auf Handlungsfreiheit und Freizügigkeit zugunsten des M zu. — In BGH 3, 217, hält der BGH den Angeklagten für verpflichtet, auf eine tätliche Abwehr gegenüber dem stark angetrunkenen R zu verzichten, selbst auf die Gefahr hin, dadurch widerstandslos eine Verletzung seiner *Ehre* hinnehmen zu müssen. In Bayr. ObLG, NJW 65, 163 ist es ein Eingriff in seine *Grundstücksrechte*, in Bayr. ObLG, NJW 63, 824 ein Verzicht auf sein *Parkrecht*, den sich der Angegriffene im Interesse der *gutgläubigen* Angreifer gefallen lassen muß. In BGH MDR 58, 12 und OLG Hameln, NJW 65, 1928 sind es sogar z. T. recht erhebliche *Körper*schläge, die dem Angegriffenen aus Rücksicht auf den *provozierten* Angreifer unter Strafandrohung abverlangt werden.

Was in den bisher genannten Fällen als Besonderheit herausgestellt wurde, gilt für alle anderen Fälle, in denen eine Einschränkung des Notwehrrechts in Betracht kommt: Stets soll (oder wurde) der Angegriffene dafür bestraft werden, daß er nicht im Interesse des Lebens, der Gesundheit oder gar der Freiheit (Nötigung!) des Angreifers auf ein ihm an sich zustehendes Recht (o. Rechte) verzichtet hat. Diese für die weitere Behandlung des Themas *vorentscheidende* Feststellung ist in ihrer besonderer Bedeutung — soweit ersichtlich — bisher nur von *Oetker, Maurach* und *Henkel* erkannt worden. Weil der Angegriffene mit einer Ausweichpflicht in der „Freiheit seines Tuns und Unterlassens" beschränkt würde, hatte *Oetker*[3] eine entsprechende Einschränkung des Notwehrrechts gegenüber „böswilligen" Angreifern abgelehnt und gegenüber Unzurechnungsfähigen nur im Falle eines gegenwärtigen (nicht etwa auch: zu erwartenden) Angriffs befürwortet. *Maurach*[4] kennzeichnet diesen Zusammenhang dadurch, daß er den Gesichtspunkt der *sozialen Rücksichtnahme* als sozialethischen Grund für die Begrenzung des § 53 StGB herausstellt. Etwas Ähnliches meint *Henkel*[5], wenn er den Begriff der Zumutbarkeit als sozialethisches Regulativ in das Notwehrrecht „einbauen" will und dies damit begründet, daß die „sozialethischen Verpflichtungen der Rechtsgenossen untereinander" heute „stärker empfunden" würden.

2. Auf die Herausarbeitung des Gesichtspunktes der sozialen Rücksichtnahme und des Rechtsverzichts wird hier deshalb so besonderer Wert gelegt, weil dadurch die *Notwendigkeit einer Unterscheidung* dargetan werden soll, die in der bisherigen Diskussion um das Notwehrrecht offensichtlich zu kurz gekommen ist. Die bisherige Diskussion wurde von einer „Entweder-Oder"-Argumentation beherrscht, die keine Möglichkeit offen ließ, zwischen den beiden einander konträr gegenüberstehenden Fronten zu vermitteln.

Diejenigen, die sich aus sozialethischen Gründen für eine Einschränkung des Notwehrrechts einsetzten, glauben ihre Auffassung nur in der Weise durchsetzen zu können, daß sie den sein Notwehrrecht „mißbrauchenden" Angreifer in vollem Umfange von der „Wohltat" des strafrechtlichen Notwehrrechts ausschließen und ihn nach denselben Normen bestrafen, nach denen ein Totschläger oder diejenigen Täter zur Rechenschaft gezogen werden, die den eine Zuchthausstrafe begründenden Tatbestand der schweren Körperverletzung usw. erfüllen.

Hiergegen hat sich mit besonderer Verve *Eb. Schmidt* gewandt, der für eine möglichst ausnahmslose Beibehaltung des „schneidigen" Notwehrrechts eingetreten ist (s. 1. Teil, A I und C). Die Amtliche

[3] VDA II, S. 282.
[4] AT, S. 268.
[5] Zumutbarkeit . . ., S. 271 ff.

Begründung zu dem E 1962 stimmt ihm hierin weitgehend zu (1. Teil, B).

In beiden Auffassungen steckt ein „richtiger Kern", beide müssen jedoch — für sich genommen — als zu einseitig abgelehnt werden. *Eb. Schmidt* und den übrigen Gegnern einer Einschränkung des Notwehrrechts ist zuzugestehen, daß man unmöglich einen Angegriffenen, der unter „Mißbrauch" seines Notwehrrechts[6] den rechtswidrigen Angreifer tötet oder schwer verletzt, mit einem Totschläger usw. auf eine Stufe stellen kann. Die Taten dieser beiden Tätergruppen haben — wenn die des Angegriffenen überhaupt — einen in höchstem Maße *verschiedenen kriminellen Gehalt.* Der Angegriffene, der sein Notwehrrecht „mißbraucht", steht an sich im Recht. Er wehrt sich gegen eine ihm drohende rechtswidrige Schädigung, an deren Verhinderung die Rechtsordnung das größte Interesse hat und die sie auch mit den schärfsten Mitteln ahndet. Grundsätzlich verlangt das Recht von niemandem, daß er sich gegen seinen Willen schädigen lasse, auch dann nicht, wenn der drohende Schaden für ihn nicht besonders erheblich wäre. Anders verhält es sich bei dem gewöhnlichen Verbrecher, Totschläger usw. Dieser vergeht sich gegen das fundamentale Gesellschaftsgesetz, daß man den anderen nicht schädigen dürfe, und überwindet dabei Hemmungen, auf denen das friedliche Zusammenleben der Menschen gründet, ohne auch nur den geringsten Grund zu seiner Rechtfertigung oder Entschuldigung anführen zu können. Seine Tat ist in höchstem Maße Mißachtung des anderen, während der sein Notwehrrecht „mißbrauchende" Angegriffene nur deshalb dem Angreifer die geschuldete Achtung nicht entgegenbringt, weil dessen rechtswidriges Verhalten ihm hierzu Anlaß gibt. Die Rechtsordnung würde sich selbst widersprechen, wenn sie diesem tiefgreifenden Unterschied nicht in einer unterschiedlichen strafrechtlichen Behandlung Rechnung tragen würde.

Andererseits darf die besondere Betonung dieses Unterschiedes aber nicht dazu führen, bereits den bloßen Hinweis auf diesen Unterschied genügen zu lassen, um die Frage zu verneinen, ob der „Mißbrauch" des Notwehrrechts aus sozialethischen Gründen nicht wenigstens in anderer — d. h. hier also in wesentlich *milderer* und im Rahmen einer *neu* zu schaffenden Gesetzesbestimmung zum Ausdruck kommenden — Weise strafrechtlich zu ahnden wäre. Der Gesichtspunkt, der zu dieser Überlegung Anlaß gibt, ist der der *sozialen Rücksichtnahme.* Es fragt sich, ob die Pflicht der Menschen zu gegenseitiger Rücksichtnahme nicht so weit geht, daß von einem in einer Notwehrlage Angegriffenen *unter Strafandrohung* verlangt werden kann, daß er auf bestimmte, ihm zustehende Rechte verzichte, um

[6] In diesem Zusammenhang sind nicht die Fälle der Absichtsprovokation gemeint, sondern nur jene, bei denen eine Einschränkung des Notwehrrechts zur Diskussion steht (s. o. 1. Teil, A II 2 g).

dadurch Leben oder Gesundheit des Angreifers vor Vernichtung oder Verletzung zu bewahren. Als Rechte, deren Beschränkung sich der Angegriffene u. U. gefallen lassen müßte, kommen in erster Linie das Recht auf Handlungsfreiheit, Freizügigkeit, Eigentum, körperliches Wohlbefinden oder andere Rechtsgüter in Betracht, die, wenn sie verletzt werden, in ihrem Schädigungsgrad nicht allzu erheblich sind.

Die nachfolgende Untersuchung der gestellten Frage wird in der Weise erfolgen, daß zunächst *allgemein* geprüft wird, ob und aus welchen Gründen ein Mensch unter Strafandrohung gezwungen werden kann, unter Zurückstellung bestimmter eigener Rechtsinteressen auf einen einzelnen Mitmenschen Rücksicht zu nehmen. Sodann wird zu untersuchen sein, wie weit die Grenzen der Rücksichtnahme im strafrechtlichen Notwehrrecht zu ziehen sind, wobei nicht nur das Verhalten und die Interessen des Angegriffenen, sondern auch Gründe eine Rolle spielen werden, die sich aus dem Zweck und den sachlichen Erfordernissen der rechtlichen Gemeinschaftsordnung ergeben.

C. Pflicht der Menschen zu sozialer Rücksichtnahme?

I. Der Begriff des sozialen Rechtsstaates

1. Die Frage, ob Menschen gezwungen werden können, einander zu helfen, selbst wenn sie hierbei eine Rechtsposition opfern müssen, berührt nicht nur das Strafrecht, sondern ist eine allgemeine Rechtsfrage, deren Beantwortung eine sozialethische Grundentscheidung voraussetzt. Eine solche Grundentscheidung hat das Bonner Grundgesetz — wenn auch nur andeutungsweise — getroffen: In Art. 20 I GG wird die Bundesrepublik Deutschland als „demokratischer und sozialer Bundesstaat" bezeichnet. Art. 28 GG fordert, daß die „verfassungsmäßige Ordnung in den Ländern den Grundsätzen des republikanischen, demokratischen und sozialen Rechtsstaates im Sinne dieses Grundgesetzes entsprechen" müsse.

Angesichts des nur andeutenden Charakters dieser Bestimmungen ist es natürlich, daß die Meinungen über ihren Inhalt und ihre Aussagekraft auseinandergehen. Die nach der Schaffung des Grundgesetzes zunächst herrschende Auffassung[7] erblickt in ihnen eine Anerkennung des *Sozialstaatsprinzips,* das die Bedeutung einer „Staatszielbestimmung" habe und als Grundsatz bei der Auslegung des bestehenden Rechts heranzuziehen sei. Inhaltlich verpflichte es den Staat zur sozialen Grundhaltung bei der Ausübung aller staatlichen Gewalt. Ausdrücklich wird die Ansicht abgelehnt, „der Begriff des Sozialen beinhalte die gegenseitige Rücksichtnahme im Verhältnis der Bürger zum Staat und untereinander". *Mangoldt-Klein* (Arti-

[7] Nachweise bei *Mangoldt-Klein,* Art. 20 A. VII.

kel 20 A. VII 3) begründen ihre Ablehnung damit, daß es sich bei dem Sozialstaatsprinzip in erster Linie um ein Schutzprinzip zugunsten des wirtschaftlich und gesellschaftlich Schwächeren handele.

Demgegenüber betonen *Menger, Fechner, H. J. Wolff* und *G. Müller* den Primat des materiellen Rechtsbegriffs und leiten aus diesem den Grundsatz der staatlichen Daseinsvorsorge ab. So meint *Menger*[8], daß der Begriff des sozialen Rechtsstaats nicht in erster Linie als Prinzip der Daseinsvorsorge, sondern im Sinne gegenseitiger Rücksichtnahme zu verstehen sei, die dazu führe, daß der einzelne vor dem Egoismus der anderen geschützt werden müsse. Die vorbeugende Daseinsvorsorge sei lediglich ein Mittel zur Verwirklichung des Gerechtigkeitsprinzips, nicht aber ein selbständiger, u. U. jede Privatinitiative lähmender Verfassungsgrundsatz. *H. J. Wolff*[9] erblickt das Ziel des sozialen Rechtsstaates darin, durch Beseitigung sozialer Bedürftigkeit sowie Herstellung und Wahrung sozialer Gerechtigkeit in den Schranken des Rechtsprinzips die Sozialordnung zu *gestalten,* um dadurch dem einzelnen die Möglichkeit zu geben, von seinen Grundrechten Gebrauch zu machen. Die Erreichung dieses Zieles sei nicht allein Sache des Staates. Vielmehr sei jeder in einer Art von Gegenleistung für die staatliche Sicherung seiner Grundrechte zur Sozialverträglichkeit, zu individueller und kollektiver Selbsthilfe und zur Leistung sozialen Beistandes verpflichtet. Eine ähnliche Auffassung vertritt *Fechner*[10]. Auch *G. Müller*[11] hält die bisher herrschende Ansicht für zu eng, das Sozialstaatsprinzip diene in erster Linie dem Zweck, die rechtliche Stellung der sozial und wirtschaftlich Schwachen zu heben und zu gewährleisten. Dieses Rechtsprinzip gelte vielmehr nicht nur für diesen Personenkreis, sondern es sei für alle da, ohne Rücksicht auf ihre soziale Stellung. Die Bedeutung des Sozialstaatsgrundsatzes liege vor allem darin, einer Paralysierung des Grundrechtsgebrauchs dadurch zuvorzukommen, daß es einen „gesellschaftlichen Ausgleich" schaffe und „Freiheit und Bindung in ein ausgeglichenes Wertverhältnis" bringe.

2. *Der soziale Rechtsstaat als Ergebnis geschichtlicher Erfahrungen*

Der Verfassungsgeber hatte sich zur verfassungsrechtlichen Kodifizierung des sozialen Rechtsstaatsprinzips entschlossen, weil er sich bestimmter geschichtlicher Erfahrungen bewußt war und er einer Wiederholung derselben dadurch vorbeugen wollte, daß er dem neu zu gründenden Staat in Gestalt des erwähnten Prinzips von vornherein ein bestimmtes verfassungsrechtliches Ziel setzte. Um den Sinn dieses im Grundgesetz nicht näher umschriebenen Prinzips zu

[8] a. a. O., S. 24 ff.
[9] Verwaltungsrecht, Bd. I, S. 47 ff.
[10] Freiheit und Zwang . . ., S. 14 ff.
[11] Drittwirkung . . ., S. 127 ff.

erfassen und um zu den oben wiedergegebenen Auffassungen Stellung nehmen zu können, ist es notwendig, sich die geschichtliche Entwicklung dieses Rechtsgrundsatzes zu vergegenwärtigen.

a) Das Zeitalter des Liberalismus

Der Begriff des sozialen Rechtsstaates ist in erster Linie die rechtliche Antwort auf das Zeitalter des *Liberalismus*[12]. Das Hauptziel des Liberalismus bestand darin, „möglichst viel Freiheit des einzelnen oder der autonomen Korporationen vom Staate, die größtmögliche Einschränkung der Staatsaufgabe" zu erreichen, „damit die Entfaltung der Freiheit des einzelnen nicht gehemmt wurde". Diese Grundauffassung fand in den verschiedensten Gesetzen ihren Niederschlag. Wieacker bezeichnet das BGB als „spätgeborenes Kind des Liberalismus" und auch die weite Fassung des geltenden Notwehrrechts (*Maurach:* „extrem liberalistisch") stammt aus dieser Zeit. Nutznießer dieser rechtlichen Entwicklung war das „besitzende Bürgertum": Die „formalen Ideale der bürgerlichen Rechtsordnung waren genau auf die Erfordernisse der expansiven, unternehmungsfreudigen und kapitalstarken Pioniere der industriellen Revolution zugeschnitten"[13]. Die Leidtragenden waren jene Klassen, deren Lebensbedingungen diese Ideale nicht entsprachen: „Für Bauerntum, Arbeitnehmer, Handwerker usw. waren Vertrags-, Eigentums- und Testierfreiheit, die eine so entschiedene Vorgabe für Handel und Gewerbe der Unternehmerklassen waren, im günstigsten Fall kein vitales Interesse, regelmäßig aber weithin eine Bedrohung der ihnen eigentümlichen Lebensbedingungen." Eine der Folgen hiervon war die Massenverelendung des Industrieproletariats in der zweiten Hälfte des 19. Jahrhunderts, die die Gesellschaft spaltete und revolutionäre Unruhe auslöste[14].

b) Der Wandel zum sozialen Rechtsdenken

Gegen die soeben beschriebene „Identifizierung der bürgerlichen Wirtschaftsgesellschaft mit der gesamten Nation" (*Wieacker*, S. 17) setzte zu Beginn dieses Jahrhunderts eine Gegenbewegung ein, die nach und nach alle Bereiche des Rechts erfaßte und zu einer völligen „Umwälzung" seines „Sozialbildes" führte. Wieacker schildert (a. a. O., S. 18 ff.) an Hand zahlreicher Beispiele, wie die Rechtsprechung „unter Führung des Reichsgerichts, von der Öffentlichkeit kaum beachtet, . . . die formale Freiheitsethik, die der deutschen Privatrechtsordnung zugrunde lag, in die materielle Ethik sozialer Verantwortung zurückverwandelt" hat und von welch „noch stürmischeren Entwicklung" die Gesetzgebung in dieser Beziehung erfaßt wurde. Da aus dieser Schilderung zugleich hervorgeht, in welchem

[12] Zum Folgenden die eindrucksvolle Darstellung von *E. Wieacker,* Das Sozialmodell . . ., S. 7 ff.

[13] *Wieacker,* a. a. O., S. 10 ff.

[14] *Menger,* a. a. O., S. 18.

Maße das geltende Recht bereits vom Ethos sozialer Verantwortung beherrscht wird, sei sie kurz wiedergegeben:

Wieacker beschreibt den Wandel zum sozialen Rechtsdenken an folgenden Beispielen: a) Bei der Auslegung von Willenserklärungen verließ die Rechtsprechung den Boden der bisher herrschenden „Erklärungstheorie" und schloß sich der „Vertrauenstheorie" an. Hierin, wie in dem Ausbau der sogenannten Rechtsscheinwirkung, kommt zum Ausdruck, daß der Vertrag „nicht mehr als individuelle und spontane Willensbetätigung, sondern als Vollzug einer überindividuellen Sozialfunktion erscheint". Den Hintergrund dieses Wandels bildet die „Wendung von einer individualistischen Wirtschaftsgesellschaft zu einer sozialtypisch strukturierten Gesellschaft der Daseinsvorsorge". b) Das vom BGB noch mit einer einzelnen Verpflichtung identifizierte Schuldverhältnis wurde vom Reichsgericht in rechtsfortbildender Auslegung zu einem „Organismus" erweitert, der für beide Vertragspartner eine über den ursprünglichen Vertragsinhalt „weit hinausgreifende Pflichtenordnung" begründete. Beispiele: Culpa in contrahendo, positive Vertragsverletzung und Begründung von Vertragspflichten für den Gläubiger. Auch diese „Ethisierung der juristischen Betrachtung" ist eine Folge davon, daß nunmehr der Leistungsaustausch an seiner „Sozialfunktion" orientiert wird. c) Die Berücksichtigung des gemeinschaftlichen Irrtums oder der nachträglichen Veränderungen der wirtschaftlichen Grundlagen eines Rechtsgeschäfts unter Lebenden mit Hilfe des „Wegfalls der Geschäftsgrundlage", die rechtliche Deutung der Geldschuld als Wertschuld, anstatt wie bisher als Nennwertschuld, sind ebenfalls Meilensteine eines Wandels: Mit ihnen vollzieht sich die „prinzipielle Fortwendung von der individuellen Willens- und Freiheitsethik des klassisch römischen und pandektischen pacta sunt servanda zu der sozialen Verantwortungsethik der ethischen Naturrechtstradition". d) Die „Gute-Sitten"-Generalklauseln wurden dazu benutzt, unbefriedigende rechtliche Regelungen den Forderungen der Gerechtigkeit anzupassen. Die Lösungen, die die Rechtsprechung hierzu entwickelt hat, sind — wie bereits gesagt (s. o. 1. Teil, A II 2 g) — „unübersehbar" *(Esser)*. Neben der Sicherungsübereignung, der rechtlichen Annullierung des Mißbrauchs des Formenzwangs und der Rechtskraft von Urteilen ist hier insbesondere auch die Entwicklung des Rechtsmißbrauchsgedankens im Notwehrrecht als Beispiel für den „Beginn eines Grundrisses einer sozialen Verantwortungsethik" zu nennen. e) Entgegen dem ausdrücklichen Willen des Gesetzgebers begründete die Rechtsprechung schon bald privatrechtliche Pflichten für die Grundstückseigentümer. So entwickelte sie u. a. eine „Zustandshaftung" des Eigentümers für die von seinem Grundstück ausgehenden Gefahren; für die großen Immissionen der Urproduktion und chemischen Industrie erlegte sie entgegen § 906 BGB a. F. den Inhabern von benachbarten Grundstücken eine gegenseitige Rücksichts- und Ausgleichspflicht auf.

Der hier zum Ausdruck kommende Wandel läßt sich nach Ansicht von *Wieacker* durch zahlreiche weitere Beispiele belegen. In starkem Maße wirkte auch der *Gesetzgeber* bei der „Sprengung der hergebrachten BGB-Formen" mit, indem er mit der Schaffung des Sozialrechts dem Recht einen neuen Bereich erschloß: Im Rahmen des Arbeitsrechts wurde das Modell des individuellen Arbeitsvertrages ersetzt durch die Vertragshoheit der Gruppen; durch die Einführung der Arbeitsgerichtsbarkeit wurde der Dienstvertrag zur „Folie", an seine Stelle trat der Kollektivvertrag. Das Wohnbaurecht, zahlreiche gesetzliche Eigentumsbeschränkungen und das soziale Mietrecht sind weitere Beispiele dafür, „daß in allen Lebensbereichen, die das Wohl und Wehe des wirtschaftlich Unselbständigen betreffen, der Geltungsanspruch des bürgerlichen Rechts und seiner Rechtsideale verschwunden ist". Dem steht nicht entgegen, daß der Gesetzgeber in jüngster Zeit die soziale Bindung des Mietrechts wieder gelockert hat und in weitem Umfang die Vertragsfreiheit wiederherzustellen bemüht ist. Die Einführung der aus Steuermitteln zu zahlenden Mietbeihilfen zeigt, daß lediglich der Träger der sozialen Verantwortung gewechselt hat: An Stelle des Grundstückseigentümers hat nunmehr die Allgemeinheit die sich aus der Vertragsfreiheit ergebenden Nachteile zu tragen.

Ein Blick in andere Rechtsgebiete zeigt, daß sich nicht nur im Privatrecht, sondern auch dort ein Wandel zum Ethos sozialer Verantwortung vollzogen hat. So spricht das Grundgesetz in mehreren Grundrechtsartikeln aus, daß die betreffenden Grundrechte in diesem Gesichtspunkt ihre Schranke finden. Am deutlichsten tritt dies in *Art. 14 GG* hervor: Abs. II: Das Eigentum verpflichtet. Sein Gebrauch soll zugleich dem Wohle der Allgemeinheit dienen. Unter bestimmten Voraussetzungen werden in Abs. III Enteignungen zugelassen. In *Art. 13 GG* wird zwar die Wohnung für unverletzlich erklärt, Abs. III läßt aber ausnahmsweise Eingriffe und Beschränkungen „zur Abwehr einer gemeinen Gefahr oder einer Lebensgefahr für *einzelne* Personen, auf Grund eines Gesetzes auch . . . zur Behebung der Raumnot, zur Bekämpfung von Seuchengefahren oder zum Schutze gefährdeter Jugendlicher" zu. In *Art. 2 I GG* heißt es, daß das Recht auf freie Entfaltung der Persönlichkeit nur soweit gelte, als hierbei nicht die Rechte anderer verletzt oder gegen die verfassungsmäßige Ordnung oder gegen das Sittengesetz verstoßen werde.

Im öffentlichen Recht zeigen weiterhin ein „reich gegliedertes System sozialer Sicherungen durch Subventionen, Sozialhilfe-, Versorgungs- und staatlich bezuschußte Versicherungsleistungen, sowie durch fördernde Verwaltung" und die Tatsache, daß „in der BRD etwa 11 Millionen Einkommensbezieher" mit niedrigen Einkommen von der Einkommensteuer befreit sind[15], welches Ausmaß der „soziale Ausgleich" inzwischen erreicht hat. Inwieweit sich diese Entwicklung auch im Strafrecht ausgewirkt hat, wird unten erörtert.

3. Stellungnahme:

a) Ableitung des Sozialstaatsprinzips aus dem Rechtsbegriff

aa) Der vorstehende Überblick hat gezeigt, daß der Grundsatz sozialer Verantwortung aus dem geltenden Recht nicht mehr wegzudenken ist. Als besonders bemerkenswertes Ergebnis ist herauszustellen, daß der einzelne Rechtsgenosse seine Verantwortung für seine Mitmenschen nicht nur in der Weise bezeugen muß, daß er Steuern zahlt oder andere Vermögensabgaben an den anonymen Staat erbringt: In zahlreichen Fällen zeigte sich, daß er sogar im Rahmen privatrechtlicher Rechtsverhältnisse gezwungen werden kann, auf den anderen unmittelbar und unter Zurückstellung eigener Interessen aktiv Rücksicht zu nehmen. Und selbst wenn kein besonderes Rechtsverhältnis besteht, kann nach geltendem Recht die Pflicht zu sozialer Rücksichtnahme so weit gehen, daß dem einzelnen ein nicht unerhebliches Opfer abverlangt wird, wenn dies im Interesse des Lebens oder wichtiger Lebensbedürfnisse eines anderen notwendig ist (z. B. Art. 13 III GG).

Es fragt sich, ob dieser tatsächliche Rechtszustand rechtlich begründet werden kann oder ob er mangels einer solchen Begründung als solcher, d. h. als *bloße Tatsache,* hingenommen werden muß.

Lediglich die zuletzt genannte Möglichkeit verbleibt der früher herrschenden Auffassung, die das Sozialstaatsprinzip als selbständiges Verfassungsprinzip ansieht und aus ihm den Grundsatz ableitet, daß der Staat verpflichtet sei, sozial und wirtschaftlich Schwachen zu helfen. Das Sozialstaatsprinzip für sich genommen ist vieldeutig und damit praktisch inhaltslos. Mit ihm ließen sich alle möglichen sozialen Theorien begründen: der kommunistische und der sozialistische Standpunkt, die Prinzipien des Wohlfahrts- und des Polizeistaates usw.; aus ihm könnte aber auch die Auffassung abgeleitet werden, daß sich der einzelne nur insoweit „sozial" zu verhalten habe, daß er keinen Mitmenschen schädigt, und daß die einzige Aufgabe des Staates darin besteht, die Einhaltung dieses Grundsatzes zu überwachen. Weil das Sozialstaatsprinzip für sich genommen so wenig hergibt, stützt denn auch die bisher herrschende Lehre ihre Ansicht, der Staat sei verpflichtet, wirtschaftlich schwach gestellten Personen zu helfen, in Wirklichkeit nicht auf dieses Prinzip, sondern auf Artikel 1 I GG. Grundlage für diese Bestimmung ist aber ganz eindeutig das *allgemeine Rechtsprinzip.*

---

[15] *H. J. Wolff,* a. a. O., S. 48.

Daß der Inhalt des Sozialstaatsprinzips am Ziel des Rechts zu orientieren ist, ergibt sich auch daraus, daß es Teil der Verfassung ist, und daß der einzige Zweck der Verfassung darin besteht, den Gedanken des Rechts (4. Teil, A) zu verwirklichen. Alle Bestimmungen des Grundgesetzes, die Institution des Staates wie des Sozialstaatsprinzips, sind lediglich Mittel zur Erreichung des Rechtszwekkes.

bb) Das Recht wurde oben als ein planmäßiger Eingriff der Menschen in gesetzmäßige Zusammenhänge des menschlichen Zusammenlebens gekennzeichnet, der den Zweck verfolge, jedem Menschen ein menschenwürdiges Dasein zuzusichern. Die Mittel, die der Mensch zur Erreichung dieses obersten Rechtszieles ersonnen hat, haben sich im Laufe der Geschichte gewandelt. Das erste Fundamentalgesetz, zu dem sich die Menschen in diesem Zusammenhang vortasteten, war das allgemeine Gebot: Du sollst den anderen nicht schädigen. Aufgabe des Staates war es zunächst, die Einhaltung dieses Gesetzes zu überwachen.

Dieses traditionelle Rechtsauffassung hat durch den Liberalismus eine besonders extreme und einseitige Ausprägung erfahren: Dieser behandelte die Menschen als isolierte Wesen, von denen jedem ein Bündel von Rechten zugestanden wurde, die von niemandem angetastet werden durften. Der absolut gesetzte Grundsatz, der auch dem geltenden Notwehrrecht zugrundeliegt: Das Recht braucht dem Unrecht nicht zu weichen, entspricht dieser Auffassung.

cc) Die gewaltigen Veränderungen in der Struktur unserer Gesellschaft im 19. und 20. Jahrhundert und die damit verbundenen Erfahrungen haben inzwischen zu der Einsicht geführt, daß die traditionellen Mittel zur Verwirklichung des Rechtszieles nicht nur nicht mehr ausreichen, sondern im Gegenteil, wenn das Recht allein auf sie abstellt, für viele Menschen Lebensgefahr oder zumindest eine Bedrohung ihrer Existenz heraufbeschwören können. Die moderne Entwicklung der menschlichen Gesellschaft hat die Menschen in einem vorher nie gekannten Ausmaße in ein Verhältnis gegenseitiger Abhängigkeit gebracht, dem auch das Recht Rechnung tragen muß. Folgende Tatsachen mögen dies unterstreichen:

Im Zuge der Industrialisierung hat sich das Berufsbild seit Beginn des 19. Jahrhunderts völlig gewandelt. Während Anfang 1800 noch 80% der Bevölkerung in der Landwirtschaft tätig waren, kann dies heute nur noch von einer kleinen Minderheit (12%) gesagt werden, Der größte Teil der Bevölkerung ist heute in Berufen tätig, die im Gegensatz zur Landwirtschaft für sich allein genommen niemals ausreichen würden, um dem einzelnen das für den Lebensunterhalt Notwendige zu vermitteln. Die Folge hiervon ist, daß sich die meisten Menschen heute nicht mehr aus eigener Kraft am Leben erhalten können, sondern auf die Mitwirkung ihrer Mitmenschen angewiesen sind. Die hierdurch bedingte gegenseitige Abhängigkeit wird noch dadurch verstärkt, daß die Entwicklung der wirtschaftlichen Unternehmen immer mehr zur Gründung von Großbetrieben hintendiert, so daß die Zahl der Unselbständigen ständig im Steigen begriffen ist.

Will das Recht seinem Ziele nicht untreu werden, so kann seine Antwort auf diese Entwicklung nur darin bestehen, daß es die Menschen zwingt, bei der Verfolgung ihrer Interessen nicht nur einseitig das eigene Wohl im Auge zu haben, sondern sich stets — wenn auch nur bis zu einem gewissen Grade — ihrer Verantwortung für das Leben ihrer Mitmenschen bewußt zu sein. Die Massenverelendung in der zweiten Hälfte des 19. Jahrhunderts veranschaulicht die Notwendigkeit einer solchen Haltung in besonderem Maße.

Neben der im Vorstehenden beschriebenen Entwicklung ging eine allgemeine „Landflucht" und ein Zug zur Großstadt einher, der dazu geführt hat, daß heute der größte Teil der Bevölkerung auf engstem Raume miteinander leben muß. Würde man sich hier für eine ausnahmslose Geltung des Grundsatzes entscheiden: Das Recht braucht dem Unrecht nicht zu weichen, würde man also jedem Menschen die Möglichkeit geben, von seinen Freiheits- und anderen Rechten den ausgiebigsten Gebrauch zu machen, so würde dadurch schon bald ein Zustand herbeigeführt, der mit dem Ausdruck „Störung der nachbarlichen Beziehungen" noch milde umschrieben wäre. Auch in diesem Lebensbereich hat sich somit der Grundsatz gegenseitiger Rücksichtnahme inzwischen als unentbehrlich erwiesen.

Gleiches gilt für alle Bereiche, in denen Menschen mit der Technik in Berührung kommen. Die Fortschritte, die die moderne Technik gebracht hat, wurden damit erkauft, daß das Leben in erheblichem Maße gefährlicher geworden ist. Die Schädigung und Gefährdung anderer Menschen kann nur dadurch verhindert werden, daß dem einzelnen die Rücksichtnahme auf den anderen zum Dauerbedürfnis, zur Gewohnheit wird (vgl. 3. Teil, D I). Würden die Menschen z. B. nicht gezwungen (und sich nicht zwingen), bei der Fahrt im Auto ständig auch an das Wohl ihrer Mitmenschen zu denken, so würde die Straße schon bald zum blutigen Schlachtfeld werden. Auch hier würden die Menschen mit Sicherheit ihren Selbstmord vorbereiten, wenn sie sich an den Grundsatz hielten: Das Recht braucht dem Unrecht nicht zu weichen.

Bereits an diesen Beispielen, die sich beliebig fortsetzen ließen, zeigt sich, daß aus der Sicht des Rechts an die Menschen heute wesentlich höhere Anforderungen gestellt werden müssen als in früheren Zeiten. Das Recht würde seinen Zweck nicht mehr erfüllen, wenn es die Menschen lediglich wie isolierte Wesen behandelte, die ihr eigenes Leben leben und sich ihren Mitmenschen gegenüber rein passiv verhalten: die das Wohl der anderen nur insoweit etwas angeht, als sie in deren Rechtskreis nicht aktiv eingreifen dürfen. Die moderne Zivilisation, die Technik, die Arbeitsteilung usw. werden sich nur dann für die Menschen als „Segen" auswirken, wenn sich diese als Teil eines Ganzen, als Glieder einer Art Lebensarbeitsgemeinschaft fühlen[16], die sich in ihrem Verhalten nicht nur von rein egoistischen Bedürfnissen leiten lassen, sondern sich stets bewußt sind, daß auch die anderen ein Recht auf ein menschenwürdiges Dasein haben.

Dieses Ziel läßt sich nur erreichen, indem von jedem einzelnen gewisse *Opfer* abverlangt werden. Im Straßenverkehr wirkt sich dies z. B. dahin aus, daß sich jeder Mensch durch den Zwang zur Einhaltung von Ge- und Verboten recht erhebliche Beschränkungen seiner Handlungsfreiheit und seines Rechts auf Freizügigkeit gefallen lassen muß, ohne Rücksicht darauf, ob er nun selbst Autofahrer, Motorradfahrer etc. und damit Nutznießer jener technischen Fortschritte ist, die eine solche Beschränkung erforderlich machen. In allen Lebensbereichen müssen die Menschen ihr Verhalten darauf überprüfen, ob durch dieses nicht nur im Zeitpunkt der Handlung, sondern auch *in Zukunft* andere beeinträchtigt werden können. Dadurch wird von jedem ein erhebliches Mehr an Aufmerksamkeit und Rücksicht und u. U. sogar an vermögensmäßigen Aufwendungen zugunsten Dritter erwartet, das die Menschen ohne rechtlichen Zwang wahrscheinlich nicht erbringen würden. Auf diesem Gesichtspunkt beruht z. B. die zunehmende Bedeutung der Fahrlässigkeits- und Gefährdungstatbestände. — Die weiten Bereiche der Sozialhilfegesetze sind gerade auf die Mitwirkung jener Steuerzahler angewiesen, die von ihnen sonst nicht berührt werden. Weitere Beispiele, in denen den Menschen die gegenseitige Rücksichtnahme zur Rechtspflicht gemacht wird, sind in dem obigen Überblick über den heutigen Rechtszustand aufgeführt.

Zusammenfassend läßt sich sagen, daß sich der Grundsatz gegenseitiger Verantwortung für die Ordnung menschlichen Zusammenlebens als so unentbehrlich erwiesen hat, daß er mit den Mitteln des Rechts durchgesetzt werden muß. Wie weit dieser Grundsatz unter rechtlichen Gesichtspunkten in das Leben des einzelnen eingreifen kann, wird im folgenden untersucht.

b) Grenzen sozialer Rücksichtnahme

aa) Wie weit der einzelne zur Rücksicht auf den anderen rechtlich verpflichtet ist, läßt sich ebenfalls nur durch allgemeine rechtliche Erwägungen feststellen. Das Grundgesetz äußert sich zu dieser Frage lediglich in dem unbestimmt gehaltenen Art. 19 II GG. Der Grundsatz der Verhältnismäßigkeit, der erstmals im Polizeirecht entwickelt

[16] *Wieacker* (a. a. O., S. 24 ff.) spricht in diesem Zusammenhang von dem Grundsatz der Kooperation, der sich in allen Rechtsgebieten durchzusetzen beginne.

wurde[17], und heute von Rechtsprechung[18] und Lehre[19] als allgemeiner, für alle Rechtsbereiche geltender Verfassungsgrundsatz anerkannt wird, ist rein *formaler* Natur: Aus ihm lassen sich keine materiellen Rechtsgrundsätze ableiten.

Vergegenwärtigt man sich das oberste Ziel des Rechts: jedem Menschen ein menschenwürdiges Dasein zuzusichern, so ergibt sich daraus zunächst einmal, daß grundsätzlich kein Mensch dazu gezwungen werden kann, sein *Leben* und seine *Gesundheit* auf dem „Altare" der sozialen Verantwortung zu opfern. Nicht nur die Lebenserhaltung, sondern auch die Gesundheit spielen bei jedem Menschen eine so bedeutende Rolle, daß man grundsätzlich in jedem Fall das Rechtsziel als verfehlt ansehen muß, wenn durch schuldhaftes menschliches Verhalten das Leben eines einzelnen vernichtet oder die Gesundheit erheblich beeinträchtigt wird. Eingriffe in diese Rechte können nur in seltenen Ausnahmefällen zugelassen werden, und zwar durchweg nur, wenn diese beiden Rechte selbst auf dem Spiele stehen und vor rechtswidrigen Angriffen (Krieg, Notwehr) oder sonstigen Gefahren (Impfzwang) geschützt werden sollen[20]. Auch die anderen Grundrechte sind unabdingbare Voraussetzungen für ein menschenwürdiges Dasein. Soziale Verantwortung kann deshalb niemals so weit gehen, daß Menschen zu einem völligen und ersatzlosen Verzicht auf sie gezwungen werden. Gleichwohl unterscheiden sich Rechte, wie Freiheit, Freizügigkeit, Eigentum und Vermögen von den obengenannten dadurch, daß der Mensch leichtere Eingriffe in sie „verkraften" kann, ohne hierdurch in seiner Lebensführung wesentlich beeinträchtigt zu werden. Es sind deshalb in erster Linie diese Rechte, in deren Bereich den Menschen im Rahmen der ihnen auferlegten sozialen Verantwortung Beschränkungen zugemutet werden. So werden zwar das Eigentum und andere vermögenswerte Rechte in Art. 14 GG als Grundrecht anerkannt, gleichzeitig legt diese Bestimmung aber fest, daß „Eigentum verpflichtet" und „sein Gebrauch . . . dem Wohle der Allgemeinheit dienen soll". Art. 14 GG wird von der herrschenden Meinung dahingehend gedeutet, daß das Eigentumsrecht dem Grundsatz der „Sozialbindung" unterliege, der besage, daß jeder Berechtigte sich im Interesse der Gesamtheit „fühlbare, allerdings nicht untragbare Belastungen und keinesfalls eine entschädigungslose Entziehung seines Eigentums" gefallen lassen müsse[21]. Das Recht auf Wohnung wird durch Art. 13 GG für unverletzlich erklärt; wie schon gesagt, muß sich ein Wohnungsinhaber aber Beschränkungen seines Rechts gefallen lassen, wenn dies zur

[17] *Drews-Wacke,* Allgem. Polizeirecht, S. 168 ff.

[18] BVG E 7, 211 ff.; 13, 104 ff.; 16, 194 ff. 201 ff.; 17, 108 ff.

[19] *P. Lerche,* S. 19 ff. *Maunz-Dürig,* Art. 20 Nr. 115 ff.

[20] *Maunz-Dürig,* Art. 2 II Nr. 10 ff.; *Hamann,* Art. 2 II B 9 ff.

[21] *v. Mangoldt-Klein,* Art. 14 A V; *Hamann,* Art. 14 B 3 a ff.

Beseitigung einer Lebensgefahr oder zur Behebung von Raumnot notwendig ist. Entsprechende Einschränkungsmöglichkeiten finden sich in Art. 2 I, Art. 11 GG usw. Insgesamt läßt sich mit *H. J. Wolff* sagen (a. a. O., S. 48), daß „alle (durch Geld- und notfalls Sach-, z. B. Wohnraumabgaben) dafür einstehen, daß niemand ohne Sicherheit seines Lebens, seiner Gesundheit, seines Eigentums, aber auch niemals ohne Wohnung, Ernährung, Kleidung, Licht, Hygiene, Krankenversorgung usw., bleibt . . .".

bb) Aus dem Ziel des sozialen Rechtsstaates: Gewährleistung der vitalen Bedürfnisse eines würdigen menschlichen Daseins ergibt sich eine weitere Grenze für dieses Rechtsprinzip. „Die Leistungen und Förderungen des sozialen Rechtsstaates gehen . . . nicht so weit, wie die des *Wohlfahrtsstaates*, der die Befriedigung lebenswichtiger Interessen nicht nur ermöglicht, sondern selbst positiv und unmittelbar betreibt"[22] (Beispiel: Polizeistaat). Sozialer Rechtsstaat ist auch nicht gleichzusetzen mit einem planwirtschaftlichen *Versorgungsstaat*, „der die Produktion und Verteilung oder doch der wichtigsten Wirtschaftsgüter selbst übernimmt, die Arbeitskräfte einsetzt, den Konsum lenkt und ein umfassendes System von Versorgungen aufbaut, so daß den Mitgliedern des Gemeinwesens mit dem Lebensrisiko auch die Freiheit genommen wird"[22].

Alle Planungen des sozialen Rechtsstaates reichen nur so weit, wie sie „unerläßlich sind, um die Befriedigung lebenswichtiger Interessen zu ermöglichen"[22].

c) Soziale Pflichten des Einzelnen und des Staates

In den bisherigen Ausführungen wurde insbesondere die Frage erörtert, ob und inwieweit die Allgemeinheit gegenüber jedem einzelnen Menschen zu sozialer Rücksichtnahme verpflichtet sei. Es wurde noch nicht näher untersucht, wer nun konkret für die Erfüllung dieser Pflicht Sorge zu tragen habe. Es ergibt sich hier eine ähnliche Aufgabenverteilung zwischen dem Einzelnen und dem Staat wie bei der Frage, wer gegen rechtswidrige Schädigungen vorzugehen habe: Grundsätzlich ist dies Aufgabe des Staates. Nur dieser hat den allgemeinen Überblick, der nötig ist, um die Fälle ausfindig zu machen, wo soziale Hilfe erforderlich und gerechtfertigt ist. Nur dieser hat auch die Zeit und immer die erforderlichen Mittel, um dem einzelnen Fall gerecht zu werden, kurz: Grundsätzlich ist der Staat Vermittler und Organisator der sozialen Verantwortung des einzelnen, der mit Steuerzahlungen und ähnlichen Abgaben seiner diesbezüglichen Pflicht genügt.

Ausnahmen ergeben sich dort, wo der Staat entweder nicht rechtzeitig helfen kann oder wo sich aus anderen Gründen für einen

---

[22] *H. J. Wolff*, a. a. O., S. 49.

Menschen eine unmittelbare Gefahr ergibt, die ein anderer durch besondere Rücksichtnahme abwenden kann (z. B. Hilfeleistung gemäß § 330c StGB einerseits, Rücksichtnahme im Straßenverkehr andererseits).

4. Zusammenfassung

Der „extrem-liberalistische" Grundsatz: Das Recht braucht dem Unrecht nicht zu weichen, kann heute in keinem Rechtsgebiet mehr absolute Geltung beanspruchen. Auf Grund vielfältiger Veränderungen im sozialen Bereich ist die Pflicht der Menschen zu gegenseitiger Rücksichtnahme zur unabdingbaren Voraussetzung dafür geworden, daß allen Menschen — dem Ziel des Rechts entsprechend — die Möglichkeit gegeben werden kann, ein menschenwürdiges Leben zu führen.

Grundlage für diesen sozialen Grundsatz ist nicht etwa — wie die bisher herrschende Lehre annimmt — das angeblich selbständig geltende Sozialstaatsprinzip, sondern der Begriff des Rechts, weshalb unser Staat in Art. 28 GG auch richtig als sozialer Rechtsstaat bezeichnet wird. Aus dem Begriff des Rechts sind auch die Grenzen sozialer Verantwortung abzuleiten.

Indem die Menschen rechtlich zu gegenseitiger Rücksichtnahme verpflichtet werden, wird nicht etwa — wie vielfach angenommen wird — nur der sozial Schwache begünstigt, sondern alle Menschen, ohne Rücksicht auf ihre soziale und wirtsschaftliche Stellung (Beispiel: Straßenverkehr).

II. Das Strafrecht und das Prinzip des sozialen Rechtsstaats

1. Das Strafrecht ist die „ultima ratio" des Rechts[23]. Der Staat greift auf seine Mittel nur zurück, wenn die zu schützenden Rechtsgüter für das menschliche Zusammenleben von so großer Bedeutung sind, daß er zu ihrer Sicherung seine „schwersten Geschütze auffahren" muß. Aus diesem Wesenszug erklärt es sich, daß das Strafrecht von dem oben beschriebenen allgemeinen Wandel zum sozialen Rechtsdenken erst relativ spät erfaßt wurde. Hervorstechendstes Beispiel hierfür ist *§ 330c StGB,* der die Menschen unter Strafandrohung zur Hilfeleistung bei Unglücksfällen oder gemeiner Gefahr und Not verpflichtet. § 330c StGB ist erst 1935 mit nationalsozialistischer Begründung in einer von der geltenden Fassung abweichenden Form in das StGB eingefügt worden, die geltende Fassung beruht auf dem 3. StÄG von 1953[24].

Bis 1935 kannte das StGB eine allgemeine Hilfspflicht nur bei ausdrücklicher polizeilicher Aufforderung, und ihre Verletzung wurde

---

[23] S.: *Lange,* Universitas, 1965, S. 956; *Maurach,* AT, S. 21.

[24] *Kohlrausch-Lange,* § 330c A. I.

als bloßer Ungehorsam und Übertretung bestraft (§ 360 Nr. 10 in der Fassung von 1871).

Gallas[25] begründete die 1953 erfolgte Neufassung des § 360c StGB — ebenso wie die Amtliche Begründung[26] den hierauf aufbauenden § 232 E 1962 — damit, daß sich der „Bereich des Rechtlichen in ein Gebiet vorgeschoben" habe, „das nach liberaler Auffassung grundsätzlich der Moral vorbehalten bleiben sollte". Spätestens seit dem 19. Jahrhundert wurde der „allgemeine Zeitgeist" in wachsendem Maße durch eine Entwicklung bestimmt, in der „die Abkehr von einem extremen Liberalismus, die Einsicht in die wechselseitige Abhängigkeit und damit notwendige Solidarität aller Rechtsgenossen und der Gedanke sozialer Verantwortung sowie der Gemeinschaft dem einzelnen gegenüber" als auch umgekehrt wesentliche Momente sind.

In diesem Zusammenhang muß auch *§ 138 StGB* genannt werden, wonach derjenige zu bestrafen ist, der es unterlassen hat, der Behörde oder dem Bedrohten von dem Vorhaben oder der Ausführung eines Verbrechens Anzeige zu machen, von dem er glaubhaft erfahren hat. Auch diese Vorschrift beruht auf dem Gedanken sozialer Verantwortung dem Bedrohten und der Gemeinschaft gegenüber.

2. *Mögliche Folgerungen für das Notwehrrecht*

Ausgangspunkt für die Untersuchung über die Möglichkeit einer Einschränkung des strafrechtlichen Notwehrrechts war die Feststellung, daß eine Einschränkung nur dann in Betracht komme, wenn die Gründe, die sie tragen, gewichtiger sind, als die, mit denen die Notwehr gerechtfertigt wird: die Schutzbedürftigkeit des einzelnen und der Allgemeinheit. Es ergab sich weiterhin, daß als einziger rechtlicher Grund in diesem Zusammenhang u. U. der Gesichtspunkt der sozialen Rücksichtnahme zum Tragen kommen würde. In den Untersuchungen über den Begriff des sozialen Rechtsstaates wurde dargelegt, daß die Pflicht zu sozialer Rücksichtnahme als für das menschliche Zusammenleben unentbehrlicher Rechtsgrundsatz anzusehen sei, dessen allgemeine Beachtung mit den Mitteln des Rechts durchgesetzt werden müsse. Im Strafrecht hat der Gedanke der sozialen Verantwortung des einzelnen in §§ 138, 330c StGB Ausdruck gefunden.

Es fragt sich nunmehr, ob und in welchem Maße mit diesem Gedanken auch eine „sozialethische Begrenzung" des strafrechtlichen Notwehrrechts gerechtfertigt werden kann. Diese Frage läßt sich nicht einheitlich beantworten.

Zwar verdienen alle Notwehrsituationen eine gleichmäßige Bewertung, wenn sie so massiv und für den Angreifer mit so schwerwiegenden Gefahren verbunden sind, daß in keinem Fall an einer

---

[25] JZ 52, 396 ff.
[26] S. 396.

Berechtigung zur Notwehr zu zweifeln ist: Dies ist nach dem oben Gesagten der Fall, wenn die Grenzen der sozialen Verantwortung erreicht sind: Niemand kann rechtlich gezwungen werden, einem Angriff tatenlos zuzusehen, der es auf sein Leben oder auf eine erhebliche Verletzung seines Körpers abgesehen hat.

Soweit es aber um den Bereich geht, in dem möglicherweise der Gesichtspunkt der sozialen Verantwortung zum Tragen kommt, treten in den Bewertungsgrundlagen der einzelnen Notwehrfälle z. T. erhebliche Unterschiede hervor, die zu einer *differenzierenden Beurteilung* zwingen. So ist es in diesem Zusammenhang durchweg etwas anderes, ob der Angriff von einem Geisteskranken, einem Kind oder von einem fahrlässig handelnden Täter stammt, oder ob ein erfahrener Berufsverbrecher „am Werke" ist. Hinter dem Begriff des „rechtswidrigen Angriffs" verbirgt sich eine Vielfalt von Erscheinungen, denen gegenüber den für die Einschränkung des Notwehrrechts bedeutsamen rechtlichen Gesichtspunkten: Schutz- und Abschreckungsfunktion sowie soziale Rücksichtnahme ein verschiedenes Gewicht zukommt.

In der nun folgenden Untersuchung über eine mögliche Einschränkung des Notwehrrechts wird es deshalb zunächst notwendig sein, sich — für jeden Tätertyp getrennt — das persönliche Erscheinungsbild des jeweiligen Täters und hierbei insbesondere jene Besonderheiten vor Augen zu führen, die zu einer Einschränkung des Notwehrrechts Anlaß geben. Erst nachdem diese und andere tatsächliche Bewertungsgrundlagen dargestellt worden sind, wird die eigentliche Bewertung in der angegebenen Richtung durchgeführt werden, wobei alle in Betracht kommenden rechtlichen Gesichtspunkte entsprechend der Methode abzuwägen sind, wie sie im erkenntnistheoretischen Teil dieser Arbeit entwickelt worden ist.

D. Soziale Verantwortung gegenüber rechtswidrigen Angreifern?

I. Notwehr gegen unzurechnungsfähige Angreifer

1. Das Wesen der Unzurechnungsfähigkeit

§ 51 StGB sieht Unzurechnungsfähigkeit als gegeben an, wenn der Täter zur Zeit der Tat wegen Bewußtseinsstörungen, wegen krankhafter Störung der Geistestätigkeit oder wegen Geistesschwäche unfähig war, das Unerlaubte der Tat einzusehen oder nach dieser Einsicht zu handeln.

a) Eine nicht unerhebliche Zahl namhafter Juristen und Mediziner hat die empirischen Grundlagen der in § 51 StGB gegebenen Definition der Unzurechnungsfähigkeit in Zweifel gezogen; sie meinen, daß § 51 StGB eine „uralte, lebensferne Psychologie" zugrunde liege, die verkenne, daß die Frage nach der Einsichts- und Handlungsfähigkeit empirisch unbeantwortbar sei. So hält es insbesondere der bekannte Psychiater *K. Schneider*[27] für verfehlt, die Handlung in einen rationalen und einen willensmäßigen Teil zu gliedern; es sei „unsinnig", anzunehmen, daß der Täter vor seiner Tat rationale Überlegungen anstelle. Zur Verdeutlichung seiner Auffassung führt *Schneider* das Beispiel eines Postbeamten an, „in dem sich der Trieb regt", ein Päckchen mit Zigarren sich anzueignen. In derartigen Fällen mache sich beim Täter nur selten die Einsicht bemerkbar, daß er etwas Unerlaubtes vorhabe. „In Wirklichkeit erweckt der Anblick oder das Anfühlen des Päckchens blitzartig den Trieb, das Begehren, es zu behalten". Entweder gehe dieses Streben unmittelbar in eine Handlung über und „dann ist es geschehen", oder es tauchten „Gegenstrebungen auf, aus dem echten ethischen Gewissen oder aus Angst vor Strafe". „Diese Gegenstrebungen können nun von dem Besitztrieb einfach überrannt werden oder diesen tatsächlich bremsen." Nur in „extrem seltenen Fällen" werde es zu einem „Abwägen des Für und Wider, der Strebungen und Gegenstrebungen und endlich zu einer wählenden Willensentscheidung kommen". Daß man von einem Menschen mit gefährlichen Neigungen verlangen könne, daß er sie unterdrücke, sei empirisch nicht begründbar. „Man verlangt das, das ist das Fundamentale des Ganzen" (S. 30). Eine ähnliche Auffassung vertritt *Bleuler*[28]*:* Die eigentliche Ursache unseres Handelns seien die Triebe. Die Triebe könnten die unterschiedlichste Tendenz haben: Es gebe den Selbsterhaltungs-, den Geschlechts-, den ethischen, den Stehl- und Feuertrieb usw. Die Art der Charaktereigenschaften eines Menschen richte sich danach, welche Triebe diesem angeboren seien.

Auf der Seite der Juristen hatte sich insbesondere *E. Mezger*[29] der Auffassung von K. Schneider angeschlossen. *Welzel*[30] hält es ebenfalls nicht für möglich, empirisch festzustellen, ob der Täter in der *konkreten* Tatsituation die Fähigkeit zu sinngemäßer Selbstbestimmung besessen habe. Eine solche Feststellung wäre auf etwas Objektives gerichtet, was mit dem Subjektcharakter des Menschen unvereinbar wäre. Die „Subjektivität des Subjekts", jener Akt, „durch den sich der Mensch aus der Welt der erfahrbaren Objekte zum selbstverantwortlichen Subjekt erhebe", entziehe sich jeder wissenschaftlichen Objektivierbarkeit.

Müßte man den vorstehenden Auffassungen recht geben, so würde das dem Zugeständnis gleichkommen, daß der Schuldbegriff als einer der Hauptpfeiler und wesentlichen Rechtfertigungsgründe unseres Straf- und Strafvollzugsrechts in Wirklichkeit auf einer Fiktion beruht: der Fiktion nämlich, der Verbrecher könne sich anders verhal-

---

[27] Die Beurteilungen . . ., S. 19 ff.

[28] S. 82 ff.

[29] *LK-Mezger,* § 51 Anm. 10; s. noch heute *Mezger-Blei* I, S. 141 ff.

[30] Lehrbuch, § 21.

ten, als er es bei Begehung seiner Tat tue. Auch im Notwehrrecht würde dadurch jeder Differenzierung zwischen „zurechnungsfähigen" und „unzurechnungsfähigen" Tätern, wie sie hier erwogen wird, die Grundlage entzogen.

In den Abschnitten über die erkenntnistheoretischen und ethischen Grundlagen des Rechts ist ausführlich dargelegt worden, daß die oben referierten Auffassungen durch neuere Forschungen mehrerer Humanwissenschaften empirisch widerlegt werden. Auf die dortigen Darlegungen wird verwiesen. Hier sollen lediglich noch einmal ihre Resultate festgehalten werden:

1. Die Ansicht von *Welzel* ist erkenntnistheoretisch nicht haltbar. Nicht nur Bereiche der Physis, sondern auch solche der Psyche lassen sich wissenschaftlich „objektivieren". Jede Selbsterkenntnis und insbesondere auch der größte Teil von *Welzels* Lehrbuch und seine Untersuchungen über die Selbstverantwortlichkeit des Menschen beruhen auf der Möglichkeit einer solchen Objektivierung. *Welzel* verwechselt die erkenntnistheoretische mit der ethischen Fragestellung. Allein im Rahmen der letzteren kann es fraglich sein, ob der Mensch zum bloßen Objekt gemacht werden darf[31].

2. Die Selbstverantwortlichkeit des erwachsenen und normalen Menschen, aus der der Begriff der Zurechnungsfähigkeit abgeleitet wird, gründet sich auf folgende Tatsachen:

a) Der erwachsene Mensch in dem erwähnten Sinne ist mittels seiner Fähigkeit, sinnlich und sich selbst wahrzunehmen und in diesen Wahrnehmungen Gleichheiten und Verschiedenheiten sowie gesetzmäßige Zusammenhänge festzustellen, in der Lage, die Erscheinungen seiner Umwelt zu erkennen und zu bewerten. Auf der Erkenntnis und Bewertung der Wirklichkeit beruhen die Grundsätze des Rechts und der Ethik. Diese sind deshalb für jeden normalen Menschen einsichtig.

b) Das menschliche Verhalten ist nicht durch Instinkte festgelegt. Der ständig aktivierbare Antriebsüberschuß setzt den Menschen in die Lage, seine Antriebe gemäß seiner Einsicht zu hemmen und jenen anderen Bedürfnissen „nachwachsen" zu lassen, denen er den Vorzug gibt. Wesentliches Kennzeichen des Menschen ist das Phänomen „Wille", d. h. die Fähigkeit, „die über die ganze Breite der Person ablaufenden Bewegungen in Führung zu nehmen". Mittels seines Einsichtsvermögens vermag der Mensch sein Antriebsleben zu orientieren, er kann sein Verhalten auf bestimmte Dauerinteressen und Gewohnheiten festlegen und dadurch die Kraft seines Willens erheblich steigern.

Die unter 2a und b beschriebenen Fähigkeiten setzen jeden normalen Menschen in den Stand, den Anforderungen des Rechts zu

---

[31] Gegen *Welzel* auch: *Ehrhardt-Villinger*, a. a. O., S. 226 ff.

entsprechen. Wenn dennoch im Bereich des Rechts und der Ethik immer wieder zahlreiche normale Menschen diesen Anforderungen zuwiderhandeln, so liegt das in der Regel an ihnen selbst: Sie verschließen sich der „besseren Einsicht" oder weigern sich, entsprechend dieser Einsicht zu handeln, weil sie andere „rechtsfeindliche" Ziele verfolgen. Aus dieser Erscheinung resultiert das Recht.

Es ergibt sich somit, daß der Vorwurf, den Schneider gegen die psychologische Grundlegung des § 51 StGB erhebt, an diesen zurückgegeben werden muß. Die von ihm vertretene Psychologie beruht in Wirklichkeit auf der lebensfernen Konstruktion eines „Zwangsmenschen", der sich — wie das Beispiel des Postboten zeigt — von den Tieren eigentlich nur dadurch unterscheidet, daß die Instinkte bei ihm einen anderen Namen haben: „Triebe".

Mit Recht weisen *Ehrhardt-Villinger* in diesem Zusammenhang darauf hin, daß es bei der Frage der Zurechnungsfähigkeit nicht um die „konkret-aktuelle Einsicht oder Steuerung" gehe, sondern um die „Voraussetzungen der Unfähigkeit zur Einsicht und zum einsichtsgemäßen Handeln"[32]. Diese Voraussetzungen erfüllt im allgemeinen nur der im folgenden zu besprechende Personenkreis der Unzurechnungsfähigen.

b) Von Unzurechnungsfähigkeit sprechen wir[33], wenn infolge eines bestimmten, von dem betreffenden Menschen nicht mehr steuerbaren Kausalgeschehens die unter I 1 a genannten Fähigkeiten gestört sind. Derartige Störungen können die Folge sein von „normalen" Geschehnissen, wie sie bei jedem gesunden Menschen vorkommen können: „normalen" Bewußtseinsstörungen, wie z. B. Übermüdung, Schlaf, Schlaftrunkenheit, Nachtwandeln, hypnotischen Zuständen. Es kann sich bei ihnen aber auch um „krankhafte" Bewußtseinsstörungen handeln wie: Dämmerzustände, Delirien, um krankhafte Störungen der Geistestätigkeit, wie z. B. Psychosen und Vergiftungen.

Die Störungen der Einsichts- und Handlungsfähigkeit können in der Ebene der Wahrnehmungen, des Denkens und des Fühlens auftreten[34]. Wahrnehmungsstörungen können darin bestehen, daß der betreffende Mensch wirklich vorhandene Gegenstände verkennt (Illusionen), leibhaftige, reale Gegenstände wahrnimmt oder Stimmen hört, die in Wirklichkeit gar nicht vorhanden sind (Halluzinationen). Kennzeichnend für die Täuschungen ist, daß der Kranke, der ihnen unterliegt, sie „mit unerschütterlicher Überzeugungskraft" für real hält und daß „ihre Macht auf den Kranken viel größer ist, als der Einfluß normaler Wahrnehmungen". Denkstörungen können durch Störungen der Merkfähigkeit oder gesteigerte Ablenkbarkeit verur-

[32] *Ehrhardt-Villinger*, a. a. O., S. 226; *Maurach*, AT § 36 II c.
[33] Zum Folgenden insbes. *Langelüddeke*, S. 22 ff.
[34] *Langelüddeke*, S. 272 ff.

sacht sein. Forensisch wichtig sind vor allem die wahnhaften Vorstellungen, die plötzlich aus dem Nichts entstehen und von urtümlicher Gewalt sind. Kennzeichnend für sie ist die „Unmöglichkeit ihres Inhalts und ihre Unkorrigierbarkeit" (*Langelüddeke*, S. 288). Gefühlsstörungen können zum Verlust der Selbstbeherrschung und der Hemmungsfähigkeit führen. Für jede dieser Störungen, die allein oder zusammen auftreten, ist kennzeichnend, daß sie Ausdruck von Kausalvorgängen sind, denen der betreffende Mensch machtlos ausgesetzt ist. Sie können sein Verhalten so bestimmen, daß dieser sich zu kriminellen Handlungen hinreißen läßt und andere dadurch in Notwehrsituationen bringt, ohne daß dies von ihm gewollt wird oder von ihm verhindert werden kann. So kann sich bei einem Geisteskranken z. B. der Verlust der Hemmungsfähigkeit in einer „abnormen Freßgier" äußern, die zu Eigentumsdelikten oder u. U. sogar zum Mord führt (*Langelüddeke*, S. 298). Von einem Epileptiker berichtet *Langelüddeke* (S. 361), daß er während eines kleinen Krampfanfalles im Gerichtsgebäude mit dem Stock auf einen Prozeßgegner eingeschlagen habe usw.

2. Folgerungen für das Notwehrrecht

Die Handlungen, die ein Unzurechnungsfähiger infolge der erwähnten Störungen begeht und die andere — wie die oben wiedergegebenen Beispiele zeigen — nicht selten zur Notwehr zwingen, können diesem nicht zugerechnet werden: sein Handeln wird durch ihn beherrschende Kausalvorgänge, d. h. praktisch durch „höhere Gewalt" bestimmt, die ihm jede Möglichkeit zur Selbstbeherrschung nehmen. Hieraus ergibt sich für das Notwehrrecht folgendes:

a) Es wäre sinn- und wirklichkeitswidrig, wenn die zukünftige Regelung des Notwehrrechts gegenüber rechtswidrigen Angriffen von Unzurechnungsfähigen weiterhin auf der Durchsetzung des einen Zwecks des Notwehrrechts bestehen würde, der darauf abzielt, die Allgemeinheit durch das vorbeugende Mittel der *Abschreckung* zu schützen: Unzurechnungsfähige werden durch das sie treibende Kausalgeschehen so beherrscht, daß selbst das Mittel mit der größten Abschreckungswirkung: die Todesstrafe, keinerlei Einfluß auf sie ausüben würde.

b) Als einziger rechtlicher Zweck, dem das Notwehrrecht auch gegenüber Unzurechnungsfähigen dienen kann, verbleibt der *Schutz* des Angegriffenen vor dem rechtswidrigen Angriff. Es fragt sich, wo die Grenzen dieses Schutzes zu ziehen sind.

Ein Täter, der im Zustand der Unzurechnungsfähigkeit einen anderen rechtswidrig angreift und dem durch die Abwehrmaßnahme des Angegriffenen ein erheblicher Schaden droht, befindet sich in einer ähnlichen Lage, wie ein Mensch, der ohne eigenes Verschulden durch ein Unglück in eine Notlage gerät, aus der er nur mit Hilfe eines Dritten befreit werden kann. Im Fall des § 330 c StGB hat der Gesetzgeber Außenstehenden, die dem Verunglückten ohne erhebliche Selbstgefährdung helfen können, die Hilfeleistung unter Strafandrohung zur Pflicht gemacht, ohne der Frage Beachtung zu schenken, wer das Unglück verschuldet hat. Der rechtliche Grund für diese Regelung ergibt sich aus der Pflicht zur sozialen Rücksichtnahme (s. o.). Es wäre ein nicht zu rechtfertigender Widerspruch, wenn der Gesetzgeber im Fall der Notwehr gegen unzurechnungsfähige Angreifer zu dessen Gunsten nicht ebenfalls eine entsprechende Regelung vorsehen würde. Auch die Situation des unzurechnungsfähigen Angreifers stellt sich als eine Art Notlage dar, in der dieser Gefahr läuft, durch die Abwehrmaßnahme des Gegners verletzt oder getötet zu werden, ohne daß er aus eigener Kraft — die inneren Kausalvorgänge hindern ihn daran — hiergegen etwas unternehmen könnte. Anders als bei § 330 c StGB steht hier sogar fest, daß der „notleidende" Angreifer seine Notlage nicht verschuldet hat. Man wird deshalb sagen müssen: Wenn schon § 330 c StGB unabhängig von der Frage des Verschuldens das Unterlassen der Hilfeleistung unter Strafe stellt, so ist es erst recht gerechtfertigt, im Notwehrrecht dem Angegriffenen unter Strafandrohnung zur Pflicht zu machen, auf den Angreifer besondere Rücksicht zu nehmen, wenn dieser im Zustand der Unzurechnungsfähigkeit und damit schuldlos handelt. Für den Inhalt und die Grenzen dieser Rücksichtspflicht gilt folgendes:

Da jede tätliche Reaktion seitens des Angegriffenen die Lage nur verschlimmern und den unzurechnungsfähigen Täter höchstens zu weiteren Fehlhandlungen treiben würde, ist der Angegriffene

1. für verpflichtet zu erklären, dem unzurechnungsfähigen Angreifer auszuweichen, oder, wenn dies nicht möglich ist, zur Abwendung des Angriffs fremde Hilfe herbeizuholen, wenn dies die einzige Möglichkeit ist, um den Angreifer vor einem erheblichen Schaden zu bewahren.

2. Ob der Angegriffene darüber hinaus gezwungen werden kann, Rechtsnachteile, z. B. die durch den Angriff drohenden, zu erdulden, richtet sich nach den Grenzen der sozialen Verantwortung, die jeder Mensch zu tragen hat. Als Rechtsgüter, deren Verletzung sich der Angegriffene u. U. gefallen lassen muß, scheiden nicht nur das Leben, sondern auch die anderen, durch das Grundgesetz geschützten Grundrechte insoweit aus, als diese in *erheblichem* Maße beeinträchtigt würden (vgl. o., 5. T., C I 3 b). Die Begrenzung der Duldungspflicht auf solche Fälle, in denen dem Angegriffenen durch die Hinnahme des Angriffs keine erheblichen Rechtsnachteile drohen, entspräche auch dem Wortlaut des § 330 c StGB, der eine Hilfeleistungspflicht insbesondere dann für zumutbar erklärt, wenn dem Täter ihre Erfüllung „ohne erhebliche eigene Gefahr und Verletzung wichtiger Pflichten möglich ist".

3. Die hier vorgeschlagene Regelung gilt selbstverständlich nur dann, wenn für den Angegriffenen *erkennbar* ist, daß der Angreifer im Zustand der Unzurechnungsfähigkeit handelt.

II. Notwehr gegen Angriffe von Kindern und Jugendlichen

1. Entwicklung und Entwicklungsstörungen

Die Fähigkeit, aus eigener Einsicht und Verantwortung das Handeln so zu steuern, daß dieser mit den Gesetzen des Rechts nicht in Konflikt kommt, ist den Menschen nicht angeboren, sondern sie erwirbt er erst im Verlauf von langjährigen Erfahrungen. Die einzelnen Phasen dieses die ganze Kindheit und Jugend in Anspruch nehmenden Erfahrungsprozesses sind oben (3. Teil, D I 3) dargestellt worden. Hierauf wird verwiesen. Die wichtigsten Voraussetzungen dafür, daß der Mensch die geistig-sittliche Reife und damit in vollem Umfange die Zurechnungsfähigkeit im Sinne des § 51 StGB erlangt, seien hier nochmals genannt:

1. Erwerb der Willenskraft und Hemmungsfähigkeit;
2. Erwerb der Fähigkeit zum logischen und abstrakten Denken.

Nur dadurch wird der Mensch in die Lage versetzt, die „bunte Mannigfaltigkeit" der Sinnes- und Selbstwahrnehmungen und Vorstellungen zu geordneten und aufeinander bezogenen Erfahrungen zu verarbeiten, deren Ergebnisse dann das Selbstbewußtsein und die Fähigkeit sind, sich in die Lage seiner Mitmenschen zu versetzen. Die Tatsache, daß der Mensch das rechtliche und moralische Bewußtsein in der beschriebenen Weise erst nach und nach erlangt, bedeutet, daß der junge Mensch als Kind oder Jugendlicher für seine Taten entweder überhaupt noch nicht oder nur zum Teil rechtlich verantwortlich gemacht werden kann. Auch Kinder und erst recht Jugendliche wissen zwar, daß sie gewisse Dinge nicht tun dürfen. Dieses „Wissen" beruht aber nicht auf vernunftmäßiger Einsicht in den ethischen und rechtlichen Gehalt der betreffenden Verbotsnormen, sondern bei Kindern auf persönlichem Gehorsam gegenüber den Eltern und Erziehern, und bei Jugendlichen auf einem von der Person des Befehlsgebers abstrahierten Gehorsam gegenüber der Staatsgewalt. Weil bei Kindern und zum großen Teil auch noch bei Jugendlichen die Einsicht in die Tragweite ihres Handelns und die Fähigkeit zur Selbstbeherrschung noch nicht voll ausgebildet sind, sind sie widrigen Umständen in wesentlich stärkerem Maße ausgesetzt als Erwachsene[35]. Ihren natürlichen Bedürfnissen fehlt noch weitgehend die „geistige Überformung". Das kann leicht dazu führen, daß die Kinder triebhaft und unbeherrscht augenblicklichen

---

[35] Zum Folgenden: *v. Stockert,* Einführung . . ., S. 84 ff.; *Langelüddeke.* Seite 134 ff.; *Dallinger-Lackner,* § 3 Anm. 1 B; *LK-Jagusch,* Vorbem. 3 ff. zum JGG.

Wünschen nachgeben. Essen und Trinken spielen im Leben des Kindes eine große Rolle. Es kommt leicht in Versuchung, zur Unzeit und von verbotenen Speisen zu naschen. Überhaupt sind Entwendung und Stehlen das beliebteste Delikt des Kindesalters. Von den Insassen der Fürsorge- und Erziehungsanstalt Kleinmensdorf berichtet *Busemann*[36], daß 85% der dort eingelieferten schulpflichtigen Kinder mit Diebstählen belastet gewesen seien. Schlechtes Vorbild, Mängel der Erziehung, die entweder in einem „zuwenig" (fehlendes Verständnis oder Anerkennung) oder einem „zuviel" (Verwöhnung, „zu viel Freiheit statt Führung") bestehen[37], können das Kind gegen Verführung und Versuchung widerstandslos machen.

Im „Flegelalter", jener Zeit also, in der der junge Mensch beginnt, sich seiner selbst bewußt zu werden, bereitet es ihm Vergnügen, die bestehende Ordnung aufzulösen und gegen die Erwachsenen aufzubegehren. Die sich allmählich steigernde Selbstüberschätzung, ungezügelter Egoismus und aufbegehrende Unbeherrschtheit können in sogenannten Pubertätsdelikten ihren Niederschlag finden. Bis zum Alter von 16 Jahren haben die Delikte mehr kindlichen Charakter: Es handelt sich meist um Bagatelldelikte. Mit 17 Jahren tritt durchweg infolge des erwachten und gestärkten Selbständigkeitsdranges ein Wandel ein: Die noch nicht durch ethische Gegenvorstellungen ins Gleichgewicht gebrachten Wünsche richten sich auf höhere Ziele und wertvolle Gegenstände. Als durchschnittliches Alter, in dem der Mensch die geistig-sittliche Reife erlangt, wird das Alter von 18 Jahren genannt. Vielfach tritt sie erst später zwischen 18—21 Jahren ein[38].

2. *Folgerungen für das Notwehrrecht*

a) bei rechtswidrigen Angriffen von Kindern

Mangelnde Einsicht und noch unentwickelte Hemmungsfähigkeit sowie andere von ihm nicht zu vertretende Umstände (s. 1) können das Kind zu Handlungen verleiten, die einen rechtswidrigen Angriff darstellen. Da es sich hierbei um Entwicklungsstörungen handelt, für die das Kind aus den genannten Gründen nicht rechtlich verantwortlich gemacht werden kann, gleicht die Lage des Kindes insoweit der des Unzurechnungsfähigen. Für das Strafrecht ergibt sich hieraus die Folgerung, daß die Tat dem Kind nicht zugerechnet, dieses deshalb nicht bestraft werden kann. Ebenso wie gegenüber Unzurechnungsfähigen verzichtet der Staat Kindern gegenüber auf die Anwendung abschreckender Mittel. Ist dem so, so besteht kein Grund, im Notwehrrecht zwischen Unzurechnungsfähigen und Kindern einen Unter-

[36] Kindheit . . ., S. 212 ff.
[37] *Leferenz*, a. a. O., S. 39 ff.
[38] *LK-Jagusch*, § 10 Anm. 4.

schied zu machen. Die Einschränkungen, denen das Notwehrrecht gegen Unzurechnungsfähige unterworfen wird, müssen aus den gleichen Gründen weitgehend auch gegenüber Kindern gelten, d. h.:

1. Das Notwehrrecht ist von seiner Funktion als Abschreckungsmittel zu lösen.

2. Das Recht auf Selbstschutz ist auf die Abwehr solcher Angriffe zu begrenzen, durch deren Erduldung dem Angegriffenen „erhebliche" Rechtsnachteile verursacht würden. Allerdings ergibt sich hier im Vergleich zur Notwehr gegen Unzurechnungsfähige insoweit ein Unterschied, als hier die Einschränkung 2 nur soweit gilt, als die erforderliche Abwehrmaßnahme dem Kind erhebliche Rechtsnachteile bringen würde. Während gegenüber Unzurechnungsfähigen wegen ihrer Unberechenbarkeit und leichten Erregbarkeit in jedem Fall eine Ausweichpflicht geboten scheint, kann und soll man den Kindern, wenn dies in schonender Weise möglich ist, aus Gründen der Erziehung entgegentreten und sie an der Durchführung ihrer rechtswidrigen Pläne hindern.

b) bei Angriffen von Jugendlichen und Heranwachsenden

Während der Staat Kindern gegenüber ganz auf strafrechtliche Reaktionen verzichtet, begegnet er den Taten von Jugendlichen mit strengeren Augen und meist sogar mit Zwangsmitteln. Gleichwohl wäre es verfehlt, Jugendliche hinsichtlich ihrer Verantwortung den Erwachsenen gleichzustellen. Wie dargelegt, dauert der Reifeprozeß durchschnittlich bis zum 18. Lebensjahr. Auch die Taten Jugendlicher haben vielfach den Charakter von Entwicklungsstörungen, die auf ungenügende Verarbeitung der Erfahrungen oder noch schwach ausgebildete Hemmungsvorstellungen zurückzuführen sind. Die sittliche Reife kommt eben nicht von selbst, sondern ist das Ergebnis einer langjährigen Auseinandersetzung, die an den einzelnen in jeder Hinsicht hohe Ansprüche stellt. Daß es hierbei zu Fehlschlägen und kriminellen Entgleisungen kommt, kann dem Jugendlichen nicht zur vollen Schuld angerechnet werden, sondern ist bis zu einer gewissen Grenze „allgemeines Menschenschicksal"[39]. Dieser Sachlage trägt auch das Jugendstrafrecht Rechnung. In den Maßnahmen, die das Jugendgerichtsgesetz (JGG) gegen Jugendliche vorsieht, treten der Sühne- und der Abschreckungszweck weitgehend zurück hinter dem Erziehungszweck. Die vorwiegend erzieherischen Maßregeln sollen die „guten Kräfte" in dem Jugendlichen „anspornen, damit ihm das Unrecht seiner Tat und die Notwendigkeit der gesellschaftlichen Ordnung zum erlebten Bewußtsein wird". Selbst der Mord eines Jugendlichen wird — im Hinblick auf seine Person — nicht als so schwerwiegend bewertet, daß der Staat ihn zum Anlaß nehmen

---

[39] *LK-Jagusch*, Vorbem. 3 zum JGG.

würde, dem jungen Menschen das ganze spätere Leben zu verbauen (Höchststrafmaß: 10 Jahre Jugendstrafe).

Dem Gesichtspunkt der Rücksichtnahme auf den Entwicklungsstand des Jugendlichen, der das JGG, das BGB (beschränkte Geschäftsfähigkeit und Deliktfähigkeit) und andere Bereiche des Rechts durchzieht und der der Gesellschaft nicht unerhebliche Vermögensopfer auferlegt, muß auch das Notwehrrecht Rechnung tragen. Die heilsame Wirkung, die von der erwähnten rechtlichen Sonderregelung ausgeht, würde desavouiert und zunichte gemacht, wenn man im Notwehrrecht weiterhin zulassen würde, daß jeder Angreifer, auch wegen eines Delikts, das dem Angegriffenen keinen erheblichen Schaden bringt, niedergeknallt oder so schwer verletzt wird, daß er sein weiters Leben als Krüppel herumlaufen muß. Wie das JGG, sollte auch das Notwehrrecht Jugendlichen gegenüber den Sühne- und Abschreckungsgedanken nur in beschränktem Umfang zur Geltung bringen. Es wird hier die folgende Regelung empfohlen:

1. Zulassung des Abschreckungszwecks nur insoweit, als die „erforderliche" Abwehrmaßnahme nicht auf Tötung oder schwere Verletzung des Angreifers abzielt. Der Unterschied zu dem Notwehrrecht gegen Unzurechnungsfähige zeigt sich hier darin, daß dem Angegriffenen gestattet wird, dem Angreifer auch erhebliche Schäden zuzufügen, soweit sie sich nicht gegen seine Gesundheit oder sein Leben richten. Gerade die Zufügung erheblicher Sachschäden kann für den Jugendlichen von heilsamer, abschreckender Wirkung sein.

2. Wenn der Angriff erkennbar nur durch Tötung oder schwere Verletzung des Angreifers abgewehrt werden kann, ist der Angegriffene verpflichtet, dem Angriff auszuweichen oder, falls dies nicht möglich ist, die Hilfe Dritter herbeizuholen oder den Angriff zu erdulden. Zur Duldung des Angriffs ist der Angegriffene allerdings nicht verpflichtet, wenn ihm dadurch selbst erhebliche Rechtsnachteile entstehen würden.

Die dem Angegriffenen unter 2. auferlegten Rücksichtspflichten sind ebenfalls eine Folgerung aus dem Gedanken sozialer Verantwortung, der hier wegen des jugendlichen Alters des Angreifers Beachtung verdient.

Diese Regelung sollte nur gegenüber solchen Tätern gelten, die sich — für den Angegriffenen erkennbar — noch im jugendlichen Alter befinden, nicht aber auch gegenüber *Heranwachsenden,* denen man ihr Alter häufig nicht auf den ersten Blick ansieht. Zwar befinden sich auch von diesen manche ihrem Reifungsgrad nach noch im Jugendalter. Da sie sich jedoch äußerlich insbesondere heute von jungen Erwachsenen kaum unterscheiden, würden an die Erkenntnisfähigkeit des Angegriffenen unvertretbar hohe Anforderungen gestellt, wenn sie im Notwehrrecht Jugendlichen gleichgestellt würden.

III. *Notwehr gegen Angriffe von Betrunkenen*

1. *Tatsächliche Folgen der Trunkenheit*

Der übermäßige Genuß von Alkohol kann zu Rauschzuständen führen, die in ihrer Wirkung — wie jede andere Vergiftung mit psychischen Störungen — nichts anderes sind, als eine mehr oder weniger schwere Geistesstörung exogener Art[40]. Schon der Genuß von geringen Alkoholmengen führt zu Veränderungen der geistigen und körperlichen Funktionen: die Auffassung, das Überlegen und Urteilen sind erschwert, die Merkfähigkeit und Aufmerksamkeit herabgesetzt, die sittlichen Hemmungen werden mehr oder weniger ausgeschaltet. Subjektiv dagegen besteht meist ein Wohlgefühl und der Eindruck der gesteigerten Leistungsfähigkeit. Im Stadium des einfachen Rausches treten diese Störungen wesentlich verstärkt auf. Während die Urteilskraft stark beeinträchtigt ist, wird um so mehr die Richtigkeit der eigenen Meinung betont. „In diesem Stadium schwinden die Sorgen, das Wohlgefühl ist gesteigert, der Angetrunkene fühlt sich im Besitz besonderer Kräfte." Steigert sich dieser Zustand zur Betrunkenheit, so schwindet die Beherrschung von Wort und Tat. Da die gedanklichen Hemmungen fehlen, führt der „vielfach noch vorhandene Bewegungsdrang" zu kleineren Delikten, wie z. B. grober Unfug und nächtliche Ruhestörung. Erhöhte Reizbarkeit, „Stänkern, Neigung zum Krakeelen, gefährliche Körperverletzung, Beleidigung" usw. können weitere Folgen dieses Zustandes sein[41].

2. *Folgerungen für das Notwehrrecht*

Obwohl sich der Zustand des Betrunkenen und der des aus anderen Gründen Unzurechnungsfähigen äußerlich gleichen und im Rahmen des § 51 StGB die gleiche rechtliche Behandlung erfahren, zögert man, wenn man vor der Frage steht, ob der Betrunkene auch im Notwehrrecht wie der Unzurechnungsfähige eine besondere Rücksichtnahme erfahren soll. *Schröder* hat denn auch ausdrücklich erklärt, daß sich „das Recht gerade gegenüber enthemmten Betrunkenen mit allen Mitteln bewähren" müsse, wenn dessen Verhalten derart „terroristische Züge" aufweise wie in dem Fall BGH NJW 62, 308 (JR 62, 189). Wenn auch der am äußeren Geschehen haftende Gesichtspunkt des „Terrors" nicht als Kriterium für die Unterscheidung zwischen Taten von Betrunkenen und Unzurechnungsfähigen anerkannt werden kann — denn auch das Verhalten des Geisteskranken kann als äußeres Geschehen „Terror" sein —, so meint *Schröder* doch etwas Richtiges. Der Betrunkene ist im Gegensatz zum Unzurechnungsfähigen an den Folgen seines Zustands nicht schuldlos: Welche Wirkung Alkohol hat, ist allgemein bekannt und der Rausch ist ver-

---

[40] Vgl. z. folg.: *Langelüddeke*, S. 67 ff.
[41] *S. Wieser*, S. 41 ff.

meidbar. In Erkenntnis dieses Sachverhaltes und angesichts der großen Zahl von Trunkenheitsdelikten hat der Gesetzgeber in § 330a StGB das Sich-Berauschen unter Strafe gestellt, wenn es in dem Rauschzustand zur Begehung einer Straftat kommt.

Steht somit fest, daß selbst das Strafrecht unter bestimmten Voraussetzungen nicht vor der Tat eines unzurechnungsfähigen Betrunkenen Halt macht und diesem mit abschreckenden Mitteln begegnet, so stellt sich die Frage nach den *Grenzen dieser Abschreckung*. Bekanntlich steht dem Staat eine Vielzahl von fein abgestuften Abschreckungsmitteln zur Verfügung, mit denen die Ziele des Rechts durchgesetzt werden sollen. Nicht jede Rechtsverletzung löst die härtesten Zwangsmittel aus, z. B. eine gewöhnliche Vertragsverletzung nicht die Strafe. Entscheidend ist die Bedeutung der Rechtsverletzung. Zur Beantwortung der Frage, ob der Angegriffene zur Verteidigung noch so geringer Belange notfalls den Angreifer töten oder schwer verletzten darf, wird es deshalb notwendig sein, sich die rechtliche und kriminelle Bedeutung zu vergegenwärtigen, die dem Angriff eines Betrunkenen zukommt. Eine Rauschtat kann verschiedene Ursachen in der Persönlichkeit des Täters haben[42]: Sie kann einmal die Folge eines einmaligen Ausgleitens sein, das u. a. darauf zurückzuführen ist, daß der Täter sich die möglichen Folgen übermäßigen Trinkens nicht genügend bewußt gemacht hat. Sie kann zum anderen aber auch die Folge davon sein, daß dem Täter das Trinken, weil er aus irgendwelchen Gründen mit dem Leben nicht fertig wird, zur Gewohnheit und zur Sucht geworden ist: Während die Gewohnheit dazu führt, daß der betreffende Mensch die Selbstkontrolle verliert, hat die Sucht den Verlust der eigenen Person und Selbstverantwortlichkeit zur Folge. Wesentliches Kennzeichen der Rauschtat ist die *Rücksichtslosigkeit* des Rauschtäters: Dieser versetzt sich in den Rauschzustand, obwohl er weiß oder wissen muß, daß „in unserer von technischen Gefahren aller Art durchzogenen Zeit“ der völlige Verlust der Selbstbeherrschung für seine Mitmenschen Gefahren heraufbeschwören kann[43]. Das Maß der Rücksichtslosigkeit, die darin zum Ausdruck kommt, daß der Täter sich über derartige Bedenken hinwegsetzt, genügt zwar, um die Strafbarkeit der Rauschtat im Falle der Begehung einer mit Strafe bedrohten Handlung zu rechtfertigen. Es ist aber nicht so groß, um die Rauschtat mit den schweren, sich unmittelbar gegen Leib und Leben eines Mitmenschen richtenden Vorsatztaten auf eine Stufe zu stellen. Der kriminelle Gehalt einer Rauschtat und der eines Mordes, einer schweren Körperverletzung oder sonstiger schwerer Verbrechen weisen große Unterschiede auf. Der Mörder usw. greift in der Weise in das Kausalgeschehen des Soziallebens ein, daß als *unmittelbare* Folge hier-

[42] Vgl. hierzu: *v. d. Horst*, S. 84 ff.

[43] *Dreher-Schwarz*, § 330a Anm. 2 A.

von ein Menschenleben vernichtet oder wichtige Interessen eines Mitmenschen verletzt werden. Ihr Handeln ist dadurch gekennzeichnet, daß es im Hinblick auf seine unmittelbaren Folgen bewußt gewollt ist. Dem Rauschtäter fehlt ein solches bewußtes Wollen der Tatfolgen. Ihm wird zum Vorwurf gemacht, daß er nur dem Augenblick gelebt und nicht an mögliche spätere Folgen seines Handelns gedacht hat. Dieser Unterschied im kriminellen Gehalt kommt auch deutlich im Strafmaß zum Ausdruck: Die Rauschtat wird mit Gefängnis oder Geldstrafe geahndet.

Auch im Notwehrrecht sollte die besondere kriminelle Bedeutung der Rauschtat berücksichtigt werden. Ebenso wie sich der Gesetzgeber bei der Bemessung der abschreckenden Strafe gegenüber Rauschtätern Beschränkungen auferlegt, sollten auch im Notwehrrecht der Verfolgung des Abschreckungszweckes Grenzen gesetzt werden. Sieht man nur den Gesichtspunkt der Begrenzung des Abschreckungszwecks, so spricht vieles dafür, für das Notwehrrecht gegen Betrunkene jene Regelung zu übernehmen, wie sie für das Notwehrrecht gegen Jugendliche vorgeschlagen wurde. Eine solche Regelung würde jedoch der persönlichen Situation des betrunkenen Angreifers nicht genügend Rechnung tragen: Der Rauschtäter befindet sich in einem Zustand erhöhter Reizbarkeit und Erregbarkeit. In dieser Situation kann er sich leicht zu Reaktionen hinreißen lassen, die dem Angegriffenen dann keine andere Wahl lassen, als den Angreifer zu töten oder schwer zu verletzen. Die Gefahr, daß Auseinandersetzungen mit Betrunkenen einen derartigen Verlauf nehmen, besteht auch in solchen Fällen, in denen der Angriff an sich harmloser Natur ist und den Angegriffenen nicht ernstlich bedroht. Würde man gegenüber Betrunkenen dieselbe Regelung zur Anwendung kommen lassen wie gegenüber Jugendlichen, so würde hierdurch kaum die gewünschte Beschränkung der Abschreckungswirkung des Notwehrrechts erreicht und damit der Gefahr entgegengewirkt, daß Betrunkene auch bei geringfügigen Angriffen wegen ihrer erhöhten Reizbarkeit getötet oder verletzt werden.

Will man für die Zukunft eine derart weitgehende Ausübung des Notwehrrechts mit strafrechtlichen Sanktionen verhindern, so kann dies deshalb nur dadurch geschehen, daß man es dem Angegriffenen zur Pflicht macht, dem betreffenden Angreifer möglichst auszuweichen oder ihn mit fremder Hilfe möglichst schonend an der Durchführung seines Angriffs zu hindern. Damit wird nichts Unmögliches, sondern nur das verlangt, was sowieso schon allgemein üblich ist. Welchen Verlauf Auseinandersetzungen mit Betrunkenen nehmen können, ist allgemein bekannt. Deshalb ist es im Alltagsleben auch das normale Verhalten, daß man Anpöbeleien von Betrunkenen möglichst aus dem Wege geht oder mit sonstigen, in ihrer Wirkung harmlosen Reaktionen beantwortet. Die Pflicht des Angegriffenen, den betrunkenen Angreifer vor derart schwerwiegenden Folgen seines Handelns zu bewahren, wenn ihm dadurch selbst keine erheblichen Nachteile entstehen, ergibt sich nicht nur aus dem Umstand, daß insoweit der Abschreckungsfunktion des Notwehrrechts — wie dargelegt — Grenzen gesetzt sind, sondern vor allem auch aus dem Gedanken sozialer Verantwortung, der in diesem Rahmen auch gegenüber solchen Menschen zum Tragen kommt, die das Opfer ihrer Trinkleidenschaft geworden sind. Aus diesen Gründen wird gegenüber betrunkenen Angreifern die gleiche Regelung vorgeschlagen, wie für das Notwehrrecht gegenüber den aus anderen Gründen unzurechnungsfähigen Angreifern.

IV. Notwehr gegen Angriffe von vermindert zurechnungsfähigen Tätern

1. Die tatsächlichen Grundlagen

Vermindert Zurechnungsfähige unterscheiden sich von geistig Normalen dadurch, daß sie, um die gleiche Einsichts- und Steuerungsfähigkeit zu erreichen wie diese, eine ungleich größere Willenskraft aufbringen müssen[44]. Diese geringere Widerstandsfähigkeit kann dazu führen, daß die Vorwerfbarkeit und damit die Schuld gemindert sind, weshalb der Gesetzgeber für diesen Fall eine Strafmilderung bis zur Grenze der Versuchsstrafe vorsieht (§ 51 II StGB). Hierher gehören vor allem die Fälle, in denen die verminderte Zurechnungsfähigkeit die Folge von somatischen Krankheiten, wie z. B. Erkrankungen von Gehirnverletzten[45], die auch beim besten Willen an ihrem Zustand nur wenig ändern können. Von diesen Fällen sind jene zu unterscheiden, in denen der Täter zwar ebenfalls unter einem abnormen Mangel an Hemmungsfähigkeit leidet, auf den aber gerade eine harte Strafe heilsame Wirkungen ausüben kann, sei es im Sinne einer präventiven Motivationsstütze zur Zeit der Versuchung, sei es, weil der Aufenthalt im Gefängnis ihnen die Notwendigkeit rechtmäßigen Handelns eindringlich vor Augen führt. In diesem Zusammenhang gehören vor allem auch die vermindert zurechnungsfähigen Alkoholtäter, sowie die Psychopathen, wobei von den letzteren der größte Teil allgemein als voll zurechnungsfähig angesehen wird[46].

2. Folgerungen für das Notwehrrecht

a) Der Mehrzahl vermindert zurechnungsfähiger Täter vermag man ihren Zustand nicht auf den ersten Blick anzusehen. Ihre Bewegungen, ihr Gang sind meist nur unmerklich gestört und ihre Reaktionen

[44] *Maurach*, AT § 36 III A.
[45] *Schwarz-Dreher*, § 51 Anm. 3 A.
[46] Vgl. *Kohlrausch-Lange*, § 51 Anm. XI.

lassen noch ein irgendwie zweckmäßiges Handeln erkennen. Demgegenüber ist das abnorme Verhalten der Unzurechnungsfähigen meist sichtbar und auffällig: Völlige Verkennung der konkreten Situation, Sinnlosigkeit ihrer Verhaltensweisen prägen u. a. ihr Handeln derart, daß dessen Anomalität meist jedem sofort in die Augen fällt.

Da der Angegriffene in der Notwehrsituation nur solche Tatsachen zu berücksichtigen und zu bewerten vermag, die er blitzschnell erkennen kann, kann die Mehrzahl vermindert zurechnungsfähiger Angreifer im Notwehrrecht keine besondere Rücksichtnahme auf ihren Zustand erfahren.

b) Ist der Zustand verminderter Zurechnungsfähigkeit *erkennbar*, fallen z. B. das Wanken und die „glasigen Augen“ des angetrunkenen Täters auf, so ist der Grad verminderter Zurechnungsfähigkeit häufig so erheblich, daß er sich der völligen Unzurechnungsfähigkeit stark nähert. Es fragt sich, ob hier wenigstens eine teilweise Einschränkung des Notwehrrechts gerechtfertigt ist.

Oben ist dargelegt worden, daß bei vermindert zurechnungsfähigen Tätern unterschieden werden muß zwischen solchen, die so unter dem Einfluß von inneren Kausalvorgängen stehen, daß sie auch bei bestem Willen nur in geringem Maße ihr Handeln beeinflussen können, und solchen, für die das abschreckende Mittel der Strafandrohung im Zeitpunkt der Tat eine wertvolle Motivationsstütze sein kann und denen deshalb keine Strafmilderung zuzubilligen ist. Konsequenterweise dürfte und sollte deshalb das Notwehrrecht nur gegenüber der ersten Tätergruppe in seiner Abschreckungstendenz begrenzt werden. Wenn hier dennoch von einer getrennten Behandlung der beiden Alternativen abgeraten wird, so geschieht dies allein zur Vermeidung von sich sonst ergebenden, unüberwindbaren und in ihren Wirkungen ungerechten Schwierigkeiten: Würde man die an sich konsequente Trennung durchführen, so würde dadurch ein großer Moment der Unsicherheit in das Notwehrrecht getragen. Die Frage, welche der beiden oben erwähnten Alternativen vorliegt, läßt sich selbst von einem Fachmann häufig nicht auf den ersten Blick, sondern erst nach längeren Beobachtungen feststellen. Zu einer derartigen Unterscheidung ist aber erst recht nicht der vor eine schnelle Entscheidung gestellte Angegriffene imstande.

Für den Gesetzgeber verbleibt deshalb nur die Möglichkeit, entweder alle erkennbar vermindert zurechnungsfähigen Täter in eine Regelung einzubeziehen, durch die das Abwehrrecht einheitlich eingeschränkt wird, oder alle von einer solchen Regelung auszunehmen. Die zuletzt genannte Möglichkeit würde zu Ungerechtigkeiten führen.

Indem der Gesetzgeber für bestimmte, nämlich die zu der oben zuerst genannten Gruppe gehörenden Täter eine Strafmilderung bis zur Grenze der Versuchsstrafe vorsieht, so bringt er damit zum Ausdruck, daß der Staat gegenüber diesen, im echten Sinne vermindert zurechnungsfähigen Tätern nur einen beschränkten Gebrauch von seinen abschreckenden Mitteln machen soll. Dies ist aus den unter 1. geschilderten Gründen auch gerechtfertigt.

Aus den gleichen Gründen sollte der Staat auch im Notwehrrecht der Abschreckungsfunktion der dort vorgesehenen Zwangsmaßnahmen zumindest da Schranken auferlegen, wo es um Leib und Leben des Angreifers geht. Es wäre ein logischer Widerspruch, wenn der Zustand verminderter Zurechnungsfähigkeit selbst bei Begehung schwerster Verbrechen, wie Mord und Totschlag, u. U. erhebliche Strafmilderungen zur Folge hat, während im Notwehrrecht sogar bei geringfügigen Angriffen von vermindert zurechnungsfähigen Tätern Tötung und schwere Körperverletzung als Abwehrmaßnahmen zugelassen sind.

Mögen auch eine gewisse Abschreckung des vermindert zurechnungsfähigen Angreifers durchaus gerechtfertigt und insbesondere erhebliche Sachschäden als „Denkzettel" von Nutzen sein: Die rechtliche Zulassung der Lebensvernichtung oder schweren Körperverletzung als Abwehrmaßnahmen auch bei nicht erheblichen Angriffen würde dem auch § 51 II StGB letztlich zugrundeliegenden Gedanken sozialer Verantwortung widersprechen. Aus diesem Grunde empfiehlt sich hier eine Einschränkung des Notwehrrechts, wie sie bei Angriffen von Jugendlichen vorgeschlagen wurde.

An sich gelten diese Ausführungen und die vorgeschlagene Einschränkung des Notwehrrechts nur für die erste der beiden oben aufgeführten Tätergruppen. Da sich aber einerseits eine derartige Unterscheidung im Notwehrrecht nicht durchführen läßt, andererseits aber auf eine Einschränkung des Notwehrrechts in dem erwähnten Sinne aus Gerechtigkeitsgründen nicht verzichtet werden kann, empfiehlt es sich, beide Fälle gleich zu behandeln.

V. Notwehr gegen „gutgläubige" Angreifer

1. Die tatsächlichen Grundlagen

Die rechtliche Bewertung eines tatsächlichen Vorganges setzt voraus, daß der Mensch diesen richtig erkennt, d. h. seine sich auf seine Wahrnehmungen und Vorstellungen stützende Auffassung muß mit dem wirklichen Vorgang in seinen Gleichheiten und Verschiedenheiten und gesetzmäßigen Zusammenhängen übereinstimmen (s. o. 3. Teil). Oben wurde es für manche Unzurechnungsfähige als symptomatisch hingestellt, daß sie infolge von Wahrnehmungs- und Denkstörungen Situationen verkennen und deshalb zu rechtmäßigem Handeln nicht fähig sind. Aber auch bei normalen Menschen kann es vorkommen, daß sie die Wirklichkeit falsch einschätzen. Ihre Fehleinschätzung bezeichnet man als Irrtum. Der für das Strafrecht erhebliche Irrtum kann in zwei Fällen auftreten[47]. 1. kann er darin bestehen, daß der Täter das äußere Geschehen falsch *wahrnimmt* (error facti i. e. S.), 2. kann er sich „auf Eigenschaften des äußeren Geschehens oder sonstigen Tatumstände" beziehen, „die nicht sinnlich wahrnehmbar sind, vielmehr den Objekten dieses Geschehens erst vermöge menschlicher Eingebung zukommen" (*Kohlrausch-Lange*, a. a. O.). Dieser Irrtum spielt sich in erster Linie in der Ebene des *Denkens* ab. Beispiel für 1.: Der Täter bermerkt nicht, daß das Gewehr geladen ist; Beispiel für 2.: Bayr. ObLG, NJW 1965, 163 (siehe 1. Teil, I): Die Täter betreten einen Weg, der auf der amtlichen Wanderkarte als öffentlicher Wanderweg eingezeichnet ist, in Wirklichkeit aber Privatweg ist.

2. Folgerungen für das Notwehrrecht

a) Der Irrtum des Angreifers kann *vermeidbar* gewesen sein. Für den Fall des vermeidbaren Irrtums sieht § 59 II StGB vor, daß die auf ihm beruhende Handlung fahrlässig begangenen Handlungen gleichzustellen sei. Für das Notwehrrecht bedeutet dies, daß sich für die hier gemeinten Fälle dieselben Folgerungen wie für die Notwehr gegen fahrlässig handelnde Angreifer ergeben (hierzu VI.).

b) Hier ist deshalb nur der Fall des *unvermeidbaren* Irrtums abzuhandeln. Das Strafrecht verfolgt den Zweck, mit bestimmten Zwangsmitteln die Menschen daran zu hindern, daß sie sich gegenseitig schädigen. Es richtet sich nicht gegen jede (also auch auf Zufall beruhende) Schädigung, sondern nur gegen solche, die die Menschen vorsätzlich oder fahrlässig begehen, die also vermieden werden könnten, wenn die Menschen es nur wollten. Entsprechendes gilt, wenn es um die Frage geht, ob dem Notwehrrecht nicht nur eine den Angegriffenen schützende, sondern auch eine den Täter abschreckende Wirkung zukommen soll. Unzurechnungsfähigen gegenüber ist nach dem oben Gesagten deshalb auf eine Abschreckung zu verzichten, weil sie sich aus von ihnen nicht zu vertretenden Gründen nicht abschrecken lassen. Täter, die sich über die tatsächliche Lage irren und deren Handeln sonst keine anomalen Züge aufweist, sind zwar in der konkreten Tatsituation abschreckungsempfindlich, gleichwohl ist auch ihnen gegenüber aus einem anderen Grunde auf den Einsatz abschreckender Mittel zu verzichten: Die Situation des ohne eigenes Verschulden sich irrenden Täters ähnelt der jenes Menschen, der infolge eines *zufälligen* Ereignisses, für das weder er noch ein anderer verantwortlich gemacht werden kann, einen anderen Menschen schädigt (z. B. mit dem Auto überfährt). Hier verliert das eine psychische Beeinflussung des Täters erstrebende Strafrecht seinen Sinn. Denn die Verhinderung von Zufallsschäden liegt nicht im Bereich der menschlichen Möglichkeiten. In dem gleichen Sinne würde

[47] *Kohlrausch-Lange*, § 59 Anm. V.

das Strafrecht Menschenunmögliches verlangen, wenn es die Menschen mit Strafen zu zwingen versuchte, ein bestimmtes, sich in der Wirklichkeit ereignendes Geschehnis, das sie beim besten Willen und unter Aufwendung aller ihnen zur Verfügung stehenden Erkenntnisfähigkeiten in seinem tatsächlichen Umfang nicht zu erkennen vermögen, rechtlich richtig zu bewerten. Mit Recht sieht deshalb § 59 StGB für den Fall des unvermeidbaren Irrtums Straffreiheit vor.

Ebenso wie in § 59 StGB muß der Gesetzgeber — will er sich nicht selbst widersprechen — auch im Notwehrrecht gegenüber gutgläubigen Angreifern auf den Einsatz abschreckender Mittel verzichten, d. h. hier: diesen untersagen. Als einziger rechtlicher Zweck, dem das Notwehrrecht gegenüber irrenden Angreifern zu dienen hat, kommt der Schutz des Angegriffenen in Betracht. Für dessen Grenzen gilt das gleiche wie beim Notwehrrecht gegenüber Unzurechnungsfähigen. Ebenso wie dieser durch nicht beherrschbare Kausalprozesse ist der gutgläubige Täter auf Grund eines unvermeidbaren Irrtums ohne eigenes Verschulden zum rechtswidrigen Angreifer geworden. Auch ihm muß der Angegriffene deshalb mit besonderer Rücksicht begegnen, d. h. er muß dem Angriff ausweichen oder zu seiner Unterstützung Hilfe herbeiholen oder den Angriff erdulden, wenn dies die einzige Möglichkeit ist, um sonst erforderlichen Abwehrmaßnahmen vorzubeugen, die dem Angreifer einen erheblichen Schaden zufügen würden. Zur Duldung des Angriffs ist der Angegriffene aber nicht verpflichtet, wenn ihm dadurch erhebliche Rechtsnachteile drohen.

VI. Notwehr gegenüber fahrlässig handelnden Angreifern

1. Das Wesen der Fahrlässigkeit[48]

Das Recht und das Strafrecht verfolgen u. a. den Zweck, die Menschen daran zu hindern, daß sie sich durch ihr Verhalten gegenseitig schädigen. Anfangs versuchten sie, dieses Ziel dadurch zu erreichen, daß sie den Menschen unter Strafandrohung verboten, bewußt und gewollt in die Rechtssphäre anderer einzugreifen. Diese ursprüngliche staatliche Maßnahme hat sich als nicht ausreichend erwiesen. Auch wenn die Menschen sich darauf beschränken, das zu tun, was ihnen an sich erlaubt ist (z. B. Auto fahren, Häuser bauen usw.), können sich aus ihrem Handeln für den Mitmenschen tötliche Gefahren ergeben. Die räumliche Enge, in der wir heute leben, und die enormen Fortschritte der Technik haben diese Gefahren erheblich vergrößert. Das Recht mußte deshalb den Menschen zur Pflicht machen, bei der Planung ihrer Handlungen deren *zukünftigen* Ver-

---

[48] Zum Folgenden: *A. Wimmer,* Die Fahrlässigkeit, a. a. O.; *H. H. Jescheck,* Aufbau . . .; *H. Welzel,* Fahrlässigkeit . . .; *Kohlrausch-Lange,* § 59 Anm. IV.

lauf daraufhin zu überprüfen, ob sie anderen Menschen gefährlich werden könnten: Führt diese Prüfung zu einem positiven Ergebnis, so hat der betreffende Mensch die gefährliche Handlung entweder ganz zu unterlassen oder die erforderlichen Sicherheitsvorkehrungen zu treffen. Der Vorwurf der Fahrlässigkeit trifft nun den Menschen, der gegen die vorerwähnten Pflichten verstößt, sei es, weil er die Gefährlichkeit seiner Handlung überhaupt nicht erkennt, obwohl dies subjektiv und objektiv von ihm hätte erwartet werden können, sei es, weil er den Grad der Gefahr unterschätzt oder bei richtiger Einschätzung im Vertrauen darauf, daß diese sich nicht verwirklicht, die Gefahr auf sich nimmt.

Beide Arten fahrlässigen Handelns sind die Folge eines Mangels an Rücksichtnahme und Interesse für die Rechtsgüter des anderen. Die Unkenntnis des unbewußt fahrlässig handelnden Täters beruht darauf, daß er seinen eigenen Interessen zu viel und den Interessen des anderen zu wenig Beachtung geschenkt hat. Auch der bewußt fahrlässig handelnde Täter räumt dem Schutzbedürfnis des anderen nicht genügend Raum in seinem Bewußtsein ein: sonst würde er sich nicht so ohne weiteres auf eine für diesen gefährliche Situation einlassen, von der er nicht genau weiß, sondern nur hofft, daß er sie beherrschen kann.

Es zeigt sich somit, daß sich Vorsatz- und Fahrlässigkeit im Hinblick auf ihren Unrechts- und Schuldgehalt erheblich unterscheiden. Für den Vorsatztäter ist kennzeichnend, daß er sich aktiv über die Interessen seines Opfers hinwegsetzt. Seine Tat ist bewußte und gewollte Mißachtung des anderen. Der Täter steht mit seiner ganzen Person, seinem Erkennen, Fühlen und Wollen hinter ihr. Den Fahrlässigkeitstäter zeichnet im Hinblick auf die Rechtsgüter seines „Opfers" eher Passivität aus. Ihm wird zum Vorwurf gemacht, daß er sich zu wenig um die Belange des anderen gekümmert, daß er dessen gefährdete Interessen nicht zu seinen eigenen gemacht habe, denen er, um sie vor Verletzungen zu bewahren, gewöhnlich seine volle Aufmerksamkeit und Willensenergie widmet. Sein Verhalten ist die Folge mangelnder Rücksichtnahme und damit einem Verstoß gegen den Gedanken sozialer Verantwortung gleichzusetzen (s. o. 5. Teil, C I 3).

2. Folgerungen für das Notwehrrecht

Von dem Mittel der Strafe macht der Gesetzgeber gegenüber Fahrlässigkeitstätern nur sparsamen Gebrauch. Sie ist durchweg nur in den Fällen vorgesehen, in denen besonders bedeutungsvolle Rechtsgüter, wie Leben und Gesundheit, auf dem Spiele stehen (z. B. §§ 222, 230, 314, 321 ff. StGB) oder der Täter aus besonders gewichtigen Gründen zu sorgfältigem Handeln verpflichtet ist (§§ 121, 163, 345 StGB). Fahrlässige Verletzungen von Eigentums- oder Vermögensrechten bleiben grundsätzlich straflos (Ausnahme u. a.: § 309 StGB).

In der gesetzgeberischen Behandlung der Fahrlässigkeitstaten fällt weiterhin das verhältnismäßig niedrige Strafmaß (Geldstrafe oder Gefängnis) auf, das für den Fall ihrer Ahndung vorgesehen ist. Jescheck (a. a. O., S. 28) vertritt sogar die Ansicht, daß die diskriminierende Gefängnisstrafe bei Fahrlässigkeitstaten „auf Fälle von grober Mißachtung fremden Lebens, schwerster Rücksichtslosigkeit und wiederholter Verurteilung beschränkt bleiben“ solle.

Der geltende Rechtszustand stellt sich somit so dar, daß dem Staat nur in beschränktem Umfang der Einsatz abschreckender Mittel wie die Strafe gestattet wird, soweit es um die Verhinderung von Fahrlässigkeitstaten geht. Der deutliche Trennungsstrich, der damit zwischen Vorsatz- und Fahrlässigkeitstaten gezogen wird, ist wegen der erheblichen Unterschiede gerechtfertigt, die zwischen beiden Tatgruppen hinsichtlich ihres kriminellen Gehalts bestehen (s. o. 1).

Aus dem gleichen Grunde rechtfertigt es sich, auch das Notwehrrecht im Hinblick auf seine Abschreckungsfunktion Einschränkungen zu unterwerfen. Zwar dürfte auch in Zukunft nichts dagegen einzuwenden sein, wenn dem fahrlässig handelnden Angreifer durch einen erheblichen Sachschaden die Rücksichtslosigkeit oder Nachlässigkeit seines Verhaltens zum Bewußtsein gebracht wird. Seine Tötung oder schwere Verletzung würde jedoch bei weitem über das hinausgehen, was sonst zur Abschreckung eines Fahrlässigkeitstäters getan wird und wessen sich dieser schuldig gemacht hat. Hier, wo es um das Leben oder die Gesundheit des Täters geht, muß aus dem Gedanken sozialer Verantwortung dem Angegriffenen zugemutet werden, auf eine Abwehr des Angriffs zu verzichten, wenn dadurch die genannten Rechtsgüter gefährdet würden: natürlich wiederum nur unter der Voraussetzung, daß er dadurch nicht selbst einen erheblichen Schaden erleidet. Es wird hier die gleiche Regelung vorgeschlagen, wie im Hinblick auf das Notwehrrecht des Jugendlichen.

VII. Notwehr gegen „provozierte“ Angreifer

In welchem Umfange Notwehr gegenüber provozierten Angreifern zulässig sein soll, ist — wie im 1. Teil berichtet wurde — heftig umstritten. Teils wird zwischen Vorsatz- und fahrlässiger Provokation unterschieden und im ersten Fall in vollem Umfang und im zweiten nur bei bestehender Ausweichmöglichkeit dem Angegriffenen das Notwehrrecht abgesprochen (*Roxin*); teils soll der Angegriffene für seine den Angreifer verletzende Abwehrmaßnahme nach dem Grundsatz der a. i. i. c. einstehen (*Lenckner, Schröder*) und die Rechtsprechung verfolgt den Weg, daß der Angegriffene dem Angreifer auszuweichen oder den Angriff bis zu einem gewissen Grade hinzunehmen habe. Die Begründungen, die für diese Einschränkung des Notwehrrechts gegeben werden, vermögen durchweg nicht zu überzeugen. Die Auffassung von *Lenckner, Schröder* und *Baumann,* der

Provokateur sei nicht mehr zur Bewährung der Rechtsordnung berufen, ist mit dem Grundgesetz nicht vereinbar, da selbst der Mörder nach seiner Tat grundsätzlich in seinen Menschenrechten geschützt wird (Art. 1 I GG). Und die Ansicht von *Roxin,* die Auseinandersetzung zwischen dem fahrlässigen Provokateur und dem Provozierten habe privaten Charakter und gehe das Recht nichts an, widerspricht dem gleichen Verfassungsgrundsatz. So ist in dem von *Roxin* erwähnten Beispiel, in dem ein Autofahrer grob fahrlässig einen Verkehrsunfall verursacht hatte und daraufhin von dem erregten „Opfer" tätlich angegriffen wurde, dieser selbstverständlich schutzberechtigt, wenn der wütende Angreifer es auf sein Leben oder eine schwere Körperverletzung abgesehen hat (s. o. 1. Teil C II).

1. Einen anderen provozieren heißt, ihn durch ein bestimmtes Verhalten oder Äußerung so zu erregen, daß dieser hierauf in einer heftigen Weise reagiert, wie er es sonst, d. h. bei „kühlem Kopf", nicht so ohne weiteres getan hätte. Ob es in BGH MDR 58, 12 das störende Pfeifen des späteren Angegriffenen, in OLG Kiel HE 2, 166 ff. sogar ein verbrecherisches Verhalten desselben und in OLG Hamm, NJW 65, 1928, ein von ihm gestörter Ehebruch ist usw., stets ist es ein Zustand *gesteigerter Affektivität,* der den Angreifer dazu brachte, z. T. sogar in recht heftiger Weise gegen den Angegriffenen tätlich zu werden. Wenn es überhaupt einen Grund dafür gibt, daß dem Provokateur teilweise oder sogar völlig das Notwehrrecht abgesprochen werden soll, so ist es der von ihm ausgelöste Erregungszustand des Angreifers, der es diesem schwer — wenn nicht gar unmöglich — macht, klaren Kopf und das rechte Maß zu behalten. Daß dem so ist, wird auch dadurch bestätigt, daß sich der Provokateur — unstreitig — spätestens am Tage nach der Provokation — wenn erwartet werden kann, daß sich der Provozierte wieder beruhigt hat — wieder ohne jede Einschränkung gegen rechtswidrige Angriffe desselben wehren kann.

Will man also feststellen, ob der Zustand des provozierten Angreifers von einer Art ist, die eine besondere — mit dem Mittel der Strafe erzwungene — Rücksichtnahme des Angegriffenen auf ihn als gerechtfertigt erscheinen läßt und will man gleichzeitig die Grenzen dieser Rücksichtnahme ermitteln, so ist es notwendig, sich mit den folgenden Fragen auseinanderzusetzen: Was spielt sich im Inneren des provozierten Angreifers ab? Ist sein Erregungszustand so geartet, daß er für sein Handeln überhaupt nicht oder nur zum Teil rechtlich verantwortlich gemacht werden kann? In diesen Fällen wäre er einem Unzurechnungsfähigen oder einem vermindert Zurechnungsfähigen gleichzustellen. Oder gehören Provokationen zu jenen Ereignissen des Lebens, die jeder normale Mensch zu meistern hat? Mit diesen Fragen begeben wir uns in ein Gebiet, das neuerdings in Psychologie und Medizin heftig umstritten ist, während in der Rechtswissenschaft die Äußerungen hierzu bisher nur sehr spärlich sind, obwohl eine beträchtliche Zahl von nicht immer eindeutigen Gerichtsentscheidungen zu diesem Problem ergangen sind.

2. *Die tatsächliche und rechtliche Bedeutung affektiver Erregungen*

a) Gegenwärtiger Stand der Diskussion

aa) Das psychologische und medizinische Schrifttum

Die Frage, die hier am umstrittensten ist, und um die sich praktisch die ganze Diskussion dreht, ist die, ob affektive Erregungszustände, wenn sie besonders starke Formen annehmen, als Bewußtseinsstörungen oder lediglich als die Zurechnungsfähigkeit nicht ausschließende „Besinnungsstörungen" anzusehen sind. Die bisher herrschende Meinung nimmt ersteres an:

Kretschmer[49] hat derartige Affektstörungen unter den Begriff der Primitivreaktionen — oder spezieller — unter den der Explosivreaktionen gefaßt. Ihr Wesensmerkmal erblickt er darin, daß der ihnen zugrundeliegende Erlebnisreiz nicht die Zwischenschaltungen einer entwickelten Gesamtpersönlichkeit durchlaufe, sondern unvermittelt in impulsiven Augenblickshandlungen oder seelischen Tiefenmechanismen zum Vorschein komme. Weil diese Reaktionen vorzugsweise bei Primitiven, bei Kindern und Tieren zu beobachten seien, nennt sie *Kretschmer* Primitivreaktionen. Von Explosivreaktionen spricht er dort, wo sich starke Affekte „ohne zügelnde Überlegungen einfach elementar wie ein Gewitter in einer akuten Krise entladen". Als Beispiele nennt er den sogenannten Zuchthausknall und einen Wut- und Schimpfanfall, der teils bei einmaligem, bestimmtem Anlaß, teils als Entladung lange angesammelten Ärgers eintrete. Derartige Affektdämmerzustände, die zu schwersten Gewalttaten führen könnten, hätten Bewußtseinstrübungen zur Folge. Symptomatisch hierfür seien u. a. dabei auftretende Erinnerungslücken. Oft sei der „seelische Überdruck schon lange da und das rezente Erlebnis nur der letzte Tropfen, der das Faß zum Überlaufen bringe".

Undeutsch[50] schließt sich — wenn auch zum Teil mit anderer Begründung — der Auffassung von Kretschmer im wesentlichen an. Nach seiner Ansicht schließt die menschliche Persönlichkeit mehrere stammesgeschichtlich verschieden alte „Schichten" in sich, die z. T. unabhängig voneinander fungierten. Genetisch älter sei die Schicht, in der die „Triebe und elementaren Bedürfnisse beheimatet sind" (das „animalische Es"). Der sich davon unterscheidenden Personenschicht seien die Funktionen des Urteilens, des Stellungnehmens und der selbstentscheidenden Steuerung eigen. Beide Schichten seien in der Weise miteinander verbunden, daß die höhere stets nur unter Mitbeteiligung der niederen zu funktionieren vermöge, umgekehrt aber die tiefere ohne die höhere in Aktion treten könne. Im letzteren Fall komme es zu den von Kretschmer sogenannten Primitivreaktionen, bei denen infolge eines plötzlichen „elementaren Auf- oder Ausbruchs der dynamischen Tiefe der Persönlichkeit" die „Kontrollinstanz der

[49] Mediz. Psychologie, S. 233 ff.
[50] Zurechnungsfähigkeit . . ., S. 133 ff.

Ich-Funktion entweder überhaupt nicht oder zu spät und zu schwach in Aktion" trete, „so daß eine selbständige Reaktion der unteren Schichten mit elementarer Wucht ausgelöst" werde. Nicht jedes Mal, wenn es in dieser Weise zu „hoher Affektgeladenheit" und zu einem „Zustand höchster dynamischer Gespanntheit" komme, sei § 51 I StGB anzuwenden. Nur wenn das Ich keine Möglichkeit habe, „anzuspringen bzw. sich gegenüber der Wucht des urtümlichen Geschehens durchzusetzen", hätten derartige Primitivreaktionen den Charakter von Bewußtseinsstörungen. Ihnen gehe häufig eine lange Vorgeschichte voraus, während sich beim Täter immer mehr Konfliktstoff angesammelt habe, so daß schließlich ein relativ geringfügiges Ereignis genüge, um die „Explosion" auszulösen. Für die Feststellung, ob eine Bewußtseinsstörung vorliege, seien im allgemeinen von Bedeutung: die Persönlichkeitsfremdheit der Tat, das planlose, blinde Vorgehen des Täters, das „Außersichsein" und völlige Erschöpfung sowie Selbstvorwürfe und Geständigkeit nach der Tat.

Langelüddeke[51] und *Ehrhardt-Villinger*[52] stimmen im Ergebnis mit der Auffassung von *Kretschmer* und *Undeutsch* überein, sie legen jedoch besonderen Nachdruck auf die Feststellung, daß die Affektstörungen nur in Ausnahmefällen in ihrer Wirkung Bewußtseinsstörungen im Sinne des § 51 I StGB seien.

Die Auffassung, hochgradige Affektzustände seien eine Art von Bewußtseinsstörungen, ist in den letzten Jahren bei Psychologen und Psychiatern auf zunehmenden Widerstand gestoßen. Als einer der ersten hatte *W. Hadamik*[53] scharf gegen sie Front bezogen:

In Untersuchungen an 30 Affektverbrechern hatte er festgestellt, daß sich bei diesen selbst „in der stärksten Leidenschaft die potentielle Einsicht in das Strafbare ihres Handelns aktualisiert" hatte. So habe z. B. in einem Fall ein im Eifersuchtsaffekt erregter Akademiker das auf den Kopf einer Frau niedersausense Beil im letzten Moment abgedreht. Häufig habe sich die Selbstbesinnung deshalb nicht durchgesetzt, weil „alle Intentionen in der ausschließlichen Zuwendung des Fühlens und Denkens, der Vorstellungen und Impulse auf den Gegenstand des Affekts fixiert waren und damit den Vollzug von Gegenvorstellungen blockiert hatten". Das Bewußtsein sei nicht nur nicht getrübt, sondern sogar „überhell" gewesen. Meist habe es sich bei den Affekttätern um solche Menschen gehandelt, denen als besonderes Merkmal „das Haften, das Beibehalten einer einmal eingeschlagenen Richtung eigen ist".

Die Tat des Affekttäters sei nicht als bloßes Kausalgeschehen, als Reflex oder Automatismus zu werten, sondern vielmehr ein „bewußtes, wenn auch unbesonnenes Sichgehenlassen, eine Preisgabe der Selbstbeherrschung, die sich aus der subjektiven Berechtigung zum strafbaren Tun" herleite („Ich darf selbst Unrecht tun, mir ist selbst Unrecht geschehen"). *Hadamik* wendet sich weiterhin dagegen, daß die Bezeichnung des Affektausbruchs als „Überlaufen" von einem „lange angestauten, siedenden

[51] S. 27 ff., 294 ff.
[52] S. 211 ff.
[53] Vgl. GA 1957, 101 ff.

Affekt" nicht nur ihrem Ursprung entsprechend als Metapher, sondern als Ausdruck eines nach physikalischen Gesetzen ablaufenden Kausalgeschehens aufgefaßt werde, „bei dem das Ich gleichsam nur Zuschauer eines Brodelns in seinem Seelentopf wäre". Bei all dem handele es sich vielmehr um eine bewußt erlebte Auseinandersetzung, durch die sich die Psyche des Menschen von der Tierseele unterscheide. Nur dem Menschen sei es gegeben, „ein bewußtes Getroffensein zu erleben und darauf zu antworten", nur er besitze die „Entscheidungsfreiheit, eine Beleidigung zu parieren oder zu ignorieren". Daran änderten auch die somatischen Begleiterscheinungen nichts, z. B. daß bei Affekten die „Ausschüttung von Adrenalin im Blut vermehrt" sei. Nicht, weil der Adrenalingehalt seines Bluts gestiegen sei oder weil gewisse Reizungspunkte im Gehirn in elektrische Erregung geraten seien, töte der betrogene Ehemann seinen Nebenbuhler, sondern „weil das Erleben der Eifersucht für ihn eine bestimmte Bedeutung hat". Die im Affekt herabgesetzte oder ausgeschaltete Antizipierung der Nebenfolgen beruhe somit nicht auf einer Störung des Bewußtseins, sondern auf mangelnder Selbstbesinnung, was darauf zurückzuführen sei, daß alle Willenskräfte mit größter Intensität auf einen bestimmten Akt gerichtet würden, der zufällig rechtlich unerwünscht sei. Ob von einem Affekttäter die höchste psychische Leistung, das Niederringen der eigenen Leidenschaft verlangt werden könne, sei *keine* Frage der Zurechnungsfähigkeit, sondern der rechtlichen *Zumutbarkeit*.

Die gleiche Auffassung wie *Hadamik* vertreten im Ergebnis auch *Bresser, Rauch, Witter* und *K. Schneider*.

Bresser[54] schlägt vor, Affektstörungen in einer Art gesetzlichen *Schuldminderungsgrundes* zu berücksichtigen, da sie nicht als Bewußtseinsstörungen anerkannt werden könnten. Nach der Auffassung von *Rauch*[55] stellen affektive Erregungszustände keine Bewußtseinsstörungen, sondern eine zum Wesen des Affekts gehörende Bewußtseinseinengung dar. Es sei verständlich, daß ein affektiv erregter Mensch wie ein Bewußtseinsgestörter wirken könne: Weil sein Bewußtsein ganz von seinem Affekt eingenommen werde, fasse er nicht nur ungenau und bruchstückhaft auf, was sich in der Peripherie seiner Aufmerksamkeit abspielt, sondern er reagiere auch nicht adäquat auf Umweltreize. Eine Bewußtseinsstörung wäre der hochgradige Affekt nur, wenn diese Bewußtseinsveränderung nicht zum Wesen des Affekts gehörte. Den Gesichtspunkt der Bewußtseinseinengung stellt auch *Witter*[56] in seiner ausführlichen Ablehnung der bisher herrschenden Auffassung heraus: *Witter* unterscheidet zwischen dem „Bewußten", dem Inbegriff der im gegenwärtigen Bewußtsein gegebenen psychischen Inhalte, und der „Bewußtheit", d. h. der „Bewußtseinsklarheit, mit der diese psychischen Inhalte ausgestattet sind". Bei Bewußtseinsstörungen komme es fast gleichzeitig zur Einengung des Bewußtseins und zur Trübung der Bewußtheit. Trete die Bewußtseinseinengung allein auf, so könne von einer Bewußtseinsstörung nicht gesprochen werden. Dies zeige sich z. B. bei intensiver Beschäftigung mit einer wissenschaftlichen Aufgabe, wo

---

[54] Der Psychologe . . ., S. 249.
[55] Schuldfähigkeit . . ., S. 2091 ff.
[56] Affekt . . ., S. 92 ff.

das Bewußte durch die konzentrierte Denkarbeit zwar relativ eingeengt sei, gleichzeitig sich aber durch „höchste Bewußtheit, also Klarheit der gedanklichen Inhalte" auszeichne. Umgekehrt sei in einer dem Traumerlebnis vergleichbaren schizophrenen Verwirrtheit der Umfang der gleichzeitig vorhandenen Denkinhalte zwar außerordentlich groß, ihre Bewußtheit aber getrübt. Wesentliches Kennzeichen der Bewußtseinsstörungen sei, daß die Selektion des Psychischen sinnlos sei, in keinen verstehbaren Zusammenhängen stehe und die sinngesetzliche Ordnung des Seelischen zerstöre. Die durch die affektiven Ausnahmezustände bewirkten Bewußtseinseinengungen seien demgegenüber allein darauf zurückzuführen, daß ein bestimmter psychischer Inhalt — etwa der Haß gegen einen Feind — „größtmögliche Bewußtheit erlangt und alles verfügbare Licht auf sich zentriert". Da die Selektion des Bewußten in sinnvoller Beziehung zu dem psychischen Hauptinhalt erfolge, könne es bezüglich der übrigen, hiermit nicht zusammenhängenden Nebenumstände zu Erinnerungslücken kommen. Diese seien aber nicht Folgen einer Bewußtseinsstörung, sondern das Ergebnis von „psychogenen Besinnungsstörungen". Auch die Persönlichkeitsfremdheit der Tat lasse nicht etwa auf eine Bewußtseinsstörung schließen, sondern besage lediglich, daß das Bild, das *wir* uns bisher von der Persönlichkeit des Täters gemacht haben, nicht vollständig war. Ebenso wie Bresser und Hadamik hält Witter die Frage nach der rechtlichen Bedeutung von hochgradigen Affekten nicht für eine solche der Zurechnungsfähigkeit, sondern für ein *Wertungsproblem,* bei dem — ähnlich wie in § 53 StGB — die *Unzumutbarkeit* rechtlichen Verhaltens zur Diskussion gestellt sei.

K. Schneider[57] erörtert die hier angeschnittenen Fragen in dem Kapitel „Abnorme Erlebnisreaktionen". Unter einer Erlebnisreaktion versteht er die „sinnvoll motivierte, gefühlsmäßige Antwort auf ein Erlebnis: Trauer über, Reue wegen, Wut über, Furcht vor . . .". Kennzeichnend für diese Gefühle sei, daß sie stets unmittelbar ein „Streben oder Widerstreben" enthielten, „aus dem sich dann oft Handlungen oder Unterlassung ergeben". Abnorme Erlebnisreaktionen seien solche, die vom Durchschnitt normaler Erlebnisreaktionen durch ihre ungewöhnliche Stärke oder durch Abnormität der Dauer, des Aussehens oder Verhaltens abwichen. *Schneider* unterscheidet unter den abnormen Erlebnisreaktionen zwischen solchen, die allgemein menschlich und somit „übercharakterlich", und solchen, die persönlichkeitsgebunden, d. h. Folgen charakterlicher Eigenheiten des betreffenden Menschen seien. Zu der zuerst genannten Gruppe von Erlebnisreaktionen rechnet Schneider die Depression, den Schreck und die Angst. Mit ihnen habe sich bis zu einem gewissen Grade jeder Mensch auseinanderzusetzen. Insbesondere bei der Angst und beim Erschrecken könne es unabhängig vom Charakter des einzelnen zu Fehlreaktionen kommen. So führe z. B. die Angst nicht selten zu illusionären Verkennungen von harmlosen Dingen. Zu den abnormen Erlebnisreaktionen, die lediglich die Folge einer besonderen charakterlichen Ausformung und nicht etwa — wie Kretschmer meine — Ursachen psychotischer Zustände seien, gehören nach der Ansicht von *Schneider* u. a. die Wut, die Eifersucht, das übersteigerte Mißtrauen und

[57] Klinische Psychopathologie, S. 41 ff.

die seelische Scham. Bei normalen Menschen komme es kaum zu richtiger Wut, sondern allenfalls zum Zorn, und ebensowenig zu Eifersuchtsreaktionen abnormen Ausmaßes. Diese Reaktionen zeigten durchweg „nur gewisse, in ihrem Selbstgefühl verwundbare Menschen, vor allem solche von sonst expansivem Wesen“. Da bei derartigen Reaktionen das ganze Gewicht auf der Persönlichkeit liege, könne man den betreffenden Menschen höchstens ihre abnorme psychopathische Persönlichkeit zugutehalten.

bb) Die Auffassung der Rechtsprechung

Die Rechtsprechung hat in einer Reihe von Entscheidungen hochgradige Affektzustände als Bewußtseinsstörungen anerkannt[58]. Sie ist sich aber nicht einig, ob dies lediglich für unverschuldete oder auch für verschuldete Affektlagen gelten solle. Zuletzt hat BGH 11, 20 die bisher unterschiedlich beantwortete Frage ausdrücklich offen gelassen, während BGH NJW 1959, 2315 in Übereinstimmung mit OGH 3, 80 § 51 I StGB nur auf unverschuldete Affektstörungen anwenden will. Die Argumente, mit denen die Rechtsprechung die Gleichbehandlung von Affektstörungen und Bewußtseinsstörungen begründen will, decken sich im wesentlichen mit denen die *Undeutsch*, *Langelüddeke* und *Kretschmer* ihren Auffassungen zugrundelegen.

cc) Das juristische Schrifttum

Das Schrifttum hat den hier behandelten Fragen — wie bereits angedeutet — nur geringe Aufmerksamkeit gewidmet. So begnügt sich das sonst in jeder Hinsicht sehr ausführliche Lehrbuch von *Maurach*[59] mit der bloßen Feststellung, daß es trotz der Ausführungen von *Hadamik* anerkannten Rechts sei, daß hochgradige Affekte die Zurechnungsfähigkeit beseitigten, gleichgültig, ob der Affekt verschuldet oder unverschuldet sei. Denn ein Abstellen auf das Verschulden in diesem Zusammenhang käme einer unzulässigen Schuldvermutung gleich. Die gleiche Auffassung vertritt *Mezger*[60]: Hochgradige Affekte, wie z. B. Eifersucht, Haß, Schreck, Zorn, aber auch sexueller Rausch, seien im Rahmen des § 51 I StGB beachtlich, wenn sie nicht mehr durch Gegenvorstellungen abgewendet oder gezügelt werden könnten, also unbeherrscht blieben. Es handele sich bei diesen Entladungen psychischer Triebkräfte um die Überrennung des ordnenden und hemmenden, jedenfalls steuernden Verstandes durch entfesselten Antrieb aus der Tiefenschicht. Voraussetzung dafür seien „allgemeine Erregungszustände — wie tief eingewurzelter Kummer, tödlicher Haß oder ständige Furcht, sogenannte Affektstauungen . . ., aber auch sinnliche Leidenschaften“. Symptomatisch für den Höchstgrad des betreffenden Affekts seien „exzessive Gemütsbewegung,

---

[58] OGH 3, 19 ff.; 80 ff.; BGH 6, 329 ff.; 194 ff.; 7, 326 ff.; 11, 20 ff.
[59] AT § 36 II B.
[60] *LZ-Mezger*, § 51 Anm. 5 cc.

Persönlichkeitsfremdheit der Konfliktstat oder teilweise Erinnerungsausfälle."

Zurückhaltend und zum Teil ablehnend gegenüber der von der Rechtsprechung praktizierten Gleichstellung von Affekt- und Bewußtseinsstörungen äußern sich *Jescheck*, *Lange* und *Welzel*. *Jescheck*[61] erblickt in der Auffassung der Rechtsprechung eine „ernstzunehmende Gefahr des Zusammenbruchs oder doch jedenfalls der Verschiebung der aus Gründen der Aufrechterhaltung der Rechtsordnung beizubehaltenden Grenzen strafrechtlicher Verantwortlichkeit". Die meisten Straftaten würden unter dem Einfluß von Affekten begangen und die dabei auftretenden Bewußtseinseinengungen lägen durchaus im Bereich des Normalen. Die Rechtsordnung müsse grundsätzlich von den Menschen die Beherrschung der Triebe verlangen. *Lange*[62] tritt im Anschluß an *de Boor* dafür ein, den von *Undeutsch* bis an die Grenze der Exkulpationsmöglichkeit vorgeschobenen psychologischen Kriterien (z. B. Persönlichkeitsfremdheit der Tat usw.) bei gesunden Menschen lediglich bei der Frage des Strafmaßes Beachtung zu schenken. Die Schuld könne entspechend dem Grundgedanken des § 51 I StGB nur bei „schicksalhafter Unbeherrschtheit" ausgeschlossen sein. Für „akut verschuldeten Verlust der Selbstkontrolle oder deren bloße Minderung" habe jeder selbst einzustehen. Nach der Ansicht von *Welzel*[63] wird durch die Gleichsetzung von hochgradigen Affektzuständen und Bewußtseinsstörungen der Grundgedanke des § 51 I StGB gesprengt: Die Zurechnungsunfähigkeit habe ihren Grund allein darin, daß die Sinnbestimmtheit des seelischen Lebens durch sinnfremde Prozesse zerrissen werde oder infolge Schwachsinns nicht hergestellt werden könne, nicht aber in dem Gedanken der Nachsicht mit der abnormen Persönlichkeit oder den abnormen Motivationslagen. Diese könnten allenfalls in Schuldminderungsgründen berücksichtigt werden.

b) Stellungnahme

Eine Stellungnahme zu dem in Rechtsprechung und Schrifttum herrschenden Meinungsstreit über die rechtliche Bedeutung der Affektstörungen wird dadurch erschwert, daß beide Parteien behaupten, ihre Auffassung mit der Erfahrung belegen zu können. Aufgabe der nachfolgenden Kritik wird es deshalb sein, pseudoempirische, unbewiesene Behauptungen von solchen zu trennen, die sich auf Erfahrungen der Wirklichkeit gründen.

Die kritische Gegenüberstellung der herrschenden und ihrer Gegenmeinung fällt — um das Ergebnis vorwegzunehmen — eindeutig

---

[61] Die Bedeutung . . ., S. 212 ff.

[62] Das juridisch-forensisch-kriminologische Grenzgebiet . . ., S. 447 ff.; *Kohlrausch-Lange*, § 51 A. 10.

[63] Lehrbuch, § 21, 4.

zugunsten der letzteren aus. Die Argumente, auf die die herrschende Auffassung ihre Ansicht stützt, beruhen vielfach auf Abstraktionen von psychischen Phänomenen, die in der Wirklichkeit unlösbar zusammenhängen.

1. Dies gilt zunächst für die These von *Undeutsch*, die Persönlichkeit des Menschen sei durch zwei genetisch verschieden alte Schichten geprägt, die ältere Trieb- und Gefühlsschicht und die vernunftmäßige Personschicht. Diese These ist unbeweisbar. Zwar trifft es zu, daß Primitive und Kinder wesentlich impulsiver und „triebhafter" handeln als der Erwachsene von heute. Grund hierfür ist aber nicht, daß die Primitiven nur die „Triebschicht" besaßen. Der Grund hierfür ist vielmehr darin zu suchen, daß der „Verinnerlichungsprozeß", den der Mensch von heute unter Ausnutzung der bisherigen Menschheitserfahrungen in seiner Jugend durchläuft (vgl. 3. Teil, I 3), wesentlich intensiver ist, als der des Primitiven: Wie bereits oben dargelegt wurde (3. Teil, I 1, 3, 4), fehlte den Primitiven weitgehend die Fähigkeit zum logischen und abstrakten Denken. Weil bei ihnen die Vorstellungen oft wie eine „bunte Mannigfaltigkeit" ohne Zusammenhang ungeordnet nebeneinander lagen und es ihnen deshalb schwer fiel, die Wirkungen ihres Handelns auf der Grundlage früherer Erfahrungen zu bewerten, waren diese häufig Augenblicksreaktionen und nach heutigen Maßstäben unüberlegt.

2. Die Verwendung des Schichtbegriffs und die Behauptung, daß sich bei normalen Menschen die „Triebschicht" von unserem Denken lösen und — der Kontrolle der „Personenschicht" entzogen — in Gestalt von „entfesselten" Affekthandlungen das größte Unheil anrichten könnten, widerspricht der Tatsache, daß unser Erkennen, Fühlen und Wollen untrennbar zusammenhängen (s. o., 3. Teil, C I 2). Daß dies auch für Affektverbrecher selbst in dem Augenblick ihrer höchsten Leidenschaft gilt, sei mit folgenden Tatsachen belegt: In dem erkenntnistheoretischen Teil dieser Arbeit wurde dargelegt, daß wir uns unserer Wahrnehmungen und Gefühle nur dadurch bewußt werden, daß wir von unseren Erkenntnisfähigkeiten: insbesondere von unserem Vermögen, zu unterscheiden und zu vergleichen und gesetzmäßige Zusammenhänge aufzufinden, Gebrauch machen. Nur dadurch vermögen wir unser eigenes Ich und die äußere Wirklichkeit voneinander zu unterscheiden. Während bei Bewußtseinsgestörten die bewußte Unterscheidung zwischen dem eigenen Ich und der äußeren Wirklichkeit gestört oder aufgehoben ist, ist sie beim Affekttäter im vollen Umfange vorhanden: Ohne den bewußten Einsatz der erwähnten Erkenntnisfähigkeiten könnte er sich u. a. gar nicht der Bedeutung des affektverursachenden Ereignisses, z. B. des Ehebruchs, bewußt werden; nur weil ihm diese Erkenntnisfähigkeiten noch zur Verfügung stehen, findet er die „richtigen" Mittel, die seinem Affekt den gewünschten Ausdruck verleihen: Mit Recht führt

Hadamik (GA 57, 104 ff.) in diesem Zusammenhang aus, daß „der Zornige nicht ein Stück Brot nimmt, um damit auf seinen Peiniger zu schlagen, sondern er ergreift trotz des raschen Tempos der Handlung zum daneben liegenden Messer; will er sich in seiner Raserei auch noch selbst umbringen, so springt er nicht auf ein Sofa, sondern er öffnet das Fenster und stürzt sich auf die Straße". In allen Fällen, in denen die Rechtsprechung hochgradige Affektzustände den Bewußtseinsstörungen gleichgestellt hat, insbesondere auch in dem, den Undeutsch als besonders eindringlichen Beweis für seine Thesen wertet (OGH 3, 19 ff.), sind im Zeitpunkt der größten Leidenschaft derartige „Vernunfthandlungen" feststellbar, die zu dem Schluß zwingen, daß beim Täter das Selbst- und Wirklichkeitsbewußtsein vorhanden war. Diese Annahme wird auch dadurch bestätigt, daß Affekttäter nach der Tat häufig von Reue gepackt werden, oder sich in den Selbstmord flüchten: In beiden Reaktionen kommt zum Ausdruck, daß der Affekttäter sich für sein Tun verantwortlich fühlt.

Es ist auch unrichtig, anzunehmen, der *Wille* des Affekttäters werde zur Tatzeit von den „Trieben überrannt" und sei damit praktisch nicht mehr vorhanden. Das Gegenteil ist der Fall: Um dies zu erklären, muß auf frühere Darlegungen über das menschliche Antriebsleben zurückgegriffen werden (s. 3. Teil, C I 2): Die Instinktreduktion beim Menschen geht so weit, daß sich sogar die elementaren Primärbedürfnisse, wie z. B. Hunger und der Geschlechtstrieb, nicht wie beim Tier unmittelbar in Handlungen umschlagen. Auch sie erlebt der Mensch wie alle anderen Bedürfnisse nur als „innenbehaltene, gefühlsbetonte Drangzustände, als Gefühlsstöße". Ob diese in eine Handlung übergehen, liegt in der Entscheidung des Intellekts und des Willens. Die Kraft seines Willens vermag der Mensch dadurch zu steigern, daß er bestimmte Dauerinteressen auf Grund verworfener entwickelt und seine Überzeugungen formiert usw. und sich deren Verfolgung zum Bedürfnis macht. Als Folge dieser Konzentration auf bestimmte Bedürfnisse „strömt dann der gesamte Antriebsüberschuß in die eingegrenzten Bahnen", wodurch die Willenskraft zu außerordentlichen Leistungen befähigt wird. Eine Gefahr für den Menschen liegt nun darin, daß sich Wille und Willenskraft ebenso wie die Erkenntnisfähigkeiten in allen Bereichen des Lebens — im guten und im schlechten Sinne — entfalten, daß sie also allen primären und sekundären Bedürfnissen nachwachsen können. Dies gilt auch hinsichtlich der Affekte. Angst oder Schmerz, Wut, Zorn, Übermut, Begierde, Leidenschaft oder Begeisterung „können wir frei laufen lassen, wir können sie steigern zum Exzeß oder zähmen, nach innen verarbeiten und ihre Äußerung bestimmten Regeln unterwerfen"[64]. Eine derartige Zähmung kann bloß äußerlich sein, dann paßt sich zwar der betreffende Mensch „den formalen Ausdrucksformen

[64] *Beck*, S. 35.

des sozialen Lebens an". Die äußere Hemmung ist aber bloßer Schein, nichts anderes als eine „Fassadenbildung, hinter der sich ein zweites Leben verbirgt"[65].

Zu derartigen Fassadenbildungen kommt es bei jenen Affekttätern, die schon lange vor der Tat einen bestimmten Affekt: Haß, Eifersucht oder Wut „angestaut", „in sich hineingefressen" haben. Es ist bezeichnend, daß es sich bei diesen Tätern meist um äußerlich weiche, willensschwache Persönlichkeiten handelt, die unter normalen Umständen nicht den Mut aufbringen, den u. U. berechtigten Zorn auch äußerlich zum Ausdruck zu bringen[66]. Angesichts dieses jahrelangen „In-sich-Hineinfressens" ist es nicht verwunderlich, daß der Affekt schließlich die Kraft eines Dauerbedürfnisses erlangt und bei verhältnismäßig geringem Anlaß alle Hemmungen „durchbricht" und sich in blindwütigem Drauflosschlagen „entlädt". Dieses „Durchbrechen" oder „Entladen" ist aber nicht etwa Folge einer von dem Täter nicht zu beherrschenden „Entfesselung" der „Triebschicht", sondern Ausdruck einer im höchsten Maße gesteigerten Willenshandlung. Diese Willenshandlung bezieht ihre Kraft daher, daß der Täter seinen Haß usw. im Laufe der Jahre zum Dauerbedürfnis entwickelt hat und im Zeitpunkt der Tat alle verfügbaren Antriebskräfte in den Affekt „hineinlegt". Weil alle Energie auf die Handlung gerichtet ist, erklärt sich das Blindwütige des Vorgehens, und weil der Täter ihr alle Aufmerksamkeit widmet, kommt es zu jenen Erinnerungslücken, die die bisher herrschende Meinung als Symptom für das Vorliegen einer Bewußtseinsstörung ansieht. In dieser einseitigen Ausrichtung der geistigen und willensmäßigen Kräfte liegt auch der Grund dafür, daß der Täter alle Hemmungen und Gegenvorstellungen vergißt.

Es ergibt sich somit, daß selbst in Fällen höchster Affektgeladenheit das Bewußtsein und der Wille des Täters in keiner Weise gestört, sondern im Gegenteil in besonders intensiver Weise auf das Tatgeschehen konzentriert sind. Eine Einschränkung ist insoweit nur im Hinblick auf die Affekte der *Angst* und des *Schrecks* zu machen. Beide Affekte können, wenn sie durch ein plötzliches Ereignis veranlaßt sind, bei jedem Menschen zu illusionären Verkennungen, „zu einer falschen, kopflosen Auffassung und Deutung von Harmlosem im Sinne der bedrohlichen Bedeutung" führen, die wenigstens für einen kurzen Augenblick eine Fehlreaktion zur Folge haben kann[67]. § 53 III StGB[68] erklärt deshalb mit Recht eine Überschreitung des Notwehrrechts für nicht strafbar, wenn der Täter „in Bestürzung, Furcht oder Schrecken" gehandelt hat. Alle anderen Affekte haben auf die Zurechnungsfähigkeit des Täters keinen Einfluß; mit ihnen

---

[65] *Beck*, a. a. O.

[66] So z. B. OGH 3, 19 ff.; BGH 11, 20, 25.

[67] *K. Schneider*, Klin. Psychopathologie . . ., S. 55 ff.

[68] Ähnlich § 38 E 1962 („ohne Schuld").

könnte höchstens eine Minderung der Schuld gerechtfertigt werden.

Der Grund für eine *Minderung der Schuld* des Affekttäters kann im folgenden gesehen werden:

Die Tat eines Verbrechers, der plötzlich in Versuchung gerät, einen Menschen zu töten, zu berauben usw., unterscheidet sich auf den ersten Blick nur wenig von einem Täter, der in begreiflichem Zorn über einen Ehebruch seiner Frau den Ehebrecher zu töten versucht: Beide handeln im Affekt. Beide räumen einem bestimmten Gedanken in ihrem Bewußtsein einen übergroßen Raum ein und fördern ihn unter Aufwendung aller verfügbaren Willenskräfte. Der Unterschied zwischen beiden Tätern zeigt sich erst im inhaltlichen Motivationsvorgang. Treibende Motivationskraft beim Mord, beim Diebstahl, bei jedem gewöhnlichen Verbrechen, ist der Täter selbst. Er ist auf die Idee gekommen, ein Verbrechen zu begehen, er verschafft dieser Idee ständig neue Nahrung. Und er realisiert sie schließlich. Beim „berechtigten" Affekttäter sind zwar diese „Symptome" ebenfalls gegeben, aber in wesentlich abgeschwächter Form. Hinzu kommt, daß die Affekttat ihren entscheidenden Anlaß von außen erhält. Der Ehebruch seiner Frau, der vor seinen Augen geschehene Mord, störendes Pfeifen oder eine Beleidigung rufen im Affekttäter berechtigte Empörung hervor. Zwar kann auch von einem derart in einen „begreiflichen" Affekt geratenen Menschen verlangt werden, daß er sich so weit in der Gewalt hat, daß er den Affekt „niederringt" und den entsprechenden Gegenvorstellungen genügende Kraft verleiht. Die Anforderungen, die dabei an seine Selbstbeherrschung gestellt werden, sind jedoch wesentlich höher als bei einem normalen Verbrecher, der der Versuchung widerstehen soll. Diese an sich schon bestehende Schwierigkeit, sich in einer solchen Situation selbst zu beherrschen, verdoppelt sich aber, wenn unmittelbar nach dem affektverursachenden Ereignis der „Schuldige" im Gesichtskreis des Provozierten bleibt. Da zu diesem Zeitpunkt sein Bewußtsein noch durch den Affekt beherrscht wird, kann sich der Provozierte leicht dazu hinreißen lassen, seinem Ärger durch irgendeine Tätlichkeit Luft zu verschaffen. Später, wenn sich sein Ärger gelegt hat und seine Wertvorstellungen wieder den ihnen gebührenden Raum erhalten haben, bereitet es dem Provozierten wieder normale Schwierigkeiten, „über der Sache zu stehen".

3. Folgerungen für das Notwehrrecht

Das geltende Recht berücksichtigt die Affektlage des provozierten Täters in drei Bestimmungen des StGB als Strafmilderungs- oder Strafaufhebungsgrund: § 233 StGB sieht eine solche Möglichkeit für den Fall vor, daß leichte Körperverletzungen mit solchen, Beleidigungen mit leichten Körperverletzungen oder umgekehrt auf der Stelle erwidert werden. Eine entsprechende Regelung sieht § 199 StGB für den Fall sich kreuzender Beleidigungen vor. § 213 StGB mildert die für den Totschlag geltende Mindeststrafe von 5 Jahren Zuchthaus auf eine Gefängnisstrafe nicht unter 6 Monaten, wenn der Totschläger ohne eigene Schuld durch eine ihm oder einem Angehörigen zugefügte Mißhandlung oder schwere Beleidung von dem Getöteten zum Zorne gereizt und hierdurch auf der Stelle zur Tat hingerissen worden ist. In § 134 E 1962 beträgt das Strafmaß bei Totschlägern, die die Tat „in einer begreiflichen Gemütserregung" oder aus Mitleid, Verzweiflung oder anderen Beweggründen, die die Schuld wesentlich mildern, begangen haben, im ersten Fall bis zu 10 Jahren Zuchthaus und im zweiten Fall Gefängnis nicht unter einem Jahr.

Diese gesetzlichen Strafmilderungen sind gerechtfertigt, weil in diesen Fällen die Schuld des Affekttäters gegenüber der des normalen Täters aus den genannten Gründen wesentlich gemildert ist.

Aus dem gleichen Grund sind auch der abschreckenden Wirkung des Notwehrrechts gegenüber provozierten Angreifern Grenzen aufzuerlegen. Vergleicht man den Schuldgrad und das Strafmaß bei Affekttaten mit den oben besprochenen Notwehrfällen, so erscheint auf den ersten Blick die Regelung, die für die Notwehr gegenüber jugendlichen und fahrlässigen Angreifern vorgeschlagen wird, dem Notwehrrecht gegenüber provozierten Angreifern am ehesten angemessen zu sein. Die dort vorgesehene Beschränkung der Ausweichpflicht auf solche Fälle, in denen ihre Erfüllung zum Schutze des Lebens und der Gesundheit des Angreifers unbedingt erforderlich ist, würde jedoch der Affektlage des provozierten Angreifers nicht genügend Rechnung tragen: Für diesen wirkt die Anwesenheit des Angegriffenen wie ein „rotes Tuch". Allein dessen Person ist der Anlaß dafür, daß der Provozierte zum Angriff übergeht. Da der Angegriffene als Provokateur für den erregten Zustand des Angreifers bis zu einem gewissen Grade mitverantwortlich ist, kann von ihm aus dem Gedanken gesteigerter sozialer Verantwortung gefordert werden, daß er auf den Zustand des Angreifers Rücksicht nehme und dem Angriff ausweiche. Weil er den Angriff „mitverschuldet" und weil durch jedes Sich-Wehren der Angreifer nur noch mehr gereizt würde, rechtfertigt es sich darüber hinaus, den Angegriffenen rechtlich zur Duldung des Angriffs zu verpflichten, soweit ihm selbst dadurch nicht ein erheblicher Nachteil droht. Kann der Angegriffene dem Angriff nicht ausweichen, kann er diesem aber mit Hilfe nicht anwesender Dritter wirksam begegnen, so muß er — wenn möglich — diese Hilfe in Anspruch nehmen.

Es ist der Ansicht von *Lenckner* (s. 1. Teil) beizupflichten, daß nur *rechtswidrige* Provokationen zu einer Beschränkung des Notwehrrechts gegenüber provozierten Angreifern führen können. Die Ansicht von *Roxin,* den rechtswidrigen seien sozialethisch verwerfliche Provokationen gleichzustellen, geht zu weit. Wenn *Roxin* seine Auffassung vor allem damit begründet, zwischen rechtswidrigem und sozialethisch verwerflichem Handeln bestehe keine klare Grenzlinie und kein wesentlicher materieller Unterschied, so übersieht er damit, daß das Recht nur einen kleinen Ausschnitt sozialethischer Normen erfaßt und von diesen nur die wichtigsten und unentbehrlichen unter seinen Schutz stellt. *Roxin's* Lösung würde dazu führen, daß bereits eine kleine Unhöflichkeit genügen würde, um den „Provokateur" unter Strafandrohung zu zwingen, sich von dem über seinen faux pas erregten Angreifer grobe Beschimpfungen oder gar tätliche Angriffe gefallen zu lassen.

Auch einem anderen Vorschlag von *Roxin* kann nicht gefolgt werden: dem Vorschlag, die absichtlich und bedingt vorsätzlich handelnden Provokateure in der Weise gleich zu behandeln, daß auch dem letzteren im vollen Umfang das Notwehrrecht genommen wird. Das Notwehrrecht wurde oben als eine Ausnahme von dem allgemeinen Schädigungsverbot bezeichnet, die aus „höheren Gründen" gerechtfertigt sein müsse. Wenn in den vorstehend besprochenen Fällen dem Angegriffenen ausnahmsweise und nur bis zu einer gewissen Grenze zur Pflicht gemacht wurde, den Angriff zu dulden, so wurde diese Ausnahme von der Ausnahme nur deshalb zugelassen, weil die sie stützenden Gründe als noch gewichtiger angesehen wurden, als die dem Notwehrrecht zugrundeliegenden. Als in diesem Sinne erheblicher Grund erwies sich im Notwehrrecht gegenüber provozierten Angreifern der Gesichtspunkt der Rücksichtnahme auf den Erregungszustand des Angreifers. Dieser Pflicht zur Rücksichtnahme mußten enge Grenzen gesetzt werden. Jenseits dieser Grenze kommt wieder der Gedanke des Notwehrrechts im vollen Umfange zum Zuge. Auch ein Mensch, der einen anderen beleidigt, durch Pfeifen stört, wegen eines Ehebruchs erzürnt hat usw., hat diesem gegenüber ein Recht auf Schutz seines Lebens und seiner körperlichen Unversehrtheit. Steht staatliche Hilfe bereit, so muß diese genauso zu seinem Schutze eingreifen wie bei allen anderen Verbrechen (Art. 1 I GG). Steht diese Hilfe nicht zur Verfügung, so muß der Angegriffene sein Leben selbst schützen dürfen. Jede andere Lösung würde ihn der Rache des Provozierten ausliefern.

Vorsatz- und Absichtsprovokation unterscheiden sich wesentlich: Der absichtlich handelnde Provokateur beherrscht das Tatgeschehen von Anfang bis zu Ende, seine ganze Aufmerksamkeit und sein Wille sind auf das Ziel gerichtet, den späteren Angreifer so zu erregen, daß dieser ihm durch irgendeine empörte Reaktion zur Abwehr und damit zu seiner Tötung Anlaß gebe. Demgegenüber kann bei der Vorsatzprovokation von einer „*Tatherrschaft*"[69] keine Rede sein. Zur

[69] Zur Frage der Tatherrschaft als unbedingter Voraussetzung für die Täterschaft: *Kohlrausch-Lange*, Vorbem. I zu § 47; *Maurach*, AT § 47 III B, 48 I B. Gerade hier zeigt sich einmal mehr, zu welch unvertretbaren Konsequenzen die subjektive Theorie der Rechtsprechung führt.

Zeit des Angriffs verhält sich der Täter rein passiv. Er nimmt im Gegensatz zum Absichtsprovokateur keinen aktiven Einfluß auf das Geschehen, das sich im Inneren des Angreifers abspielt. Tatherrschaft hat er auch nicht im Zeitpunkt der Provokation gehabt; zwar waren ihm Bedenken gekommen und er hatte sich über diese Bedenken hinweggesetzt. Und dieses Sich-Hinwegsetzen wird ihm auch z. B. im Fall des Ehebruchs als besondere Rücksichtslosigkeit angelastet, für die er nach dem Ehebruchsparagraphen einstehen muß. Diese Rücksichtslosigkeit geht jedoch nicht so weit, daß sie — wegen des ursächlichen Zusammenhangs — als Mord oder Totschlag zu werten wäre, wenn sich der betrogene Ehemann nachher auf ihn stürzt und er ihn in letzter Not töten muß. Ebensowenig kann derjenige, der einen anderen beleidigt, durch Pfeifen oder beim Liebesspiel stört und dabei bewußt mögliche Reaktionen des Gestörten in Kauf nimmt, gemäß §§ 211 ff. StGB dafür verantwortlich gemacht werden, daß der Provozierte sich vergißt und den Provokateur so in Lebensgefahr bringt, daß diesem als Abwehrmittel nur die Möglichkeit verbleibt, den Angreifer zu töten. Daß der Provozierte seine Erregung so hochspielt, hat dieser allein zu verantworten (s. o.). *Roxins* Vorschlag läuft im Ergebnis darauf hinaus, daß ein Mensch, dem rechtlich lediglich ein Ehebruch, Beleidigung, Eingriff in die Persönlichkeitssphäre eines anderen usw. und außerdem höchstens ein Verstoß gegen den Grundsatz sozialer Rücksichtnahme zum Vorwurf gemacht werden kann, hierfür als Mörder, Totschläger usw. bestraft wird.

Die Bedenken, die gegenüber der Ansicht von *Roxin* geltend gemacht wurden, bestehen in entsprechender Abwandlung auch gegenüber dem Vorschlag von *Lenckner* und *Schröder*, dem Provokateur zwar das Notwehrrecht zuzubilligen, ihn dafür aber unter dem Gesichtspunkt der a. i. i. c. verantwortlich zu machen.

VIII. Notwehr gegen rechtswidrige Angriffe von menschlich nahestehenden Personen

Anlaß zur Untersuchung dieser Frage bieten zwei Gerichtsentscheidungen: Das OLG Celle Hann. Rechtspfl. 1947, 15 hatte den Angeklagten, der sich dem rechtswidrigen Angriff seines Vaters gestellt und ihn in letzter Not mit einem Beil erschlagen hatte, mit der Begründung verurteilt, er sei als Sohn verpflichtet gewesen, dem zu erwartenden Angriff seines Vaters auszuweichen. BGH MDR 58, 12 berief sich im Zusammenhang mit der Rechtfertigung einer Ausweich- und Duldungspflicht des Angegriffenen u. a. auf die lange und enge berufliche Verbundenheit, die zwischen Angreifer und Angegriffenem bestanden hatte. Beide Entscheidungen leiten — wenn auch nicht im gleichen Maße — aus dem Gesichtspunkt naher menschlicher Beziehungen die besondere Rücksichtspflicht ab, die sie dem Angegriffenen gegenüber dem Angreifer auferlegen.

Im folgenden wird untersucht, ob das Bestehen naher menschlicher Beziehungen zwischen den Notwehrbeteiligten ein (rechtlicher) Anlaß zur Beschränkung des Notwehrrechts ist. Zu diesem Zweck wird zunächst — entsprechend der im 3. Teil dargelegten Methode — ein kurzer, auf sozialpsychologischen und soziologischen Forschungen basierender Überblick über die verschiedenen Formen menschlicher Beziehungen gegeben (1). Anschließend wird die Frage untersucht, in welchem Umfang das Recht in den Bereich menschlicher Beziehungen eingreift oder eingreifen sollte (2) und unter (3) werden die möglichen Folgerungen für das Notwehrrecht erörtert.

1. *Soziologische und sozialpsychologische Strukturen menschlicher Beziehungen*

Die moderne Arbeitsteilung hat dazu geführt, daß der Mensch von heute aus sachlichen Gründen mit vielen Menschen zusammenkommt. Zu persönlichen Beziehungen, bei denen sich die Beteiligten als Persönlichkeit näher kennenlernen, kommt es nur in einer Minderzahl von Fällen[70]. *v. d. Gablentz* nennt solche Gruppen mit persönlichen Beziehungen Lebensgruppen erster Ordnung. Zu ihnen zählt er in erster Linie die Ehe und die Familie, auf die unten näher eingegangen wird, und die Kameradschaft, die ihre Kraft aus dem Erlebnis des gemeinsamen Schicksals zieht und stets nur eine vorübergehende Episode im Leben der Menschen darstellt. Im Berufsleben kann die gemeinsame Verantwortung oder das gemeinsame Erlebnis der Verantwortungslosigkeit die Menschen einander näher bringen. Häufig besteht hier jedoch kein Bedürfnis, die Beziehungen auch im persönlichen Bereich enger zu gestalten. Die Beziehungen zwischen den Kollegen haben meist den Charakter einer bloßen Leistungsgemeinschaft. Dieses Bedürfnis zum Distanzhalten ist besonders spürbar im Kreise der Nachbarschaft. Während früher, als Wohn- und Arbeitsstätte noch nicht getrennt waren, das Gefühl des Aufeinanderangewiesenseins wesentlich stärker war, bestehen zwischen den Bewohnern von modernen Mietshäusern nur lose Kontakte. Die meisten kennen sich nicht, „wollen sich auch gar nicht kennen. Man hat genug mit den Menschen, die einem in anderen Lebens- und Leistungsgruppen nahe kommen“ (*v. d. Gablentz*, S. 795).

W. Beck[71] unterscheidet unter den menschlichen Gruppen vier Hauptarten: Das „Primärgefüge“ bildet die ursprüngliche Existenz- und Funktionsgruppe, von der der Mensch als Lebewesen ausgeht, in die er hineingeboren wird (z. B. Familie). Die Gruppen, denen er

---

[70] Zum Folgenden: *v. d. Gablentz*, Lebensgruppen . . ., S. 781 ff.

[71] a. a. O., S. 111 ff.

dann begegnet, weisen eine bunte Vielfalt und erhebliche psychologische Unterschiede „in der Dichte und Qualität des Beziehungsgeflechts“ auf: *Beck* unterscheidet Zweckverbindungen, reine Erlebnisgemeinschaften, Koppelungen oder Synthesen beider, Zwangs-, Achtungs-, Gewohnheits-, Sympathie- oder Liebesbeziehungen und fügt hinzu, daß er damit nur einen sehr begrenzten Überblick über den Formenreichtum menschlicher Beziehungen gebe.

Die *„Spontanbildungen“* entstehen aus dem „Bedürfnis nach (und der Bereitschaft zur) Gesellung, Geborgenheit, Zugehörigkeit und Hingabe“. Sie reichen vom unverbindlichen und zweckfreien „Sozialgewimmel . . . auf den kleinen und großen Rummelplätzen des Lebens“ bis zur „spezifischen Erlebnisgemeinschaft der Freundschaft, der Liebe, der Jüngerschaft“, die tiefgehende Wirkungen auf die Persönlichkeit der Beteiligten ausüben. Trotz ihrer Dauer sind die zuletzt genannten Beziehungsformen „Spontangebilde, weil sie frei und unmittelbar aus eingeborenen seelischen Bedürfnissen und Bereitschaften hervorgehen, von deren immer lebendiger, in jedem Moment wieder spontaner Kraft und Dauer ihre Tiefe und Dauer bestimmt werden“ (*W. Beck*, S. 113). Von diesen beiden Gruppen unterscheiden sich als eine Art Zwischenform die Spiel- und Erlebnisgemeinschaften Gleichaltriger und Gleichgearteter, die ebenso wie die zuvorgenannten Spontanbildungen „des Zwanges, der Organisation . . . und rationalen Zwecke“ entbehren und „von spontanen Bedürfnissen und Kräften der Seele erzeugt, gespeist und getragen“ werden.

Bei den *„Funktionsbildungen“* handelt es sich um Gruppierungen, die zur Erreichung eines bestimmten Zwecks gegründet werden. Hierher gehört die große Zahl der Institutionen. Ihnen ist gemeinsam, daß die „Mensch-zu-Mensch-Beziehungen“ hinter dem jeweiligen Zweck völlig zurücktreten. Die von *Beck* sog. *Sinnbildungen* verdanken ihre Entstehung „gemeinsamen seelisch-geistigen Interessen mit dem Ziel der Verwirklichung, Darstellung oder Offenbarung eines objektiven Sinngehalts“ (*W. Beck*, S. 111). Der Kreis der hierzu zählenden Gruppen reicht von bloßen Liebhaber- und Schwärmergruppen bis zu den großen Weltanschauungs- und Kulturgemeinschaften. Auch hier spielen die persönlichen „Mensch-zu-Mensch-Beziehungen“ nur eine untergeordnete Rolle.

Zu den Gruppen mit der stärksten persönlichen Ausstrahlung zählen vor allem die *Ehe* und die *Familie*[72]. Die Ehe bildet den Kern der Familie, sie ist die „lebenslänglich gemeinte Gemeinschaft zwischen einem Mann und einer Frau“. Der Sinn der Ehe erschöpft sich nicht im Zweck der Kindererzeugung und -aufzucht. Der Sinn der modernen Ehe ist vielmehr die „Gemeinschaft“, in der sich beide Ehe-

---

[72] Zum Folgenden: René *König*, a. a. O., S. 138 ff.; *v. d. Gablentz*, Seite 787 ff.

gatten für ihr ganzes Leben füreinander verantwortlich fühlen. Dem Sinn gemeinsamer Verantwortung entspricht die in den letzten Jahrzehnten vollzogene Emanzipation der Frau, wodurch dieser die volle Selbstverantwortlichkeit zugesichert wurde. Charakteristisch für die Ehe ist, daß sie den ganzen Menschen erfaßt, angefangen „von der biologischen Funktion über die seelischen Tiefenstrukturen, die wirtschaftliche Betätigung bis in die höchste geistige Ordnung" (*R. König*, s. 139). Der Gemeinschaftscharakter kommt vor allem in der gegenseitigen Treue- und Beistandspflicht zum Ausdruck. Dabei ergreift der Grundsatz der Solidarität auch den größeren Kreis der Familie. Der Familie kommt entscheidende Bedeutung für das Werden des Menschen zu. In ihr vollzieht sich neben der „physischen Aufzucht der Aufbau der sozial-kulturellen und sittlichen Persönlichkeit" des jungen Menschen. Wegen der in ihr herrschenden Unmittelbarkeit des Kontakts und der innigen persönlichen Vertrautheit erweist sich die Familie hierfür geradezu als prädestiniert.

2. *Funktion und Grenzen des Rechts bei der Gestaltung menschlicher Beziehungen*

Der Geltungsbereich des Rechts erstreckt sich — seinem Wesen als Institution entsprechend — vor allem auf die „Funktionsbildungen". In den „Spontanbildungen", die aus der spontanen und freiwilligen Mitwirkung der Beteiligten ihre Hauptkraft beziehen, würde das auf Zwang abstellende Recht nur als störend empfunden. Dies gilt insbesondere auch für die Freundschaft. Eine Freundschaft, die mit Gewalt erzwungen werden muß, ist in Wirklichkeit erloschen.

Was für die „Funktionsbildungen" gilt, ist auch für die Formen des Rechts wesentlich: Sie dienen der Erreichung bestimmter Zwecke und halten sich weitgehend fern vom persönlichen Bereich der Rechtsgenossen. Dementsprechend weit reichen auch die Pflichten, die den jeweils Beteiligten auferlegt werden. Ein Verkäufer z. B. kann nicht rechtlich gezwungen werden, sich auch unabhängig von dem Vertragsgegenstand um das Wohl des Käufers zu kümmern. Zwar hat die Rechtsprechung in den letzten Jahrzehnten die Vertragspflichten dahingehend erweitert, daß jeder Vertragsschuldner gehalten sei, die Gesundheit und andere Rechtsgüter des Vertragspartners zu schützen. Diese Rücksichtspflichten stehen aber ebenfalls mit dem Vertragszweck in unmittelbarer Beziehung: Die Vertragspartner müssen einander vor Gefahren schützen, die sich daraus ergeben, daß sie zur Erreichung des Vertragszwecks in engeren Kontakt zueinander treten[73]. Ebenso wie der Kaufvertrag erlegen alle anderen privatrechtlichen Rechtsbeziehungen den Beteiligten nur insoweit Rechtspflichten auf, als dies zur Erreichung des Zwecks notwendig ist, dem sie jeweils dienen. Selbst bei jenen Vertragsverhält-

[73] *Soergel-Schmidt*, § 275 Vorbem. 2 ff.

nissen, in denen die Beteiligten in einem starken Abhängigkeitsverhältnis zueinander stehen und wo diesen deshalb besondere Treue- und Fürsorgepflichten auferlegt sind: Arbeitsverhältnisse und Gesellschaften, finden diese Pflichten in dem Gemeinschaftszweck ihre Grenze („Zweckförderungsgedanke")[74]. Auch diese Verträge „mit personenrechtlichem Einschlag" erfassen die Beteiligten nicht in ihrer ganzen Person, sondern stets nur in dem durch den Vertragsgegenstand gesteckten Rahmen.

Das einzige Rechtsverhältnis, das den Menschen Pflichten auferlegt, die nahezu alle Lebensbereiche umfassen, ist die Ehe. § 1353 BGB verpflichtet die Ehegatten zur Lebensgemeinschaft. Dies bedeutet zwar nicht, daß die Ehegatten nun jeden Augenblick gemeinsam verbringen müßten. Dem stünde der Grundsatz der Menschenwürde entgegen. Jedem Ehegatten muß vielmehr ein Raum verbleiben, in dem er unabhängig von seinem Partner sein Leben gestalten kann[75]. Lebensgemeinschaft bedeutet aber, daß sich die Ehegatten zu unbedingter Treue verpflichtet sind, daß jeder dem anderen dabei zu helfen hat, den „Anforderungen des täglichen Lebens gerecht zu werden und auch schwierige Lagen zu meistern"[76]. Insbesondere muß jeder Ehegatte dem anderen in der Gefahr jeden möglichen Beistand leisten und seine Person und sein Vermögen schützen[77]. Allerdings gilt diese Hilfspflicht nur in den Grenzen des Zumutbaren. Der Einsatz des Lebens wird nicht verlangt. Die Pflicht zur Lebensgemeinschaft bleibt grundsätzlich auch dann bestehen, wenn sich der andere Ehegatte pflichtwidrig verhält.

Die Rechtsprechung ist in mehreren Entscheidungen dazu übergegangen, die in der Ehe bestehende Treue- und Beistandspflicht auf eheähnliche und Verlobtenverhältnisse, sowie auf sonstige enge Lebensgemeinschaften auszudehnen. Als Begründung hierfür hat sie dabei vielfach den Hinweis auf das Bestehen einer tatsächlichen Lebensgemeinschaft genügen lassen. So hat z. B. RG DStR 1936, 178 aus der „häuslichen Gemeinschaft" eine Rechtspflicht der Schwiegermutter abgeleitet, die Ermordung des Schwiegersohnes durch die Tochter zu verhindern. In zahlreichen Fällen hat die Rechtsprechung im Strafrecht (!) Garantenpflichten angenommen, obwohl selbst das Zivilrecht nicht so weit gegangen ist, in diesen Fällen eine besondere Beistandspflicht rechtlich zu sanktionieren (z. B. bei Verwandten)[78]. Mit Recht sind gegen diese Rechtsprechung schwerwiegende Bedenken geltend gemacht worden[79]. Als ultima ratio darf das Strafrecht

---

[74] *Staudinger-Weber,* § 242 A., 230 ff.

[75] *Gernhuber,* Familienrecht, S. 145 ff.

[76] *Soergel-Lange,* § 1953 A. 12 ff.

[77] *Dölle,* Familienrecht, Bd. I S. 393 ff.; *Soergel-Lange,* a. a. O.

[78] *G. Geilen,* Garantenpflichten . . ., S. 149 ff. mit Nachweisen.

[79] *G. Geilen,* a. a. O.; *Maurach,* AT § 46 III C.

höchstens im Geltungsbereich des Rechts und auch dort nur in sehr beschränktem Maße eingreifen.

Außerhalb der Ehe bestehen nur zwischen Verwandten in gerader Linie besondere rechtliche Beistandspflichten (§ 1601 BGB: Unterhaltspflicht).

3. Folgerungen für das Notwehrrecht

Aus dem Vorstehenden ergibt sich, daß das Recht nur in Ausnahmefällen in persönliche Beziehungen der Menschen in der Weise eingreift, daß es den Beteiligten eine besondere, über das Übliche hinausgehende Rücksichtnahme auf die Person des anderen zur Pflicht macht. Während sich das Recht aus den sogenannten „Spontanbildungen", wie Freundschaft, Kameradschaft und Liebe, ganz heraushält, wird seine Einwirkung auf „Funktionsbildungen" stets durch den Zweck begrenzt, dem diese dienen. In keinem Vertragsverhältnis geht die vertragliche Bindung so weit, daß die Beteiligten zur Duldung von Nachteilen gezwungen werden könnten, die mit dem Vertragszweck in keinem Zusammenhang stehen, sondern sich allein aus der Person des Partners ergeben. Daraus folgt im Hinblick auf die hier zu besprechende Frage, daß weder die Freundschaft, Kameradschaft noch irgendwelche vertragliche Beziehungen ein rechtlich beachtlicher Grund sind, das strafrechtliche Notwehrrecht in irgendeiner Weise zu beschränken.

Allein für das Verhältnis zwischen Ehegatten und Verwandten in gerader Linie kommt eine derartige Beschränkung in Betracht.

Auch in gutgeführten *Ehen* kann es zwischen den Ehegatten mitunter zu Auseinandersetzungen kommen, bei denen einer von ihnen oder beide einen „falschen Zungenschlag" wählen oder bei denen sich einer der Ehegatten bei entsprechender Gereiztheit sogar zu rechtswidrigen Handlungen kleineren Ausmaßes hinreißen läßt („Ehekrach"). Es wäre mit dem Wesen der Ehe als Lebensgemeinschaft unvereinbar, wenn in solchen Situationen das „schneidige" Notwehrrecht im vollen Umfange zum Zuge käme; wenn also — um ein Beispiel von *H. Mayer* (S. 203) zu bringen — dem Ehegatten gestattet würde, seine zänkische Ehefrau zu erschlagen, „weil er anders ihren Redefluß nicht hemmen kann". Gerade hier zeigt sich der Sinn der Ehe darin, daß sich die Ehegatten gegenseitig über derart „schwierige" Situationen hinweghelfen. Ist also in dem Beispiel der zänkischen Ehefrau diese in keiner Weise ansprechbar, so muß sich der Ehepartner eben zurückhalten und zurückziehen und notfalls sogar gewisse zumutbare Nachteile in Kauf nehmen.

Der Gesichtspunkt der Ehegemeinschaft wirkt somit in zweifacher Weise auf das Notwehrrecht ein: Da die Ehegatten gegenseitige Streitigkeiten in erster Linie unter sich selbst auszumachen haben, tritt die Abschreckungsfunktion des Notwehrrechts zurück. Nur in schwerwiegenden Fällen, wenn dem Bedrohten ein erheblicher Schaden droht, ist es gerechtfertigt, diesen notfalls auch mit den härtesten Mitteln zu verhindern. In den Fällen, in denen sich der Ehegatte lediglich zu leichteren Verletzungen hinreißen läßt, gebietet der Gedanke der in der Ehe gesteigerten sozialen Verantwortung, daß der angegriffene Ehegatte alles versucht, um zu verhindern, daß dem Ehepartner ein erheblicher Schaden entsteht. Für den Regelfall des Ehezwistes wird deshalb dieselbe Regelung vorgeschlagen, wie für das Notwehrrecht gegenüber Unzurechnungsfähigen (s. o.).

Von den normalen Ehezwistigkeiten sind jene Fälle zu unterscheiden, in denen der Streit derartige Formen annimmt, daß der hierunter leidende Ehegatte zur Scheidung berechtigt ist. Beispiele: wiederholte Mißhandlungen, Trunksucht, schwere Beleidungen usw.[80] In diesen Fällen erlischt die Pflicht zur Herstellung der Lebensgemeinschaft und damit die sich daraus ergebenden Rücksichtspflichten (§§ 1353 II BGB, 43 EheG). In ihnen greift deshalb auch die oben vorgeschlagene Beschränkung des Notwehrrechts nicht Platz.

Das Verhältnis zwischen *Kindern* und *Eltern* unterscheidet sich vor allem auch im Hinblick auf seine rechtlichen Wirkungen erheblich von dem zwischen Ehegatten bestehenden Rechtsverhältnis. Während der Kindheit und Jugend ist der junge Mensch der elterlichen Gewalt unterworfen: Er hat den Anordnungen der Eltern zu folgen, wenn diese durch das Recht zur Personen- oder Vermögenssorge gedeckt sind. Einen „Mißbrauch" des Erziehungsrechts braucht das Kind nicht zu dulden. Später, mit Erreichen der Volljährigkeit, schrumpfen die rechtlichen Verpflichtungen des jungen Menschen zu einem „ethischen Minimum" zusammen: Die einzige Rechtspflicht, durch die das Recht Eltern und Kinder aneinander bindet, ist die gegenseitige Unterhaltspflicht. Im übrigen aber leben sie — rechtlich gesehen — völlig selbständig und unabhängig voneinander. Das Recht läßt es z. B. unberührt, wenn es zu einem dauernden Zerwürfnis zwischen Eltern und Kindern kommt, so daß diese sich schließlich u. U. feindlicher gegenüber stehen als Menschen, die sich nur entfernt oder überhaupt nicht kennen. Dies mag vom Standpunkt der Moral her sicherlich zu bedauern sein. Es zeigt sich hier aber, daß zwischen Recht und Moral ein deutlicher Trennungsstrich besteht. Während früher auch im Recht die gegenseitige Familienbindung besonders stark betont war, ist „dem modernen, individualistisch denkenden Menschen das Gefühl für die Bedeutung des Geschlechtsverbandes weitgehend verloren gegangen"[81]. Während Ehegatten einander auch rechtlich zur Gemeinschaft verpflichtet sind, sind im

[80] *Palandt-Lauterbach,* § 43 EheG, Anm. 13; vgl. OGH 3, 19, wo dem Angeklagten von seiner Ehefrau das Leben zur „Höllenqual" gemacht worden war.

[81] *H. Lehmann,* Familienrecht, S. 19.

Verhältnis zwischen Eltern und Kindern „Fürsorge, Liebe, Achtung, Dankbarkeit . . . seelische Kräfte, von deren freiwilligem Wirken das Beste erwartet werden muß“ (*H. Lehmann*, a. a. O., S. 157).

Diese grundsätzliche rechtliche Gestaltung des Kinder-Eltern-Verhältnisses wirkt sich im Hinblick auf die hier zu besprechende Frage dahingehend aus, daß auch im Notwehrrecht Eltern und Kinder nicht durch Androhung einer Strafe gezwungen werden können, aufeinander mehr Rücksicht zu nehmen, als sie sie ihren anderen Mitmenschen gegenüber schulden.

Was für das Verhältnis zwischen Eltern und Kindern gilt, gilt erst recht für die übrigen *verwandtschaftlichen* Verhältnisse: Die von ihnen ausgehenden Bindungen sind nicht so stark, als daß sie zu einer Einschränkung des Notwehrrechts Anlaß geben würden.

IX. Notwehr gegen „böswillige“ Angreifer

Mit dem Wort „böswillig“ werden jene Angreifer umschrieben, die bewußt und gewollt in die Rechtssphäre anderer Menschen eingreifen, ohne irgend etwas zu ihrer Entschuldigung vorbringen zu können. Um sie zurechtzuweisen und die Menschheit vor ihren Taten zu schützen, scheut der Staat selbst vor dem härtesten Eingriff nicht zurück, der ihm als Zwangsmittel zur Verfügung steht: der lebenslänglichen Freiheitsstrafe.

Auch das Notwehrrecht muß den „böswilligen“ Angreifern gegenüber besonderes Gewicht auf den Gesichtspunkt der Abschreckung legen. Eine besondere Schonung, wie sie z. B. gegenüber Unzurechnungsfähigen am Platze ist, scheidet gegenüber „böswilligen“ Angreifern grundsätzlich aus. Jede andere Lösung würde untragbare Konsequenzen nach sich ziehen. Würde z. B. das Notwehrrecht dahingehend eingeschränkt, daß eine schwere Verletzung des Angreifers nur dann zulässig ist, wenn dem Angegriffenen durch den Angreifer ein erheblicher Schaden droht, so brauchten sich in den durch die Einschränkung begünstigten Fällen die Angreifer nur zu mehreren zusammenzutun, um den durch die gesetzliche Notwehrregelung entmachteten Angegriffenen zu zwingen, ohnmächtig und der Möglichkeit zum Schußwaffengebrauch beraubt, zuzusehen, wie sie ihm Sachen entführen, die für ihn immerhin einen gewissen Wert haben. Eine solche „Vergünstigung“ würde sich sicherlich schnell herumsprechen und manchen zögernden Verbrecher mutig machen. Weniger im Hinblick auf den erwähnten Einzelfall, als vielmehr wegen der dadurch bedingten Schwächung des *allgemeinen* Rechtsschutzes müßte deshalb einer Regelung widersprochen werden, die dem Angegriffenen das Recht zur schweren Verletzung des Angreifers nur in den Fällen zuspricht, in denen ihm ein erheblicher Schaden droht[82].

---

[82] Wegen des Rechts zur Tötung des Angreifers s. u.

Wenn hier gleichwohl eine *Einschränkung* des Notwehrrechts dahingehend befürwortet wird, daß gegenüber *geringfügigen* Angriffen eine schwere, den Täter u. U. für sein ganzes Leben zum Krüppel machende Körperverletzung als Abwehrmittel ausgeschlossen wird, so geschieht dies aus folgenden Gründen:

Der Begriff „rechtswidriger Angriff" ist so weit gefaßt, daß unter ihn nicht nur solche Fälle fallen, die einen Tatbestand des Strafgesetzbuches erfüllen: Unter „rechtswidrigen Angriffen" sind vielmehr auch Beeinträchtigungen solcher Rechtspositionen zu verstehen, die wegen ihrer im Vergleich zu den durch das StGB geschützten Rechtsgütern verhältnismäßig geringen Bedeutung lediglich unter dem Schutz des Zivilrechts oder anderer Gesetze stehen: z. B. das Recht am Besitz, das Recht am Bild und andere Persönlichkeitsrechte, Überholrecht, Recht an einer Parklücke usw. Im Falle eines uneingeschränkten Notwehrrechts könnte der Angegriffene konsequenterweise einen Bildreporter, der Fotos von ihm machen will, niederschießen, einen Nachbarn, der sein überlautes Radio auch auf eine entsprechende Aufforderung hin nicht leiser stellt, oder einen Arbeiter, der einen Preßlufthammer betätigt, ebenfalls mit einer Waffe schwer verletzen; die Räumung der Parklücke könnte durch rücksichtsloses Anfahren, das Recht zum Überholen durch ebenso schonungsloses Rammen erzwungen werden usw. Die Raumenge, in der wir heutigen Menschen leben müssen, und die Fortschritte der Technik haben dazu geführt, daß nahezu alle Menschen einmal einen Mitmenschen in irgendeiner geringfügigen Weise vorsätzlich schädigen. In manchen Fällen hat der Gesetzgeber derartige Schädigungen sogar ausdrücklich zugelassen: z. B. Immissionen, § 906 BGB. In der Mehrzahl der Fälle aber wird in irgendeiner Form gegen ein Gesetz verstoßen. Würden hier die durch Schädigung betroffenen Menschen in vollem Umfange von ihrem Notwehrrecht Gebrauch machen, so würden nicht nur die Straßen, sondern auch zahlreiche andere Lebensbereiche bald zu „blutigen Schlachtfeldern" werden.

Ein weiterer Grund für die vorgeschlagene Einschränkung des Notwehrrechts ergibt sich daraus, daß selbst der Staat sich bei der Verfolgung geringfügiger Delikte erhebliche Beschränkungen bei der Anwendung abschreckender Zwangsmittel auferlegt. Zum Mittel der Strafe greift er nur in seltenen Fällen zurück und auch dann nur unter Androhung geringer Strafen, z. B. § 360 Nr. 11. Fragt man, warum sich der Staat zu einem solch unterschiedlichen Einsatz und zur Abstufung seiner Zwangsmittel entschlossen hat, so könnte man zunächst darauf hinweisen, daß durch eine derart wohlberechnete Dosierung staatlichen Zwangs wahrscheinlich dessen psychologische Wirkung insbesondere hinsichtlich der schwereren Verbrechen erhöht wird. Dieser Hinweis reicht indessen als Begründung nicht aus. Die Geschichte lehrt, daß man — mit Erfolg — auch gegen kleinere

Delikte, wie z. B. Diebstahl, mit grausamsten Strafen vorgehen kann. Wenn der Staat sich nach und nach für humanere Strafen entschieden hat, so geschah dies weniger um der psychologischen Wirkung willen, sondern aus dem Gedanken *sozialer Verantwortung* heraus, der sich nach jahrhundertelanger Entwicklung allmählich durchsetzte. Auch Verbrecher sind Menschen, die bis zu einer gewissen Grenze Fürsorge verdienen. Nicht nur der Staat hat sich ihr durch die Einführung der Freiheitsstrafe usw. verschrieben, sondern jeder einzelne von uns wirkt wenigstens mittelbar durch Steuerzahlungen an ihr mit.

Der Grundsatz sozialer Verantwortung kommt vor allem gegenüber jenen Tätern zum Zuge, die leichtere Delikte begangen haben. Da Berufsverbrecher sich gewöhnlich nicht mit Bagatellsachen abgeben, handelt es sich bei dieser Tätergruppe meist um Täter, die entweder erstmals „gestrauchelt" und für die die Folgen ihrer ersten Tat für immer eine Warnung sind, oder um solche, die zwar gefährdet, aber dennoch noch beeinflußbar sind. Wie gesagt, gehört in diesen Zusammenhang außerdem jene große Gruppe von Delinquenten, deren Rechtsverletzungen so geringfügig sind, daß sie noch nicht einmal durch die milderen Bestimmungen des StGB erfaßt werden. Wenn sich der Staat diesen Tätern gegenüber für den möglichst sparsamen Einsatz staatlicher Gewalt entschieden hat, so ist dies deshalb vor allem auch die Folge einer Grundsatzentscheidung zugunsten des Gedankens sozialer Verantwortung.

Diese Grundsatzentscheidung, die oben für alle Lebensbereiche als verbindlich erklärt wurde, muß auch im Notwehrrecht gegenüber „böswilligen" Angreifern zum Ausdruck kommen, soweit dies im Hinblick auf den allgemeinen Rechtsschutz verantwortet werden kann. Wie dargelegt, verlangt gerade auch der Gesichtspunkt des allgemeinen Rechtsschutzes nach einer Beschränkung des Notwehrrechts gegenüber geringfügigen Angriffen. Da nahezu jeder Mensch immer wieder in eine Lage kommt, in der er geringfügige Rechtsnachteile in Kauf nehmen muß, wird von ihm nicht zu viel verlangt, wenn er im Notwehrrecht zu einem entsprechenden Verzicht in den Fällen gezwungen wird, in denen es darum geht, Angreifer, die es auf eine geringfügige Schädigung des Angegriffenen abgesehen haben, vor einem schweren Körperschaden oder gar vor dem Tode zu bewahren.

X. Einschränkung des Notwehrrechts durch Art. 2 II MRK?

Art. 2 I MRK stellt den Grundsatz auf, daß — abgesehen von der Vollstreckung eines rechtmäßigen Todesurteils — „eine absichtliche Tötung nicht vorgenommen werden" dürfe. Von diesem Grundsatz läßt Art. 2 II MRK drei Ausnahmen zu, von denen eine — wie erwähnt (S. 53) — ihrem Wortlaut nach das Notwehrrecht betrifft.

Die Frage, ob das Notwehrrecht durch Art. 2 II MRK seinem Wortlaut entsprechend eingeschränkt wird, ist umstritten. Eine im Strafrecht besonders stark vertretene Auffassung[83] verneint dies mit der nicht näher begründeten Behauptung, die MRK betreffe nicht die Rechte der Staatsbürger untereinander. Auch der nicht näher belegte Hinweis *Maurachs*[84] auf die Entstehungsgeschichte der MRK stellt keine Begründung dar, da gerade hinsichtlich der MRK ein solcher Hinweis problematisch ist: Wie die Vorarbeiten zu der MRK verlaufen sind, ist der Öffentlichkeit unbekannt, weil die Protokolle des Ministerausschusses und seiner Untersuchungsausschüsse unter Verschluß liegen[85]. — Lediglich *Guradze*[86] gibt neuerdings eine ausführliche Begründung für die Auffassung, die MRK regele nur das Verhältnis zwischen Staat und Bürgern. *Guradze* unterscheidet zwischen solchen Normen der MRK, die offenbar nur durch den Staat verletzt werden (Art. 4 II, 5, 6, 7, 12), und solchen, gegen die auch Private verstoßen können (Art. 2, 3, 4 I, 8, 9, 10, 11). Auch die letzteren seien zum großen Teil staatsgerichtet. Lediglich bei Art. 2 MRK sei dies fraglich. Und Art. 4 I und 9 seien offenbar wertneutral, wobei man bei Art. 4 I noch berücksichtigen müsse, daß er (Sklaverei) als Privateinrichtung bei den europäischen Vertreterstaaten nicht mehr in Betracht komme. Da die Protokolle über die Vorberatungen zur MRK nicht zugänglich seien und der wirkliche Wille der Vertragsstaaten damit unbekannt bleibe, sei man bei der Auslegung der MRK „auf den mutmaßlichen Willen" der Partnerstaaten angewiesen. Der aber könne eine absolute Wirkung der Grundrechte nicht begründen, weil sie im Ausland nahezu unbekannt sei.

Die herrschende Meinung nimmt demgegenüber an, daß der MRK absolute, d. h. gegen jedermann gerichtete Geltung zugesprochen werden müsse[87]. Zur Begründung wird durchweg auf den Wortlaut und den Zweck der MRK sowie auf die Unvollkommenheit des Rechtsschutzes verwiesen, die sich aus einer Beschränkung der Geltung der MRK auf das Verhältnis Bürger—Staat ergeben würde. Mit Rücksicht auf den Sinn und den Wortlaut der MRK und insbesondere des Artikels 2 I MRK ist dieser Auffassung zuzustimmen.

---

[83] *Maurach,* AT S. 268; *Mezger-Blei,* AT S. 117; *Schwarz-Dreher,* § 53 Anm. 1 A a; *Welzel,* § 14 II 2.

[84] a. a. O.

[85] *Guradze,* Die Schutzrichtung . . ., S. 765; *R. Herzog,* Arch. Öff. R. 86, 196.

[86] a. a. O., S. 760 ff.

[87] *Woesner,* NJW 61, 1381 ff.; *Scupin,* S. 189; *H. Lauterpacht,* pp. 154; *Dietrich,* S. 96 ff., 141 ff.; *H. v. Weber,* ZStrW 65, 341 ff.; *Echterhölter,* S. 143 ff.; *Weiß,* S. 18; *Pfeifer,* S. 436; *Sch.-Schröder,* Vorbem. III 15 zu § 51; bezügl. Art. 2 II MRK: *H. Schorn,* S. 68 ff.; *Maunz-Dürig,* Art. 1 II Rd.-nr. 62 ff.; *Herzog,* S. 205 ff.

Einer der Hauptzwecke des Rechts und des Staats ist es (vgl. 3. und 4. Teil), die Menschen daran zu hindern, daß sie sich gegenseitig schädigen. Das allgemeine Schädigungsverbot besagt nichts anderes, als daß die Menschen verpflichtet seien, die Menschenrechte der anderen zu achten. Mit der Einrichtung der Menschenrechte sollen jene Interessen und Bedürfnisse der Menschen besonders herausgestellt werden, deren Verletzung wegen ihrer Bedeutung in besonderem Maße zu verurteilen ist und deren Gewährleistung oberstes Ziel aller Staatsgewalt sein muß. Die besondere Bedeutung des Grundgesetzes liegt darin, dieses oberste Staatsziel für alle Rechtsgebiete verbindlich festzulegen. Das Bundesverfassungsgericht hat diesem Gedanken dadurch besonderen Nachdruck verliehen, daß es die Grundrechte als objektive Wertentscheidungen kennzeichnet, die allen Bereichen des geltenden Rechts (also auch des privaten) zugrundeliegen müßten. Der Sinn der MRK ist es, die Bedeutung dieses obersten Staatszieles zu unterstreichen und seine Erfüllung den Vertragsstaaten zur besonderen Pflicht zu machen. Die Richtigkeit dieser Deutung wird durch den Wortlaut und Sinn mehrerer Artikel der MRK bestätigt:

Die Präambel stellt wiederholt ausdrücklich als einen der maßgebenden Zwecke der MRK heraus: die „Wahrung und Entwicklung der Menschenrechte und Grundfreiheiten“, die „Aufrechterhaltung der Gerechtigkeit und des Friedens“, deren „Grundlagen die Grundfreiheiten“ seien, und erblickt in der MRK die „ersten Schritte auf dem Wege zu einer kollektiven Garantie gewisser in der universalen Erklärung verkündeter Rechte“.

Wie kann man von einer „Garantie“, von einer „Wahrung und Entwicklung“ der Menschenrechte, sowie von der „Aufrechterhaltung der Gerechtigkeit“ sprechen, wenn man dadurch lediglich zum Ausdruck bringen will, daß die Staaten nur verpflichtet seien, selbst Eingriffe in die Menschenrechte zu unterlassen, nicht aber zu Schutzmaßnahmen zugunsten jener, deren Menschenrechte in schlimmster Weise von privater Hand „mit Füßen getreten“ werden? Es müßte als ein schwerwiegender Verstoß gegen die Zweckrichtung der MRK angesehen werden, wenn die Vertragsstaaten eine derart passive Haltung einnähmen und z. B. eine Wiederholung der „Kristallnacht“ zuließen.

In Art. 1 MRK haben die vertragschließenden Staaten die Pflicht übernommen, allen ihrer Herrschergewalt unterstehenden Personen die in der MRK niedergelegten Rechte und Freiheiten zuzusichern („secure“, „reconnaissent à toute personne“). Auch hier erhebt sich die im Zusammenhang mit der Präambel gestellte Frage in entsprechender Abwandlung und sie ist im gleichen Sinne zu beantworten. Art. 4 MRK legt fest, daß „niemand in Sklaverei oder Leibeigenschaft gehalten“ werden dürfe. Diese Vorschrift hat ebenfalls nur einen Sinn, wenn man sie auf die zwischen den Bürgern bestehenden Rechtsverhältnisse bezieht. Leibeigenschaft und Sklaverei sind (und werden!) weniger vom Staat als vielmehr von Privatleuten betrieben worden. Für die absolute Wirkung der MRK spricht weiterhin die Art der Formulierung ihrer Artikel: Stets heißt es entweder: „Jeder Mensch hat ein (das) Recht auf Freiheit . . ." usw. oder: „Jedermann hat Anspruch auf Achtung seines Privat- und Familienlebens" usw. Ein weiteres Argument für diese Ansicht findet sich in Art. 13 MRK, wo die Verletzung von Menschenrechten durch amtliche Personen nur als ein besonderer Fall hingestellt wird. Für die hier behandelte Frage von entscheidender Bedeutung ist aber die Formulierung des Artikels 2 I MRK: „Das Recht jedes Menschen auf das Leben wird gesetzlich geschützt." Diese Bestimmung kann nur so verstanden werden, daß der Staat Gesetze zu erlassen hat, die das Leben jedes Menschen *allgemein* unter Schutz stellen. Die Auffassung, die MRK gelte nur für das Verhältnis Staat—Bürger, würde geradezu zu einer Aushöhlung des Sinnes von Art. 2 I MRK führen. Wenn der Staat zwar sich selbst das Töten von Menschen verbietet, sich der Vernichtung von Menschenleben durch Privatleute gegenüber aber passiv verhielte, so könnte dies — wie die Geschichte lehrt — leicht zu einem Chaos führen, in dem der Totschlag vieltausendfach an der Tagesordnung ist. Ein solcher Zustand würde nicht nur dem Zweck des Rechts und des Staates, sondern ganz sicher auch der MRK widersprechen, deren Ziel es ist, jedem Menschen seine Menschenrechte zu garantieren.

Die Ansicht von *Guradze*, den Vertragsstaaten sei vor Verabschiedung der MRK eine absolute Wirkung der Menschenrechte unbekannt gewesen, steht die unbestreitbare Tatsache entgegen, daß diese Staaten die absolute Wirkung im Gegenteil mit dem härtesten Mittel: der Strafe bereits seit ihrer Gründung durchzusetzen versucht haben.

Es ist somit davon auszugehen, daß Art. 2 MRK das Recht zur Tötung anderer für alle Menschen im Bereich der Vertragsstaaten regelt und damit auch den Inhalt des Notwehrrechts beeinflußt.

Art. 2 II MRK gestattet die absichtliche Tötung eines Menschen, wenn dies zur Abwehr „rechtswidriger Gewaltanwendung" unbedingt erforderlich ist. „Gewalt" wird gemeinhin als „körperlich wirkender Zwang zur Beseitigung eines geleisteten oder erwarteten Widerstandes" definiert[88]. Das Mittel der Gewaltanwendung braucht nicht unbedingt physische Kraft zu sein. In Betracht kommen auch Drogen, Hypnose und Einwirkung auf Sachen, „wenn sie als körperlicher Zwang wirkt", z. B. Aushängen der Fenster, damit der Mieter auszieht. Maßgebendes Kriterium der „Gewalt" ist somit, daß der Betroffene die Gewaltmaßnahme in irgendeiner Form als physischen

[88] Vgl. z. B. *Welzel*, Lehrbuch § 42; *Kohlrausch-Lange*, §§ 52, 240.

Zwang erlebt, stets muß in irgendeiner Weise die „Funktion des Leibes oder des Lebens" beeinträchtigt oder völlig außer Kraft gesetzt sein. Würde Art. 2 II MRK im zukünftigen Notwehrrecht berücksichtigt, so würde deshalb der Begriff des rechtswidrigen Angriffs in erheblichem Maße eingeschränkt, soweit die Tötung des Angreifers in Frage steht:

Es fragt sich, ob und in welchem Umfange diese Einschränkung Gesetz werden soll. *Schröder* ist ihr mit dem Argument entgegengetreten, daß sie „eine dem kontinentalen Rechtskreis so fremde und dem Rechtsbewußtsein des deutschen Volkes kaum verständliche Regelung" enthalte[89]. Ob letzteres zutrifft, muß stark bezweifelt werden. Gerade in Gesprächen mit unbefangenen Laien stößt man immer wieder auf ungläubige Überraschung, wenn ihnen von der weiten Fassung des geltenden Nowehrrechts berichtet wird. Voll[90] referiert einen in den 50-iger Jahren in Bayern geschehenen Fall, in dem ein junger Mann getötet wurde, als er Äpfel stehlen wollte. Das auf Freispruch lautende Urteil sei vor allem in der Großstadtpresse heftig angegriffen worden. Geradezu widerlegt wird die Auffassung von *Schröder* durch die geltende Regelung des polizeilichen Waffengebrauchs, in der der Grundsatz des Art. 2 II MRK weitgehend anerkannt ist. § 12 UZWG, der hier stellvertretend für die landesrechtlichen Bestimmungen genannt wird, bestimmt, daß der „Zweck des Schußwaffengebrauchs nur sein" dürfe, „angriffs- oder fluchtunfähig zu machen". Damit wird den Vollzugsbeamten staatlicher Gewalt in jedem Fall das Recht zur „gezielten Tötung" abgesprochen[91].

Im übrigen ist das „Rechtsbewußtsein des deutschen Volkes" ebenso wie das „gesunde Volksempfinden" für die inhaltliche Gestaltung des Rechts unerheblich. Was Recht sein soll, wird allein durch die oben beschriebene Bewertung der Wirklichkeit festgestellt. Und diese ergibt im konkreten Fall, daß die durch Art. 2 II MRK festgelegte Beschränkung des Notwehrrechts auch im Hinblick auf das Rechtsschutzinteresse des Angegriffenen und der Allgemeinheit verantwortet werden kann. Art. 2 II MRK macht den Angegriffenen nicht wehrlos. Auch im Falle seiner Geltung verbleibt jedem Menschen selbst bei der sogenannten Sachwehr das Recht, sich mit Waffen zu verteidigen und den Angreifer notfalls schwer zu verletzen. Entgegen der Ansicht von *Lenckner*[92] darf der Bankbeamte, der sich in dem von ihm gebildeten Beispiel einer Übermacht von 10 waffenlosen Bankräubern gegenübersieht, notfalls auch dann schießen, wenn die Bankräuber erklären, daß sie es lediglich auf das Geld abgesehen hätten. Das einzige, was dem Bankbeamten nach Art. 2 II MRK ver-

---

[89] StGB-Komm. § 53 Anm. 3; Vorb. 72 ff. zu § 51.

[90] Niederschriften, Bd. 2, 132.

[91] *Drews-Wacke*, a. a. O., S. 376 ff.

[92] *Lenckner*, Der rechtfertigende Notstand, S. 165.

wehrt ist, ist die „absichtliche Tötung" der Angreifer. Auch bei Anwendung des Art. 2 II MRK könnte sich der Angegriffene gegen bloße Sachangriffe somit ausreichend schützen.

Der Umstand, daß das strafrechtliche Notwehrrecht durch Art. 2 II MRK eingeschränkt wird, bedeutet nicht, daß der Angegriffene, der dieser Einschränkung zuwiderhandelt und den Angreifer bei bloßer Sachwehr tötet, wie ein Totschläger bestraft werden müßte. Ebenso wie in den oben abgehandelten Fällen ist dem Angegriffenen vielmehr auch hier zugutezuhalten, daß er in Notwehr handelt und daß er praktisch dafür bestraft wird, daß er nicht im Interesse des Lebens des Angreifers auf ein minderwertiges Rechtsgut verzichtet hat. Auch seine Tat ist ihrem kriminellen Gehalt nach nicht Mord oder Totschlag, sondern ein erheblich milder zu bestrafender Verstoß gegen den Grundsatz sozialer Verantwortung.

E. Ergebnis und Vorschlag

Das Ergebnis der vorstehenden Untersuchungen läßt sich wie folgt zusammenfassen: An der geltenden und im Entwurf 1962 geplanten Fassung des Notwehrrechts ist zwar im Grundsatz festzuhalten. Es hat sich jedoch als notwendig erwiesen, mehrere Ausnahmen in die künftige Regelung aufzunehmen, die das Notwehrrecht mit der Folge einschränken, daß von dem Angegriffenen in bestimmten Fällen unter Strafandrohung eine im Gesetz näher zu bestimmende Rücksichtnahme auf den Angreifer verlangt wird.

Der rechtliche Grund für diese Einschränkung ergibt sich in allen Fällen aus dem im Grundgesetz niedergelegten Prinzip des sozialen Rechtsstaats, oder — konkreter ausgedrückt — aus dem Grundsatz sozialer Verantwortung: Der Umfang, in dem dieser Gedanke bei den einzelnen „Tätertypen" zum Tragen kommt, ist verschieden. Bei Unzurechnungsfähigen, bei Angreifern, die im unvermeidbaren Irrtum handeln, und bei Kindern, insgesamt also bei Tätern, die für ihr Handeln nicht rechtlich verantwortlich gemacht werden können, reicht die Pflicht zur Rücksichtnahme naturgemäß am weitesten. Ihnen werden „schuldhaft provozierte" Angreifer gleichgestellt. Die Pflicht zur Rücksichtnahme ergibt sich hier u. a. daraus, daß der Angegriffene den Erregungszustand des Angreifers mitzuverantworten hat. Bei Ehegatten findet die Pflicht zur besonderen Rücksichtnahme gegenüber dem Angreifer in der Pflicht zur Lebensgemeinschaft ihre Grundlage und Grenze. In den bisher genannten Fällen wirkt sich die Beschränkung des Notwehrrechts dahingehend aus, daß dem Angegriffenen zur Pflicht gemacht wird, von einer Abwehr abzusehen, wenn er dadurch den Angreifer vor einem erheblichen Schaden bewahren kann, ohne sich selbst erheblich zu gefährden.

Bei fahrlässig handelnden, jugendlichen oder vermindert zurechnungsfähigen Angreifern muß zwar die Grenze des Notwehrrechts erheblich weiter gezogen werden: aus dem Gesichtspunkt verminderter Schuld erscheint aber eine Beschränkung des Notwehrrechts in jenen Fällen geboten, in denen der Angegriffene bei Durchführung der erforderlichen Abwehr den Angreifer schwer verletzen oder töten müßte. Die Grundlage für die besondere Rücksichtspflicht des Angegriffenen wird auch hier in dem Gedanken sozialer Verantwortung gesehen. Entsprechendes gilt, wenn dem Angegriffenen lediglich ein geringfügiger Schaden durch den Angriff droht. Die auf Art. 2 II MRK fußende Beschränkung des Notwehrrechts beruht letztlich ebenfalls auf dem Gedanken sozialer Rücksichtnahme.

Die Rückführung der Beschränkung des Notwehrrechts auf den Grundsatz sozialer Verantwortung ist für die strafrechtliche Bewertung der Taten von Bedeutung, die einen Verstoß gegen diese Beschränkung darstellen. Diese sind ihrem kriminellen Gehalt nach als Verstoß gegen den erwähnten Grundsatz, nicht aber als Verwirklichung jener Tatbestände zu werten, auf die sich der Rechtfertigungsgrund des Notwehrrechts bezieht. Duldet jemand z. B. nicht pflichtgemäß den Angriff eines erkennbar unzurechnungsfähigen Menschen, der es lediglich auf unerhebliche Sachwerte abgesehen hat, sondern tötet er diesen in „erforderlicher" Notwehr, so gleicht seine Tat ihrem kriminellen Gehalt nach weitgehend dem Verhalten eines Menschen, der es unterläßt einen in Lebensgefahr befindlichen Menschen zu retten, obwohl ihm dies zuzumuten war. In beiden Fällen kommt ein Mensch zu Tode, obwohl ein anderer ihn davor hätte bewahren können, wenn er nur gewollt und gewisse Rechtsnachteile in Kauf genommen hätte. In beiden Fällen findet die Pflicht zur Rücksichtnahme jedoch da ihre Grenze, wo ihre Erfüllung dem Angegriffenen *erhebliche* Nachteile verursachen würde.

Der Umstand, daß sie sich in ihrem kriminellen Gehalt nahezu gleichen, rechtfertigt es, die unterlassene Hilfeleistung und den Verstoß gegen die Pflicht zur sozialen Rücksichtnahme im Notwehrrecht auch im *Strafmaß* einander anzupassen. Dabei empfiehlt es sich, ähnlich wie die Neufassung des § 330c StGB im E 1962: § 232 zwischen normalen und besonders schwerwiegenden Fällen der Pflichtverletzung zu unterscheiden. Für den normalen Fall sieht § 232 E 1962 eine Gefängnisstrafe bis zu 1 Jahr, Haft oder Geldstrafe vor. Einen schwerwiegenden Fall sieht § 232 als gegeben an, wenn der Täter den Unglücksfall verursacht hat: die Strafe ist hier auf Gefängnisstrafe bis zu 3 Jahren oder Strafhaft verschärft.

Für das Notwehrrecht ergibt sich insoweit ein Unterschied, als Pflichtverletzungen nicht nur in Fällen, in denen der Angegriffene den Angriff „mitverschuldet" hat, besonders schwer wiegen können. In manchen Fällen, in denen der Angreifer erkennbar nicht für sein Handeln verantwortlich gemacht werden kann, kann die Notwendigkeit einer Rücksichtnahme angesichts der besonderen Umstände so offenkundig sein, daß eine Verletzung der Rücksichtspflicht geradezu als brutal erscheinen muß. Für einen Täter, der ein 5jähriges Kind in Notwehr niederschießt, weil er nicht anders verhindern kann, daß das Kind ihm einen verhältnismäßig geringwertigen Gegenstand entwendet, dürfte eine Gefängnisstrafe von maximal 1 Jahr zu niedrig sein. Auch in derart schwerwiegenden Fällen empfiehlt sich deshalb eine dem § 232 E 1962 entsprechende Strafverschärfung.

Die hier vorgeschlagene Neuregelung des Notwehrrechts hat den Nachteil, umfangreicher zu sein als die geltende und geplante Fassung des § 53 StGB und § 37 E 1962. Diese größere Ausführlichkeit ergibt sich aber zwingend daraus, daß die bisherige Regelung zu stark generalisiert und zu wenig die im Notwehrrecht auftretenden Verschiedenheiten berücksichtigt hat. Die Folge hiervon war, daß Rechtsprechung und Lehre unter Verstoß gegen Art. 103 GG, § 2 StGB in zahlreichen Fällen die zu weite Fassung des § 53 StGB eingeschränkt haben (s. 1. Teil, I). Im künftigen Strafrecht läßt sich eine Wiederholung derartiger Verfassungsverstöße nur vermeiden, wenn den Verschiedenheiten in den Bewertungsgrundlagen des Notwehrrechts in stärkerem Umfange Rechnung getragen wird.

Es wird demgemäß die folgende Neufassung der §§ 37, 38 E 1962 vorgeschlagen:

§ 37 Notwehr

I. Wer eine Tat in Notwehr begeht, handelt nicht rechtswidrig.

II. Notwehr ist diejenige Verteidigung, die erforderlich ist, um einen gegenwärtigen, rechtswidrigen Angriff von sich oder einem anderen abzuwehren.

III. Hat der Täter die Grenzen des Notwehrrechts überschritten, so kann die Strafe nach § 64 I gemildert werden. Ist ihm die Überschreitung wegen Verwirrung, Furcht oder Schrecken nicht vorzuwerfen, so handelt er ohne Schuld.

§ 38 Pflicht zur Rücksichtnahme auf den Angreifer

I. Der in einer Notwehrlage Angegriffene ist ausnahmsweise verpflichtet, den Angriff zu erdulden, ihm auszuweichen oder zu seiner Abwehr fremde Hilfe herbeizuholen, wenn ihm dies ohne erhebliche eigene Gefahr möglich ist, und

1. der Angriff nur durch Tötung oder schwere Verletzung des Angreifers abgewehrt werden könnte und durch ihn lediglich geringwertige Rechtsgüter bedroht werden, der Angreifer erkennbar fahrlässig oder im Zustand verminderter Zurechnungsfähigkeit handelt oder sich offensichtlich noch im jugendlichen Alter befindet,

2. der Angriff nur durch eine erhebliche Schädigung des Angreifers abgewehrt werden könnte und der Angreifer erkennbar im Zustand der Unzurechnungsfähigkeit oder im unvermeidbaren Irrtum handelt, sich dem äußeren Eindruck nach noch im Kindesalter befindet, in verständlicher Erregung über ein dem Angriff unmittelbar vorausgehendes rechtswidriges Verhalten des Angegriffenen auf der Stelle zu dem Angriff hingerissen wurde oder dem Angreifer zur ehelichen Gemeinschaft verpflichtet ist.

II. Die absichtliche Tötung des Angreifers ist im Rahmen der §§ 37, 38 nur zulässig, wenn sie erforderlich ist, um den Angreifer an rechtswidriger Gewaltanwendung zu hindern.

III. Übt der Täter entgegen der ihm in den Absätzen I und II auferlegten Pflichten Notwehr, so tritt Gefängnisstrafe bis zu einem Jahr, Haftstrafe oder Geldstrafe ein, wenn der Angreifer getötet wird oder Schäden erleidet, die der Angegriffene gemäß Absatz I und II verhindern sollte. In schweren Fällen, in denen der Täter besonders rücksichtslos handelt, ist auf Gefängnisstrafe bis zu 3 Jahren oder Strafhaft zu erkennen.

IV. Die Absätze I—III gelten entsprechend für das Recht zur Leistung von Nothilfe.

Die Todesstrafe in kritischer Sicht

VON DIETER KELLER

Oktav. XX, 276 Seiten. 1968. DM 24,—

Immer wieder beschäftigt sich die Öffentlichkeit mit dem Problem der Todesstrafe. Zu dieser Frage ist zwar schon sehr viel geschrieben worden, doch fehlt bis heute eine umfassende Würdigung des Für und Wider. Die vorliegende Doktorarbeit, die von der Rechts- und staatswissenschaftlichen Fakultät der Universität Zürich als vorzüglich beurteilt worden ist, vermittelt eine solche Gesamtschau. Der Verfasser begnügt sich aber keineswegs mit der bloßen Wiedergabe der verschiedenen Auffassungen, sondern er unterzieht jedes Argument einer sorgfältigen und kritischen Überprüfung und steuert auch viele eigene Gedanken bei. Außerdem ist der Blickwinkel sehr weit, indem das Thema unter philosophischen, religiösen, ethischen, rechtlichen, praktischen und psychologischen Gesichtspunkten behandelt wird.

Das in mehrjähriger Arbeit entstandene Buch überzeugt durch seine Sachlichkeit und eine klare Gedankenführung. Die gut begründeten Urteile des Verfassers über die einzelnen Argumente und seine Schlußfolgerungen können künftig bei der Diskussion um die Todesstrafe nicht außer acht gelassen werden!

Walter de Gruyter & Co · Berlin 30

FSC
www.fsc.org
MIX
Papier | Fördert
gute Waldnutzung
FSC® C083411

Kolibri 360 GmbH
Ferdinand-Jühlke-Straße 7
99095 Erfurt, Deutschland
produktsicherheit@kolibri360.de